La gestion des approvisionnements et des matières

Leenders, Fearon, Nollet

La gestion des approvisionnements
et des matières

gaëtan morin
éditeur

Montréal □ Paris □ Casablanca

Données de catalogage avant publication (Canada)

Leenders, Michiel R., 1936-

La gestion des approvisionnements et des matières

Traduction de : Purchasing and materials management.

Comprend des réf. bibliogr. et un index.

ISBN 2-89105-495-4

1. Approvisionnement dans l'entreprise. 2. Gestion de l'approvisionnement. 3. Approvisionnement, Services d'. 4. Gestion des stocks. 5. Approvisionnement dans l'entreprise – Problèmes et exercices. I. Fearon, Harold E. II. Nollet, Jean, 1952-   . III. Titre.

| HD39.5.L4314   1993 | 658.7'2 | C93-096408-X |

Montréal, Gaëtan Morin Éditeur ltée
171, boul. de Mortagne, Boucherville (Québec), Canada, J4B 6G4, Tél. : (514) 449-2369

Paris, Gaëtan Morin Éditeur, Europe
20, rue des Grands Augustins, 75006 Paris, France, Tél. : 33 (1) 40.51.09.17

Casablanca, Gaëtan Morin Éditeur – Maghreb S.A.
Rond-point des sports, angle rue Point du jour, Racine, 20 000 Casablanca, Maroc, Tél. : 212 (2) 49.02.17

Révision linguistique : Gaétane Trempe
Traduction :   Johanne L. Massé

Imprimé au Canada

Purchasing and Materials Management
by M.R. Leenders & H.E. Fearon
Published by Irwin
© Richard D. Irwin, Inc., 1993

Dépôt légal 3ᵉ trimestre 1993 – Bibliothèque nationale du Québec – Bibliothèque nationale du Canada

2   3   4   5   6   7   8   9   0   1   G M E 9 3   4   3   2   1   0   9   8   7   6   5

La gestion des approvisionnements et des matières
© gaëtan morin éditeur ltée, 1993

Avant-propos

En raison de l'importance accrue de la fonction approvisionnement et du rôle stratégique que lui attribuent de nombreuses organisations, ce livre constitue un outil pertinent tant pour les approvisionneurs que pour les étudiants.

Cet ouvrage est une version abrégée et adaptée de la 10e édition du livre le plus utilisé dans les cours d'approvisionnement en Amérique du Nord : *Purchasing and Materials Management*, de Michiel R. Leenders et Harold E. Fearon.

Après avoir situé l'approvisionnement dans l'entreprise, les auteurs discutent des systèmes d'information et des aspects fondamentaux de la fonction achat, soit la qualité, les quantités et les prix. Les chapitres subséquents abordent l'approvisionnement sous différents angles : selon les secteurs (public et privé), la législation, le type d'acquisitions particulières (transport et services) et l'étendue géographique (achats nationaux et internationaux). L'ouvrage se termine par une intégration des éléments essentiels permettant à la fonction approvisionnement de jouer un rôle vraiment stratégique.

Depuis plus d'une dizaine d'années, on parle de l'utilité d'une adaptation de ce livre pour le milieu francophone ; je n'aurais pu réaliser cette adaptation sans la collaboration de plusieurs personnes et organismes. Je remercie sincèrement :

– Claude Lévesque, a.p., pour ses efforts soutenus en ce qui a trait à la détermination des sources de financement pour la traduction des portions retenues du livre, pour sa conviction dans la nécessité d'un tel ouvrage et pour le suivi du projet ;

– Christyan Lemire, a.p., pour avoir si vaillamment cru en ce dossier et l'avoir si bien soutenu auprès du Bureau des directeurs de l'Association canadienne de gestion des achats, afin d'obtenir une subvention pour la portion de la traduction non assumée par l'Office de la langue française ;

– Michiel R. Leenders, Harold E. Fearon et les éditions Irwin pour avoir autorisé la traduction française de leur ouvrage ;

– Gaëtan Morin et Lucie Robidas pour avoir accepté de publier cet ouvrage, Josée Charbonneau pour sa collaboration enthousiaste tout au long du projet, Céline Laprise, responsable de la production, Christiane Desjardins pour la planification des nombreuses étapes permettant de publier le livre à temps et Gaétane Trempe pour son travail de révision linguistique ;

- l'Office de la langue française, le ministre Claude Ryan et les fonctionnaires qui ont travaillé à ce dossier et qui ont cru en la valeur de ce projet pour la population du Québec ;
- le comité de direction de l'Association canadienne de gestion des achats (ACGA) pour la subvention accordée ;
- le directeur des services éducatifs de l'ACGA, Tim Moore, ainsi que de nombreux approvisionneurs, dont Élise Potvin, Pierre Beaulé, Ronald Martin, Jean Simard, Claude Coderre, France Tremblay et plusieurs autres, pour leur appui à ce projet ;
- la directrice de la recherche de l'École des Hautes Études Commerciales, Suzanne Rivard, pour avoir accordé des fonds pour la révision linguistique exigée pour tout ouvrage destiné à la publication ;
- Johanne Massé, traductrice, dont les efforts louables pour utiliser les termes appropriés et pour soumettre le manuscrit à temps ont permis de réaliser cet ouvrage en respectant les échéanciers que nous avions soumis, tout en s'assurant que la qualité de la langue soit respectée.

Je remercie également les étudiants du B.A.A. et de la M.B.A. de l'École des Hautes Études Commerciales qui n'ont cessé de m'encourager à accorder la priorité à ce projet.

L'approvisionnement contribue de façon phénoménale à la rentabilité des organisations et favorise les communications avec différents milieux. De plus, il constitue une source d'emplois qui devrait croître tant en importance qu'en nombre ; en effet, puisque les organisations ont de plus en plus tendance à acquérir de l'extérieur plutôt qu'à fabriquer ou à réaliser à l'interne, la fonction approvisionnement offre d'excellentes possibilités de relever de multiples défis.

Si le secteur de l'approvisionnement vous intéresse, je vous encourage fortement à joindre les rangs de l'Association canadienne de gestion des achats en communiquant avec l'un de ses bureaux de district (Abitibi, Cantons de l'Est, Montérégie, Montréal, Québec, Saguenay–Lac-Saint-Jean, Vallée de l'Outaouais, Vallée du Saint-Maurice, West Island). Vous pourrez ainsi échanger avec des professionnels du milieu, tout en poursuivant votre formation.

Finalement, j'espère que vous apprécierez lire ce livre autant que j'ai aimé y consacrer du temps. Bonne lecture !

Jean Nollet

Août 1993

Table des matières

⬜⬜⬜⬜⬜
3   **La manière de procéder et la circulation**
         de l'information 57

☐☐☐☐☐
4

La qualité, les spécifications et l'inspection............... 99

5

Les éléments liés à la quantité......................... 135

□□□□□

7   La détermination des prix 223

☐☐☐☐☐
8   L'acquisition de services de transport 263

☐☐☐☐☐
9   La récupération des sommes investies 287

10 Les aspects juridiques de l'approvisionnement

11 La recherche, la préparation des budgets, la présentation de rapports et l'évaluation

12 L'approvisionnement international 355

□□□□□
13

L'approvisionnement dans le secteur public 381

□□□□□
14   L'acquisition de biens immobilisés 399

Avertissement

Dans cet ouvrage, le masculin est utilisé comme représentant des deux sexes, sans discrimination à l'égard des hommes et des femmes et dans le seul but d'alléger le texte.

1 Le défi de la gestion des approvisionnements et des matières

Plan

Questions clés du décideur

Devrait-on:

- déterminer dans quelle mesure les achats influent sur l'efficacité de l'entreprise?
- élaborer un programme de formation interne?
- calculer de combien les différents niveaux d'économie au chapitre des achats peuvent faire varier le rendement de l'actif de l'entreprise?

Comment peut-on:

- amener la direction générale à reconnaître l'effet de levier des achats sur le bénéfice?
- déterminer l'échelle salariale appropriée pour le personnel du service de l'approvisionnement?
- démontrer l'incidence des achats sur la position de l'entreprise face à ses concurrents?

□ □ □ □ □
1.1 LE CONTEXTE

L'époque actuelle est stimulante pour ceux qui visent une gestion saine et efficace des fonctions achat et approvisionnement. La planification des besoins en matières, la production juste-à-temps de même qu'un intérêt renouvelé pour la qualité et la productivité ont en effet rendu nécessaire une réévaluation de nombreux concepts traditionnels liés à l'approvisionnement. Ainsi, la tendance à opter pour un fournisseur unique a remis en question le point de vue classique selon lequel des sources multiples garantissent davantage le maintien de l'approvisionnement. De même, l'établissement de relations étroites avec les fournisseurs et la création d'un climat de coopération en ce qui touche aux systèmes d'ordonnancement et d'assurance de la qualité font douter de la sagesse de la pleine concurrence traditionnellement associée aux transactions entre acheteur et fournisseur. Enfin, on accorde une importance grandissante à la négociation plutôt qu'à l'appel d'offres, et on abandonne les techniques d'achat à court terme en faveur de contrats à plus long terme. Toutes ces tendances découlent logiquement de l'intérêt accru que portent les gestionnaires à la notion de valeur et des efforts toujours plus grands déployés par le personnel de l'approvisionnement pour recruter de nouveaux fournisseurs afin d'atteindre certains objectifs précis en matière de qualité, de quantité, de livraison, de prix, de service et de continuité.

Une gestion efficace des matières et des achats peut contribuer largement au succès de la plupart des organisations modernes. Le présent ouvrage traite de la nature de cet apport ainsi que des éléments de gestion à respecter pour atteindre l'efficacité. Nombre de gestionnaires, aussi bien dans le secteur privé que public, s'intéressent depuis longtemps à l'acquisition sur une base continue de la quantité appropriée de matières, de fournitures, de services et d'équipement de la qualité voulue, au bon moment et au prix qui convient. Or, l'évolution rapide dans le domaine de l'approvisionnement, lequel se caractérise par des cycles d'abondance et de pénurie de même que par des variations des prix, des délais d'obtention et des disponibilités, met sans cesse au défi les organisations qui souhaitent tirer le maximum dans ce secteur d'activité.

On ne s'est guère intéressé à la réalisation de la fonction achat avant le début du xxᵉ siècle, quoique plusieurs sociétés ferroviaires nord-américaines en reconnaissaient déjà la nature distincte et l'importance bien avant cette époque. Malgré cela, avant que ne survienne la Première Guerre mondiale, la plupart des entreprises envisageaient cette fonction surtout comme une activité subalterne. Au cours des deux Grandes Guerres, toutefois, le succès d'une entreprise ne dépendait pas de ce qu'elle pouvait vendre, puisque le marché était presque illimité; il reposait plutôt sur sa capacité d'obtenir les matières premières, les fournitures et les services dont elle avait besoin pour continuer à exploiter ses mines ou ses usines. Voilà pourquoi on en vint à se préoccuper de l'organisation de l'approvisionnement ainsi que des politiques et des procédures s'y rattachant, et à considérer cette fonction comme une activité de gestion. Au cours des années 50 et 60, la fonction achat continua de gagner en importance à mesure que se perfectionnèrent les techniques permettant de l'exécuter et qu'augmenta le nombre des personnes ayant la formation et la compétence requises pour prendre de saines décisions en la matière. De nombreuses entreprises firent de leur responsable des achats un cadre supérieur en lui conférant le titre de vice-président des achats, de directeur des matières ou de vice-président de l'approvisionnement et des achats.

Au début des années 70, les entreprises devaient faire face à deux problèmes majeurs, soit une pénurie à l'échelle internationale de la plupart des matières premières essentielles au maintien de leurs activités et un taux d'augmentation des prix de beaucoup supérieur à celui que l'on observait en moyenne depuis la fin de la Seconde Guerre mondiale. L'embargo pétrolier imposé par les pays du Moyen-Orient au cours de l'été 1973 vint accentuer ces deux phénomènes. Les services des achats se retrouvèrent alors sur la sellette, leur capacité d'obtenir ou non les articles requis à un prix raisonnable étant à l'origine du succès ou de l'échec des entreprises, ce qui révéla une fois de plus aux cadres supérieurs l'importance capitale du rôle joué par l'approvisionnement. En ce début des années 90, il apparaît clairement que les organisations doivent posséder une fonction achat et approvisionnement efficace pour soutenir la concurrence des entreprises tant du pays que de l'étranger. En effet, comme les dépenses pour l'achat de matières surpassent largement la rémunération de la main-d'œuvre et l'ensemble des autres dépenses engagées dans la plupart des entreprises, toute amélioration de la fonction approvisionnement peut mener à une gestion permanente des coûts.

Le service des achats peut et doit jouer un rôle clé dans l'élaboration et la mise en application d'une stratégie devant mener à une meilleure efficacité et à une plus grande compétitivité par des actions telles que:
- combattre l'inflation en s'opposant aux augmentations de prix injustifiées;
- réduire de façon marquée les sommes investies dans les stocks en améliorant la planification de même que la sélection des fournisseurs;
- hausser le niveau de qualité des pièces et des matières acquises afin d'accroître la qualité et l'uniformité des produits finis ou des services offerts;
- réduire la portion du coût des biens vendus attribuable aux achats de matières;
- susciter l'amélioration des produits et des processus en encourageant et en facilitant une communication franche entre l'acheteur et le fournisseur, laquelle profitera aux deux parties.

Au cours des prochaines années, par suite de la nécessité de s'adapter pour demeurer concurrentielles, les entreprises délaisseront peu à peu les stratégies à caractère principalement défensif en faveur de stratégies offensives. Ces dernières se traduiront par une approche originale devant permettre aux entreprises d'atteindre leurs buts à court et à long terme grâce à la réalisation des objectifs de l'approvisionnement[1].

Sous l'impulsion de l'intérêt croissant qu'accordent les gestionnaires au secteur de l'approvisionnement, tant par nécessité qu'à cause d'une meilleure compréhension des possibilités qu'il offre, divers concepts ont vu le jour. Les termes **achat**, **approvisionnement**, **gestion du matériel**, **gestion des matières** et **logistique** s'emploient ainsi de façon presque synonymique. En effet, on ne s'entend pas sur la définition de chacun d'eux, et il arrive que des gestionnaires d'établissements publics ou privés reçoivent un titre très différent bien qu'on leur attribue des responsabilités semblables. Les définitions qui suivent aideront à mieux discerner l'acception la plus courante des divers termes mentionnés.

Dans l'usage courant, on associe le terme **achat** au processus d'acquisition, lequel comporte diverses étapes: la reconnaissance d'un besoin, la recherche et la sélection d'un fournisseur, la négociation du prix et des autres conditions pertinentes et, enfin, le suivi devant assurer la livraison. Le terme **approvisionnement** présente, quant à lui, un sens relativement plus large, de sorte qu'il englobe l'achat, l'entreposage, le transport, la réception, l'inspection à l'arrivée et la récupération. Le secteur public a adopté cette définition plus large. Ainsi, au Canada, le ministère des Approvisionnements et Services a pour tâche d'approvisionner le gouvernement fédéral. D'autre part, le terme **gestion du matériel**, qui englobe souvent les mêmes fonctions que la gestion des matières, présente une connotation militaire ou publique.

Quant à la **gestion des matières**, elle consiste à envisager le flux des matières comme un système. On peut aussi la décrire en énumérant les principales activités qu'elle regroupe, soit:

– la prévision des besoins en matières;
– la recherche des sources d'approvisionnement et l'obtention des matières;
– l'introduction des matières dans l'organisation;
– la surveillance de l'état des stocks en tant qu'actif à court terme.

De façon plus précise, le gestionnaire des matières peut avoir la responsabilité des fonctions suivantes: la planification et la gestion des appro-

1. Michiel R. LEENDERS et David L. BLENKHORN, *Reverse Marketing: The New Buyer-Supplier Relationship*, New York, The Free Press, 1988, p. 2.

visionnements, l'ordonnancement de la production, les recherches ayant trait aux matières et à l'approvisionnement, les achats, le transport en amont, la gestion des stocks, la réception, le contrôle de la qualité à l'arrivée, l'entreposage, la circulation des matières à l'intérieur de l'usine ainsi que l'élimination des rebuts et des surplus. Il faut noter que le gestionnaire des matières n'est pas nécessairement responsable de l'ensemble de ces 11 fonctions. Ainsi, il arrive souvent que l'ordonnancement, la circulation des matières à l'intérieur de l'usine et le contrôle de la qualité à l'arrivée ne relèvent pas de lui.

La gestion des matières vise à résoudre les problèmes liés à l'approvisionnement dans l'ensemble de l'entreprise (de façon optimale) en coordonnant les activités des diverses fonctions qui s'y rattachent, en fournissant un réseau de communication et en régularisant le flux des matières. L'informatisation constitue une raison additionnelle d'opter pour la gestion des matières, puisque les fonctions liées à cette dernière partagent de nombreux besoins en renseignements et peuvent de ce fait accéder à une banque de données commune.

La **logistique** vit le jour vers 1670, lorsqu'on proposa une réorganisation de l'état-major de l'armée française, laquelle devait entraîner l'apparition d'un maréchal général des logis chargé du ravitaillement, du transport, du choix des camps et de l'adaptation des marches. Bien que le terme «logistique» appartienne depuis longtemps au vocabulaire militaire, on ne commença vraiment à l'employer dans le cadre de la gestion d'organisations civiles que dans les années 60. Le Council of Logistics Management a récemment défini la logistique comme «le processus de planification, de mise en place et de contrôle du flux et de l'entreposage efficaces et rentables des matières premières, des produits en cours de fabrication, des produits finis et des informations qui s'y rapportent, de leur point d'origine à leur lieu de consommation, dans le but de répondre aux exigences du client»[2].

Le concept de la logistique présente un attrait certain du point de vue théorique, puisqu'il se traduit par une approche systématique; mais sa mise en application soulève deux problèmes de taille. Le premier réside dans la capacité d'un gestionnaire de mener à bien une tâche de cette ampleur, laquelle chevauche un grand nombre des sphères d'autorité et de responsabilités traditionnelles d'une organisation; le second découle de la nature des progiciels actuellement disponibles.

Le présent ouvrage examine surtout les fonctions généralement rattachées aux achats et à la gestion des matières: nous y traitons principale-

---

2. ERNST et WHINNEY, *Corporate Profitability and Logistics: Innovative Guidelines for Executives*, Oak Brook (Ill.), Council of Logistics Management, 1987, p. 2 (traduction libre).

ment des biens et des services en tant qu'intrants, et non comme extrants. De plus, même dans le secteur de la gestion des matières, nous insistons davantage sur certaines activités, dont la sélection des fournisseurs et la détermination du prix à payer, plutôt que sur d'autres, tels la gestion des stocks et le transport.

□ □ □ □ □
1.2 LES SOMMES CONSACRÉES À L'APPROVISIONNEMENT

En 1989, les entreprises américaines de fabrication déboursèrent au total 1 504 milliards de dollars pour l'acquisition de matières, ce qui représentait une augmentation de plus de 50 % par rapport aux 999 milliards de dollars consacrés à ce même type d'achats 10 ans plus tôt. La même année, leurs dépenses en immobilisations atteignaient 97 milliards de dollars, dépassant ainsi de plus de 50 % le niveau de 1979, année où elles s'élevaient à 62 milliards de dollars (*voir le tableau 1.1*). L'ampleur de ces chiffres montre bien l'importance d'accomplir la fonction achat avec la plus grande efficacité possible.

Pour la plupart des dirigeants d'entreprise, le secteur de l'approvisionnement est le premier en importance sur le plan des coûts. Bien sûr, le pourcentage des ventes ou des revenus représenté par les achats varie considérablement d'une industrie à une autre. Les hôpitaux et les banques, par exemple, consacrent moins de 20 % de leurs revenus aux achats parce qu'ils font un plus grand usage de main-d'œuvre que de matières. Les industries de fabrication, par contre, dépensent en moyenne plus de la moitié de leur chiffre d'affaires pour s'approvisionner en matières. Ainsi, lorsqu'un constructeur d'automobiles vend 18 000 $ un véhicule neuf à un concessionnaire, il a déjà déboursé plus de 10 800 $ (c'est-à-dire environ 60 % du montant reçu) afin d'obtenir l'acier, les pneus, le verre, la peinture, le tissu, l'aluminium, le cuivre et les composantes électroniques nécessaires à sa fabrication. De même, pour vendre 1 000 $ de boissons gazeuses emballées à un supermarché, un producteur doit au préalable verser près de 750 $ à ses fournisseurs pour acheter l'édulcorant, le gaz carbonique, les essences, les bouteilles, les capsules et les contenants en carton ou en plastique nécessaires à la fabrication et à la finition du produit.

À l'aide de données recueillies par le U.S. Bureau of the Census lors de son enquête annuelle sur les entreprises manufacturières américaines en 1989, le tableau 1.1 fournit un aperçu des ventes et des achats globaux dans certains secteurs de fabrication. Les chiffres indiqués révèlent que les entreprises manufacturières consacrent en moyenne 54 % du produit de leurs ventes à l'achat de matières; ce total augmente à 57 % lorsqu'on inclut les dépenses en immobilisations. Or, ce montant représente environ

TABLEAU 1.1 Ratio coût des matières–valeur des marchandises livrées pour diverses industries de fabrication en 1989

Industrie	Coût des matières (M $)	Dépenses en immobili- sations nouvelles (M $)	Total des achats de matières et des immobili- sations (M $)	Valeur des marchandises livrées (M $)	Ratio coût des matières— ventes	Ratio total des achats— ventes
Aliments et produits de même nature	232 986	8 329	241 315	364 404	64	66
Bois d'œuvre et produits du bois	44 896	1 954	46 850	74 328	60	63
Meubles et accessoires pour résidences	19 892	986	20 878	41 152	48	51
Papier et produits connexes	70 781	10 067	80 848	131 366	54	62
Imprimerie et édition	52 526	5 761	58 287	149 912	35	39
Produits chimiques et produits connexes	133 286	13 480	146 766	278 085	48	53
Produits du pétrole et du charbon	118 670	3 331	122 001	143 702	83	85
Caoutchouc et produits de plastique divers	50 850	4 573	55 423	98 417	52	56
Pièces de métal manufacturées	82 697	4 613	87 310	162 181	51	54
Machines et équipement industriels	122 042	8 052	130 094	253 642	48	51
Matériel électronique et électrique	86 850	8 664	95 514	192 618	45	50
Matériel de transport	220 941	9 967	230 908	365 981	60	63

SOURCE: U.S. BUREAU OF THE CENSUS, *1989 Annual Survey of Manufactures*, Washington (D.C.), U.S. Government Printing Office, Statistics for Industry Groups and Industries, M85(AS)-1, p. 1-5 et 1-10 ainsi que l'appendice.

1,3 fois la portion restante de 43 % qui peut servir au versement des salaires ainsi qu'au paiement des autres frais d'exploitation, des impôts, des intérêts et des dividendes. De plus, lorsqu'on compare les sommes affectées à la rémunération (salaires et avantages sociaux) de tous les employés du secteur manufacturier, en 1989, au total des achats effectués, on découvre que ces sommes sont trois fois moindres. En d'autres mots, les entreprises de fabrication consacrent en moyenne trois fois plus d'argent aux achats qu'à la rémunération de leurs employés (salaires et avantages sociaux).

Le rapport entre le total des achats et des ventes varie substantiellement d'une industrie à l'autre. De plus, étant donné que les entreprises cherchent à accroître leur efficacité pour être en mesure de concurrencer les fabricants internationaux, il semble probable qu'elles élimineront une part additionnelle des coûts de main-d'œuvre se rattachant aux processus utilisés, ce qui fera augmenter ce ratio encore davantage. Toute fonction à laquelle une entreprise consacre plus de la moitié de ses recettes mérite certainement qu'on y accorde beaucoup d'intérêt.

☐ ☐ ☐ ☐ ☐
1.3 LA PRISE DE DÉCISION DANS LE CONTEXTE DE LA GESTION DES MATIÈRES

Pour ceux qui œuvrent en gestion des matières, un des aspects les plus stimulants de cette fonction réside dans la diversité et la nature des décisions qui s'y rapportent. Doit-on fabriquer ou acheter? Faut-il accumuler des stocks et si oui, de quelle ampleur? Quel prix payera-t-on? À qui passera-t-on la commande? Quelle quantité devrait-on commander? Quand aura-t-on besoin de ce matériel? Quelle possibilité semble la meilleure pour résoudre ce problème? Pour quel mode et quelle entreprise de transport faut-il opter? Devrait-on signer un contrat à court ou à long terme? Convient-il d'annuler? Comment peut-on se départir des matières excédentaires? Qui fera partie de l'équipe de négociation et quelle sera la stratégie à privilégier? De quelle manière peut-on se protéger en prévision de l'avenir? Devrait-on modifier le système d'exploitation? Vaut-il mieux attendre ou agir maintenant? Quel est le meilleur choix en matière d'arbitrage? Quelle position faut-il adopter à l'égard des clients de l'entreprise qui souhaitent devenir ses fournisseurs? Doit-on standardiser les achats? Aurait-on avantage à effectuer des achats par contrat global? Serait-il plus profitable de retenir les services d'un seul ou de plusieurs fournisseurs? Les décisions de ce genre exercent une influence considérable au sein de l'organisation. Leur caractère stimulant découle du climat d'incertitude dans lequel on les prend presque toujours.

Les nouvelles connaissances acquises en matière de gestion au cours des dernières décennies ont fait en sorte qu'il existe aujourd'hui beaucoup plus de façons d'analyser les décisions relatives à l'approvisionnement. Comme le montre la figure 1.1, on peut représenter le choix élémentaire d'un fournisseur par un arbre de décision classique. Un tel diagramme s'applique à un choix à faire entre différentes possibilités en situation d'incertitude. Dans le présent exemple, c'est la demande de l'entreprise qui est à l'origine de cette incertitude, car on ignore si elle sera faible, moyenne ou forte. Le

FIGURE 1.1   Arbre de décision simplifié à une étape se rapportant au choix d'un fournisseur

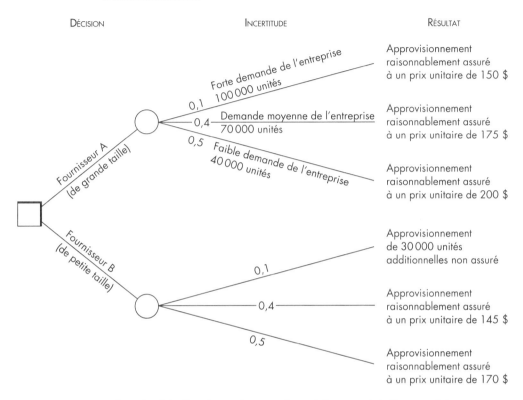

DÉCISION   INCERTITUDE   RÉSULTAT

Forte demande de l'entreprise
100 000 unités

Approvisionnement raisonnablement assuré à un prix unitaire de 150 $

0,1

0,4   Demande moyenne de l'entreprise
70 000 unités

Approvisionnement raisonnablement assuré à un prix unitaire de 175 $

0,5   Faible demande de l'entreprise
40 000 unités

Approvisionnement raisonnablement assuré à un prix unitaire de 200 $

Fournisseur A
(de grande taille)

Fournisseur B
(de petite taille)

0,1

Approvisionnement de 30 000 unités additionnelles non assuré

0,4

Approvisionnement raisonnablement assuré à un prix unitaire de 145 $

0,5

Approvisionnement raisonnablement assuré à un prix unitaire de 170 $

résultat final indiqué touche au prix et à la capacité d'approvisionnement. Le gestionnaire concerné acceptera-t-il d'acheter à un prix plus élevé afin de s'assurer un approvisionnement garanti en toutes circonstances? Les difficultés inhérentes à la quantification des conséquences des diverses options possibles rendent d'autant plus nécessaire l'exercice d'un jugement sain lors de la prise de décisions importantes. Il en résulte également que la manière dont le décideur perçoit le risque peut en elle-même constituer une variable clé. Le gestionnaire a, par conséquent, l'occasion d'allier son jugement, fruit de son expérience et de sa formation, aux concepts et aux techniques de prise de décisions appropriés.

1.4 LES DIFFÉRENCES ENTRE LES ACQUISITIONS DES ENTREPRISES ET LES ACQUISITIONS DES CONSOMMATEURS

La fonction approvisionnement s'avère difficile à comprendre. En effet, on peut aisément présumer la bien connaître parce qu'il existe une autre version du processus d'acquisition familière à la plupart des gens, soit les achats personnels. Or, la consommation à des fins personnelles se caractérise par une philosophie différente axée sur le panier de provisions. Elle suppose la mise en marché au détail d'articles relativement courants par de nombreux fournisseurs. Chaque individu achète en fonction de ses besoins actuels et il est lui-même le consommateur final des produits ou des services qu'il acquiert. Il arrive que les fournisseurs ne demandent pas tous le même prix en raison de la stratégie de marketing qu'ils ont adoptée. Le consommateur peut librement choisir la nature et la qualité des biens requis de même que le fournisseur qui lui convient. À quelques exceptions près, cependant, il ne peut à lui seul influer sur le prix, la méthode de commercialisation ou le fabricant sélectionnés par le fournisseur. Cet état de choses s'explique par le fait que le total des achats effectués par un individu ne représente qu'une très faible proportion du volume des ventes du fournisseur.

La situation est tout autre dans le domaine de la gestion des matières. Ainsi, la plupart des organisations ont souvent des besoins particuliers, et le volume de leurs achats est souvent considérable. Il se peut en outre qu'il n'existe qu'un nombre restreint de sources d'approvisionnement et de clients sur l'ensemble du marché. Par ailleurs, beaucoup des entreprises qui achètent sont de plus grande taille que leurs fournisseurs et jouent parfois divers rôles à leur égard. Étant donné l'ampleur des sommes en jeu, les fournisseurs accordent pour leur part beaucoup d'importance à tout client et recourent souvent à plusieurs types de stratégies pour obtenir un contrat désiré. Dans un tel environnement, le fait d'accorder ou non sa clientèle se traduit par un pouvoir réel. Il faut ainsi, d'une part, certaines connaissances particulières pour répondre adéquatement aux besoins et, d'autre part, un ensemble approprié de systèmes et de procédures afin de garantir une réalisation toujours efficace et acceptable.

Chaque année, les fournisseurs consacrent de grosses sommes à la recherche de moyens originaux et de nouvelles façons d'inciter leurs clients à acheter. Pour assurer la satisfaction des besoins futurs de l'organisation qui achète, son service de l'approvisionnement doit être à même de compenser cet effort de marketing. Il importe ainsi d'affecter aux achats des personnes capables de traiter d'égal à égal avec les fournisseurs. En pareille situation, il ne suffit pas de réagir aux pressions extérieures qu'exercent les fournisseurs : on doit également faire montre de prévoyance et adopter une vision à long terme pour en arriver à reconnaître les besoins futurs et à planifier la façon de les satisfaire.

⬜⬜⬜⬜⬜ 1.5 L'APPORT DE LA FONCTION ACHAT À LA GESTION DES MATIÈRES

On peut envisager l'exécution de la fonction approvisionnement dans un contexte de **prévention des difficultés** ou d'**opportunisme**. Le premier contexte s'avère le plus familier. Ainsi, lorsque la fonction approvisionnement ne satisfait pas certaines attentes minimales, il en résulte divers désagréments pour nombre de personnes au sein de l'organisation. Une qualité médiocre, une quantité incorrecte, un retard de livraison peuvent rendre la vie impossible à l'utilisateur ultime du produit ou du service en cause. Il s'agit là d'un fait si élémentaire et si évident, qu'on interprète l'absence de plainte comme le signe d'une gestion adéquate des matières. Le problème réside dans le fait que certains utilisateurs ne s'attendent jamais à mieux et, ainsi, n'obtiennent parfois jamais davantage.

Le second contexte mentionné se rattache à une contribution possible à la réalisation des objectifs visés par l'entreprise. On compte au moins huit éléments auxquels la fonction approvisionnement peut contribuer, soit : l'effet de levier sur le bénéfice, le rendement de l'actif, les sources d'information, l'efficacité, le maintien d'une position concurrentielle, l'image, la formation offerte et la stratégie de gestion liée à la politique sociale.

L'effet de levier sur le bénéfice

Lorsque, en améliorant la gestion de ses achats, une entreprise économise 100 000 $ au chapitre des sommes versées pour les matières, les fournitures et les services dont elle a besoin, ce montant vient s'ajouter directement à son bénéfice net (avant impôts) dans l'état de ses résultats. Si cette même entreprise avait plutôt accru ses ventes de 100 000 $, son bénéfice n'aurait augmenté que de 5 000 $ dans l'hypothèse d'une marge bénéficiaire de 5 % avant impôts. Les sommes consacrées aux achats ont donc un effet on ne peut plus puissant !

Imaginons cette fois que l'entreprise parvienne à réduire le coût total de ses achats de 10 % grâce à une meilleure gestion de cette fonction. Il s'ensuivrait une hausse de 50 000 $ de son bénéfice avant impôts. Or, pour en arriver à ce même résultat par le seul moyen d'un accroissement de son chiffre d'affaires, cette entreprise devrait réaliser des ventes additionnelles de 1 000 000 $ et, par conséquent, doubler leur volume actuel (dans l'hypothèse d'un chiffre d'affaires présent de 1 000 000 $).

Cela ne veut pas dire que l'on pourrait aisément réduire le coût total des achats de 10 %. De fait, pour une entreprise qui a accordé beaucoup d'attention à la fonction approvisionnement au cours des années, une telle chose s'avérerait difficile, peut-être même impossible à réaliser. Dans le cas d'une entreprise qui a négligé ses achats, cependant, une telle réduction constituerait un objectif réaliste. En raison de l'effet de levier des achats sur le bénéfice, il devient possible d'enregistrer des économies considérables compte tenu de l'effort que l'on devrait fournir pour accroître les ventes du pourcentage nettement plus élevé nécessaire afin d'en arriver au même résultat. Puisque les ventes ont déjà reçu beaucoup plus d'attention que les achats dans de nombreuses entreprises, ces derniers pourraient représenter la dernière source de bénéfices inexploitée.

L'effet sur le rendement de l'actif

Les entreprises accordent de plus en plus d'attention au rendement de leur actif en tant que mesure de leur performance. À la figure 1.2 apparaît le modèle classique du rendement de l'actif, élaboré à partir des données de l'exemple qui précède, en supposant, de façon réaliste, que les stocks constituent 30 % de l'actif. Advenant une réduction de 10 % du coût des achats, l'actif en stocks enregistrerait une baisse équivalente. Les chiffres inscrits dans les cases permettent d'atteindre un rendement initial de l'actif de 10 % ; ceux qui figurent sous les cases découlent d'une réduction globale de 10 % du prix des achats effectués, laquelle fait passer ce même rendement à 20,6 %. Il s'agit là d'un objectif tout à fait réalisable pour nombre d'entreprises.

Une source d'information

Par ses relations avec les intervenants du marché, la fonction achat représente une source d'information pour diverses autres fonctions de l'entre-

FIGURE 1.2   Éléments qui déterminent le rendement de l'actif

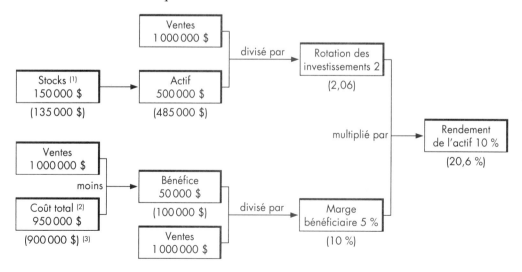

(1) Les stocks représentent environ 30 % de l'actif.
(2) Le coût des achats équivaut à environ la moitié du total des ventes, soit 500 000 $.
(3) Les chiffres entre parenthèses découlent d'une réduction de 10 % du coût des achats.

prise. Elle peut ainsi fournir, entre autres, des renseignements sur les prix, la disponibilité des biens, les nouvelles sources d'approvisionnement, les produits nouvellement lancés et les nouvelles techniques, lesquels sont autant d'éléments qui retiennent l'attention de plusieurs autres constituantes de l'organisation. L'équipe de marketing pourrait ainsi s'intéresser aux techniques de commercialisation inédites et aux nouveaux systèmes de distribution. D'autre part, les services du marketing, des finances et de la recherche ainsi que la direction générale pourraient apprécier en savoir davantage sur les investissements d'importance, les fusions, les entreprises susceptibles de faire l'objet d'une acquisition, les événements sur la scène politique et économique internationale, les faillites imminentes, les principales nominations et promotions de même que les clients actuels et potentiels de l'entreprise. Or, la position unique du service des achats par rapport au marché devrait en faire un poste d'écoute privilégié.

L'effet sur le plan de l'efficacité

L'efficacité avec laquelle on accomplit la fonction achat influe sur d'autres résultats d'exploitation. Bien que le système comptable d'une entreprise ne s'avère pas toujours assez perfectionné pour lui permettre de le reconnaître, il arrive très souvent que le manque d'efficacité s'explique par de mauvaises décisions en matière d'achats. En effet, lorsque le service de l'approvisionnement choisit un fournisseur dont les matières premières ou les pièces sont d'une qualité inférieure aux normes convenues, il peut s'ensuivre une hausse du taux de rebut ou un réusinage dispendieux, ce qui entraîne des coûts de main-d'œuvre excessifs. D'autre part, si un fournisseur ne respecte pas le calendrier de livraison établi, il pourrait en résulter un réordonnancement coûteux, une diminution globale de l'efficience de la production ou, dans le pire des cas, un arrêt de la chaîne de fabrication pendant lequel on continuerait d'assumer des coûts fixes tout en ne produisant rien.

L'effet sur la position concurrentielle

Une entreprise ne peut demeurer concurrentielle à moins d'offrir à ses clients, au moment opportun, les produits finis ou les services de la qualité qu'ils désirent à un prix qu'ils jugent équitable. Or, lorsque le service des achats ne remplit pas son rôle, l'entreprise ne dispose pas, lorsqu'elle en a besoin, des matières de la qualité qu'elle recherche, obtenues à un prix qui lui permet de maintenir le coût de ses produits finis à un bas niveau.

Il y a quelques années, un des principaux constructeurs d'automobiles décida de se procurer tout le verre dont il avait besoin d'une seule et même entreprise (source unique). Quelques mois plus tard, il apparut clairement que des négociations imminentes entre les travailleurs et les dirigeants risquaient d'aboutir à une impasse et d'entraîner une longue grève dans le secteur du verre. Afin de se prémunir contre cette éventualité, le constructeur d'automobiles accumula un stock de verre qui lui durerait 90 jours, et ce malgré le coût de possession élevé et la difficulté de trouver un espace suffisant pour l'y entreposer. Les dirigeants avaient vu juste, et il y eut effectivement une grève dans l'industrie du verre ; mais celle-ci ne toucha que l'entreprise qui assurait l'approvisionnement du constructeur d'automobiles. Cette grève dura 118 jours, et le constructeur dut fermer ses chaînes de montage pendant plus d'un mois.

Ce constructeur d'automobiles enregistra une perte considérable pour l'année en cause, par suite de la réduction de ses ventes qui l'empêcha d'atteindre son seuil de rentabilité. Le président de la société expliqua aux actionnaires que la grève dans le secteur du verre leur avait coûté la vente d'environ 100 000 véhicules (soit le nombre d'unités écoulées en un mois). Il était évident que les consommateurs désireux de se procurer une automobile neuve n'avaient pas voulu attendre le règlement du conflit. Dans la réalité, les ventes perdues atteignirent vraisemblablement près de 500 000 unités, puisque les consommateurs qui firent l'acquisition d'un véhicule d'une autre marque et qui l'apprécièrent retournèrent sans doute chez le concessionnaire de cette même marque lorsqu'ils décidèrent de remplacer leur voiture.

L'effet sur l'image

Les gestes que pose le service des achats influent directement sur les relations de l'entreprise avec le public et sur son image. Ainsi, lorsqu'on ne traite pas les fournisseurs actuels et potentiels avec professionnalisme, ils se forment une piètre opinion de l'organisation dans son ensemble et la font partager à d'autres entreprises. Cette réputation défavorable vient ensuite diminuer la capacité de l'acheteur d'établir de nouvelles relations d'affaires et de trouver de meilleurs fournisseurs. Inversement, la démonstration d'une politique juste appliquée de façon équitable peut accroître la confiance du public dans l'entreprise.

Un lieu de formation

Le secteur des achats constitue un champ d'activité par excellence pour la formation des nouveaux gestionnaires, lesquels peuvent y prendre rapidement conscience des besoins de l'organisation. En faisant subir à un individu la pression liée à la prise de décisions qui peuvent entraîner des conséquences graves en situation d'incertitude, on peut évaluer sa capacité et sa volonté d'assumer des risques et des responsabilités. De plus, les relations qu'un gestionnaire établit avec de nombreuses personnes à divers niveaux et la connaissance qu'il acquiert d'une variété de fonctions l'aident, dans certains cas, à planifier sa carrière et se révèlent utiles à mesure qu'il gravit les échelons de l'organisation. Pour toutes ces raisons, nombre d'entreprises jugent profitable d'inscrire le secteur de l'approvisionnement sur la liste de ceux où les employés qui démontrent beaucoup de potentiel doivent effectuer un stage.

La stratégie de gestion et la politique sociale

On peut aussi utiliser la fonction approvisionnement comme un instrument de stratégie de gestion et de politique sociale. La direction souhaite-t-elle créer un climat de concurrence et l'entretenir? Se préoccupe-t-elle de la représentation géographique, des intérêts des minorités et des questions environnementales et sociales? Favorise-t-elle, par exemple, le recours à des fournisseurs du pays? En période de pénurie générale, un approvisionnement assuré de matières ou de services essentiels peut donner à une entreprise un avantage de taille par rapport à ses concurrents. De même, la capacité d'obtenir un produit ou un service de meilleure qualité ou à moindre prix engendre parfois un gain substantiel. Divers moyens s'offrent à une entreprise pour atteindre une telle position stratégique, soit l'exploration active des marchés internationaux et intérieurs, le recours à des techniques nouvelles ou à des systèmes de gestion innovateurs et l'utilisation imaginative de ses ressources dans le secteur de l'approvisionnement. L'intégration verticale et la décision qui s'y rattache de produire ou d'acheter figurent toujours parmi les éléments à considérer dans le cadre de la gestion des matières.

La contribution possible du secteur de l'approvisionnement à la stratégie est manifeste. Pour qu'elle se réalise, il faut que la direction générale de l'entreprise en prenne conscience et qu'elle soit en mesure de canaliser les ressources de l'entreprise à cette fin. Dans un même temps, il revient à ceux qui gèrent la fonction approvisionnement de chercher les occasions stratégiques dans le contexte actuel et de les signaler aux cadres supérieurs. Pour ce faire, ils doivent connaître parfaitement les objectifs de l'organisation, de même que sa stratégie et son programme à long terme, et être en mesure d'y apporter des modifications à la lumière des renseignements obtenus. Le chapitre 16 traite des contributions potentielles du secteur des achats à la stratégie globale, de même que des principaux champs stratégiques à l'intérieur de cette fonction.

Ce qui précède donne un aperçu de la contribution que peut apporter la fonction approvisionnement, à condition de s'en donner la peine. Dans certaines entreprises, toutefois, la direction n'attache pas une importance primordiale à cette fonction. Or, ce manque continu d'intérêt et d'engagement peut contrer l'objectif d'une réalisation compétente des achats et ainsi affaiblir un maillon de la chaîne.

Une fonction approvisionnement efficace peut et doit accorder une très grande importance aux besoins des utilisateurs quant à la qualité, à la quantité, au prix et à la livraison. Elle peut aussi aider à la réalisation des objectifs de l'entreprise et à l'amélioration de son image. Ceux qui participent à la fonction approvisionnement ne peuvent toutefois arriver à ces résultats sans l'aide et la coopération des fournisseurs, des utilisateurs et des autres intervenants qui prennent part à l'ensemble du processus.

Les gestionnaires progressistes reconnaissent ces contributions possibles du domaine de l'approvisionnement, et ils ont pris les mesures nécessaires pour en assurer la réalisation. Le plus important des gestes posés par les organisations qui ont remporté du succès à cet égard a consisté à élever le responsable des achats et des matières au rang de cadre supérieur. Cette mesure, associée à l'embauche d'un personnel très qualifié et à la délégation des pouvoirs et des responsabilités appropriés, a permis la réalisation du potentiel de la fonction gestion des matières.

1.6 LE PROFESSIONNALISME DANS LE DOMAINE DES ACHATS

Il ne fait aucun doute que les changements de toute nature survenus au cours des dernières décennies ont amené les cadres supérieurs, en général, à reconnaître l'importance d'une exécution efficace de la fonction gestion des achats et des matières. Comment cet état de choses a-t-il influé sur ceux qui accomplissent la fonction achat? De quelle manière ces personnes ont-elles évolué? Bien qu'aucune mesure quantitative unique ne puisse traduire ces changements, il est possible de s'en faire une idée grâce à certains indicateurs, dont les six suivants.

Les nouvelles attributions

Ceux qui œuvrent dans le secteur des achats se sont vu confier plusieurs nouvelles responsabilités. Une étude réalisée en 1988 par le Center for Advanced Purchasing Studies, à l'aide de données recueillies auprès de 297 entreprises américaines d'importance, révèle que, depuis 1980, les activités suivantes ont été ajoutées aux fonctions relevant du secteur des achats: déplacements du personnel, 14 % des entreprises; transport et circulation des marchandises, 13 %; planification et application des mesures de commerce de contrepartie et de compensation, 12 % ; planification de la stratégie, 9 %. Selon cette même étude, depuis 1980, des entreprises ont accru le rôle ou les responsabilités du secteur des achats dans les domaines et les proportions suivants : planification stratégique, 43 % ; apport de prévisions et d'indicateurs économiques, 41 % ; acquisition d'équipements, 37 % ; conception et mise au point de produits, 31 % ; évaluation des nouveaux produits, 26 % ; transport et circulation des marchandises, 23 % ; déplacements du personnel, 16 % ; planification et application des mesures de commerce de contrepartie et de compensation, 15 % ; planification de trésorerie, 13 %. Les pourcentages plus élevés associés au transport des marchandises et aux déplacements du personnel représentent une conséquence directe de la déréglementation dans le secteur du transport aux États-Unis, laquelle a rendu possible l'emploi des techniques établies pour effectuer ces achats[3].

La scolarité

Bien qu'il n'existe aucun préalable universel au chapitre de la formation scolaire pour débuter dans la profession, la plupart des grandes entreprises exigent un baccalauréat en administration des affaires[4]. Certaines grandes universités américaines offrent désormais une spécialisation en gestion des achats et des matières (ou en approvisionnement et en logistique) dans le cadre de leur programme de premier cycle en administration des affaires : Arizona State University, Bowling Green State University, Florida State University, George Washington University, Miami University et Michigan State University. Nombre d'établissements d'enseignement offrent en outre des cours en gestion des achats à leurs étudiants à temps plein ou partiel[5]. Au Canada, l'École des Hautes Études Commerciales de Montréal et la University of Western Ontario ont fait figure de leaders en offrant des cours en gestion des approvisionnements avant même que cette activité soit perçue comme stratégique dans nombre d'entreprises.

Selon une enquête effectuée par la revue *Purchasing* en 1991, 61 % des personnes interrogées étaient titulaires d'un baccalauréat ; la proportion était plus forte chez les répondants qui occupaient un poste à la vice-présidence ou à la direction des achats. De plus, 57 % des titulaires d'un

---

3. Harold E. FEARON, *Purchasing Organizational Relationships*, Tempe (AZ), Center for Advanced Purchasing Studies / National Association of Purchasing Management, 1988, p. 15-16.

4. « Purchasing Agents », *Occupational Outlook Handbook*, édition 1990-1991, Washington (D.C.), U.S. Department of Labor, bulletin n° 2 200, p. 55.

5. Caroline REICH, « It's Back to School for Purchasing Pros », *Purchasing World*, septembre 1987, p. 59-62.

baccalauréat ès sciences avaient effectué des études en administration, et 26 % d'entre eux possédaient également un diplôme de deuxième ou de troisième cycle[6]. En outre, 94 % des directeurs généraux du service des achats interrogés par le Center for Advanced Purchasing Studies dans le cadre de son étude réalisée en 1988 auprès de 295 organisations possédaient un diplôme universitaire et 39 % avaient terminé des études supérieures. Enfin, 55 % des bacheliers ès sciences étaient spécialisés dans le domaine des affaires et 19 % dans celui du génie[7].

Le recrutement en milieu universitaire

Nombre de grandes entreprises se tournent maintenant vers les universités pour y recruter le personnel débutant qu'elles affectent à leur service de gestion des achats et des matières. Cette façon de procéder s'explique par la conviction qu'il faut embaucher les meilleurs candidats possible si l'on compte leur faire assumer dans cinq ans des responsabilités au chapitre de la gestion des approvisionnements. L'expérience démontre que cette source de personnel débutant, plus que toute autre, fournit de nouveaux employés qui ont une formation générale étendue, se montrent aux aguets et connaissent du succès.

Les programmes de formation

Les entreprises les mieux gérées offrent dorénavant à leurs professionnels des achats une formation continue. Certaines organisent des séminaires internes structurés, permettant ainsi à un individu de participer durant plusieurs années à des sessions de formation d'une semaine, alors que d'autres ont recours à un ensemble planifié de séminaires et de cours offerts par des universités, des associations ou des organismes de formation privés. Divers cours et séminaires se rapportant à la gestion en général viennent compléter cette formation spécialisée en approvisionnement.

Les salaires

Bien que la rémunération du personnel des achats varie considérablement d'une entreprise à l'autre en raison de la diversité des tâches et des res-

---

6. Somerby DOWST, « Profile of the Purchasing Pro: 1991 », *Purchasing*, 21 mars 1991, p. 31.

7. Harold E. FEARON, *Purchasing Organizational Relationships*, Tempe (AZ), Center for Advanced Purchasing Studies / National Association of Purchasing Management, 1988, p. 9.

ponsabilités qu'on lui confie, on peut obtenir une approximation du niveau des salaires dans ce domaine grâce aux enquêtes réalisées annuellement par la revue *Purchasing*.

Il ressort de l'enquête effectuée par cette revue en 1991, auprès de 3 800 répondants, que le salaire annuel moyen atteignait alors 43 100 $, soit une hausse de 1 500 $ par rapport à l'année précédente. En outre, 35 % des personnes interrogées ont affirmé qu'elles recevaient une prime annuelle (faisant partie de la rémunération annuelle calculée)[8].

En se fondant principalement sur des données du Bureau of Labor Statistics, la revue *Money* a indiqué, en 1992, que le poste de directeur des achats se classait au dixième rang (90e centile) des emplois les mieux rémunérés, avec un revenu annuel de 82 886 $. Des 100 professions étudiées, les seules qui rapportaient davantage étaient, dans l'ordre: médecin, planificateur financier, dentiste, vétérinaire, pilote de ligne, courtier en valeurs mobilières, avocat, représentant d'un groupe de pression et cadre dans le domaine de la publicité[9].

Il apparaît clairement que les salaires ont augmenté considérablement dans le secteur des achats au cours des dernières années, leur progression se faisant à un rythme plus rapide que le taux d'inflation.

Les associations professionnelles

Lorsqu'une profession atteint son stade de plein développement, les associations qui s'y rattachent deviennent le point de centralisation des efforts déployés pour en améliorer l'exercice ainsi que la conduite de ses membres. Au Canada, l'Association canadienne de gestion des achats[10] (ACGA) regroupe les professionnels de ce secteur. Fondée en 1919, elle compte environ 7 000 membres répartis en quelque 53 districts d'un océan à l'autre. Son objectif premier est la formation; elle offre une série de cours (dont certains par correspondance) qu'elle a élaborés sur les achats et leur gestion, en plus de donner des conférences à l'échelle nationale et régionale. Elle assume également la responsabilité du programme menant au titre d'approvisionneur professionnel agréé (a.p.a. ou C.P.P. – Certified Professional Purchaser) décerné à ceux qui ont réussi un ensemble donné de cours et de séminaires ainsi qu'un examen oral du comité d'examen

8. Robert S. REICHARD, «Purchasing's 1991 Salary Survey», *Purchasing*, 12 décembre 1991, p. 46-68.

9. Shelly BRANCH et Lani LUCIANO, «Money's Best Jobs in America», *Money*, février 1992, p. 67.

10. Adresse de l'Association canadienne de gestion des achats: 2, rue Carlton, bureau 1414, Toronto, Ontario, M5B 1J3.

de l'ACGA. Depuis la création de ce programme en 1963, quelque 1 070 professionnels du domaine des achats ont décroché le titre d'approvisionneur professionnel.

Aux États-Unis, la principale association professionnelle dans le secteur des achats est la National Association of Purchasing Management (NAPM); elle fut fondée en 1915 sous le nom de National Association of Purchasing Agents[11]. Axée sur la formation et la recherche, la NAPM compte environ 35 000 membres répartis en quelque 170 associations locales de gestion des achats.

En plus d'organiser des conférences, la NAPM publie une revue spécialisée dans le domaine des achats intitulée *International Journal of Purchasing and Materials Management*, qu'elle lança en 1965. D'autre part, depuis le début des années 30, cette association procède à une enquête mensuelle sur le monde des affaires, que l'on considère comme l'un des meilleurs indicateurs du niveau courant de l'activité dans ce secteur. Les résultats de cette enquête font ordinairement la première page du *Wall Street Journal* le deuxième jour ouvrable de chaque mois. La NAPM collabore également avec les collèges et les universités afin d'encourager et de soutenir l'enseignement de la gestion des achats et des activités connexes. De plus, elle subventionne les travaux de recherche de professeurs et d'étudiants des cycles supérieurs.

En 1974, la NAPM a mis sur pied un programme de certification des gestionnaires en approvisionnement, lequel permet de vérifier les compétences de ceux qui œuvrent dans le secteur des achats. Lorsqu'un individu termine ce programme avec succès, l'association lui accorde le titre de gestionnaire agréé des achats (Certified Purchasing Manager ou C.P.M.), attestant ainsi qu'il possède les connaissances, la formation et l'expérience exigées. Environ 20 000 personnes ont déjà obtenu ce titre après avoir passé quatre examens écrits en plus d'avoir assisté aux séminaires prescrits et d'avoir acquis la formation particulière et l'expérience requises. Pour le conserver, elles doivent faire la preuve d'une formation additionnelle tous les cinq ans.

La plus récente activité professionnelle innovatrice d'importance de la National Association of Purchasing Management consiste en la mise sur pied du Center for Advanced Purchasing Studies (CAPS) à la fin de 1986, par suite de la signature d'une entente d'affiliation nationale entre la NAPM et le College of Business de l'Arizona State University[12]. Ce centre

---

11. Adresse de la National Association of Purchasing Management: 2055 East Centennial Circle, P.O. Box 22160, Tempe, AZ 85285-2160.

12. Adresse du Center for Advanced Purchasing Studies: Arizona State University Research Park, P.O. Box 22160, Tempe, AZ 85285-2160.

vise à réaliser trois objectifs principaux par le biais de son programme de recherche, soit: 1. hausser le niveau d'efficacité de la fonction achat, 2. accroître la capacité d'achat global et 3. accroître la compétitivité des entreprises américaines au sein d'une économie mondialisée.

Il existe une association des professionnels du secteur des achats dans la plupart des pays industrialisés. Citons, à titre d'exemple, l'Institute of Purchasing and Supply Management en Australie, l'Institute of Purchasing and Supply en Grande-Bretagne, la Confederacion Mexicana de Asociaciones de Ejecutivos de Compras y Abastecimiento au Mexique ainsi que la Japan Materials Management Association. Ces associations nationales sont regroupées d'une façon plus ou moins structurée au sein de la Fédération internationale de l'approvisionnement et des achats (ou International Federation of Purchasing and Materials Management – IFPMM). Composée de plus de 40 associations nationales, cette dernière vise à promouvoir la coopération, la formation et la recherche dans le domaine des achats à l'échelle mondiale[13]. La profession d'acheteur figure donc aujourd'hui sans conteste au nombre de celles qui jouissent d'une reconnaissance internationale.

Questions de révision et de discussion

1. «Le succès à long terme de toute entreprise repose sur sa capacité à recruter des clients et à les conserver.» Êtes-vous d'accord avec cette affirmation? Expliquez en quoi cela concerne la gestion des achats et des matières.

2. Qu'est-ce qui différencie les achats, l'approvisionnement, la gestion des matières et la logistique?

3. Qu'est-ce que l'effet de levier des achats sur le bénéfice? Cet effet est-il le même au sein de toutes les entreprises?

4. Comment les achats et la gestion des matières influent-ils sur le rendement de l'actif? Décrivez les divers moyens d'accroître ce rendement par le biais de la gestion des achats et des matières.

5. De quelle manière la fonction achat s'est-elle transformée au cours des dernières années? Nommez les éléments qui ont contribué à ce phénomène, puis décrivez l'évolution de la fonction achat pour les 10 prochaines années.

---

13. Michael TAYLOR, «The Nature and Purposes of the IFPMM», *Journal of Purchasing and Materials Management*, été 1984, p. 2-6.

6. Que tentent d'accomplir les diverses associations professionnelles œuvrant dans le secteur des achats?

7. « La fonction achat n'engendre aucun bénéfice, bien au contraire, puisqu'elle utilise une partie des ressources de l'entreprise. » Êtes-vous d'accord avec cette affirmation?

8. La gestion des achats constitue-t-elle une profession? Dans la négative, expliquez pourquoi il n'en va pas ainsi. Dans l'affirmative, décrivez comment cette profession et ceux qui l'exercent évolueront au cours de la prochaine décennie.

Références

DOBLER, Donald W., Lamar LEE Jr. et David N. BURT, *Purchasing and Materials Management*, 5ᶜ éd., New York, McGraw-Hill, 1990.

FEARON, Harold E., Donald W. DOBLER et Kenneth KILLEN (dir.), *The Purchasing Handbook*, 5ᶜ éd., New York, McGraw-Hill, 1993.

HEINRITZ, Stuart F., Paul V. FARRELL, Larry C. GIUNIPERO et Michael G. KOLCHIN, *Purchasing: Principles and Applications*, 8ᶜ éd., Englewood Cliffs (N.J.), Prentice Hall, 1991.

JACKSON, Ralph W., « How Multidimensional Is the Purchasing Job? », *Journal of Purchasing and Materials Management*, automne 1990.

LEENDERS, Michiel R. et David L. BLENKHORN, *Reverse Marketing: The New Buyer–Supplier Relationship*, New York, The Free Press, 1988.

PORTER, Robert W., « Buying Clout Builds Profits », *Purchasing*, 23 mars 1989.

RECK, Robert F. et Brian G. LONG, « Purchasing: A Competitive Weapon », *Journal of Purchasing and Materials Management*, automne 1988.

ZENZ, Gary J., *Purchasing and the Management of Materials*, 6ᶜ éd., New York, John Wiley & Sons, 1987.

2 Les objectifs et l'organisation de la gestion des approvisionnements et des matières

Plan

Questions clés du décideur

Devrait-on:

- séparer les fonctions achat et relance?

- élaborer une organisation reposant sur la gestion des matières?

- modifier le niveau de centralisation ou de décentralisation de la prise de décision dans le domaine de l'approvisionnement?

Comment peut-on:
- amener les autres intervenants de l'organisation à reconnaître les prérogatives du service des achats?
- mettre en application le concept de l'acheteur-planificateur?
- organiser la fonction achat de manière à en retirer les avantages que procure la spécialisation?

Toute organisation, aussi bien publique que privée, est plus ou moins dépendante des matières et des services que lui procurent d'autres organisations. En effet, même le plus petit bureau ne peut accomplir sa tâche sans avoir un espace, le chauffage, l'éclairage, l'électricité, un système de communication, du matériel, des meubles, du papier et divers autres articles. Aucune entreprise ne peut se suffire à elle-même. De ce fait, l'approvisionnement compte parmi les fonctions de base communes à toutes les entreprises. Structurer la fonction achat et gestion des matières pour qu'elle contribue avec efficacité à la réalisation des objectifs de l'entreprise représente, par conséquent, l'un des défis que doivent relever les gestionnaires.

2.1 LES OBJECTIFS DE LA GESTION DES APPROVISIONNEMENTS ET DES MATIÈRES

Les objectifs globaux de la fonction achat s'énoncent généralement de la façon suivante. Elle doit obtenir les **matières appropriées** (satisfaisant aux normes de qualité exigées) d'une **source adéquate** (c'est-à-dire d'un fournisseur fiable qui remplira ses engagements au moment opportun), et ce au **bon prix** et en **quantité suffisante**, tout en s'assurant qu'elles parviennent à l'**endroit désiré** au **moment voulu** et qu'elles s'accompagnent d'une qualité de **service satisfaisante** (aussi bien avant qu'après la réalisation de la vente).

On peut comparer le décideur en matière d'approvisionnement à un jongleur qui tente de maintenir plusieurs boules dans les airs en même temps, puisqu'il doit atteindre simultanément les sept buts que représentent les éléments énumérés ci-dessus. En effet, on n'y gagne pas à acheter au plus bas prix si les biens n'offrent pas la qualité et le rendement exigés ou s'ils arrivent à destination avec deux semaines de retard, entraînant ainsi un arrêt de la chaîne de production. D'autre part, il arrive que le «bon» prix dépasse de beaucoup le prix normal dans le cas d'un article dont on a un pressant besoin qui fait que l'acheteur ne peut se permettre le luxe d'accepter le délai d'obtention habituel. Le décideur en matière d'approvisionnement doit par conséquent s'efforcer d'établir un équilibre entre les sept objectifs mentionnés, souvent opposés, et faire des compromis pour en arriver à une solution optimale.

Présentés de manière plus détaillée, les objectifs d'ensemble de la fonction approvisionnement se définissent de la façon suivante.

1. Assurer un apport continu des matières, des fournitures et des services nécessaires à l'exploitation de l'entreprise   Toute rupture des stocks de matières premières ou de pièces servant à la fabrication entraînerait l'arrêt des activités et s'avérerait très dispendieuse en raison de la perte au chapitre de la production, de la montée des coûts d'exploitation attribuable aux coûts fixes et de l'incapacité de respecter les engagements de livraison pris envers les clients. Ainsi, un constructeur d'automobiles ne peut terminer la fabrication d'un véhicule sans les pneus qu'il achète, une société aérienne ne peut maintenir l'horaire de ses vols sans le carburant qu'elle se procure et un hôpital ne peut réaliser les interventions chirurgicales sans faire l'acquisition de solutés.

2. Maintenir les sommes investies dans les stocks et les pertes s'y rattachant au plus bas niveau possible   Une des façons d'assurer un apport ininterrompu de matières consiste à toujours disposer de stocks considérables. Toutefois, la détention de ces éléments d'actif nécessite l'emploi de capital que l'on ne peut investir ailleurs, le coût annuel de possession d'un stock pouvant atteindre de 20 % à 36 % de sa valeur. De ce fait, lorsque le service des achats peut assurer le maintien des activités en investissant 10 millions de dollars dans les stocks plutôt que 20, cette réduction de 10 millions se traduit normalement par une économie de 3 millions de dollars.

3. Assurer le respect de normes de qualité adéquates   Pour que la production d'un bien ou d'un service réponde aux attentes et n'engendre pas des coûts trop élevés, il faut que toute matière utilisée présente un certain degré de qualité. La correction d'un défaut attribuable à un intrant matériel de qualité inférieure peut entraîner un coût interne énorme. Ainsi, un ressort faisant partie du système de freinage d'une locomotive diesel ne coûte que 0,93 $; mais s'il se révèle défectueux après la mise en service de l'engin, il en coûtera des milliers de dollars pour le remplacer en raison du démontage nécessaire, de la perte de revenus que subira le transporteur durant le retrait de la locomotive et, peut-être, du non-renouvellement des commandes de locomotives. Vu la nécessité d'accroître la qualité pour faire face à la concurrence à l'échelle mondiale, on accorde une attention renouvelée à l'objectif de qualité que doit poursuivre le service des achats.

4. Trouver des fournisseurs compétents   Le succès que remporte le service des achats dépend, au bout du compte, de son habileté à trouver des fournisseurs, pour ensuite analyser leurs capacités et choisir parmi eux ceux qui conviennent. En effet, l'entreprise n'obtiendra les articles dont elle a besoin au plus bas prix possible que si les fournisseurs sélectionnés se révèlent à la fois ouverts et responsables. Ainsi, lorsqu'on achète un système informatique complexe d'un fournisseur qui déclare ultérieurement faillite et ne peut procéder à l'entretien, à la modification et à la mise à jour à long terme, son prix initialement favorable devient très élevé par suite de l'incapacité du fournisseur de remplir ses engagements.

5. Standardiser les articles acquis dans la mesure du possible   On doit acheter l'article qui convient le mieux à l'usage qu'on se propose d'en faire du point de vue de l'entreprise dans son ensemble. Advenant que le service des achats puisse se procurer un seul bien pour répondre aux besoins que comblaient précédemment deux ou trois articles différents, l'entreprise pourrait accroître son efficacité par suite d'une baisse du prix initial attribuable à une remise sur quantité, d'une réduction des sommes totales investies dans les stocks pour offrir une même qualité de service, d'une diminution des coûts de formation du personnel et d'entretien liés à l'utilisation du matériel ainsi que d'un accroissement de la concurrence entre les fournisseurs.

6. Acquérir les biens et les services au plus bas prix possible   L'approvisionnement engloutit la plus grande part des ressources financières d'une entreprise typique. Il peut en outre exercer un effet de levier très important sur le bénéfice, comme nous l'avons expliqué au chapitre 1. Bien qu'on attribue une connotation péjorative à l'expression « achat effectué en tenant compte du meilleur prix » parce qu'elle laisse entendre que le prix représente le seul élément à considérer, le service de l'approvisionnement devrait s'efforcer d'obtenir les articles et les services requis au plus bas prix possible dans la mesure où ils satisfont également les besoins en matière de qualité, de livraison et d'entretien.

7. Améliorer la position concurrentielle de l'entreprise   Pour être à même de concurrencer les autres, une entreprise doit limiter ses coûts afin de protéger sa marge bénéficiaire. Cependant, le coût des achats représente, pour beaucoup d'entreprises, la principale dépense qu'elles engagent dans le cadre de leurs activités. Les entreprises doivent par ailleurs modifier leurs produits et leurs méthodes de fabrication pour tenir compte de l'évolution des techniques et des conditions de production. Or, le service des achats est en mesure de fournir aux concepteurs et aux ingénieurs de production de précieux renseignements sur les nouveaux produits disponibles de même que sur la transformation actuelle ou probable des techniques de fabrication. Enfin, le service de l'approvisionnement doit assurer l'apport continu des matières nécessaires à la production des biens et à la fourniture des services au moment opportun, afin de respecter les engagements de livraison pris envers les clients. Le succès à long terme de toute entreprise repose sur sa capacité à attirer des clients et à les conserver. Le chapitre 16 traite de la contribution possible du service des achats à la stratégie globale de l'entreprise et des stratégies d'approvisionnement particulières qui permettent d'améliorer la position concurrentielle de cette dernière.

8. Établir des relations de travail harmonieuses et fructueuses avec les autres services de l'entreprise Le service des achats ne peut à lui seul assurer un approvisionnement efficace. Pour y parvenir, il a besoin de la collaboration des autres services et intervenants de l'entreprise. Ainsi, les utilisateurs et le service du contrôle de la production doivent lui faire connaître les besoins en matières au moment opportun, afin qu'il dispose du temps requis pour trouver des fournisseurs compétents et conclure des ententes d'achat profitables. De même, le service technique et le service de la production doivent accepter de prendre en considération les avantages économiques que pourraient entraîner l'emploi de matières substituts ou le recours à des fournisseurs différents. Il faut également que le service des achats travaille en étroite collaboration avec le service du contrôle de la qualité pour établir les procédures d'inspection des matières à l'arrivée, faire part aux fournisseurs des modifications requises advenant la découverte d'un problème qui touche à la qualité, et évaluer le rendement des fournisseurs actuels. D'autre part, le service de la comptabilité doit payer les fournisseurs sans délai pour tirer profit des remises sur quantité et maintenir avec eux de bonnes relations à long terme. Lorsque le paiement ne peut être effectué du fait qu'il manque certaines informations relatives à l'achat, à la réception ou au contrôle à l'arrivée, le service des achats doit remédier à cette situation, puisque les fournisseurs n'ont aucun contact direct avec les autres services concernés. En effet, les fournisseurs ne traitent qu'avec le service des achats et s'attendent à être payés dans le délai prévu.

9. Réaliser les objectifs au chapitre de l'approvisionnement avec un minimum de frais de gestion Le service des achats ne peut fonctionner sans entraîner certaines dépenses: rémunération, frais téléphoniques et postaux, coût des fournitures, frais de déplacement, coût du matériel informatique et autres frais généraux. Il doit cependant atteindre ses objectifs de la manière la plus efficace et la plus économique possible, ce qui oblige son directeur à en revoir constamment les activités pour s'assurer de leur rentabilité. Si l'entreprise ne peut réaliser ses objectifs d'approvisionnement en raison d'une analyse et d'une planification inadéquates, il convient peut-être d'accroître le personnel du service. Il importe cependant de toujours rechercher les moyens possibles d'améliorer les méthodes, les procédures et les techniques d'achat.

□ □ □ □ □
2.2 L'ORGANISATION DE LA GESTION DES APPROVISIONNEMENTS ET DES MATIÈRES

La mise sur pied d'une organisation efficace entraîne nombre d'activités, mais aucune ne revêt une plus grande importance que la définition des liens unissant les stratégies, les structures et le partage des responsabilités. Une fois qu'on a élaboré une stratégie, on doit l'appliquer à l'intérieur d'une structure organisationnelle donnée qui, quel que soit le modèle d'organisation retenu, entraînera un partage des responsabilités. Il importe peu que la structure choisie repose sur un ensemble de secteurs d'activité, sur le flux des informations ou sur des concepts liés aux personnes ; ce qui compte vraiment, c'est que l'attribution et l'exécution des tâches respectent les plans stratégiques et les buts de l'entreprise. Il s'ensuit que la planification de la structure et la délégation des pouvoirs représentent des éléments clés du processus d'intégration des objectifs stratégiques et de la structure organisationnelle.

Il s'avère encore plus difficile d'organiser la fonction approvisionnement parce qu'on doit alors tenir compte non seulement de la stratégie de l'entreprise et de ses besoins internes, mais aussi du monde extérieur. Les fonctions achat et transport interviennent quotidiennement sur le marché et doivent réagir aux variations qui s'y produisent. De plus, lorsque les fournisseurs accordent beaucoup d'importance au marketing et établissent une équipe de vente hautement qualifiée, énergique et imaginative, les entreprises qui achètent doivent trouver un moyen adéquat de compenser cette force extérieure.

Les responsabilités du service des achats

Durant les années 80, lorsque les entreprises gagnèrent en complexité sous l'effet de la croissance et à la suite d'acquisitions et de fusions, leurs approvisionnements devinrent plus incertains et leurs achats à l'étranger prirent plus d'ampleur. De plus, on accorda davantage d'importance à la qualité des matières acquises ainsi qu'à l'effet de levier des achats sur le bénéfice en tant que moyens de maintenir ou d'accroître le niveau de compétitivité. Les services d'achat se sont alors vu confier des responsabilités plus grandes et nouvelles.

Les résultats d'une enquête effectuée en 1983 sur les responsabilités du service des achats donnent une idée de l'ampleur des changements survenus de 1963 à 1983[1] :

Sphères d'activité du service des achats	Proportion des services des achats responsables (en %)	
	1983	1963
Création de nouvelles sources d'approvisionnement	98	68
Gestion des activités d'analyse de la valeur	89	40
Décision de fabriquer ou d'acheter	87	18
Choix du transporteur en amont	86	64
Contrôle des stocks	81	47

Il ressort en outre, d'une étude publiée en 1988 par le Center for Advanced Purchasing Studies (CAPS), que les activités liées à l'approvisionnement qui relèvent de la fonction achat varient grandement d'une entreprise à l'autre. Voici une liste de certaines fonctions et de la proportion des 297 entreprises répondantes qui en avaient confié la responsabilité à leur service des achats[2] :

Fonction	Proportion des services des achats responsables (en %)
Élimination des rebuts et des surplus	57
Transport en amont	41
Contrôle des stocks	37
Entreposage	34
Transport en aval	32
Réception	26
Inspection à l'arrivée	16

Cette étude du CAPS considérait également les modifications apportées aux responsabilités des services des achats depuis 1980. Le tableau 2.1 montre les tendances observées au chapitre de l'évolution de la fonction approvisionnement. Les 292 entreprises répondantes (qui étaient pour la plupart de très grande taille compte tenu de leur chiffre d'affaires en 1986) indiquèrent chacune les activités nouvelles qu'elles avaient confiées à leur

---

1. Richard L. DUNN, « You're Not Getting Older, You're Getting Better », *Purchasing World*, juin 1983, p. 138.

2. Harold E. FEARON, *Purchasing Organizational Relationships*, Tempe (AZ), Center for Advanced Purchasing Studies / National Association of Purchasing Management, 1988, p. 14.

TABLEAU 2.1   Activités nouvellement attribuées au service
des achats et domaines où il assume un rôle
ou des responsabilités accrus depuis 1980
(au sein des 292 entreprises répondantes)

Domaine d'activité	Proportion des entreprises (en %)	
	Nouvelle attribution	Élargissement du rôle ou des responsabilités
Planification stratégique	9	43
Conception et mise au point de produits	3	31
Transport et circulation des marchandises	13	23
Évaluation des nouveaux produits	4	26
Achat de biens d'équipement	7	37
Déplacements du personnel	14	16
Planification de marketing	1	9
Apport de prévisions ou d'indicateurs économiques	6	41
Transactions à terme sur les marchandises	3	6
Planification de trésorerie	4	13
Planification et application des mesures de commerce de contrepartie et de compensation	12	15

service des achats depuis 1980 et les domaines où elles en avaient accru le rôle ou les responsabilités durant cette même période[3].

Par suite de la déréglementation du transport amorcée en 1977 aux États-Unis, beaucoup de services de l'approvisionnement se sont vu attribuer la nouvelle responsabilité d'obtenir les services de transport requis pour les déplacements du personnel et l'acheminement des marchandises. D'autre part, le commerce de contrepartie, qu'on ne rattache souvent qu'à la mise en marché, figure de nos jours parmi les sphères d'activité de nombreux services de l'approvisionnement parce que ce type d'activité est devenu monnaie courante pour les entreprises qui vendent à l'étranger. La participation accrue du service de l'approvisionnement à la planification stratégique, à l'apport de prévisions économiques, à l'achat de biens d'équipement et à la conception des produits témoigne de son passage du rôle de simple responsable de l'acquisition et de la circulation des matières à celui de soutien de la direction générale. Il s'ensuit que le personnel affecté aux achats doit posséder des capacités plus étendues et bien

3. Harold E. FEARON, *Purchasing Organizational Relationships*, Tempe (AZ), Center for Advanced Purchasing Studies / National Association of Purchasing Management, 1988, p. 15-16.

comprendre la mission globale de même que le fonctionnement de l'entreprise.

La centralisation et la décentralisation

Lorsqu'une entreprise adopte un système d'approvisionnement **décentralisé**, les responsables de chaque service effectuent eux-mêmes leurs propres achats. L'avantage d'une telle approche réside dans le fait que l'utilisateur connaît sans doute les besoins de son service mieux que toute autre personne. Cette manière de procéder peut aussi se révéler plus rapide, puisque le chef de service qui a besoin de quelque chose n'a qu'à décrocher le téléphone et à commander.

Néanmoins, les avantages d'un système d'approvisionnement **centralisé** sont si considérables que presque toutes les entreprises (sauf les plus petites) le préfèrent à un mode d'achat décentralisé. Lorsqu'on centralise les activités d'approvisionnement, un individu ou un service distinct reçoit le mandat d'effectuer tous les achats de l'entreprise (à l'exception peut-être de ceux qui ont un caractère très inusité, comme l'acquisition d'un nouvel avion). La centralisation des achats présente de nombreux avantages.

1. Elle facilite la standardisation des articles acquis, puisque toutes les décisions relatives aux achats font l'objet d'une vérification par une autorité centrale.

2. Elle réduit la paperasse. Ainsi, au lieu que chaque directeur de service prépare un bon de commande séparé pour l'achat d'ampoules incandescentes, le service des achats en rédige un seul qui comble tous les besoins de l'entreprise. On peut s'attendre alors à ce qu'il signe un contrat d'une ou de plusieurs années pour bénéficier d'un prix déterminé en tenant compte des besoins de l'entreprise durant toute la période en cause.

3. En groupant les besoins de plusieurs services, le service des achats peut aborder un fournisseur et discuter avec lui de la possibilité d'une commande dont l'ampleur saura vraiment retenir son intérêt. Le service des achats jouit alors d'un certain pouvoir et parvient souvent à obtenir des concessions du fournisseur telles qu'un délai de livraison plus court ou une remise sur quantité. Parfois, il réalise aussi des économies sur les coûts de transport, puisque les marchandises peuvent alors être expédiées en charge complète.

4. Lorsqu'il y a pénurie de matières, les services ne rivalisent pas entre eux pour l'obtention des quantités disponibles, ce qui en ferait monter le prix.

5. Un système d'approvisionnement centralisé permet aux fournisseurs d'accroître leur efficacité de gestion, car ils n'ont pas besoin de ren-

contrer diverses personnes à l'intérieur de l'entreprise. Il leur suffit de « convaincre » le directeur des achats.

6. La centralisation permet de mieux gérer les promesses d'achat. En effet, comme toute entreprise consacre une part importante de ses sorties de fonds à l'achat de matières, elle a besoin d'un point de contrôle central qui lui permet de connaître à tout moment l'ampleur globale des engagements pris. Les décisions relatives à l'octroi de commandes s'avèrent par ailleurs délicates étant donné la possibilité de ristournes illicites et de pots-de-vin lorsqu'on choisit un fournisseur sans scrupule. Or, il est plus facile d'éviter de telles actions qui contreviennent aux lois et à la déontologie lorsque toutes les promesses d'achat relèvent d'une même autorité centrale, car on peut alors s'occuper uniquement du service de l'approvisionnement sans avoir à surveiller les achats effectués par les divers services de l'entreprise.

7. Un système d'approvisionnement centralisé rend possible la spécialisation de même que l'acquisition d'une expertise en gestion des achats et permet une meilleure utilisation du temps disponible. En effet, lorsqu'un directeur tient le rôle d'agent d'approvisionnement, il consacre aux achats des heures qu'il pourrait sans doute mettre davantage à profit en s'occupant de la gestion de son service, sans compter qu'il n'accorde pas assez de temps à ce domaine pour en acquérir une connaissance valable. Par contre, un acheteur à temps plein qui ne s'occupe que de l'approvisionnement ne tarde guère à bien connaître les techniques d'achat, les sources d'approvisionnement, les matières nouvelles et disponibles ainsi que les procédés de fabrication, les marchés et les prix. **Cette acquisition d'une expertise constitue la principale raison pour laquelle la presque totalité des entreprises en sont venues à centraliser la fonction achat.**

Certaines entreprises tentent de conjuguer le plus efficacement possible la flexibilité des achats décentralisés avec le pouvoir d'achat et le partage de l'information liés à un approvisionnement centralisé. Pour ce faire, elles créent des comités d'achat ou des équipes chargées chacune de la gestion d'une matière, d'un produit ou d'une denrée.

L'équipe de gestion d'une matière

On met sur pied une équipe chargée de la gestion d'une matière donnée lorsque cette dernière présente un caractère complexe et revêt de l'importance pour le succès de l'entreprise, qui lui consacre des dépenses élevées[4]. Toute équipe de ce genre permet d'obtenir une expertise accrue,

---

4. « Keeping Up With the Times–Purchasing Councils », *Purchasing Executive's Bulletin*, n° 2022, 25 novembre 1988.

une meilleure coordination ainsi qu'une plus grande communication entre les services, une gestion améliorée des programmes de standardisation et une communication accrue avec les fournisseurs. Elle vise à réduire au minimum le coût total de possession de la matière en cause.

Les équipes chargées de la gestion d'une matière dans un groupe ou une division s'occupent de gérer les activités d'exploitation. On compte parmi leurs tactiques[5] :

- l'établissement de relations à long terme avec les fournisseurs;
- la réduction du nombre de fournisseurs pour en faire un avantage stratégique;
- l'exigence de matières sans défaut;
- la certification de la qualité offerte par les fournisseurs;
- la gestion des délais de livraison et d'approvisionnement;
- l'obtention du soutien des fournisseurs dans le cadre d'un système de juste-à-temps;
- l'élaboration de règles qui mettent l'accent sur la fiabilité, la qualité et l'économie tout au long de la durée de vie du produit.

Formées d'acheteurs et d'ingénieurs de premier plan, les équipes qui relèvent du siège social élaborent et gèrent les stratégies à long terme s'appliquant aux matières qui revêtent une importance capitale pour l'entreprise et nécessitent des mesures d'approvisionnement complexes. Parmi les stratégies utilisées, mentionnons[6] :

- la consolidation des besoins de toutes les unités de l'entreprise à travers le monde en ce qui concerne la matière en cause;
- la mondialisation des sources d'approvisionnement;
- la standardisation des pièces et des procédures;
- la réduction du nombre de fournisseurs;
- l'établissement de relations stratégiques avec les fournisseurs.

Si on maintient que l'approvisionnement compte parmi les fonctions de premier plan, son organisation doit refléter cette importance. Ainsi, on ne peut attribuer le pouvoir d'acheter à une douzaine de personnes au sein de l'entreprise, comme on ne peut partager la responsabilité de la production, des ventes ou du financement entre un nombre équivalent d'individus. Même si l'on divise les tâches d'un responsable pour les confier à des subordonnés ou à divers services, il importe d'établir sans

---

5. «Commodity Management Teams Cut Ownership Costs», *Purchasing Executive's Bulletin*, nº 2205, 10 mars 1990.

6. *Ibid.*

équivoque les responsabilités et l'autorité fonctionnelles de tout chef de service. Par conséquent, on doit confier au directeur des achats toutes les responsabilités qu'il est raisonnable d'associer à l'approvisionnement. En effet, il ne suffit pas de lui attribuer la seule responsabilité de passer des commandes en tant qu'activité routinière: il convient de délimiter clairement et précisément ses responsabilités et ses pouvoirs. Le directeur des achats doit par ailleurs recevoir une aide adéquate et bénéficier du soutien de la direction générale.

La difficulté réside, bien sûr, dans la détermination de la nature exacte des responsabilités et des pouvoirs du directeur des achats. Il revient toujours à ce dernier, entre autres, d'interviewer tous les vendeurs avant qu'ils ne rencontrent d'autres employés de l'entreprise, de faire en sorte que les produits acquis répondent aux besoins ou aux spécifications, de choisir la source auprès de laquelle on s'approvisionnera, de mener les négociations entre fournisseur et acheteur et de réaliser tout achat en passant la commande. Les responsabilités et les tâches additionnelles qu'on lui attribue peuvent varier dans une large mesure selon les circonstances. L'essentiel est de reconnaître qu'il existe certaines tâches qu'on associe toujours à la fonction approvisionnement et qu'on devrait par conséquent attribuer formellement à un service distinct qui occupe le même rang que les autres services principaux de l'entreprise.

Lorsque les achats relèvent d'un directeur compétent qui bénéficie de l'entière collaboration des autres services de l'entreprise, il en résulte certains avantages. Ainsi, les cadres qui assument la responsabilité de l'approvisionnement démontrent l'intérêt et les compétences nécessaires pour réaliser cette tâche particulière, laquelle constitue en outre leur principale préoccupation. La situation décrite aide par ailleurs à définir les responsabilités de chacun de même qu'à évaluer les conséquences de toute politique d'achat. Elle permet d'autre part l'établissement de règles uniformes en ce qui concerne les relations avec les fournisseurs. Plus encore, elle facilite l'élaboration de procédures, de documents et de marches à suivre systématiques, tout en accélérant le contrôle et l'approbation des matières ainsi que le règlement des factures. Cette même situation favorise les études de marché de même que l'analyse des tendances démontrées par les prix et l'analyse des coûts de production des fournisseurs, ce qui permet d'acheter dans les meilleures conditions possibles et aux moments les plus opportuns. Elle encourage également les économies en amenant la consolidation des besoins et la définition de normes pour les matières allant en stock. Enfin, par le biais de la recherche de substituts et de matières qui répondent exactement aux besoins énoncés, elle permet de réduire les coûts sans diminuer la qualité du produit.

⬜⬜⬜⬜⬜
2.3 LA SPÉCIALISATION À L'INTÉRIEUR DE LA FONCTION APPROVISIONNEMENT

Il arrive fréquemment, à l'intérieur même du service des achats, qu'on organise la fonction approvisionnement sur la base d'une spécialisation accrue permettant l'acquisition de compétences particulières. Dans les petites entreprises où le service des achats ne compte qu'un seul employé, la spécialisation s'avère bien sûr impossible, et l'individu concerné doit accomplir lui-même toutes les tâches, ce qui n'est guère facile. Toutefois, lorsque le service de l'approvisionnement est de plus grande envergure, on répartit généralement les activités en quatre sphères spécialisées, comme le montre la figure 2.1.

L'achat et la négociation   Les employés de cette section ont pour tâche de trouver des fournisseurs potentiels, d'analyser leurs capacités, de choisir ceux qui conviennent le mieux et de déterminer les prix et les autres conditions qui s'appliquent aux accords passés avec les vendeurs. Les activités de ce secteur font d'ordinaire l'objet d'une spécialisation encore plus poussée en fonction des matières à acquérir telles que les matières premières (pour lesquelles une spécialisation encore plus grande est parfois

FIGURE 2.1   Organigramme d'un service de l'approvisionnement typique de grande taille

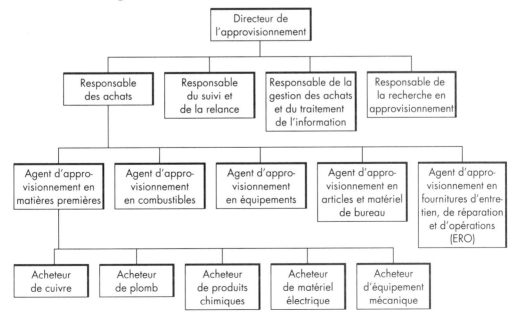

nécessaire), les combustibles, les biens d'équipement, les articles et le matériel de bureau de même que les fournitures d'entretien, de réparation et d'opérations (ERO). Le tableau 2.2 présente la définition d'un poste d'acheteur typique.

Il arrive également qu'on procède à une spécialisation des activités d'achat et de négociation pour les produits finis ou les projets particuliers. Cette approche s'explique par le fait qu'un acheteur concentre toute son attention sur les divers aspects d'un projet, de sa conception à son achèvement, et en acquiert une connaissance poussée. Une fois ce projet terminé, l'acheteur est affecté à un autre projet. Les grandes entreprises de construction peuvent organiser ainsi les activités de leur service des achats en établissant, pour chacun de leurs projets, une structure indépendante et temporaire chargée du volet approvisionnement.

Le suivi et la relance   Une fois l'entente d'achat conclue, ce groupe s'assure que le fournisseur respecte ses engagements au chapitre de la livraison et de la qualité, de manière à éviter toute mauvaise surprise. S'il survient un problème, le groupe insiste auprès du fournisseur pour que ce dernier le règle, et il l'aide à y parvenir.

La gestion   Ce groupe se charge de la préparation et de l'acheminement des documents officiels relatifs aux achats, conserve les données nécessaires aux activités du service et rédige les rapports périodiques dont ont besoin la direction générale et le personnel de gestion des matières. Il lui revient également d'utiliser le système informatique intégré de gestion des données ayant trait aux matières, lorsque l'entreprise en possède un.

La recherche en approvisionnement   Les personnes affectées à cette section réalisent des projets spéciaux se rapportant à la cueillette, à la classification et à l'analyse des données nécessaires à la prise de meilleures décisions relatives aux achats. Les types de projets qui lui sont confiés englobent l'étude de l'utilisation de matières de remplacement, la prévision des prix et de l'offre, l'analyse de ce qu'il devrait en coûter à un fournisseur efficace pour produire et livrer un article donné, et l'élaboration d'un meilleur système d'évaluation du rendement des fournisseurs.

□ □ □ □ □
2.4 LES PRÉROGATIVES DU SERVICE DE L'APPROVISIONNEMENT

Pour être à même d'atteindre son objectif de réaliser de bons achats, le service de l'approvisionnement doit jouir de quatre prérogatives,

TABLEAU 2.2   Définition d'un poste d'acheteur

Brève description du poste
Assurer les besoins d'approvisionnement en produits ou en services, et ce en effectuant la planification, l'examen des demandes d'achat, la sélection des fournisseurs de même que le passage et le suivi des commandes.

Ampleur des sommes en jeu
Le volume annuel des achats effectués atteint 10 000 000 $.

Nature et étendue des tâches à accomplir
1. Se familiariser avec un groupe de produits donné ou avec une unité ou une division de l'entreprise et les besoins en matières, en services et en transport qui s'y rattachent. Acquérir une connaissance des utilisations et des applications des articles demandés, de leurs sources d'approvisionnement, de leur disponibilité ainsi que du prix, de la qualité, du rendement des fournisseurs et des conditions du marché dont il faut tenir compte au moment de l'achat.
2. Se familiariser avec les lois et les règlements qui se rattachent à la satisfaction des besoins en cause dans la mesure où ils s'appliquent à la livraison et à l'utilisation des articles précisés à l'endroit où il faut les employer.
3. Se familiariser avec la politique d'achat de l'entreprise et les procédures locales de demande d'approvisionnement et d'acquisition ; reconnaître les matières qu'il serait plus économique de se procurer d'une manière centralisée sur le plan géographique, en communiquer la liste et en coordonner l'achat.
4. Vérifier que toutes les demandes d'approvisionnement soient complètes, fournissent une description des matières ou des services requis, aient reçu l'approbation nécessaire et indiquent la date de livraison de même que le lieu de réception.
5. Passer en revue tous les engagements confirmés pour en vérifier la valeur globale en tenant compte de la livraison, du prix, des conditions de paiement et de la qualité offerte par le fournisseur ; signaler toute perte de valeur pour l'entreprise au responsable de l'approvisionnement ainsi qu'à la direction.
6. Faire connaître la politique d'achat et la méthode de demande d'approvisionnement à tous les requérants et à ceux qui pourraient le devenir à l'intérieur du champ de responsabilité attribué.
7. Établir et maintenir des relations d'affaires avec les fournisseurs et les représentants appropriés ; assurer au besoin, dans un sens ou dans l'autre, l'échange d'informations entre les experts des services du génie et de l'exploitation des fournisseurs en cause et le personnel concerné de l'entreprise.
8. Mener des négociations, passer des commandes et conclure des contrats pour l'obtention des matières et des services requis afin d'en assurer la livraison au moment opportun, au plus grand bénéfice de l'entreprise.
9. Surveiller les transactions jusqu'à ce qu'elles soient menées à terme et informer au besoin le fournisseur, les requérants et les cadres concernés de l'état actuel des choses en ce qui a trait aux commandes et à leur livraison. Fournir, lorsque c'est nécessaire, des rapports offrant une brève description de certaines activités d'approvisionnement liées au secteur d'achat dont l'acheteur assume la responsabilité.
10. Vérifier certains stocks d'articles pour s'assurer qu'ils demeurent au niveau approuvé ; éliminer les surplus, les rebuts et autres matières excédentaires en les transférant, en les utilisant ou en les vendant.
11. S'assurer continuellement que les procédures d'achat sont appliquées. Recommander à la direction générale de l'approvisionnement toute modification de la politique ou des procédures devant favoriser les activités du service des achats ou la réalisation des transactions clés.

lesquelles doivent faire partie des politiques de l'entreprise et avoir reçu l'approbation du chef de la direction.

Le droit de choisir le fournisseur   Le service des achats devrait être le plus qualifié pour évaluer la fiabilité des fournisseurs et reconnaître celui qui peut produire les articles dont l'entreprise a besoin. Lorsque le choix du fournisseur relève d'une autre autorité, on se retrouve dans les faits en présence d'une source d'approvisionnement unique et on ne peut guère négocier une entente d'achat avantageuse.

Le droit de choisir la méthode de détermination des prix   Ce droit englobe celui d'établir le prix et les conditions figurant au contrat. Il s'agit là d'un des principaux champs de compétence du service de l'approvi-sionnement, qui doit avoir les coudées franches pour obtenir le plus bas prix possible.

Le droit de remettre en question les spécifications   Le service des achats est généralement en mesure de suggérer un produit substitut ou de rem-placement pouvant servir aux mêmes fins que celui demandé, et il doit en faire connaître l'existence au requérant. C'est toutefois à l'utilisateur qu'il revient, au bout du compte, d'accepter ou non un substitut.

Le droit de coordonner les contacts avec les fournisseurs poten-tiels   Toute communication avec un fournisseur éventuel doit passer par le service des achats. En effet, lorsqu'un utilisateur est directement en rapport avec un fournisseur, ce dernier est tenté d'influer sur les spécifi-cations du produit recherché de manière à en devenir la seule source pos-sible. C'est ce qu'on appelle la vente directe aux utilisateurs. Il se peut aussi que le requérant fasse certaines promesses aux fournisseurs, les-quelles empêchent le service des achats d'en arriver à un accord garantis-sant à l'entreprise acquéreur le plus bas prix possible. Ainsi, advenant que le personnel technique du fournisseur ait à communiquer directement avec le service du génie ou de l'exploitation de l'entreprise acheteuse, le service de l'approvisionnement se doit d'être au fait des résultats de ces discussions.

2.5 LA POSITION HIÉRARCHIQUE ET LES RELATIONS AVEC LES AUTRES SERVICES

La fonction du cadre auquel le responsable des achats doit rendre des comptes traduit bien la position et l'importance que l'on accorde au service de l'approvisionnement au sein de l'entreprise. Ainsi, lorsque le responsable des achats porte le titre de vice-président et relève du chef de la direction, on reconnaît l'approvisionnement comme une fonction de haut rang.

Au sein de nombreuses entreprises, toutefois, le gestionnaire des achats agit sous l'autorité du cadre ayant la responsabilité immédiate de la fonction production, parce que les activités du service de l'approvisionnement visent dans une large mesure l'acquisition des articles nécessaires au maintien de la production. Il arrive également que le service des achats relève d'un vice-président de soutien administratif en raison des services qu'il offre à toutes les constituantes fonctionnelles de l'entreprise. On juge par ailleurs qu'il doit rendre des comptes au responsable des finances, vu son influence directe sur les mouvements de trésorerie et l'ampleur des sommes investies dans les stocks. D'autre part, dans une entreprise à caractère fortement technique, il se peut que le service des achats relève du chef de la division technique afin d'assurer une communication et une collaboration plus étroites quant aux spécifications des produits et au contrôle de la qualité.

Il existe de nombreux éléments qui influent sur la position qu'occupe la fonction approvisionnement à l'intérieur de la structure hiérarchique de l'entreprise. En voici les principaux :

- l'ampleur du coût total des matières acquises et des services obtenus de l'extérieur en proportion de l'ensemble des coûts ou du revenu total de l'entreprise. Un rapport élevé fait ressortir toute l'importance d'une exécution efficace de la fonction achat ;
- la nature des produits ou des services qu'on se procure. L'acquisition de composantes complexes ou le recours fréquent à la sous-traitance soulèvent des difficultés au chapitre de l'approvisionnement ;
- les conditions du marché de chacun des produits et services qui revêtent une importance capitale pour l'entreprise ;
- le savoir-faire des personnes qu'on peut affecter au service de l'approvisionnement ;
- les problèmes et les occasions qui se présentent dans le secteur des achats en ce qui touche à la réalisation des objectifs de l'entreprise.

Ce qu'il importe de considérer lorsqu'on détermine à qui le service des achats devra rendre des comptes, c'est la position où il sera le plus à même de participer à la réalisation des objectifs de l'entreprise. Il n'y a aucun doute, cependant, que ce service doit occuper une position suffisamment élevée pour avoir voix au chapitre et pour que la direction accorde une attention adéquate aux aspects liés à l'approvisionnement lors de la prise de décisions importantes.

Le service des achats doit entretenir des relations de travail étroites avec plusieurs autres secteurs de l'entreprise. Ainsi, il compte sur le service de la production pour lui fournir des programmes réalistes qui permettront d'effectuer les achats requis à l'intérieur des délais d'approvisionnement normaux afin d'obtenir la meilleure valeur. Du service technique, il attend l'évaluation des avantages, au chapitre des coûts, qu'on peut retirer de l'utilisation de matières substituts. D'autre part, il s'en remet au service du marketing pour élaborer des programmes de développement de marché à long terme grâce auxquels il pourra établir une stratégie réaliste d'approvisionnement en matières. Enfin, il tient pour acquis que le service de la comptabilité réglera les factures dans les meilleurs délais, de manière à profiter des escomptes de caisse et à maintenir de bonnes relations avec les fournisseurs.

Ces relations de travail ne sont cependant pas à sens unique. Les autres fonctions de l'entreprise sont en droit d'attendre du service des achats qu'il réponde à leurs besoins en matières, de façon rapide et économique. Elles comptent également sur ce service pour obtenir, en temps opportun, les renseignements fiables dont elles ont besoin.

En 1990, la revue *Purchasing* interrogea 1 000 professionnels de l'approvisionnement ainsi que 1 000 ingénieurs-concepteurs afin d'en apprendre davantage sur les relations existant entre ces deux groupes à l'intérieur des équipes de conception[7]. Or, les résultats de ce sondage (présentés au tableau 2.3) démontrent que les deux groupes envisagent leur relation de manière semblable, mais qu'ils accordent à chacune des affirmations une importance différente.

Les acheteurs reprochent aux ingénieurs-concepteurs de courts délais d'obtention (66 %), des spécifications trop restrictives (54 %), des modifications techniques fréquentes (46 %), un manque d'ouverture à l'égard des suggestions faites (40 %) et le recours à une marque de commerce pour désigner des pièces standard (30 %).

Les ingénieurs-concepteurs se plaignent, quant à eux, du manque de connaissances des acheteurs en ce qui touche aux produits (57 %), de leur pratique d'acheter en fonction du prix (51 %), du peu d'intérêt qu'ils portent au suivi et à la rétroaction (49 %), de l'inflexibilité de leur système, c'est-à-dire de leur tendance à se conformer aux règles (40 %), et de leur réticence à essayer de nouveaux fournisseurs (26 %). Nombre d'entreprises ne pourront tirer pleinement partie de leurs capacités sans accorder une plus grande attention à la relation entre leurs services des achats et de la conception technique.

---

7. Somerby DOWST et Ernest RAIA, «Teaming Up for the '90s», *Purchasing*, 8 février 1990, p. 54-59.

TABLEAU 2.3   Relations entre les acheteurs
et les ingénieurs-concepteurs

Affirmations	Degré d'adhésion (en %)	
	Acheteurs	Ingénieurs-concepteurs
1. Les relations de travail sont bonnes ou excellentes	69	60
2. La direction générale favorise le travail en équipe	80	75
3. Le service des achats est le plus en mesure :		
– d'assurer la livraison ponctuelle des matières	85	56
– de faire en sorte que les fournisseurs répondent aux exigences de qualité	83	57
– de trouver les meilleurs fournisseurs	79	42
– d'évaluer la capacité de production des fournisseurs	55	49
– d'encourager les idées innovatrices des fournisseurs	54	17
– de faire participer les fournisseurs au processus de conception	46	20
– de repérer les sources de techniques nouvelles	42	17
– d'évaluer la situation financière des fournisseurs	28	31

2.6 L'APPROVISIONNEMENT DANS LES ENTREPRISES QUI EXPLOITENT PLUSIEURS USINES

On observe fréquemment une variante du système d'approvisionnement centralisé à l'intérieur des entreprises qui exploitent plusieurs usines. Ces entreprises comptent de nombreuses divisions, lesquelles fabriquent souvent des produits distincts et requièrent ainsi l'achat de différentes combinaisons d'articles. Souvent, elles établissent des centres de profit à titre de motivation et de moyen de contrôle pour leurs gestionnaires. Tout chef de division assume alors la pleine responsabilité de cette division, se comporte à la manière du président d'une entreprise indépendante et est jugé en fonction des bénéfices qu'il réalise. Or, comme les achats de matières représentent la part la plus importante des coûts d'exploitation contrôlables d'une division et qu'ils influent directement sur son efficacité de même que sur sa compétitivité, le responsable d'un centre de profit exige d'exercer une autorité directe sur l'approvisionnement. Il serait difficile de faire porter au chef d'une division la responsabilité des résultats obtenus sans lui accorder un pouvoir décisionnel en ce qui a trait à la principale catégorie de dépenses.

De ce fait, nombre d'entreprises ont adopté un système d'approvisionnement à la fois décentralisé et centralisé, lequel se traduit par une convergence de la fonction achat à l'intérieur de chaque division ou usine, mais non dans l'ensemble de l'entreprise. On y trouve fréquemment un service central des achats qui joue un rôle de soutien et aide le service de l'approvisionnement de chaque division à s'acquitter des tâches qu'il est plus efficace de réaliser à l'échelle de l'entreprise, comme: l'élaboration des politiques, des procédures et des méthodes de contrôle; l'embauchage et la formation du personnel; la coordination des achats d'articles d'usage répandu qu'on doit se procurer en ayant un plus grand pouvoir d'achat; l'évaluation du rendement de la fonction achat.

Dans quelle mesure la fonction achat devrait-elle suivre la tendance décrite ci-dessus? Il s'agit là d'une question intéressante. De nos jours, il existe tellement d'entreprises dont les sous-unités sont dispersées sur le plan géographique et qui offrent une variété de produits et de services, qu'un approvisionnement centralisé ne s'avère pas toujours compatible avec la politique générale de l'organisation. Cet état de choses soulève diverses questions telles que:

- Faut-il établir un service des achats au siège social? Si oui, quel rôle devrait-il jouer?

- Le service des achats devrait-il acquérir lui-même les principales matières premières requises par plusieurs divisions ou par leur ensemble?

- Si une division utilise certains produits fabriqués par une autre division de l'entreprise, doit-on l'obliger à les acheter de cette source lorsqu'un fournisseur extérieur pourrait lui procurer un produit de la même qualité à un prix beaucoup plus bas?

- Jusqu'où le directeur général de l'approvisionnement devrait-il pousser l'évaluation du rendement d'un responsable divisionnel des achats?

On ne peut évidemment fournir des réponses toutes faites à ces questions. Les décisions prises varient, dans une large mesure, selon les capacités et la personnalité des cadres œuvrant au sein des entreprises concernées. Les faits observés semblent toutefois indiquer l'existence d'une tendance vers une plus grande centralisation de la fonction approvisionnement à l'intérieur des entreprises qui exploitent plusieurs usines.

L'amélioration des prix et du service constitue la plus importante raison qu'on avance à l'appui d'une centralisation accrue des achats. Parmi les autres éléments qui peuvent inciter à centraliser davantage l'approvisionnement, on trouve la spécialisation des ressources humaines, la recherche et la planification, l'élaboration efficace des politiques et le besoin de créer de meilleurs systèmes de contrôle et d'évaluation[8].

Notons que dans la mesure où les divisions d'une entreprise ou ses unités dispersées sur le plan géographique se caractérisent par des besoins et des services identiques, en plus de s'approvisionner auprès des mêmes fournisseurs, la centralisation des achats peut très bien constituer une solution valable. Cependant, il importe que la fonction achat s'accorde raisonnablement avec les politiques générales de l'entreprise quant aux responsabilités des divisions. Par ailleurs, il est clair que plus les composantes d'une entreprise sont géographiquement dispersées, plus leurs besoins diffèrent, plus il devient logique d'opter pour une décentralisation de l'approvisionnement au profit de sous-unités distinctes.

2.7 LA TAILLE DES SERVICES DE L'APPROVISIONNEMENT

Le tableau 2.4 donne un aperçu du nombre de professionnels affectés à l'approvisionnement selon la taille des entreprises[9]. Les données qu'il contient proviennent de 290 organisations, lesquelles comptaient en moyenne 118 personnes travaillant aux achats. On remarque que l'ampleur du personnel de l'approvisionnement augmente en fonction de la

TABLEAU 2.4   Nombre de professionnels affectés à l'approvisionnement selon la taille des entreprises

Taille des entreprises (selon leur chiffre d'affaires en 1986)	Nombre moyen de professionnels
Moins de 500 millions	14
De 500 millions à 1 milliard	42
De 1,1 milliard à 5 milliards	71
De 5,1 milliards à 10 milliards	366
Plus de 10 milliards	485
Ensemble des entreprises	118

8. George F. BERNARDIN, «Centralized / Decentralized Purchasing: The Quest for a Perfect Mix», *The Purchasing Function: From Strategy to Image*, Washington (D.C.), Machinery and Allied Products Institute, 1982.

9. Harold E. FEARON, *Purchasing Organizational Relationships*, Tempe (AZ), Center for Advanced Purchasing Studies / National Association of Purchasing Management, 1988, p. 13.

taille des entreprises. Cinq des entreprises répondantes employaient plus de 1 000 professionnels dans le secteur des achats.

⬜⬜⬜⬜⬜
2.8 LES PROBLÈMES DES CONGLOMÉRATS EN MATIÈRE D'APPROVISIONNEMENT

Un conglomérat regroupe en général plusieurs entreprises acquises par une société mère. On n'observe très souvent aucun lien direct entre les diverses industries dans lesquelles œuvrent les sociétés acquises, bien qu'il existe parfois entre elles une relation sous-jacente les rattachant à un même domaine scientifique ou technique. Il est donc difficile de mettre sur pied un service de l'approvisionnement s'occupant des achats d'un conglomérat, vu la diversité et la taille souvent considérable des entreprises qui le composent.

Pour être efficace, toute solution apportée à ce problème doit s'étendre sur une longue période. Certains conglomérats ont découvert qu'ils pouvaient commencer à se doter de politiques d'achat valables et à établir une coordination entre leurs sociétés constituantes en regroupant à leur siège social un petit nombre de cadres très compétents en matière d'achats, afin qu'ils jouent le rôle de conseillers auprès des responsables divisionnels appropriés lorsque ceux-ci en font la demande. Il va de soi que le succès remporté par ces cadres dépend tout autant de leur habileté au chapitre des relations humaines que de leur expertise en ce qui touche à la fonction approvisionnement.

Plusieurs problèmes résultent d'une décentralisation complète de la fonction achat en l'absence d'un groupe rattaché au siège social. Ainsi, lorsque les unités décentralisées sont de petite taille, il arrive qu'elles se préoccupent des questions liées à l'exploitation, à tel point qu'elles ne remarquent pas ce qui incite à modifier les politiques et à planifier l'avenir. Ces mêmes unités occupent quelquefois une position hiérarchique relativement peu élevée, ce qui entraîne des problèmes sur le plan de la qualité du personnel et de la reconnaissance des possibilités d'approvisionnement. Il se peut, en outre, que les sous-unités, en raison de leur petite taille, ne possèdent pas les compétences requises en matière de douanes, de transport, d'entreposage, de gestion des stocks, de recherche en approvisionnement, de manutention des matières et d'analyse de la valeur. En pareille situation, le conglomérat risque de perdre certains bénéfices à cause du faible rendement et du manque de coordination dans chacun de ces secteurs. Même lorsque les unités individuelles d'un conglomérat s'avèrent suffisamment grandes pour éviter que ces problèmes ne deviennent sérieux, il arrive qu'elles se fassent concurrence sur le marché, sans le savoir, pour les mêmes fournisseurs ou les mêmes matières.

□ □ □ □ □
2.9 L'ORGANISATION DE LA GESTION DES MATIÈRES

On peut mieux comprendre le rôle de la gestion des matières en examinant le processus de croissance d'une petite entreprise, lequel comporte trois étapes distinctes : l'intégration complète, le développement de fonctions indépendantes et la réintégration des activités connexes.

L'intégration complète

Au sein d'une entreprise nouvellement créée, presque toutes les fonctions sont accomplies par le président (qui est souvent le propriétaire) ou par quelques personnes clés qui forment l'équipe de gestion. Il se peut ainsi que le président s'acquitte de la fonction achat en plus de s'occuper de l'ordonnancement de la production et de surveiller étroitement le niveau des stocks pour éviter tout problème de coordination ou de contrôle. Ce système est raisonnablement efficace, puisque les faits démontrent que les fonctions reliées aux matières (telles que l'approvisionnement, le contrôle des stocks, l'entreposage et le transport) relèvent ordinairement d'une seule et même personne.

Le développement de fonctions indépendantes

À mesure que le chiffre d'affaires de l'entreprise augmente et qu'on embauche des employés additionnels, il devient de plus en plus évident qu'on y gagnerait à séparer certaines fonctions (comme l'approvisionnement, l'entreposage, le transport, l'ordonnancement, la gestion des stocks et la gestion de la qualité) pour en confier la gestion à temps plein à des personnes distinctes. En supposant que la charge de travail justifie la création d'un poste à temps plein pour chacune de ces fonctions, le principal avantage d'une telle approche réside dans la spécialisation des tâches. Ainsi, l'agent d'approvisionnement et les acheteurs qui s'ajoutent subséquemment au service des achats (pour ne citer que cette fonction à titre d'exemple) deviennent des spécialistes. Ils accomplissent leur travail avec une compétence qu'on ne peut acquérir qu'en consacrant toute son énergie à une seule et même tâche. L'apparition de ces fonctions indépendantes engendre toutefois un problème de coordination.

Le rattachement de chaque fonction à l'une ou l'autre des sphères d'activité principales de l'entreprise se fait normalement en fonction de la plus grande utilisation. Il arrive ainsi que l'approvisionnement relève du directeur de l'exploitation ou de la production, étant donné que les achats de matières premières engloutissent la plus grande part des sommes dépen-

sées. De même, on attribue parfois la responsabilité du transport au directeur des ventes parce qu'il s'occupe aussi de la livraison des produits finis
aux clients. On peut également distribuer certaines fonctions en s'ap-
puyant sur l'existence de relations déterminantes. En pareil cas, le service
des finances pourrait avoir la charge de la gestion des stocks en raison de
l'ampleur des investissements. Enfin, il arrive qu'on attribue d'autres
fonctions selon l'intérêt manifesté par les cadres. Le directeur technique
peut ainsi se voir confier la responsabilité de la fonction analyse de la
valeur et des coûts parce qu'il a milité avec insistance en faveur de sa
création. Ce qu'il importe de retenir, c'est que des fonctions différentes
mais interreliées relèvent alors d'éléments très éloignés les uns des autres
à l'intérieur de la structure hiérarchique, et qu'il en résulte des problèmes
de coordination et de communication qui empêchent l'entreprise d'atteindre ses buts d'ensemble avec efficacité.

La réintégration des activités connexes

Il apparaît clairement que l'on y gagnerait beaucoup à réduire les difficultés de communication et de coordination en attribuant de nouveau à
un seul et même individu la responsabilité de toutes les fonctions manifestement reliées entre elles. Or, cette réintégration de l'ensemble des
fonctions connexes se rapportant aux matières est à l'origine du concept
de la gestion des matières[10]. Advenant qu'une entreprise adopte ce
concept dans sa forme la plus «poussée» en appliquant le principe d'une
attribution homogène, son organigramme pourrait ressembler à celui de
la figure 2.2.

L'application du concept d'un gestionnaire unique des matières permet
de remédier aux déficiences d'une organisation traditionnelle où l'on frac-
tionne les diverses fonctions touchant aux matières. Il en va ainsi parce
que ce concept reconnaît que: 1. les décisions se rapportant aux matières
viennent s'ajouter aux gestes posés ailleurs et qu'elles n'en sont pas indépendantes; 2. les diverses fonctions reliées aux matières agissent dans un
but intéressé et poursuivent chacune des objectifs pouvant être opposés;
3. on doit concentrer les responsabilités et le pouvoir décisionnel au chapitre des matières pour éviter que chacun se renvoie la balle.

---

10. Harold E. FEARON, «Materials Management: A Synthesis and Current View», *Journal
of Purchasing*, février 1973, p. 35-36.

FIGURE 2.2   Organigramme fondé sur la gestion des matières

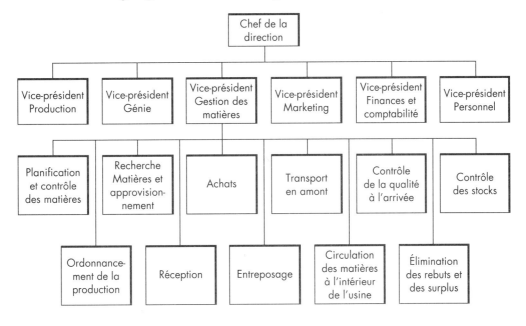

🞏🞏🞏🞏🞏 **2.10 LES FONCTIONS DE LA GESTION DES MATIÈRES**

La planification et le contrôle des matières

Cette fonction a pour objet la planification globale des besoins en matières qu'entraînera la réalisation du plan global de production sommaire. Elle détermine la quantité approximative des matières importantes et essentielles qu'on doit acquérir pour produire la quantité de produits finis dont on aura besoin au cours d'une période donnée (en général hebdomadaire). Si l'obtention des quantités requises soulève des problèmes manifestes, on doit alors modifier le plan global de production.

L'ordonnancement de la production

Le responsable de l'ordonnancement joue un rôle clé dans l'élaboration du programme complet de production. À l'aide de données offrant soit une évaluation des demandes futures de l'entreprise ou un aperçu de l'ampleur des commandes effectivement reçues, soit une combinaison de ces deux éléments, le service du contrôle de la production établit avec exactitude le moment où l'on aura besoin de certaines pièces et matières ainsi que la quantité requise pour se conformer au calendrier de production.

Le recours à un système informatique de planification des besoins-matières (PBM) est devenu relativement courant dans le secteur de la fabrication depuis le milieu des années 80.

L'ordonnancement de la production s'intéresse au nombre d'unités à produire, au temps alloué à leur fabrication ainsi qu'à la disponibilité des matières et des machines requises pour les obtenir à l'intérieur des délais prévus.

La réception

Le service de la réception se charge de la manutention des marchandises à l'arrivée, de leur identification, de la vérification des quantités reçues, de la préparation de rapports et de l'acheminement des produits à leur lieu d'entreposage ou d'utilisation. Dans certaines entreprises, il s'occupe en plus d'emballer les produits finis pour l'expédition et de les livrer au transporteur après avoir indiqué les instructions pertinentes, souvent en apposant une étiquette.

La recherche sur les matières et l'approvisionnement

Cette fonction touche la cueillette, le classement et l'analyse des données nécessaires à la découverte de matières de remplacement de même que la prévision de l'offre, de la demande et du prix des plus importantes marchandises achetées. S'y rattachent également l'analyse des coûts et de la capacité des fournisseurs ainsi que l'élaboration de méthodes plus efficaces pour traiter les documents auxquels donne lieu le système de gestion des matières.

L'entreposage

Cette fonction englobe le contrôle de tous les articles en stock. Il importe de prendre les mesures appropriées pour éviter que certains articles subissent des dommages, soient volés ou deviennent inutilement désuets en raison d'un système de rotation des stocks inadéquat. On doit aussi tenir à jour des registres qui permettent de repérer immédiatement tout article désiré.

Les achats

Le service des achats a pour mission d'acquérir la quantité indiquée des marchandises décrites sur les formulaires de demande autorisée qu'il reçoit de l'ordonnancement, du contrôle des stocks, du génie, de l'entretien ou de tout autre service ou fonction ayant besoin de matières. En accordant au personnel des achats le droit de remettre en question les spécifications techniques exigées par les requérants et en lui attribuant la tâche de conseiller ces derniers quant aux caractéristiques et au choix des matières, on accroît le dynamisme du service des achats et de l'entreprise dans son ensemble.

Les principales activités du service de l'approvisionnement sont les suivantes.

1. Examiner les spécifications techniques des divers produits demandés afin de les standardiser dans la mesure du possible et d'acquérir les matières qui représentent le meilleur achat pour l'usage auquel on les destine.

2. Choisir les meilleures sources d'approvisionnement disponibles, négocier les conditions d'achat (au chapitre, entre autres, de la livraison et du rendement) et préparer les bons de commande requis. Conserver les documents nécessaires à la compilation de données sur la tendance des prix et le rendement des fournisseurs.

3. Procéder au suivi des commandes pour assurer la livraison en temps voulu de la quantité requise et le respect des normes de qualité.

4. Jouer le rôle d'un service de renseignements en étant toujours à la recherche, sur le marché, de fournisseurs plus efficaces ainsi que de matières et de produits nouveaux dans le but de réduire les coûts de l'entreprise ou d'en améliorer le produit.

5. Superviser tous les échanges entre les fournisseurs et les autres services de l'entreprise en ce qui concerne l'acquisition de matières, ou assurer lui-même la liaison entre ces intervenants.

La circulation des matières à l'intérieur de l'usine

Cette fonction regroupe toutes les activités qu'entraîne le déplacement des matières de leur lieu de réception ou d'entreposage à leur lieu d'utilisation. S'y rattachent ainsi la manutention et le déplacement des matières de leur lieu d'entreposage à l'endroit où l'on s'en servira, le transport du matériel vers les services utilisateurs, la conservation des documents qui attestent le transfert de la responsabilité pour les produits de la fonction de gestion des matières à l'utilisateur, et la fourniture des renseignements qui permettent la préparation de rapports comptables utiles.

Le transport

Depuis quelques années, les frais de transport influent davantage sur le coût des matières. De plus, les modes de transport disponibles déterminent en grande partie la politique adoptée au chapitre des stocks. Ainsi, le transport des marchandises et des colis par avion a entraîné une réduction des stocks de certains articles. La fonction transport se partage en deux activités élémentaires, soit:

- la gestion du transport, laquelle comprend la sélection des transporteurs, la préparation des documents d'envoi, l'étude des services offerts par les transporteurs et de leurs tarifs, le suivi des envois, la vérification des frais de transport et l'approbation de paiement ainsi que l'évaluation du rendement des transporteurs;

- l'analyse du transport dans le but d'évaluer le coût total du transport (compte tenu des frais de chargement et de déchargement, des méthodes d'emballage, du temps de déplacement ainsi que des vols et des autres pertes) et d'élaborer des techniques afin de réduire les coûts.

La récupération des sommes investies

Traditionnellement appelée «disposition des rebuts et des surplus», cette fonction relève en général du secteur de l'approvisionnement. On l'accomplit non seulement dans le but de vendre les rebuts et les surplus à bon prix lorsque c'est possible, mais aussi pour protéger l'environnement et se prémunir contre les pénuries de matières essentielles.

La gestion de la qualité

La place que doit occuper cette fonction s'avère encore difficile à établir dans nombre d'entreprises. Cependant, puisque le contrôle des matières premières à l'arrivée et l'inspection des installations des fournisseurs s'y rattachent, il est normal qu'elle relève directement de la gestion des matières.

Le contrôle des stocks

La fonction de contrôle des stocks assume la responsabilité de la tenue de registres détaillés indiquant les pièces et les matières utilisées dans le cadre des activités de production. Elle tient également la liste des pièces et des matières commandées et procède à un décompte périodique des stocks dans le but de vérifier ses registres et de les corriger au besoin. Il lui revient en outre de comparer les besoins en matières, déterminés par le service du contrôle de la production, aux stocks disponibles avant que les demandes d'achat détaillées soient acheminées au service des achats.

Le contrôle des stocks ne s'arrête pas aux pièces et aux matières qui entrent dans la fabrication des produits : il touche également le matériel qui ne contribue pas directement à la production tel que les outils non réutilisables, les articles de bureau de même que les fournitures d'entretien, de réparation et d'opérations. Certains moyens permettent d'assurer ce contrôle, dont :

– la tenue de registres indiquant, pour chaque article, la quantité en stock et les commandes passées ainsi que la quantité totale utilisée ; l'application de mesures visant à réduire au minimum les pertes découlant de gaspillage ou de vols et à prévenir les pénuries aussi bien que les stocks excessifs ;

– la manutention des stocks de fournitures d'entretien, de réparation et d'opérations devant être livrées au besoin ;

– la présentation de demandes au service des achats lorsque les stocks atteignent leur point de réapprovisionnement ou lorsqu'on doit satisfaire des besoins particuliers.

On peut confier à un seul et même service ou à deux entités distinctes le contrôle des stocks de pièces, de matières et de fournitures utilisées lors de la production, et le contrôle des approvisionnements qui ne servent pas aux activités de fabrication. Un moyen de simplifier le contrôle des stocks est d'adopter la méthode kanban (mise au point par l'industrie japonaise), laquelle n'est autre qu'une version particulière du système de production à flux tendu, qui consiste à utiliser des fiches pour se tenir au fait de la nécessité d'un réapprovisionnement.

2.11 L'APPLICATION DU CONCEPT DE LA GESTION DES MATIÈRES

Combien d'entreprises appliquent actuellement le concept de la gestion des matières ? Dans les grandes sociétés, la proportion de celles qui l'ont adopté dépasse les deux tiers. Dans le cadre de son étude réalisée en 1988, le Center for Advanced Purchasing Studies définit la gestion des matières comme un mode d'organisation à l'intérieur duquel au moins trois des fonctions énumérées ci-après relèvent d'un seul et même responsable, soit : l'approvisionnement, le contrôle des stocks, l'ordonnancement et le contrôle de la production, le transport en amont, l'entreposage ainsi que le contrôle de la qualité à l'arrivée. Il ressort de cette étude que 204 des 291 entreprises répondantes, c'est-à-dire 70 % d'entre elles, présentaient une structure fondée sur le concept de la gestion des matières. De fait, au moins les deux tiers des entreprises appliquaient ce concept à l'intérieur de chacune des catégories déterminées selon la taille, cette proportion atteignant un niveau encore plus élevé dans le cas des très grandes organisations[11].

□ □ □ □ □
2.12 L'APPROVISIONNEMENT DANS LE CONTEXTE DE LA GESTION DES MATIÈRES

Qu'advient-il de la fonction approvisionnement lorsqu'elle devient partie intégrante d'une structure de la gestion des matières? Si une entreprise opte pour ce type d'organisation, le responsable de l'approvisionnement accède-t-il au poste de directeur de la gestion des matières?

L'étude effectuée par le Center for Advanced Purchasing Studies révèle que plus de 80 % des 204 entreprises ayant adopté une organisation fondée sur le concept de la gestion des matières y avaient rattaché les fonctions approvisionnement, contrôle des stocks et entreposage (*voir le tableau 2.5*)[12].

Il ne fait aucun doute que ceux qui œuvrent dans le domaine de l'approvisionnement s'intéressent beaucoup au mode d'application et à l'évolution du concept de la gestion des matières à l'intérieur des entreprises, ne serait-ce qu'en raison des conséquences sur leur propre situation. En effet, l'enquête sur la rémunération qu'a effectuée la revue *Purchasing* en 1991 a démontré que les personnes dont le titre contenait le mot

TABLEAU 2.5   Responsabilités des gestionnaires des matières

Fonctions relevant du responsable des matières	Proportion des 204 entreprises ayant adopté la gestion des matières (en %)
Stocks	90
Achats	86
Entreposage	84
Transport en amont	67
Ordonnancement et contrôle de la production	59
Contrôle de la qualité à l'arrivée	25

11. Harold E. FEARON, *Purchasing Organizational Relationships*, Tampe (AZ), Center for Advanced Purchasing Studies / National Association of Purchasing Management, 1988, p. 17.
12. *Ibid.*

«matières» touchaient un salaire plus élevé que celles dont le titre comportait le terme «approvisionnement». Un gestionnaire des matières, par exemple, gagnait 49 800 $ alors qu'un gestionnaire de l'approvisionnement ne recevait que 47 900 $, et le salaire d'un responsable des matières atteignait 69 100 $ comparativement à 66 500 $ dans le cas d'un responsable de l'approvisionnement[13].

Au début, on a soutenu qu'il était logique de nommer le directeur de l'approvisionnement au poste de responsable des matières advenant qu'une entreprise décide d'appliquer le concept de la gestion des matières. Dans les faits, cependant, il semble qu'on ait agi autrement.

□ □ □ □ □
2.13 L'ACHETEUR-PLANIFICATEUR

Le concept de l'acheteur-planificateur n'est autre qu'un dérivé de l'approche axée sur la gestion des matières. Cette dernière comporte traditionnellement une division des responsabilités et des tâches reliées aux matières : les **planificateurs** déterminent ce dont l'entreprise a besoin pour maintenir ses activités de production, alors que les **acheteurs** trouvent les sources d'approvisionnement et se procurent les articles nécessaires.

Le planificateur a donc pour tâches de contrôler le niveau des stocks, d'établir les calendriers d'achat et de fabrication interne des pièces et de procéder à la relance afin que les articles soient disponibles au moment et à l'endroit où on en a besoin. L'acheteur se charge, quant à lui, de choisir les fournisseurs, de négocier les transactions et de relancer les vendeurs qui n'ont pas respecté les délais de livraison. Toutefois, comme leurs responsabilités se chevauchent, trois types de conflits surgissent fréquemment.

1. Conflit entre le niveau des stocks et le meilleur prix possible : il découle souvent de la réduction des stocks à leur minimum ; les quantités à se procurer sont alors trop faibles pour permettre d'obtenir le meilleur prix possible.

2. Conflit relatif au délai d'approvisionnement : le planificateur favorise un court délai pour réduire le nombre de modifications dispendieuses à apporter au calendrier de production ; par contre, l'acheteur peut obtenir un meilleur prix en prenant des engagements à long terme.

3. Conflit relatif au traitement : le planificateur a tendance à blâmer le service des achats pour tout retard quant à la satisfaction des demandes d'approvisionnement, alors que l'acheteur s'en prend au service du

---

13. Robert S. REICHARD, «Salary Survey '91», *Purchasing*, 12 décembre 1991, p. 57.

contrôle des stocks en affirmant qu'il lui accorde un délai d'obtention trop court et qu'il modifie trop souvent ses prévisions.

Dans l'espoir de réduire l'ampleur de ces conflits, on réunit les fonctions de planification et d'approvisionnement pour les confier à une seule et même personne chargée d'une gamme particulière de produits en stock. Cet acheteur-planificateur doit maintenir à un niveau donné les stocks du groupe de produits dont il a la responsabilité et les renouveler au meilleur prix possible. Il lui revient également de dresser les calendriers de production, d'obtenir et d'analyser les propositions de prix, de passer les commandes, de surveiller le rendement des fournisseurs et de s'informer des tendances du marché, de la capacité des fournisseurs et des progrès techniques réalisés. Cette façon de procéder repose sur l'idée que les décisions relatives au contrôle des stocks et à l'approvisionnement devraient relever d'une même personne. Il s'agit là du pendant, au niveau de l'organisation individuelle des tâches, de l'approche s'appliquant à la structure globale de l'entreprise lorsqu'on adopte le concept de la gestion des matières.

Il n'y a aucun doute que le concept de la gestion des matières a beaucoup influé sur le secteur de l'approvisionnement, et cette influence continuera vraisemblablement à se faire sentir.

□ □ □ □ □
2.14 LA GESTION DE LA LOGISTIQUE

Depuis une dizaine d'années, on accorde beaucoup d'attention à la logistique. Le Council of Logistics Management a défini cette activité comme «le processus de planification, de mise en place et de contrôle du flux et de l'entreposage efficaces et rentables des matières premières, des produits en cours de fabrication, des produits finis et des informations qui s'y rapportent, de leur point d'origine à leur lieu de consommation, dans le but de répondre aux exigences du client»[14]. La logistique concerne donc le flux et l'entreposage des biens matériels, allant des matières premières jusqu'aux produits à livrer aux clients.

L'intérêt du concept de la logistique réside dans le fait qu'il envisage le flux des biens comme un processus complet, allant de l'apparition initiale d'un besoin à la livraison du produit ou du service au client. La logistique tente d'assurer la communication, la coordination et le contrôle nécessaires pour éviter les conflits possibles entre les fonctions de distribution et de gestion des matières. Le concept de la logistique présente un

---

14. ERNST et WHINNEY, *Corporate Profitability and Logistics: Innovative Guidelines for Executives*, Oak Brook (Ill.), Council of Logistics Management, 1987, p. 2 (traduction libre).

attrait certain du point de vue théorique en tant que moyen de reconnaître et de favoriser les liaisons et l'interdépendance entre le flux des matières à l'arrivée et à la sortie.

Sa mise en application soulève toutefois de nombreux problèmes liés entre autres: 1. aux intérêts que poursuivent les individus qui remplissent chacune des fonctions; 2. au manque de gestionnaires capables d'assurer la coordination requise; 3. à l'absence de logiciels intégrés pouvant faciliter la circulation nécessaire de l'information. Cependant, au cours des 10 prochaines années, à mesure qu'on acquerra davantage de connaissances sur la gestion des matières et les systèmes en cause et à mesure qu'on fera l'essai de systèmes avancés, il est probable qu'un plus grand nombre d'entreprises accepteront et appliqueront le concept de la logistique.

Questions de révision et de discussion

1. Quelles fonctions spécialisées l'approvisionnement regroupe-t-il? Dites si cette vision des choses s'applique dans le cas d'une très petite entreprise; si oui, expliquez comment.

2. Pourquoi la presque totalité des organisations centralisent-elles leurs achats? De quelle manière une grande entreprise qui exploite plusieurs usines pourrait-elle structurer sa fonction approvisionnement?

3. De quel élément de la structure hiérarchique de l'entreprise la fonction approvisionnement devrait-elle relever?

4. Quelles sont les tâches d'un acheteur-planificateur et pourquoi crée-t-on un tel poste?

5. Décrivez les objectifs particuliers de la gestion des approvisionnements et des stocks. Examinez-les dans le contexte:
   a) d'une entreprise de fabrication de machines à laver;
   b) d'une importante chaîne de restauration rapide;
   c) d'un hôpital.

6. Qu'est-ce que la gestion des matières? Comment l'utilise-t-on et pourquoi?

7. Quelles prérogatives le service de l'approvisionnement doit-il avoir pour être réellement efficace? Que se passe-t-il lorsqu'il ne possède pas ces droits?

8. Les grandes entreprises ont-elles actuellement tendance à centraliser ou à décentraliser leur système d'approvisionnement? Quels sont les éléments qui influent sur leur décision?

9. De quelle manière le concept de la gestion des matières influera-t-il vraisemblablement sur la fonction achat au cours des 10 prochaines années?

10. Comment une entreprise peut-elle préserver la flexibilité d'un système d'approvisionnement décentralisé sans devoir sacrifier le pouvoir d'achat et le partage de l'information liés à un approvisionnement centralisé?

Références

ANKLESARIA, J. et David N. BURT, «Personal Factors in the Purchasing/Engineering Interface», *Journal of Purchasing and Materials Management*, hiver 1987.

DOBLER, Donald W., David N. BURT et Lamar LEE Jr., *Purchasing and Materials Management: Text and Cases*, 5ᶜ éd., New York, McGraw-Hill, 1990, chap. 2 et 5.

DOWST, Somerby et Ernest RAIA, «Teaming Up for the '90s», *Purchasing*, 8 février 1990.

ERNST et WHINNEY, *Corporate Profitability and Logistics: Innovative Guidelines for Executives*, Oak Brook (Ill.), Council of Logistics Management, 1987.

FEARON, Harold E., *Purchasing Organizational Relationships*, Tempe (AZ), Center for Advanced Purchasing Studies/National Association of Purchasing Management, 1988.

HEINRITZ, Stuart F., Paul V. FARRELL, Larry C. GIUNIPERO et Michael G. KOLCHIN, *Purchasing: Principles and Applications*, 8ᶜ éd., Englewood Cliffs (N.J.), Prentice Hall, 1991, chap. 7.

3 La manière de procéder et la circulation de l'information

Plan

Questions clés du décideur

Devrait-on:

- procéder à l'échange de documents informatisés (EDI) avec un ou plusieurs des fournisseurs de l'entreprise?

- adopter un système de paiement sans facture?

- recourir davantage à l'informatique pour simplifier le système d'approvisionnement?

Comment peut-on:

- s'occuper plus efficacement des petites commandes?
- obtenir une information plus juste et plus complète des autres fonctions de l'entreprise?
- établir une communication plus efficace avec les clients (les services requérants)?

L'accomplissement des tâches quotidiennes liées à l'approvisionnement et à la gestion des matières nécessite l'élaboration préalable d'un large éventail de procédures uniformisées. Cinq éléments principaux motivent la création d'un système approprié, soit: la grande quantité des articles requis, l'ampleur des sommes en jeu, la nécessité d'établir une piste de vérification, les conséquences graves qu'entraîne une exécution déficiente et la contribution possible de l'approvisionnement à l'exploitation efficace de l'entreprise. Le processus d'acquisition est en outre étroitement lié à presque toutes les autres fonctions de l'entreprise ainsi qu'à l'environnement extérieur, d'où la nécessité d'un système d'information complet et d'une coopération totale entre les services.

3.1 LES ÉTAPES DU PROCESSUS D'APPROVISIONNEMENT

Nous ne présenterons ici qu'un bref aperçu des composantes générales de tout système d'approvisionnement adéquat.

Les étapes essentielles du processus d'approvisionnement se définissent ainsi:

1. la reconnaissance du besoin;
2. la description exacte de la marchandise désirée et la quantité requise;
3. l'identification et l'analyse des sources d'approvisionnement;
4. la détermination du prix et des conditions d'achat;
5. la préparation et l'expédition du bon de commande;
6. le suivi de la commande ou la relance du fournisseur;
7. la réception et l'inspection des marchandises;
8. l'approbation de la facture et le paiement du fournisseur;
9. la conservation des documents.

☐ ☐ ☐ ☐ ☐
3.2 PREMIÈRE ÉTAPE: LA RECONNAISSANCE DU BESOIN

Tout achat découle de la reconnaissance d'un besoin par un individu œuvrant au sein de l'entreprise. Le responsable d'une activité particulière doit connaître les exigences de son unité, c'est-à-dire la nature et l'ampleur de ses besoins ainsi que le moment où il faut les satisfaire. Il se peut qu'il présente alors une demande d'approvisionnement au magasin de l'entreprise. Tôt ou tard, cependant, il devient nécessaire d'acheter de nouvelles fournitures. Certaines demandes d'achat proviennent du service de la production ou du service utilisateur. Dans le cas du matériel de bureau, le requérant peut être le chef de service ou le contrôleur de l'entreprise. Le service des ventes, de la publicité et de la recherche peuvent également présenter des demandes. Souvent, un formulaire spécial ou un code numérique particulier attribué à chaque service permet de connaître l'origine des demandes. La figure 3.1 présente un formulaire de demande d'achat typique.

Le service de l'approvisionnement doit aider les services utilisateurs à prévoir leurs besoins. Dans cette optique, le responsable des achats devrait insister non seulement pour qu'on standardise le plus possible les caractéristiques exigées et qu'on réduise au minimum le nombre des demandes spéciales ou inhabituelles, mais aussi pour qu'on prévoie les besoins suffisamment tôt afin d'éviter le recours excessif aux commandes urgentes. Il se peut, en outre, que le passage de commandes à terme s'avère essentiel à titre de protection contre une pénurie ou une hausse des prix. Puisqu'il connaît les conditions générales du marché, le service des achats devrait indiquer aux utilisateurs le délai d'obtention normal des articles standard et les informer de tout changement important.

Les commandes urgentes

Il arrive fréquemment qu'on reçoive un nombre excessif de demandes portant la mention «urgent». Certains imprévus obligent parfois à s'approvisionner à la hâte: une modification soudaine de style ou de modèle ou une variation inattendue des conditions du marché peuvent bouleverser un calendrier de production établi avec le plus grand soin. De même, les pannes sont inévitables et elles créent une demande de pièces ou de matières qu'il serait inutile de toujours conserver en stock.

Il existe toutefois des commandes soi-disant urgentes que rien ne justifie. Ces demandes d'approvisionnement à la hâte s'expliquent par: 1. un mauvais contrôle des stocks, 2. une préparation inadéquate du calendrier de production ou du budget s'y rattachant, 3. un manque de confiance

FIGURE 3.1   Formulaire de demande d'achat

Université du Québec à Montréal

Service des achats

RÉQUISITION D'ACHAT

N⁰ 91312

Unité administrative (Budget) :

Nom du,de la responsable du budget*: _____ tél. _____
Unité administrative (requérante):

Code comptable	Montant

Nom de l'usager**: _____ tél. _____
Livraison à l'attention de***   Pavillon/local   Date de livraison requise :

ITEM	QUANTITÉ	UNITÉ DE MESURE	INVENTAIRE	DESCRIPTION	PRIX ESTIMÉ UNITAIRE	TOTAL

Fournisseur(s) suggéré(s) :   Remarque :

SIGNATURE DU,DE LA REQUÉRANT-E: _____ DATE : _____

SIGNATURE DU,DE LA RESPONSABLE DU BUDGET: _____ DATE : _____

AUTRE(S) AUTORISATION(S) (voir verso): _____ DATE : _____

Page 1 de

SERVICE DES ACHATS

Voir information au verso

UQAM F-458 (rev. 09-86)

dans la capacité du service des achats d'obtenir les matières au moment voulu, ou 4. l'habitude d'indiquer « urgent » sur les demandes. Quelle qu'en soit la raison, ces commandes entraînent des coûts élevés, qui résultent en partie d'une plus forte probabilité d'erreur lorsqu'on doit exécuter un travail à la hâte. Les commandes urgentes ajoutent également à la charge du fournisseur, et ce fardeau additionnel influe directement ou indirectement sur le prix payé par l'acheteur.

Comment peut-on réduire le nombre excessif de commandes marquées « urgent » qui ne le sont pas véritablement ? La solution est de mieux faire connaître les procédures ayant trait à l'approvisionnement. Ainsi, les dirigeants d'une entreprise ont décrété que tout service qui fait une demande d'approvisionnement urgente devra en expliquer la raison au directeur général et recevoir son approbation. S'il obtient cette approbation, il devra assumer les coûts additionnels résultant de l'urgence de l'achat, dans la mesure où on peut les déterminer. Cette façon de procéder a permis de réduire sensiblement le nombre de commandes urgentes.

Les petites commandes

Les commandes de faible valeur représentent un sujet de préoccupation constante au sein de toute entreprise. Il importe, entre autres, de comparer le coût du système établi pour traiter ces commandes à celui des articles ainsi obtenus. En général, l'objectif premier est d'assurer un approvisionnement continu d'articles peu coûteux parce qu'un manque de ce type de fournitures risque d'engendrer des désagréments sans commune mesure avec leur valeur monétaire. On peut adopter différents moyens pour remédier au problème des petites commandes. En voici quelques-uns :

– encourager l'utilisation d'articles standard ;
– mettre de côté les demandes d'achat de faible valeur jusqu'à ce que le montant cumulatif justifie le passage d'une commande ;
– établir un calendrier qui indique le jour de commande d'un type de fournitures ou le jour de commande chez un type de fournisseur ; ainsi, les requérants pourront acheminer leurs demandes d'achat le jour convenu ;
– effectuer les achats par contrat global ou en utilisant le système zéro-stock ; cette solution est fréquemment utilisée pour les fournitures d'entretien, de réparation et d'opérations.

Le bon de commande accompagné d'un chèque en blanc

Cette façon de remédier au problème des commandes de faible valeur est attribuée à la société Kaiser Aluminum & Chemical of Canada. Il y a quelques années, cette entreprise procéda à l'analyse de ses registres et découvrit que 75 % de ses commandes avaient une valeur nominale ne dépassant pas 200 $, et qu'elles ne représentaient que 5 % du montant total qu'elle consacrait à ses achats. Cette société remarqua aussi que 92 % de ses commandes présentaient une valeur nominale inférieure à 1 000 $ tout en ne requérant que 6 % du total qu'elle dépensait au chapitre de l'approvisionnement. Afin de traiter ces petites commandes, elle établit une procédure d'achat où on utilise un chèque en blanc.

Le bon de commande spécial envoyé au fournisseur en pareil cas s'accompagne d'un chèque en blanc. Une fois la marchandise expédiée, le fournisseur inscrit le montant à recevoir sur ce dernier et l'encaisse. Ce système présente un certain nombre de garanties, puisque le chèque (il s'agit en fait d'une traite bancaire) porte clairement la mention «non valide pour tout montant supérieur à 1 000 $» et qu'il ne peut être déposé qu'au compte du fournisseur, et ce à l'intérieur d'une période définie (en général 60 ou 90 jours). La somme maximale autorisée varie évidemment selon les besoins particuliers de l'entreprise acheteuse. Dans la plupart des cas, elle se situe à 1 000 $; mais il arrive qu'elle soit moindre (par exemple, 500 $) ou qu'elle atteigne 5 000 $. Grâce à ces restrictions, l'acheteur ne court qu'un faible risque.

Cette manière de procéder a l'avantage de limiter les écritures liées aux achats de faible valeur et de réduire les frais postaux et d'articles de bureau, puisque le chèque est envoyé dans la même enveloppe que le bon de commande. Cette méthode permet également à l'entreprise qui achète de négocier un escompte de caisse plus élevé en échange du paiement immédiat, et de réaliser des économies de temps (et de personnel) au chapitre des comptes fournisseurs. Toutefois, le principal avantage de ce système découle vraisemblablement du fait qu'il requiert la livraison d'un envoi complet, c'est-à-dire qu'on ne tolère aucune commande en souffrance. On indique en effet au fournisseur, sur le bon de commande ou sur une feuille d'instructions annexée, que toute livraison, complète ou partielle, mettra fin à la transaction et qu'il ne pourra indiquer sur le chèque que le prix total de la quantité effectivement livrée. Cette mesure incite les fournisseurs à expédier l'ensemble de la commande (ce que font normalement la plupart d'entre eux) parce qu'ils obtiennent aussitôt le paiement des articles livrés. Il s'ensuit une réduction du nombre de bordereaux de réception, d'inscriptions au registre des stocks et de versements.

3.3 DEUXIÈME ÉTAPE: LA DESCRIPTION DE LA MARCHANDISE

On ne peut s'attendre à ce qu'un approvisionneur effectue un achat sans savoir avec précision ce que veut le service utilisateur. Une description exacte du besoin à combler, de l'article, de la marchandise ou du service demandé s'avère par conséquent essentielle. Or, le service de l'approvisionnement et l'utilisateur partagent la responsabilité de l'établir.

L'acheteur doit remettre en question toute spécification exigée si une modification permet de mieux servir les intérêts de l'entreprise. Étant donné l'importance des conditions futures du marché, il est logique que le personnel des achats et les groupes chargés d'établir les spécifications collaborent étroitement durant les premières étapes de la définition du besoin. Une description inexacte entraîne au mieux une perte de temps; dans le pire des cas, toutefois, elle peut avoir des conséquences financières graves et engendrer une interruption de l'approvisionnement, des tensions à l'intérieur de l'entreprise ainsi qu'une diminution de la confiance et du respect manifestés par les fournisseurs.

Comme le service de l'approvisionnement est le dernier lieu où passe la liste des spécifications avant son envoi au fournisseur, il lui appartient de procéder à la vérification finale. Or, le personnel ne pourra accomplir cette tâche s'il ne possède aucune connaissance du produit ou du service requis. Si la demande d'approvisionnement soulève des doutes, le service des achats doit en faire part au requérant et ne prendre aucune décision unilatérale.

Il convient d'uniformiser les termes employés pour décrire les articles désirés. On ne peut trop insister sur l'importance d'utiliser une nomenclature adéquate afin d'éviter les malentendus. Or, le moyen le plus efficace d'établir un usage uniforme consiste, pour le personnel des achats, à dresser une liste des articles couramment acquis.

Voici les renseignements qui devraient apparaître sur la demande d'achat (*voir la figure 3.1*) :

- la date ;
- le numéro de référence ;
- le service d'origine ;
- le compte auquel on doit imputer l'achat ;
- la description complète des articles désirés et la quantité requise ;
- la date où l'on a besoin de ces articles ;
- les instructions particulières de livraison, le cas échéant ;
- la signature du requérant autorisé.

Le flux des demandes d'achat

Le requérant devrait rédiger la demande d'achat en au moins deux exemplaires pour envoyer l'original au service de l'approvisionnement et conserver la copie. Il est courant d'exiger une demande différente pour chaque article, surtout lorsqu'il s'agit de fournitures standard. Dans le cas de certains produits inusités tels que des accessoires de plomberie qu'on ne garde généralement pas en stock, on peut accepter que plusieurs articles figurent sur une même demande à condition qu'ils soient vraisemblablement acquis d'un même fournisseur et livrés tous ensemble. Cette manière de procéder simplifie les écritures, puisque chaque article provient d'un fournisseur donné, qu'il doit être livré à une date précise et qu'il nécessite un bon de commande ainsi qu'un traitement séparés. Dans les entreprises où on a recours à un système informatisé de planification des besoins-matières (PBM), l'ordinateur produit automatiquement les demandes d'achat.

Le service de l'approvisionnement doit savoir exactement qui a le pouvoir de présenter une demande d'achat. Il ne devrait en aucune circonstance accepter une demande provenant d'une personne non autorisée. Par ailleurs, il importe tout autant que le personnel des ventes reconnaisse qu'une demande d'achat ne se traduit pas nécessairement par une commande.

Chaque fois qu'on reçoit une demande d'approvisionnement, on doit la vérifier avec soin avant d'aller plus loin. Il faut s'assurer que la quantité exigée correspond aux besoins prévus et la comparer aux lots économiques. D'autre part, on doit être certain que la date de livraison indiquée permettra de disposer du temps nécessaire pour obtenir des propositions de prix et des échantillons, au besoin, et pour passer la commande et la recevoir. Si le délai accordé est trop court ou s'il entraîne des dépenses additionnelles, il convient d'en aviser immédiatement le requérant.

Le traitement des formulaires de demande au bureau des achats revêt assez d'importance pour justifier la présentation d'un exemple. Ainsi, après avoir apposé sur les demandes un cachet indiquant l'heure de leur réception au bureau des achats, on les remet au commis ou au préposé aux commandes, qui se charge d'attacher à chacune d'elles la fiche descriptive appropriée. Les demandes passent ensuite à l'acheteur. Lorsqu'un article fait l'objet d'un contrat d'approvisionnement, l'acheteur inscrit la mention «contrat» en ajoutant le nom de l'entreprise à laquelle on doit passer la commande, le prix, les conditions d'achat, le point où l'acheteur devient propriétaire des biens (point FAB), la valeur totale et la date de paiement à l'intention du contrôleur. Cela fait, l'acheteur retourne les demandes au commis pour qu'il dactylographie les commandes et les poste aux fournisseurs choisis après une dernière vérification du prix, des conditions, des spécifications, etc.

Si aucun contrat ne s'applique aux articles requis, on doit faire la demande de propositions de prix à l'aide de formulaires standard prévus à cette fin. En pareil cas, l'acheteur indique au verso de la demande d'approvisionnement le nom des fournisseurs possibles desquels il souhaite obtenir une proposition de prix. Il remet ensuite les formulaires au commis, qui remplit les demandes de proposition et les fait vérifier puis signer par l'acheteur avant de les poster.

Après réception de la réponse des fournisseurs, le commis reporte toutes les propositions sur une même feuille et la donne à l'acheteur, qui choisit alors l'entreprise à laquelle il passera la commande. Il appose ensuite ses initiales sur la demande d'achat et la remet au commis afin qu'il dactylographie le bon de commande.

L'utilisation de demandes d'achat volantes

Dans le but de réduire leurs frais d'exploitation, certaines entreprises ont adopté, pour les matières et les pièces standard dont elles ont fréquemment besoin, les demandes d'achat «volantes». Elles utilisent ainsi un formulaire cartonné pour chaque article requis par un service de façon répétée. Comme cette demande d'achat volante porte déjà la description complète du produit en cause, l'utilisateur qui doit se réapprovisionner n'a qu'à y inscrire la quantité requise et la date à laquelle il en a besoin, avant de l'expédier au service des achats. Ce dernier rédige alors le bon de commande, puis en indique le numéro sur la demande volante et y ajoute le nom du fournisseur de même que le prix. Il retourne ensuite la fiche de demande au requérant, qui la range dans ses dossiers jusqu'au prochain réapprovisionnement. Une même demande volante peut être utilisée pour 24 à 36 achats. Elle remplace donc 24 à 36 demandes d'approvisionnement individuelles et évite d'avoir à recopier sans cesse la même description, ce qui engendre des économies au chapitre des écritures et du travail de bureau. En outre, elle regroupe sur une même fiche toutes les données historiques relatives à l'achat et à l'utilisation de l'article en cause.

Lorsqu'il faut commander des pièces ou des matières pour lesquelles on utilise une demande d'achat volante, le commis au contrôle des stocks indique sur cette dernière la date de réception de la demande, la date où on exige de recevoir la commande, le nom du service requérant et la quantité voulue. Il fait ensuite signer la demande par une personne autorisée avant de l'envoyer au service des achats. Dans les entreprises qui possèdent un système informatisé de contrôle des stocks, l'ordinateur se charge automatiquement d'une bonne part du travail autrement effectué par le commis. Après avoir choisi le fournisseur approprié, l'acheteur en inscrit le numéro d'identification sur la demande et y ajoute la quantité, la date d'obtention exigée, le prix unitaire, son nom ainsi que la date. Une fois le bon de commande rédigé, il retourne la fiche volante au service utilisateur ou au service du contrôle des stocks, où on la classe jusqu'à la prochaine demande d'achat.

L'utilisation d'une nomenclature

On peut aussi établir les demandes d'achat sur la base d'une nomenclature. Les entreprises qui fabriquent un produit standard sur une période relativement longue adoptent ce système, parce qu'il permet de faire connaître rapidement les besoins du service de la production à celui des achats. La nomenclature d'un grille-pain produit par un fabricant d'appareils électroménagers indiquerait (en tenant compte d'un facteur de rebut approprié) la quantité totale requise de chaque pièce et de chaque matière pour obtenir une unité finie (tels le cordon et la fiche). Le service de l'ordonnancement de la production n'aurait plus qu'à informer le service des achats qu'il prévoit la fabrication de 18 000 unités de ce modèle au cours du mois suivant. Le personnel de l'approvisionnement multiplierait alors les quantités inscrites sur la nomenclature par le multiple de 18 000 approprié pour établir la quantité totale requise de chaque article afin de respecter le calendrier de production du mois à venir. Il comparerait ensuite ces valeurs aux quantités en stock pour déterminer l'ampleur des commandes à passer.

Dans les entreprises où l'on a mis en place un système informatique pleinement intégré de gestion des matières, dont la base de données contient toutes les informations relatives aux fournisseurs et aux prix pour chaque entente à long terme, l'ordinateur produirait alors les bons de commande nécessaires à l'achat des quantités requises. L'emploi d'une nomenclature permet de simplifier le processus de demande d'achat lorsqu'un même ensemble comprenant de nombreux articles est fréquemment requis.

Les marchés d'approvisionnement et les marchés ouverts

On peut réduire le coût d'émission et de traitement des bons de commande quand les conditions sont favorables à un marché d'approvisionnement ou à un marché ouvert. Un marché d'approvisionnement englobe d'ordinaire un large éventail d'articles, alors qu'un marché ouvert peut faire l'objet de prolongations aussi bien que d'ajouts à la liste des produits en cause. On peut recourir à ce type de conventions pour les fournitures d'entretien, de réparation et d'opérations (ERO) et les articles servant à la production qu'on achète à maintes reprises, en grande quantité, sur une période de plusieurs mois.

Dans un premier temps, on négocie toutes les conditions relatives à l'achat des quantités qu'on prévoit acquérir au cours de la période fixée et on les inscrit sur le bon de commande initial. Par la suite, il suffit de demander une livraison chaque fois qu'on souhaite obtenir une portion de la commande. Dans certains cas, le service de l'ordonnancement de la production se charge de préparer ces appels pour ensuite les acheminer au service des achats ou les expédier directement au fournisseur. Il n'est pas rare qu'un marché ouvert s'applique sur une période d'un an ou jusqu'à ce qu'une modification du produit fabriqué, des spécifications exigées ou des conditions influant sur le prix et la livraison rende de nouvelles négociations nécessaires ou souhaitables. La figure 3.2 présente un formulaire d'appel de livraison dans le cadre d'un marché d'approvisionnement.

Les achats par contrat global ou sur la base du système zéro-stock

Les achats par contrat global ou sur la base du système zéro-stock entraînent une plus grande intégration des fonctions de commande et de contrôle des stocks que les marchés d'approvisionnement. Les contrats globaux se distinguent des contrats d'approvisionnement à divers égards. Il est ainsi plus probable qu'ils s'avèrent informels, qu'ils donnent lieu à une facturation périodique, qu'ils permettent à des services autres que celui des achats d'émettre des demandes de livraison, qu'ils utilisent des catalogues spéciaux, qu'ils obligent les fournisseurs à conserver un stock minimal, qu'ils ne précisent pas la quantité minimale d'articles que doit se procurer l'acheteur et qu'ils améliorent le taux de rotation des stocks[1].

On utilise le plus souvent ce mode d'acquisition dans le cas des fournitures de bureau, des articles faisant l'objet d'achats répétés ainsi que des fournitures ERO. Ces dernières englobent de nombreux articles de types variés dont la valeur est relativement faible et qui doivent être obtenus sans délai lorsque survient une panne à l'intérieur de l'usine. Une entente d'achat globale repose en fait sur un contrat d'approvisionnement, auquel s'ajoute une liste complète de tous les articles en cause et sur lequel apparaissent de façon très détaillée les quantités approximatives qui seront utilisées au cours d'une période déterminée, les prix et leur mode d'ajustement, les règles à suivre pour la cueillette quotidienne des demandes et la livraison des marchandises dans un délai de 24 heures, ainsi que la méthode de facturation simplifiée à employer.

---

1. Thomas G. NOORDEWIER, «A Comparison of Blanket and Systems Contracts», *Journal of Purchasing and Materials Management*, été 1989, p. 39.

FIGURE 3.2 Formulaire d'appel de livraison dans le cadre d'un marché d'approvisionnement

IBM* IBM Canada Ltée
IBM Canada Ltd

Emission partielle d'une commande générale
Blanket Purchase Order Release

A l'usage exclusif d'IBM IBM internal use only	Service Department	Div	Majeur Major	Mineur Minor

Sujet aux termes et conditions stipulées sur la commande no.
Subject to the terms and conditions of our purchase order no.

No d'émission
Release no.

Date

No Article Item No.	Description	A livrer pour le Ship to Arrive			Quantité Quantity	U/M	Prix unitaire Unit Price	Prix Total Extended Price
		mm	jd	an yr				

Inscrire le no de l'article sur toutes les factures et avis d'expedition. Show item number on all invoices and shipping notices	Pour plus de renseignements, veuillez vous addresser a notre service des achats. Contact our purchasing department if information is required on this release.	Signatures Autorisées Authorized Signatures

IMPORTANT: AU MOMENT DE L'EXPÉDITION, ENVOYER 2 EXEMPLAIRES DE FACTURE À:
IMPORTANT: MAIL INVOICES IN DUPLICATE AT TIME OF SHIPMENT TO:

IBM CANADA LTÉE
SERVICE DES COMPTES À PAYER / ACCOUNTS PAYABLE DEPARTMENT
23 BOUL. DE L'AÉROPORT
BROMONT, QUÉBEC J0E 1L0

FOURNISSEUR
SUPPLIER

* Marque déposée d'International Business Machines Corporation, IBM Canada Ltée, usager inscrit.
Registered trademark of International Business Machines Corporation, IBM Canada Ltd, registered user.

FORMULE/FORM: 9308-0 (REV. 02/83)

En règle générale, le fournisseur garde en stock tous les articles indiqués sur le contrat, de sorte que l'acheteur n'a plus à investir dans les stocks ni dans un espace d'entreposage. Chaque fois qu'un utilisateur a besoin d'un des articles en cause, il envoie une demande directement au fournisseur sans passer par le service des achats. Le fournisseur utilise le formulaire de demande pour déterminer la quantité requise, préparer la facture et établir le bordereau de livraison. Cette manière simplifiée de procéder permet à l'acheteur et au fournisseur de réduire les coûts d'administration ; de plus, elle contribue à résoudre le problème des petites commandes.

Certaines entreprises ont recours à un système électronique pour effectuer leurs achats par contrat global, ce qui nécessite l'installation d'un terminal de transmission des données au service de l'approvisionnement. Ainsi, l'acheteur n'a qu'à indiquer la quantité requise de chaque article dont il a besoin, et le système transmet ces informations à l'ordinateur du fournisseur, qui s'occupe de préparer le bon de commande en fonction des prix préalablement convenus.

Lorsqu'une entreprise achète en grande quantité d'un certain fournisseur, ce dernier maintient un stock des articles en cause à l'usine du client, comme s'il y possédait un entrepôt. L'acheteur communique alors avec le fournisseur par le biais d'un ordinateur muni d'une imprimante et d'un modem (qui convertit les impulsions de l'ordinateur pour permettre la transmission par ligne téléphonique). Les choses se passent alors ainsi.

1. L'acheteur conclut un marché d'approvisionnement à prix ferme pour un ensemble d'articles tels que des attaches.

2. Le fournisseur livre une quantité prédéterminée au lieu de stockage aménagé à l'usine de l'acheteur et il demeure encore propriétaire des articles en cause.

3. L'acheteur inspecte ces articles au moment de leur livraison.

4. L'ordinateur indique le casier ou la tablette où on doit ranger ces articles.

5. L'acheteur transmet ses bons de commande par le biais de son terminal, ce qui engendre des retraits automatiques au registre des stocks du fournisseur.

6. L'ordinateur produit des fiches de prélèvement, et l'acheteur retire les articles indiqués des stocks du fournisseur.

7. Le fournisseur présente une seule facture mensuelle pour les articles prélevés.

8. Le service comptable de l'acheteur effectue un seul versement mensuel pour tous les articles utilisés.

9. À intervalles prédéterminés, l'ordinateur produit un rapport sommaire indiquant la nature et la quantité des articles prélevés. Tant l'acheteur

que le fournisseur utilisent ces rapports à des fins d'analyse, de planification et de réapprovisionnement.

Les achats par contrat global ont également acquis une certaine popularité auprès d'organisations autres que des entreprises de fabrication. Au début, on n'y avait recours que dans le cas des fournitures ERO; mais il arrive aujourd'hui qu'un contrat global s'applique à des marchandises pour lesquelles on dépense beaucoup d'argent. En réduisant le délai entre le moment de la demande et celui de la livraison, ce mode d'achat a permis de diminuer les stocks de façon marquée et de rendre le personnel de l'entreprise plus disposé à se conformer au système d'approvisionnement. Il n'en découle en outre qu'un minimum de paperasse. De plus, comme l'utilisateur peut normalement évaluer ses besoins de manière assez précise et indemniser le fournisseur advenant de mauvaises prévisions, le vendeur ne court qu'un faible risque en investissant dans le stock requis. Enfin, le niveau de coopération et d'échange d'informations que nécessite la réalisation d'un contrat global se traduit fréquemment par des relations plus cordiales entre l'acheteur et le fournisseur que dans une situation traditionnelle de pleine concurrence.

🔲🔲🔲🔲🔲
3.4 TROISIÈME ÉTAPE: LA SÉLECTION DES SOURCES D'APPROVISIONNEMENT

Le choix du fournisseur constitue un élément primordial de la fonction achat. Il nécessite le repérage des sources d'approvisionnement qualifiées, puis l'évaluation de la probabilité qu'un accord d'achat engendre la livraison ponctuelle d'un produit adéquat de même que la fourniture des services requis avant et après la vente. Le chapitre 6 traite en détail de cette étape.

Les documents de base que devrait posséder un bureau des achats bien organisé sont:

- une liste des contrats en vigueur dont les conditions permettent de passer des commandes lorsque c'est nécessaire;
- une liste des articles acquis classés selon leur nature;
- un registre des fournisseurs.

La sélection d'un fournisseur ne pose aucun problème dans le cas de nombreux produits dont l'entreprise fait un usage constant, et en particulier de ceux pour lesquels il existe un marché libre et ouvert où l'on peut obtenir diverses propositions de prix presque en tout temps. Toutefois, il convient fréquemment d'obtenir des soumissions lors de l'achat de fournitures d'usage courant telles que des articles de bureau. La figure 3.3 présente un formulaire type de demande de soumission.

FIGURE 3.3 Formulaire de demande de soumission

Gouvernement du Québec
Ministère des Approvisionnements
et Services

APPEL D'OFFRES/SOUMISSION

NUMÉRO

PAGE 1 DE ________

Retourner votre soumission à:
Direction générale des approvisionnements
575, rue Saint-Amable, 4e étage
Québec (Québec)
G1R 5N9

LIVRER À

FACTURER À

VOIR CI-DESSUS

Date de rédaction ________________

NOM

ADRESSE

VILLE

VEUILLEZ VOUS IDENTIFIER

CERTIFICAT D'EXEMPTION DE LA TPS: CECI EST POUR CERTIFIER QUE LES BIENS/SERVICES COMMANDÉS/ACHETÉS AVEC LES DENIERS DE LA COURONNE SONT DESTINÉS À ÊTRE UTILISÉS PAR LE REQUÉRANT CI-HAUT MENTIONNÉ, LEQUEL EST UNE ENTITÉ GOUVERNEMENTALE NON-ASSUJETTIE À LA TAXE FÉDÉRALE SUR LES PRODUITS ET SERVICES (TPS).

ARTICLE	QUANTITÉ	DESCRIPTION	PRIX UNITAIRE NET	UNITÉ DE MESURE

F.A.B. DESTINATION	**CONDITIONS DE PAIEMENT:**

LIVRAISON DEMANDÉE:

LIVRAISON OFFERTE:

INDIQUER LE NOMBRE DE JOURS À COMPTER DE LA RÉCEPTION DE LA COMMANDE

JOURS

POUR RENSEIGNEMENTS S'ADRESSER À:

TÉL (418)

LA COPIE BLANCHE DÛMENT SIGNÉE DOIT PARVENIR SOUS PLI CACHETÉ À LA DIRECTION GÉNÉRALE DES APPROVISIONNEMENTS AVANT LE:

DATE:

IMPORTANT-DATE DE FERMETURE

JE, EN MON NOM PERSONNEL OU AU NOM DE LA FIRME QUE JE REPRÉSENTE:
1. DÉCLARE AVOIR PRIS CONNAISSANCE DE TOUS LES DOCUMENTS D'APPEL D'OFFRES, LESQUELS FONT PARTIE INTÉGRANTE DE CETTE SOUMISSION;
2. M'ENGAGE À RESPECTER TOUTES LES CONDITIONS PRÉVUES AUX DOCUMENTS D'APPEL D'OFFRES ET À LIVRER LES BIENS OU À FOURNIR LES SERVICES REQUIS À LA SUITE DE L'ÉMISSION D'UNE COMMANDE PAR LE DIRECTEUR GÉNÉRAL DES APPROVISIONNEMENTS.

SIGNATURE DU SOUMISSIONNAIRE — DATE: A / M / J

NOM DU SIGNATAIRE EN LETTRES MOULÉES

IMPORTANT-SIGNATURE OBLIGATOIRE

FA-40 (92-01)

VOIR INSTRUCTIONS AU SOUMISSIONNAIRE ET CONDITIONS GÉNÉRALES AU VERSO

A-0402-8

□ □ □ □ □
3.5 QUATRIÈME ÉTAPE : L'ANALYSE DES SOUMISSIONS

L'analyse des propositions de prix et le choix du fournisseur débouchent sur le passage d'une commande. Ces actions faisant appel au jugement, il suffit de mentionner qu'elles comptent parmi les étapes logiques du processus d'achat. Certaines entreprises emploient un formulaire simple (*voir la figure 3.4*) dans le but de faciliter l'analyse des propositions reçues ; mais il n'existe aucun procédé uniforme. Par ailleurs, on accorde nombre de commandes sur la base d'une liste de prix ou de négociations plutôt qu'à la suite d'un appel d'offres. La détermination du prix et des conditions d'achat fait l'objet d'une étude détaillée au chapitre 7.

□ □ □ □ □
3.6 CINQUIÈME ÉTAPE : LA PRÉPARATION DU BON DE COMMANDE

En général, on rédige un bon lorsqu'on passe une commande (*voir la figure 3.5*), à moins de s'en remettre à l'accord de vente du fournisseur ou à un appel de livraison dans le cadre d'un marché d'approvisionnement. Or, l'emploi d'un formulaire contractuel déficient peut entraîner des conséquences juridiques graves et un mauvais enregistrement de la transaction. De ce fait, même les commandes téléphoniques doivent être confirmées par l'envoi subséquent d'un bon. S'il survient une urgence, il peut être opportun d'envoyer un camion prendre livraison des pièces dont on a besoin sans rédiger au préalable une demande d'achat et un bon de commande. Cependant, on ne doit rien acquérir sans un formulaire écrit de commande, sauf dans le cas de menues dépenses réglées à même la petite caisse.

Toutes les entreprises émettent des bons de commande ; mais dans la réalité, les conditions qui y figurent ne s'appliquent pas toujours, étant parfois remplacées par celles que définit le contrat de vente rédigé par le fournisseur. Il peut ainsi s'avérer intéressant de comparer les contrats de vente et les bons de commande. Comme chaque entreprise s'efforce d'obtenir la meilleure protection possible, certaines responsabilités attribuées au fournisseur par le bon de commande relèvent souvent de l'acheteur selon les conditions du contrat de vente. Toute entreprise souhaite donc utiliser ses propres contrats de vente lorsqu'elle agit à titre de fournisseur, et ses propres bons de commande lorsqu'elle réalise des achats.

Certains services d'approvisionnement refusent d'effectuer tout achat non régi par les conditions apparaissant sur leurs bons de commande. Lorsque le fournisseur s'oppose fermement à l'une ou l'autre de ces condi-

FIGURE 3.4   Formulaire d'analyse des soumissions

PREVOST

Prévost Car Inc., Ste-Claire, Québec, Canada G0R 2V0
MANUFACTURIER D'AUTOCARS/COACH MANUFACTURER
Tél.: (418) 883-3391
Fax.: (418) 883-2145

DEMANDE DE PRIX/*REQUEST FOR QUOTATION*

Date de clôture/*Closing date:*	Toute correspondance ultérieur doit référer à ce # *Any further correspondance must refer to this #*

FOURNISSEURS/*SUPPLIERS*	CECI N'EST PAS UNE COMMANDE -IMPORTANT- *THIS IS NOT AN ORDER*
	Cette demande de prix est faite pour les articles qui sont décrits ci-après ou dans les documents ci-annexés. Si vous nous offrez des articles substitutifs comparables, veuillez le mentionner expressément avec les détails nécessaires. Les délais doivent être exprimés en jours ouvrables. Prévost Car Inc. ne s'engage à accepter, en tout ou en partie, ni l'une ni l'autre des propositions.	*This request for quotation is intended for the items described below or in the schedules.* *If you offer us comparable substitute items, please have it mentioned with necessary details.* *Lead times should be expressed in working days.* *Prévost Car Inc. does not undertake to accept, totaly nor partially, any quotation.*

Demandé pour Prévost Car Inc. par:
Requested for Prévost Car Inc. by: _____ _____ _____
nom/*name*   signature   date

NOTRE NUMÉRO DE PIÈCE PRÉVOST				OUR PREVOST PART NUMBER
DESCRIPTION DE LA PIÈCE				PART DESCRIPTION
QUANTITÉ ESTIMATIVE D'UTILISA. ANNUELLE				ANNUAL USAGE ESTIMATED QTY
VOTRE NUMÉRO DE PIÈCE				YOUR PART NUMBER
VOTRE DESCRIPTION (SI ALTERNATIVE)				YOUR DESCRIPTION (IF ALTERNATIVE)
VOTRE UNITÉ DE MESURE				YOUR UNIT OF MEASURE
VOTRE PRIX SOUMIS (PAR ÉCHELLE DE QUANTITÉS S'IL Y A LIEU)				YOUR QUOTED PRICE (PER SCALE OF QUANTITIES IF NEED BE)
PRIX VALIDE JUSQU'À QUAND				PRICE VALID UNTIL WHEN
TAXE DE VENTE FED. (INC. OU EXC. & %)				FEDERAL SALES TAX (INC. OR EXC. & %)
ENTRÉE EN FRANCHISE DE DOUANES?				DUTY FREE ENTRY?
F.A.B.				FOB
QUANTITÉ MINIMALE DE LIVRAISON				MINIMUN SHIPPING QUANTITY
QUANTITÉ STANDARD D'EMBALLAGE				STANDARD PACKING QUANTITY
CONDITIONS DE PAIEMENT				PAYMENT TERMS
VOTRE PROPRE DÉLAI D'APPROVISIONNEMENT				YOUR OWN SUPPLY LEAD TIME
PAYS OU VOUS VOUS APPROVISIONNEZ*				COUNTRY WHERE YOU GET YOUR SUPPLY
M A N U F A C T U R I E R — VOTRE DÉLAI DE MISE EN ROUTE				YOUR SETUP TIME — M A N U F A C T U R E R
VOS FRAIS DE MISE EN ROUTE				YOUR SETUP COSTS
VOTRE DÉLAI DE FABRICATION				YOUR MANUFACTU-RING LEAD TIME
VOTRE DÉLAI DE LIVRAISON				YOUR DELIVERY LEAD TIME

* Veuillez nous en transmettre les détails par affidavit (nom et adresse de vos fournisseurs étrangers).

* *Please, send us an affidavit of those details (name and address of your foreign suppliers).*

Prix soumis par:
Quotation submitted by: _____ _____ _____ _____
nom/*name*   fonction/*title*   signature   date

611 (08-88)   F88-1034

1

FIGURE 3.5   Bon de commande

Bon de commande Purchase order	Service des achats	5255, avenue Decelles Montréal (Québec) Canada H3T 1V6	École des Hautes Études Commerciales	HEG	CE NUMÉRO DEVRA APPARAÎTRE SUR TOUTE FACTURE, LIVRAISON ET CORRESPONDANCE.

Affiliée à l'Université de Montréal

YOUR INVOICE, SHIPMENT AND CORRESPONDENCE MUST BEAR ABOVE MENTIONED NUMBER.

POUR TOUS RENSEIGNEMENTS, COMMUNIQUER AVEC L'ACHETEUR. *DIRECT INQUIRIES TO BUYER.*	TÉLÉPHONE /*TELEPHONE*: (514) 340-6243 TÉLÉCOPIEUR /*FAX*: (514) 340-5660	FACTURES ADRESSÉES À *INVOICES ADDRESSED TO* →	ÉCOLE DES HAUTES ÉTUDES COMMERCIALES COMPTES À PAYER 5255, AV. DECELLES, MONTRÉAL, QUÉ., H3T 1V6

À: •

TO:

LIVRÉ À / *SHIP TO*

DATE DE LIVRAISON AA MM JJ *SHIPPING DATE*	CONDITION *TERM*	F.A.B. *F.O.B.*	DATE DE LA COMMANDE AA MM JJ *ORDER DATE*	TÉL./*TEL.* ☐ TÉLÉC./ *FAX* ☐	NO FOURNISSEUR *SUPPLIER NUMBER*

NO ART. *ITEM NO*	QUANTITÉ *QUANTITY*	DESCRIPTION *DESCRIPTION*		PRIX UNITAIRE *UNIT PRICE*	TAXES FÉD.	PROV.	MONTANT *AMOUNT*

CONFIRMATION ☐	À L'ATTENTION DE:			S.-TOT. *S.-TOT.*	
				TPS *GST*	
D/A	REQUÉRANT	SERVICE		TVQ *PST*	
				TOTAL *TOTAL*	

LE RESPONSABLE DES ACHATS

LES INSTRUCTIONS AU VERSO FONT PARTIE DE CETTE COMMANDE ET DOIVENT ÊTRE STRICTEMENT OBSERVÉES. *INSTRUCTIONS ON REVERSE SIDE ARE PART OF THIS ORDER AND MUST BE STRICTLY OBSERVED.*

92.12/ 17.1.1 A

COPIE DU FOURNISSEUR

tions et qu'il peut donner des raisons valables de les modifier, les parties en arrivent à un compromis. Toutefois, cette règle ne s'applique pas toujours lorsque le marché est très favorable au vendeur. En outre, certains fournisseurs n'acceptent de conclure une transaction que si l'acheteur signe un de leurs bordereaux de vente. S'il n'existe aucune autre source d'approvisionnement possible, comme c'est le cas lorsqu'une entreprise détient le brevet d'un article dont la valeur est telle que l'on ne peut accepter de substitut, l'agent d'approvisionnement ne peut que se soumettre à la demande du fournisseur. D'ordinaire, toutefois, le document retenu varie selon la force respective des deux parties, la nature de la marchandise, le degré de complexité de la transaction et la stratégie employée afin d'obtenir ou de passer la commande.

Cette question des documents semble créer une grande confusion. Ainsi, à l'occasion, un approvisionneur signe librement le bordereau de commande d'un vendeur (lequel peut constituer un engagement formel pour l'acheteur, mais non pour le fournisseur qui, lui, attendra d'avoir obtenu la confirmation de son siège social) et envoie par la suite un bon de commande au fournisseur avec la conviction qu'il aura préséance. Il arrive également qu'après avoir posté un bon de commande, un agent d'approvisionnement reçoive non pas sa confirmation, mais plutôt un bordereau de vente, ce qui représente dans les faits une contre-proposition.

Cependant, lorsqu'une commande est de faible valeur, l'existence d'un contrat liant les deux parties importe peu, étant donné l'improbabilité de poursuites juridiques subséquentes. Pour cette raison et par souci d'économiser le coût du traitement d'écrits additionnels, nombre d'entreprises ont recours à un bon de commande sans copie d'accusé de réception ou de confirmation pour réaliser tout achat dont la valeur ne dépasse pas une limite donnée (5 000 $ par exemple). Elles ne bénéficient par conséquent d'aucune protection légale jusqu'au moment de l'arrivée des marchandises. De toute façon, une poursuite intentée pour obtenir la livraison d'une commande de faible valeur entraînerait des coûts prohibitifs.

La présentation et l'acheminement des bons de commande varient considérablement d'une entreprise à l'autre. Le mouvement en faveur de leur standardisation n'a guère donné de résultats.

Sur tout bon de commande doivent figurer le numéro de série, la date d'émission, le nom et l'adresse du fournisseur auquel on l'envoie, la quantité requise et la description des articles commandés, la date de livraison exigée, les instructions d'expédition ainsi que les conditions régissant le paiement et la transaction dans son ensemble.

Les conditions qui définissent les relations entre l'acheteur et le fournisseur revêtent une grande importance, et les éléments qu'on devrait y inclure sont loin de faire l'unanimité. Ce qui apparaît sur le bon de commande d'une entreprise représente en général le fruit de son expérience. On peut retrouver au nombre des conditions qui y figurent:

- des dispositions protégeant l'acheteur contre toute poursuite en dommages et intérêts pour ne pas s'être conformé à des brevets;
- des dispositions particulières se rapportant au prix (par exemple: «Advenant que le prix n'apparaisse pas sur ce bon, les marchandises en cause ne peuvent être facturées à un prix plus élevé que lors de l'achat précédent sans une autorisation de notre part.»);
- une clause indiquant que tous frais de mise en boîte, de mise en caisse ou de camionnage seront refusés;
- une stipulation rendant l'acceptation des marchandises conditionnelle à leur inspection et à leur qualité;
- une clause précisant qu'en cas de rejet, le fournisseur doit recevoir une nouvelle commande de l'acheteur avant de procéder au remplacement;
- une description précise des exigences sur le plan de la qualité ainsi que de la méthode d'assurance et de contrôle de la qualité;
- une clause permettant d'annuler la commande en cas de non-livraison des marchandises à la date indiquée;
- une disposition selon laquelle l'acheteur refuse d'accepter toute traite dont il est le débiteur;
- une clause se rapportant à la livraison partielle ou excédentaire de la quantité demandée. Il existe des industries, telle l'imprimerie, où on peut difficilement déterminer avec exactitude la quantité que représentera un lot de fabrication; c'est pourquoi on accepte généralement les livraisons partielles ou excédentaires à l'intérieur de certaines limites;
- des dispositions ayant trait aux points qui revêtent un intérêt particulier pour l'entreprise émettrice du bon, tels l'arbitrage et les moyens de se départir des outils nécessaires à la fabrication de pièces.

Le nombre de copies que comporte un bon de commande et la manière dont on les traite varient considérablement d'une entreprise à l'autre. Généralement, on envoie l'original du bon au fournisseur, en y joignant parfois une copie qui doit être retournée pour confirmer l'acceptation de la commande, donc la conclusion du contrat.

Au service de l'approvisionnement, on range une copie du formulaire dans le fichier des bons de commande classés par ordre numérique, et parfois dans celui des fournisseurs. Il arrive que le service des achats d'une entreprise ne garde pas une copie sur papier des bons de commande, ceux-ci étant plutôt photographiés et conservés sous forme de microfilm ou de microfiche. On fait également parvenir une copie du bon au service de la comptabilité en vue du règlement des comptes fournisseurs, et une autre au service de l'entreposage afin qu'il puisse se préparer à recevoir les marchandises. Il se peut qu'on en achemine une copie au service de la réception (lorsqu'il est distinct de celui de l'entreposage), où elle sera classée par ordre alphabétique selon le nom du fournisseur, et où elle servira à l'enregistrement des quantités reçues dès l'arrivée de la commande. Si les marchandises doivent faire l'objet d'une inspection à l'arrivée (ce qui est normalement le cas des matières premières et des pièces servant à la fabrication), on pourra aussi envoyer une copie du bon au service responsable.

Bien que toutes les copies du bon de commande se ressemblent et soient dactylographiées en une même opération, elles présentent certaines différences. Ainsi, il arrive que la copie d'acceptation du fournisseur porte une mention à cet effet qui n'apparaît sur aucune autre copie. De même, la copie envoyée au service de la réception peut être la seule à comporter un endroit où l'on inscrit la date d'arrivée des marchandises, alors que celle qui demeure au service des achats présente, dans certains cas, un espace réservé aux informations relatives à la promesse de livraison, aux factures et aux envois. Ajoutons que, généralement, les renseignements concernant les prix n'apparaissent pas sur la copie du service de la réception du fait de leur nature confidentielle.

En ce qui concerne le classement des bons de commande, il existe diverses manières de procéder. Ce qui importe, toutefois, c'est d'être en mesure de repérer un document chaque fois qu'on en a besoin.

Tout bon de commande remis ou expédié n'acquiert la valeur d'un contrat qu'après avoir été accepté. On exige en général que le fournisseur signifie son acceptation en envoyant une confirmation de la commande au service des achats. La définition d'un accord par consentement mutuel et de l'acceptation d'une commande relève essentiellement du domaine juridique. Or, comme le savent pertinemment les avocats, toute généralisation relative à l'acceptation des commandes s'accompagne de nombreuses exceptions.

Abstraction faite de l'aspect juridique, l'acheteur doit insister pour obtenir l'acceptation écrite du bon de commande parce que dans le cas contraire, il ne peut que supposer qu'il recevra la marchandise avant la date limite indiquée. Or, lorsque les dates de livraison se révèlent incertaines, l'acheteur ne peut planifier efficacement ses activités s'il n'en obtient pas la confirmation préalable.

3.7 SIXIÈME ÉTAPE: LE SUIVI ET LA RELANCE

Après avoir expédié un bon de commande à un fournisseur, l'acheteur peut vouloir soit en effectuer le suivi, soit en relancer la livraison, ou les deux. Au moment de l'émission du bon de commande, on fixe une date de suivi appropriée. Dans certaines entreprises, le service de l'approvisionnement compte des employés qui ne travaillent qu'au suivi des commandes et à la relance.

Le **suivi** d'une commande consiste en la vérification courante des progrès réalisés pour s'assurer que le fournisseur sera à même de respecter ses promesses de livraison. S'il survient un problème, concernant la qualité ou la livraison par exemple, l'acheteur doit en être averti le plus tôt possible afin de prendre les mesures appropriées. Pour réaliser le suivi d'une commande, on doit interroger souvent le fournisseur et parfois même visiter ses installations; de ce fait, on ne procédera au suivi que pour les marchandises qui présentent soit une grande valeur, soit un long délai d'obtention, ou les deux. Beaucoup d'entreprises procèdent au suivi de leurs commandes par téléphone afin d'obtenir immédiatement les informations et les réponses dont elles ont besoin. D'autres ont cependant recours à un formulaire simple, souvent produit par ordinateur, pour demander la date de livraison prévue ou le pourcentage du processus de fabrication qui sera complété à une certaine date.

La **relance** consiste à exercer une certaine pression sur le fournisseur pour qu'il respecte ses engagements initiaux ou qu'il livre le bien avant la date prévue. Elle peut se traduire par une menace d'annuler la commande ou de ne plus traiter avec le fournisseur s'il ne satisfait pas aux conditions de l'accord. Toutefois, la relance ne s'appliquera qu'à une faible proportion des commandes, puisque l'acheteur aura pris soin d'analyser les capacités des fournisseurs; ceux qu'il aura choisis s'avéreront donc fiables, c'est-à-dire qu'ils respecteront l'entente d'achat. Par ailleurs, si l'entreprise planifie adéquatement ses besoins en matières, elle n'aura pas à demander aux fournisseurs de livrer la marchandise plus tôt que prévu, sauf lors de situations inhabituelles. Les activités de relance présentent évidemment une importance accrue lorsque les matières se font très rares.

☐☐☐☐☐ 3.8 SEPTIÈME ÉTAPE : LA RÉCEPTION ET L'INSPECTION DES MARCHANDISES

Presque toutes les entreprises, à l'exception surtout des grandes qui exploitent plusieurs usines, en sont venues par expérience à confier la réception des commandes à un seul et même service. Or, étant donné le lien étroit entre la réception et les achats, il est fréquent que ce service relève directement ou indirectement de celui de l'approvisionnement.

L'arrivée des biens entraîne toujours une ou deux étapes additionnelles. Le service de la réception devrait vérifier à leur arrivée toutes les marchandises, à l'exception de certaines fournitures ERO de faible valeur sur l'emballage desquelles le vendeur peut avoir inscrit, à la demande du service des achats, qu'elles doivent être livrées directement au requérant. Ce dernier doit alors prévenir le service de l'approvisionnement s'il ne reçoit pas l'article commandé. En pareil cas, on demande au fournisseur de soumettre une preuve de livraison et, s'il ne peut le faire, on exige un envoi de remplacement. Il s'agit là d'une nouvelle façon de procéder utilisée uniquement pour l'achat de fournitures non gardées en stock, qui ne servent pas à la fabrication et dont la valeur ne dépasse pas un certain montant (200 $, par exemple).

En règle générale, le service de la réception vérifie les envois à l'aide d'une copie du bon de commande où, souvent, les quantités n'apparaissent pas, ce qui rend un décompte nécessaire. Il transmet ensuite les informations recueillies au service des achats pour qu'il ferme le dossier, à celui du contrôle des stocks pour qu'il mette ses registres à jour, et au service des comptes fournisseurs pour qu'il approuve et règle la facture. Dans certaines entreprises, le service de la réception emploie un formulaire distinct plutôt qu'une copie du bon de commande et y inscrit la date de l'arrivée des marchandises, leur description, le nom du fournisseur et les résultats du décompte. Si l'entreprise possède un système informatique intégré de gestion des matières, on entre directement les résultats du décompte à l'arrivée dans le fichier approprié.

Il arrive que les fournisseurs négligent de joindre la facture aux marchandises expédiées; on doit alors l'exiger afin de pouvoir clore la transaction. D'un autre côté, les fournisseurs demandent souvent de régler la facture avant de recevoir la commande. Dans le cas où un escompte au comptant est accordé, il faut se demander si l'on doit acquitter la facture pendant que celui-ci s'applique, ou attendre l'arrivée des marchandises, quitte à perdre cette réduction. La question ne se pose évidemment pas si le service des achats obtient que la période d'application de l'escompte au comptant débute au moment de la réception de la facture ou des marchandises, selon le plus éloigné des deux.

Certaines entreprises, en particulier celles qui possèdent un système informatique intégré de gestion des approvisionnements, n'exigent pas de facture, puisque cette dernière ne fournit aucun renseignement nouveau et ne constitue qu'un écrit additionnel dont le traitement engendre des coûts; elles avertissent plutôt leurs fournisseurs qu'elles verseront la somme due, selon le barème établi d'escompte au comptant, un certain nombre de jours après la réception des marchandises (certaines indiquent en outre qu'elles n'effectueront le paiement qu'après avoir reçu la totalité de la commande). Elles utilisent ensuite leur système informatique pour comparer le bon de commande, le bon de réception et le rapport d'inspection. S'ils concordent, l'ordinateur imprime alors un chèque en date du terme de la période de paiement convenue ayant débuté au moment de la réception. Pour qu'une telle méthode soit efficace, il faut évidemment que le bon de réception ne comporte aucune erreur, que le bon de commande indique le prix de même que les taxes et les conditions d'escompte au comptant, et que les marchandises soient expédiées FAB à destination, puisqu'on ne peut inclure les frais de transport. Le bon de commande représente alors le document de vérification.

Il est possible de raffiner davantage le processus grâce à un système de télévirement. L'acheteur envoie simplement une bande magnétique à sa banque (ou utilise un modem pour lui transmettre les informations relatives aux paiements à effectuer), et cette dernière vire les sommes dues au compte du fournisseur, suivant le numéro des comptes et celui des bons de commande.

Lors de l'inspection des marchandises reçues, on note parfois un manque, lequel résulte de pertes subies durant le transport ou d'une livraison partielle. Il arrive également qu'on remarque les signes d'une manipulation non autorisée ou de dommages causés lors du transit. Dans l'un et l'autre cas, on doit rédiger un rapport et en faire parvenir une copie au service du transport de même qu'à celui de l'approvisionnement.

3.9 HUITIÈME ÉTAPE: L'APPROBATION ET LE RÈGLEMENT DE LA FACTURE

En général, on reçoit la facture avant les marchandises commandées, sauf si la livraison s'effectue localement, auquel cas elles arrivent presque en même temps. Puisqu'une facture représente une créance que doit acquitter l'acheteur, il importe de la traiter avec le plus grand soin. On exige normalement une facture en deux exemplaires. De plus, toute facture doit habituellement comporter le numéro du bon de commande de même que le prix de chaque article y figurant.

Le processus d'approbation des factures varie selon les entreprises; certaines confient la vérification et l'approbation des factures au service de l'approvisionnement, d'autres au service de la comptabilité. Il est cependant évident qu'on doit vérifier les factures. Or, puisqu'il s'agit là d'une tâche comptable, nombre d'entreprises affirment qu'elle revient au service de la comptabilité. Dans ces entreprises, le service de la réception vérifie les envois et celui de l'inspection contrôle la qualité pendant que celui des comptes fournisseurs passe en revue les prix, les conditions et effectue les calculs. À cette fin, le service des comptes fournisseurs reçoit un exemplaire du bon de commande. On milite en faveur d'une telle manière de procéder en soutenant:

- qu'elle concerne une vérification qui relève essentiellement du domaine comptable ;
- qu'elle libère le service de l'approvisionnement d'une tâche non directement reliée aux achats ;
- qu'elle permet de regrouper toutes les tâches comptables à l'intérieur d'un même service ;
- qu'elle sépare les responsabilités d'achat et de paiement.

Par ailleurs, les entreprises qui confient la vérification des factures au service de l'approvisionnement avancent comme principal argument que ce dernier a conclu l'accord initial. Ainsi, advenant la non-concordance des documents, il peut prendre sans délai les mesures qui s'imposent. Cependant, comme cette méthode n'offre pas le système de contrepoids désiré, on ne l'utilise que dans les entreprises relativement petites où une même personne se charge de l'approvisionnement et de la réception.

Chaque fois que l'annulation d'une commande engendre des frais, le service de la comptabilité ne les acquitte qu'après avoir reçu du service des achats un avis de modification se rapportant à cette commande et indiquant les sommes à verser. De plus, le directeur de l'approvisionnement doit approuver le règlement de ces frais d'annulation lorsqu'ils dépassent un certain montant.

3.10 NEUVIÈME ÉTAPE : LA CONSERVATION DES DOCUMENTS

Une fois complétées les étapes décrites précédemment, il ne reste plus qu'à mettre à jour les dossiers du service des achats afin de clore la transaction. Pour ce faire, on doit rassembler puis classer les copies des documents relatifs à la commande, et ajouter aux fichiers ou aux registres appropriés les informations qu'on souhaite conserver. La première partie de ce travail est une tâche essentiellement routinière ; mais la seconde fait appel au jugement, puisqu'il faut déterminer quelles pièces conserver et pendant combien de temps.

La plupart des entreprises établissent une distinction entre les différents formulaires et documents selon leur importance. Ainsi, un bon de commande, qui représente la preuve d'un contrat passé avec un intervenant de l'extérieur, sera conservé plus longtemps qu'une demande d'achat, laquelle ne constitue qu'une note de service interne.

Voici les documents de base que doit conserver toute entreprise, sur papier ou sur ordinateur :

– un registre des commandes où figure le numéro de chaque bon, dans l'ordre, et une mention indiquant s'il s'agit d'une transaction complétée ou en cours de réalisation;

– un fichier contenant une copie de tous les bons de commande classés par ordre numérique;

– un fichier des marchandises où apparaissent tous les achats effectués de chaque produit ou article important, accompagnés de la date, du nom du fournisseur, de la quantité, du prix et du numéro du bon de commande;

– un fichier des fournisseurs indiquant toutes les commandes déjà passées aux principaux fournisseurs chez lesquels on effectue des achats qui totalisent une grande valeur.

3.11 LE MANUEL DES POLITIQUES ET DES PROCÉDURES

Un manuel détaillé et préparé avec soin décrivant l'organisation d'un service, les tâches confiées à chacun ainsi que les méthodes et les systèmes de classement utilisés (à l'aide, entre autres, de formulaires types s'accompagnant d'explications complètes) offre une aide précieuse aux employés de longue date et plus encore aux nouveaux venus. De fait, il s'avère presque essentiel dans le cadre d'un programme bien conçu de formation interne du personnel. De plus, il facilite le transfert d'employés d'un poste à un autre en période de vacances ou de maladie, ou lorsqu'une partie du service assume temporairement une charge excédentaire. Enfin, un tel manuel aide à expliquer, à ceux qui n'œuvrent pas dans le service, les tâches qui leur incombent et la manière de les effectuer.

Certains directeurs jugent qu'ils n'ont pas vraiment besoin d'un manuel des politiques et des procédures parce que leur service a une taille moindre que celui des grandes entreprises. De plus, ils considèrent que chacun sait déjà ce que contient en général un tel document, de sorte qu'il n'est pas nécessaire de consigner ces informations par écrit. Ce faisant, ils ne tiennent pas compte des avantages que procure la rédaction même d'un tel guide.

Nul doute que la préparation d'un manuel de ce genre demande du temps et s'avère quelque peu fastidieuse, mais elle en vaut largement la peine. Cependant, il faut se rappeler qu'à moins de procéder avec soin, selon un plan défini et en s'assurant d'être aussi précis et complet que possible, il vaut presque mieux y renoncer. En effet, il est essentiel de déterminer à l'avance les points traités dans le manuel, l'importance qu'on accordera à chacun et leur ordre de présentation, en établissant les buts recherchés ainsi que les usages auxquels on destine le manuel, puisque ces deux éléments influeront sur son ampleur, sa forme et son contenu.

Dès les premières étapes du projet, son responsable doit décider s'il n'offrira qu'un énoncé de la politique ou s'il fournira également une description de l'organisation et des procédures. S'il choisit d'inclure cette dernière, il lui faudra aussi établir jusqu'à quel point elle sera détaillée. Le rédacteur devrait entreprendre son travail par la lecture des manuels présentement en usage. Sur demande, on peut obtenir le manuel des politiques et des procédures de diverses entreprises.

Une fois le plan général dressé, il est possible d'entreprendre la rédaction de l'ouvrage. On peut alors procéder section par section, selon les occasions qui se présentent; rien n'oblige à rédiger tout le manuel d'une seule traite. On y gagne en outre à discuter à fond du contenu du texte et à le vérifier avec soin en compagnie du personnel des achats et des employés des autres services directement concernés, tels les services du génie et de la production. Toute section complétée peut servir de base à un échange de points de vue à l'intérieur du service, afin de s'assurer que chacun en comprend la teneur, de détecter des erreurs et de formuler des modifications avant son impression définitive. On peut ensuite reproduire le texte sur des feuilles mobiles, ce qui facilite les révisions. Il vaut également la peine d'obtenir du président de l'entreprise qu'il rédige un avant-propos dans lequel il appuie les politiques et les procédures du service et en définit les pouvoirs.

Un manuel des politiques et des procédures peut aborder nombre de sujets. Parmi les plus courants, citons la reconnaissance des requérants autorisés, les appels d'offres, l'approbation des fournisseurs, les contrats et les engagements à l'égard des fournisseurs, le droit de remettre les spécifications en cause, les achats effectués pour des employés, les cadeaux, les marchés d'approvisionnement, la confidentialité de certaines informations, les commandes urgentes, les relations avec les fournisseurs, les délais d'approvisionnement, la détermination de la quantité à acheter, les mesures s'appliquant aux livraisons partielles ou excédentaires, les achats locaux, les biens d'équipement, l'acquisition de services personnels, l'obtention de services de réparation, le pouvoir de choisir les fournisseurs, la confirmation des commandes, les bons de commande où ne figure aucun prix, les documents nécessaires à la prise des décisions d'achat, l'approbation et le règlement des factures, les erreurs de facturation, les frais de transport, les modifications de commande, les échantillons, les retours de marchandises, l'élimination des rebuts et des surplus, la détermination du prix payé, les procédés se rapportant aux commandes de faible valeur, les entrevues avec les vendeurs et la transmission des informations.

☐☐☐☐☐
3.12 L'INFORMATIQUE EN APPROVISIONNEMENT

La description et l'analyse proposées de la marche à suivre pour exécuter la fonction approvisionnement reposait jusqu'ici sur l'emploi de méthodes et d'un matériel de bureau traditionnels. Cependant, au cours des 30 dernières années, on a assisté à une évolution spectaculaire de l'équipement servant à l'enregistrement, à l'analyse et à l'acheminement de l'information à l'intérieur d'entreprises aux systèmes complexes. Il existe de nombreuses applications possibles de l'informatique dans le secteur de l'approvisionnement[2].

Si on installe un système informatique pour aider à remplir la fonction approvisionnement, la marche à suivre lors de tout achat demeure essentiellement la même. Seule varie la manière de réaliser les étapes fondamentales. L'acquisition d'un système informatique, si les conditions financières le permettent, comporte quatre avantages majeurs.

– L'exécution électronique des tâches permet de réduire au minimum le travail de bureau manuel.

– Les informations contenues dans les dossiers peuvent être obtenues presque instantanément.

– Les activités du service sont mieux gérées en raison de la disponibilité des renseignements nécessaires à la prise de décisions et de la facilité avec laquelle on peut traiter un nombre considérable de détails. Acheteurs et gestionnaires disposent par conséquent d'outils nouveaux.

– Le rendement du service s'améliore grâce à la disponibilité de l'information et à un meilleur contrôle de la gestion.

Au début du présent chapitre, nous avons énuméré puis analysé les neuf étapes essentielles du processus d'approvisionnement. Nous allons maintenant expliquer brièvement la contribution de l'informatique à chacune d'entre elles.

1. La reconnaissance du besoin   Lorsqu'on l'emploie de manière adéquate, un ordinateur peut faciliter grandement l'analyse des informations se rapportant à l'utilisation antérieure d'un produit, aux marchés, aux éléments économiques, aux prix et aux usages prévus. Ainsi, on peut établir les prévisions plus rapidement et avec une plus grande exactitude. Un ordinateur peut aussi aider à évaluer les exigences et les besoins en matières ainsi que les quantités requises et les dates de livraison à fixer en fonction de ces prévisions.

2. Gilbert P. TRILL, Robert W. PORTER et James P. MORGAN, *The Computers in Purchasing Handbook*, Boston (Mass.), Purchasing Magazine's Books, 1990.

2. La description de la marchandise Il revient normalement au service technique ou à l'utilisateur de fournir une description précise ou une liste exacte des spécifications de tout article ou marchandise. Une fois cette liste établie, on peut la rendre facilement accessible en l'entrant dans un fichier de l'ordinateur. On peut aussi indiquer à l'ordinateur les demandes comportant certaines spécifications particulières pour qu'il procède à une analyse de la quantité économique à commander en tenant compte de certains éléments, dont le rapport entre le coût d'acquisition (incluant le coût de passage d'une commande, la remise sur quantité et les frais de transport) et le coût de stockage.

3. La sélection des sources d'approvisionnement Comme les demandes d'achat font l'objet d'un traitement informatique, l'ordinateur peut dresser une liste des fournisseurs, de leurs prix et de leur rendement antérieur à partir des informations déjà en mémoire, et produire les formulaires de demande de soumission.

4. L'analyse des soumissions On peut entrer les propositions des divers fournisseurs dans la base de données de l'ordinateur pour qu'il détermine les meilleures transactions à réaliser lorsque beaucoup de variables entrent en jeu, tels les remises sur quantité, les conditions de paiement, les courbes d'apprentissage, les tarifs et les rabais de transport, l'approvisionnement de plusieurs usines, la possibilité de passer des commandes groupées et l'existence de nombreux fournisseurs éloignés géographiquement les uns des autres.

5. La préparation et l'expédition du bon de commande Au bout du compte, la sélection des fournisseurs doit relever du jugement humain. Cependant, dès qu'on a arrêté son choix et déterminé le mode d'établissement du prix, l'ordinateur peut rédiger automatiquement le bon de commande ou l'appel de livraison dans le cadre d'un marché d'approvisionnement.

6. Le suivi et la relance Dès qu'on passe une commande, l'ordinateur entreprend de suivre son évolution grâce à l'enregistrement des quantités reçues, des factures, des modifications de commande et des données touchant à la relance. On peut ainsi connaître à tout moment la progression de chaque commande. C'est principalement à l'aide de ce fichier qu'on vérifie les factures et les marchandises à l'arrivée, en plus de procéder au suivi et à la relance. Les informations qu'il contient permettent à l'ordinateur de produire automatiquement les formulaires de suivi selon un calendrier préétabli. Si on utilise un système de planification des besoins-matières (PBM), l'ordinateur peut aussi déterminer dans quels cas et à quel moment on doit accélérer ou retarder la livraison des commandes lorsqu'on modifie le programme.

7. La réception et l'inspection des marchandises   On peut enregistrer les informations du bon de réception et du rapport d'inspection dans le fichier indiquant l'évolution des commandes et les utiliser pour la vérification de la facture, la tenue des registres de stock et la compilation des rapports ayant trait à la qualité.

8. L'approbation et le règlement de la facture   Dès qu'on reçoit la facture, l'ordinateur se charge de la comparer au bon de commande. On peut le programmer pour qu'il vérifie le prix, la quantité, les opérations arithmétiques, les remises, les escomptes et les conditions de transport. Lorsqu'il ne détecte aucune erreur, on peut alors procéder à l'émission automatique d'un chèque au montant approprié, que l'on conserve jusqu'à l'échéance de paiement, ou transférer électroniquement la somme due.

9. La conservation des documents   Toute transaction close demeure en général inscrite au fichier d'évolution des commandes pendant une certaine période (six mois, par exemple) afin qu'on dispose du temps nécessaire pour la rejeter ou y apporter des ajustements au besoin.

Les applications possibles

La figure 3.6 présente un organigramme simplifié d'un système d'approvisionnement informatisé. Bien qu'on n'ait pas encore exploré toutes les applications possibles de l'informatique dans le secteur de l'approvisionnement, on peut dire qu'elles se regroupent en trois grandes catégories.

Les systèmes d'exploitation en approvisionnement   Ces systèmes assurent le traitement de l'information nécessaire aux activités courantes du service, comme le maintien à jour du fichier d'évolution des commandes, la préparation des bons de commande, des rectifications et des demandes de proposition de prix, l'enregistrement et le tri des listes de fournisseurs de même que la tenue des fichiers de données historiques sur les produits, les prix et les fournisseurs. En règle générale, l'utilisation d'un tel système est plus fréquente dans les entreprises où la fonction approvisionnement produit un volume considérable de données à caractère répétitif. Une capacité de traitement supérieure, permettant une plus grande exactitude et un temps d'exécution plus court, justifie l'emploi d'un tel système. Ce dernier peut également transférer les informations d'une base de données commune aux deux autres types de systèmes décrits.

FIGURE 3.6   Organigramme simplifié d'un système d'approvisionnement informatisé

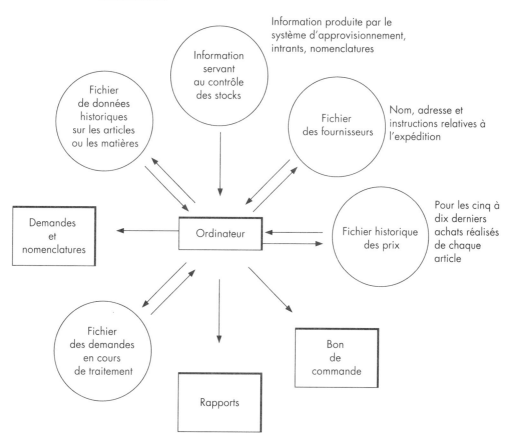

Les systèmes d'information de gestion   Ces systèmes traitent certaines données (souvent obtenues de fichiers créés pour le système d'exploitation en approvisionnement) et les utilisent afin d'élaborer des rapports à l'intention des gestionnaires. Parmi les types d'information produite, citons les rapports d'évaluation du rendement des fournisseurs et des acheteurs.

Les systèmes d'aide à la décision   Ces systèmes traitent l'information pour aider les gestionnaires en approvisionnement à choisir entre plusieurs possibilités. Bien que les trois types de systèmes mentionnés puissent s'avérer directement ou indirectement utiles à l'entreprise en lui permettant de fonder ses choix sur une information plus précise ou disponible en temps plus opportun, ceux qui ont pour rôle d'aider à la prise de décisions comportent des perfectionnements additionnels. Ainsi, plutôt que de simplement présenter ou décortiquer les données, ils intègrent l'information dans un cadre d'analyse grâce à des outils tels que les relations mathématiques, les simulations et les algorithmes. Ils en arrivent de cette manière à des résultats précis, offerts sous forme déterministe ou probabiliste. En règle générale, les systèmes d'aide à la décision sélectionnent l'une ou l'autre des diverses possibilités, que les gestionnaires examinent ensuite en tenant compte d'autres variables (souvent non quantifiables) pour établir un choix final. Ils servent, entre autres, à l'analyse des propositions de prix, des escomptes et des remises, à l'élaboration de prévisions de même qu'à la préparation de modèles d'achats et de transactions à terme.

Les micro-ordinateurs en approvisionnement

Ce sont principalement les micro-ordinateurs (ou ordinateurs personnels) qui ont permis l'implantation de l'informatique dans le domaine des achats. Apparus dans ce secteur au début des années 80, ils ont d'abord lentement gagné en popularité, puis ils sont devenus une partie intégrante de nombreux systèmes d'approvisionnement, aussi bien de petite que de grande taille. Cet état de choses s'explique par diverses raisons.

– Il n'est pas nécessaire d'investir de grosses sommes pour disposer aujourd'hui d'un système aussi puissant que les unités centrales de traitement qui coûtaient 1 000 000 $ il y a moins de 10 ans.

– Pour moins de 5 000 $, le service de l'approvisionnement peut obtenir un ordinateur doté d'une capacité de mémoire suffisante et d'une imprimante, et pour environ 2 000 $, il peut acquérir les logiciels nécessaires à ses activités.

– L'ordinateur peut répondre en quelques secondes aux questions du type « Que se passera-t-il si…? » (par exemple, s'il y avait une hausse du prix d'une des principales matières achetées). Le service de l'approvisionnement peut ainsi évaluer avec précision et rapidité l'effet qu'une modification de l'une des variables clés aura sur l'ensemble du système, ce qui lui donne la capacité de planification dont il a tellement besoin.

– En tant que système indépendant et spécialisé, le micro-ordinateur ne sert qu'aux tâches reliées à l'approvisionnement. De ce fait, le service des achats détermine lui-même la façon et le moment de l'employer plutôt que d'attendre son tour pour utiliser l'ordinateur central comme le font les autres services (finances, comptabilité, génie, marketing et opérations).

– Le service de l'approvisionnement peut garder confidentielles les données qu'il enregistre sur son micro-ordinateur, dans la mesure où il en protège les codes d'accès.

- Un micro-ordinateur permet l'obtention de données et de rapports beaucoup plus précis au moment voulu, de sorte que les gestionnaires peuvent prendre de meilleures décisions plus rapidement.
- Des logiciels de série offrant un tableau de ventilation permettent la réalisation de tâches répétitives en approvisionnement, telle la surveillance des commandes, des stocks, des prix, des escomptes et remises, de l'utilisation des matières premières, des dates de livraison ainsi que des données financières et statistiques. Ils permettent aussi d'autres applications liées à des tâches courantes non répétitives, dont l'évaluation des soumissions, l'évaluation des fournisseurs, l'analyse des coûts de transport, le contrôle des stocks, l'étude des effets de l'inflation et l'analyse du prix de revient[3].

★ ★ ★ ★

Les micro-ordinateurs possèdent la capacité de mémoire et de calcul nécessaire pour remplir les trois rôles décrits précédemment (système d'exploitation en approvisionnement, système d'information de gestion et système d'aide à la décision), à la condition d'utiliser les programmes appropriés. Il ne fait aucun doute qu'ils peuvent réaliser toutes les tâches énumérées dans la section traitant de l'apport de l'informatique en ce qui concerne les neuf étapes essentielles du processus d'approvisionnement.

Les logiciels

Au cours des dernières années, un certain nombre de logiciels de série s'appliquant au domaine de l'approvisionnement ont fait leur apparition sur le marché. Un article paru en 1991 dans la revue *Purchasing* contenait une liste des logiciels «qui touchent directement aux achats, à titre de programme séparé ou de composante clé d'un logiciel plus complexe»[4]. Jusqu'au milieu des années 80, la plupart des entreprises devaient élaborer elles-mêmes leurs programmes, car il n'existait aucun logiciel spécialisé sur le marché. Les entreprises qui ont un système d'approvisionnement de grande envergure nécessitant une énorme quantité d'informations doivent encore généralement concevoir leurs propres programmes.

L'échange de documents informatisés (EDI) entre acheteur et fournisseur

Les années 80 furent marquées par une autre réalisation remarquable, puisqu'il devint alors possible, pour une entreprise acheteuse, de trans-

---

3. *How to Buy Software*, Boston (Mass.), Purchasing Magazine's Books, 1990.
4. «A Buyers Guide to Software for Purchasing», *Purchasing*, 18 juillet 1991, p. 77-83 (traduction libre).

mettre directement à son fournisseur les données et les documents standard requis par des moyens électroniques. Ainsi, acheteurs et vendeurs peuvent désormais obtenir et fournir une information beaucoup plus exacte au moment voulu, ce qui accroît leur efficacité de gestion en réduisant le travail de routine, et améliore également la qualité des décisions prises. Depuis de nombreuses années, on recourt à l'échange de documents informatisés, mais à une échelle réduite. Ainsi, un important vendeur de fournitures destinées aux hôpitaux utilise depuis plusieurs années un système de commandes automatisé, grâce auquel un acheteur fait connaître ses besoins à un centre de distribution par l'intermédiaire d'un terminal. À ce centre, un ordinateur imprime alors automatiquement un bon de commande où figurent les prix, de même qu'un bon d'expédition, ce qui permet aux deux parties d'économiser du temps et de réduire le volume des écritures. Ce système compte plusieurs milliers d'utilisateurs.

Tout acheteur qui dispose d'un lien de communication direct avec un fournisseur (grâce à un modem, par exemple) peut instantanément obtenir une proposition de prix, déterminer s'il possède les articles désirés en stock, transmettre un bon de commande et en assurer le suivi, faire connaître la modification des besoins découlant d'une révision du calendrier de production, se renseigner sur les services qu'offre le fournisseur et lui envoyer une lettre ou une note de service.

Au cours de cette décennie, il faut s'attendre à ce qu'une communication plus étroite et plus rapide entre l'acheteur et le fournisseur devienne la norme plutôt que l'exception. On prévoit qu'en 1993 plus de 70 % des entreprises américaines auront recours dans une large mesure à l'échange de documents informatisés, et que d'ici 1995, 400 000 sociétés communiqueront de cette manière à l'échelle mondiale[5]. Il s'ensuivra donc une transformation profonde de la manière dont acheteurs et fournisseurs satisfont leurs besoins en documents administratifs. L'échange de documents informatisés est appelé à devenir le moyen le plus populaire de réaliser des transactions commerciales. La baisse rapide du coût d'achat et d'utilisation des micro-ordinateurs, au cours des dernières années, l'a mis à la portée non seulement des grandes entreprises mais aussi des acheteurs et des fournisseurs de petite envergure. Il existe même des répertoires contenant le nom des entreprises qui emploient un système d'échange de documents informatisés ou qui sont en voie de le faire, et le nom des consultants en la matière ainsi que des entreprises qui vendent le matériel requis[6].

---

5. Margaret A. EMMELHAINZ, *Electronic Data Interchange: A Total Management Guide*, New York, Van Nostrand Reinhold, 1990, p. 217.

6. On trouve entre autres *EDI Yellow Pages*, publié trimestriellement par EDI: Spread the Word, une entreprise établie à Dallas au Texas.

Selon le guide le plus complet relatif à l'échange de documents informatisés entre les entreprises acheteuses et leurs fournisseurs, l'implantation de tels systèmes entraînera cinq conséquences particulières en ce qui a trait à la stratégie d'approvisionnement et à la politique générale de l'entreprise.

1. Elle réduira le volume de paperasse (achats réalisés sans documents écrits), ce qui permettra aux approvisionneurs de consacrer plus de temps à leurs activités professionnelles auxquelles participent les autres services et les fournisseurs.

2. Elle diminuera la nécessité de confier au personnel des tâches dont pourra s'acquitter le système d'échange de documents informatisés. Or, ces travaux administratifs liés aux écrits occupent de 15 % à 40 % des heures travaillées au service de l'approvisionnement.

3. Elle favorisera la conception de systèmes de gestion des approvisionnements et des stocks intégrés et améliorés, ce qui permettra aux acheteurs d'assumer le rôle de gestionnaire d'un produit. Tout acheteur sera alors en relation avec un nombre moindre de fournisseurs et, grâce aux moyens de transmission informatiques et à une base de données relatives à l'approvisionnement, il pourra échanger avec eux, de manière rapide et précise, toute information requise au sujet des besoins, des calendriers, des commandes, des factures et autres.

4. Elle accélérera les communications à l'échelle mondiale entre acheteurs, utilisateurs et fournisseurs par le moyen de réseaux tiers qui répondent aux normes internationales et permettent les transmissions entre pays.

5. Elle accroîtra la capacité de l'entreprise de réduire le coût total de ses activités. L'échange de documents informatisés contribue largement à la mise en place d'un système de juste-à-temps, lequel engendre une réduction des délais d'approvisionnement et des stocks, l'utilisation des codes barres, l'intégration des activités de fabrication de l'acheteur et du fournisseur de même que l'adoption du télévirement. Il permet en outre aux entreprises une transparence dont elles ont besoin pour intégrer davantage leurs procédés d'approvisionnement et de fabrication[7].

La figure 3.7 présente les avantages qu'un système d'échange de documents informatisés peut apporter dans le secteur de l'approvisionnement[8].

---

7. Robert M. MONCZKA et Joseph R. CARTER, *Electronic Data Interchange: Managing Implementation in a Purchasing Environment*, East Lansing (Mich.), Graduate School of Business Administration, Michigan State University, 1987, p. 3-4.

8. *Ibid.*, p. 7.

FIGURE 3.7   Avantages d'un système d'échange de documents informatisés

Les codes barres et l'échange de documents informatisés

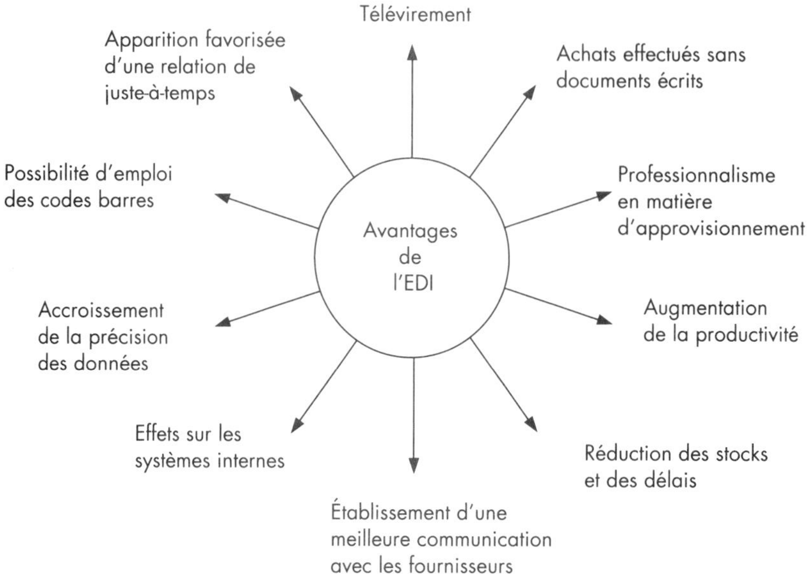

Les codes barres et l'échange de documents informatisés

L'échange de documents informatisés dans le secteur de l'approvision-nement nécessite des bases de données considérables contenant une infor-mation exacte et mise à jour[9]. Certaines données telles que le numéro des pièces, le niveau actuel des stocks et les quantités en commande s'avèrent essentielles au contrôle des stocks et à la préparation des commandes. Or, les systèmes de codes barres ou d'identification automatique éliminent la nécessité d'introduire manuellement les données, puisqu'ils permettent leur saisie automatique sur les lieux de la transaction de même que leur transmission directe à un ordinateur ou à un dispositif de stockage.

Un code barres se compose d'un ensemble de bâtonnets et d'espaces rectangulaires parallèles, disposés de manière à représenter des lettres, des nombres ou des caractères spéciaux. Grâce à un faisceau lumineux de balayage, un lecteur optique peut enregistrer l'information que renferme un tel code en déterminant la largeur de ses barres, puis transmettre cette information à un ordinateur, qui la déchiffre.

---

9. Joseph R. CARTER et Gary L. RAGATZ, *Supplier Bar Coding–Closing the EDI Loop*, East Lansing (Mich.), Graduate School of Business Administration, Michigan State University, 1991, p. 1-2.

Dans le secteur de l'approvisionnement, les codes barres sont particulièrement utiles pour la réception des marchandises et la préparation des commandes. Sur le plan de la réception, ils permettent une saisie rapide et précise des données, en plus d'accélérer la vérification et l'approbation des envois. Le repérage automatique des envois s'en trouve simplifié partout à l'intérieur du système, et le lieu de réception fonctionne selon le principe du juste-à-temps. En ce qui a trait à la préparation des commandes, l'emploi de codes barres offre l'avantage de réduire les coûts de main-d'œuvre, le nombre d'erreurs et de corrections, les perturbations résultant de la non-disponibilité des matières et la nécessité de maintenir des stocks de sécurité.

3.13 LES SYSTÈMES D'INFORMATION

Les procédures adoptées en approvisionnement visent essentiellement à traiter les données provenant de l'extérieur de la fonction, et à fournir l'information requise par d'autres fonctions et intervenants. Rares sont les fonctions qui entretiennent, avec les composantes de l'entreprise et son environnement extérieur, des relations aussi étendues qu'un secteur de l'approvisionnement bien géré.

La circulation interne de l'information vers la fonction approvisionnement

Toute activité à l'intérieur de l'entreprise apporte de l'information au système d'approvisionnement ou en retire, ou les deux. La figure 3.8 montre les diverses fonctions qui acheminent des renseignements au secteur des achats. Les informations ainsi transmises à la fonction approvisionnement se répartissent en deux grandes catégories:

– les énoncés de besoins en matières et en services provenant de l'intérieur de l'entreprise;
– les demandes pour l'obtention de renseignements que possède déjà le secteur des achats ou qu'il peut recueillir de sources extérieures.

Les informations provenant de l'extérieur

Un service de l'approvisionnement bien géré constitue l'un des principaux points de contact entre une entreprise et son environnement extérieur, ce qui en fait le lieu de réception de diverses informations provenant de

FIGURE 3.8   Circulation interne de l'information vers la fonction approvisionnement

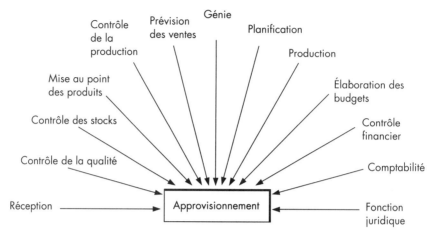

FIGURE 3.9   Informations que la fonction approvisionnement obtient de l'extérieur

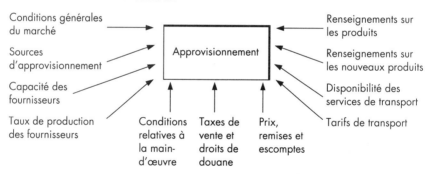

sources externes. La figure 3.9 indique la nature de ces informations, qui s'avèrent pour la plupart essentielles à l'exploitation de l'entreprise.

La circulation interne de l'information provenant de la fonction approvisionnement

Seules quelques fonctions à l'intérieur d'une entreprise ne se préoccupent pas de l'information fournie par le secteur de l'approvisionnement. La figure 3.10 indique les principaux types de renseignements que procure ce secteur aux autres composantes de l'entreprise.

FIGURE 3.10   Circulation interne de l'information provenant de la fonction approvisionnement

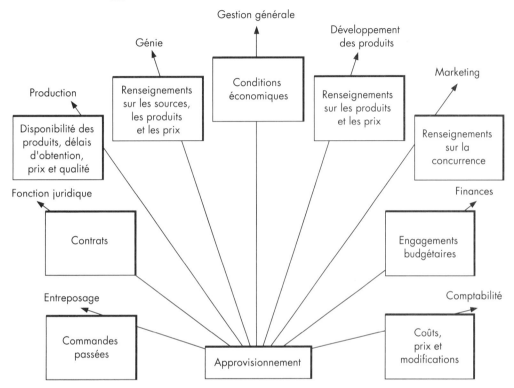

L'entreposage   On ne peut établir une politique relative aux stocks d'un service d'entreposage sans connaître la disponibilité des matières, leur délai d'obtention, leurs substituts et les tendances des prix. Or, le service de l'approvisionnement constitue la meilleure source pour obtenir ce type d'informations.

La fonction juridique   Le secteur de l'approvisionnement transmet au service juridique toute l'information dont il a besoin pour établir les contrats régissant l'achat de marchandises dans le cadre d'un marché d'approvisionnement, d'un accord fondé sur le système zéro-stock ou d'une entente à long terme.

La production   Le secteur de la production compte sur celui des achats pour être renseigné sur les matières, leur disponibilité, leur délai de livraison et leurs substituts, et pour trouver des sources d'approvisionnement en équipements de fabrication. Il peut aussi bénéficier des informations que lui apporte la fonction approvisionnement au sujet des fournitures d'entretien, de réparation et d'opérations.

Le génie   La fonction technique doit posséder beaucoup de renseignements en provenance du marché. Certaines circonstances justifient que les ingénieurs communiquent directement avec les fournisseurs pour passer une commande ou obtenir des informations relatives aux produits ou aux prix, ou à ces deux éléments; mais il devrait s'agir là de cas d'exception. En effet, un spécialiste des achats peut offrir un service plus efficace en choisissant une meilleure source d'approvisionnement et en négociant un prix plus bas que ne le ferait un ingénieur, dont les connaissances particulières se rattachent à un domaine technique.

La gestion générale   Le personnel de l'approvisionnement entretient des relations quotidiennes avec un large éventail d'intervenants du marché. Lorsqu'il possède la formation, les capacités et l'expérience requises, il se trouve ainsi très bien placé pour recueillir les plus récentes informations sur les conditions actuelles du marché et du monde des affaires. Or, après qu'on ait traité et mis en corrélation les données ainsi obtenues, elles peuvent fournir à la direction générale de précieux renseignements qui l'aideront à gérer l'entreprise.

Le développement des produits   Qu'ils relèvent de la fonction technique ou commerciale, les services qui travaillent à la mise au point des produits tirent avantage des informations relatives aux prix et aux nouvelles matières que peut leur procurer le secteur des achats grâce à ses relations avec les intervenants du marché. Ainsi, une fonction approvisionnement qui se fait un devoir de fournir un maximum d'informations aux secteurs d'activité se rattachant aux nouveaux produits apporte une contribution précieuse à l'entreprise.

Le marketing   Le service des achats est la cible de nombreux programmes de vente et de promotion élaborés par des fournisseurs de diverses industries. En faisant montre de perspicacité, son personnel peut donc fréquemment transmettre à la fonction commerciale de l'entreprise des renseignements qui lui seront utiles.

Les finances et la comptabilité   Le secteur de l'approvisionnement est à même de communiquer aux fonctions finances et comptabilité des renseignements essentiels à l'élaboration et à la gestion des budgets de même qu'à la détermination des besoins de trésorerie. Parmi les informations qu'il transmet pour aider à la planification financière, on trouve le coût des matières et des frais de transport de même que leurs tendances, la nécessité d'effectuer des achats à terme en raison de la possibilité de pénuries attribuables à une plus grande demande, et la prévision de toute rupture de l'approvisionnement comme il s'en produit lorsque survient une grève importante.

Questions de révision et de discussion

1. Énumérez et expliquez les différentes étapes d'un processus d'approvisionnement adéquat.

2. Où et de quelle manière devrait-on approuver le règlement d'une facture au sein de l'entreprise?

3. De quelle façon pourrait-on rendre l'approvisionnement plus efficace en ayant recours:
   a) à des demandes d'achat volantes?
   b) à des nomenclatures?
   c) à des contrats globaux?

4. Quels procédés autres que la méthode d'achat habituelle pourrait-on utiliser pour atténuer le problème que posent les commandes de faible valeur?

5. De quels documents a-t-on besoin pour accomplir la fonction approvisionnement avec efficacité? Expliquez comment on peut obtenir les données requises et les conserver.

6. Qu'est-ce qui distingue le suivi de la relance?

7. De quels points un manuel établissant les politiques de l'entreprise devrait-il traiter? Rédigez une proposition d'énoncé de politiques pour trois des éléments en cause.

8. Les commandes urgentes sont-elles parfois justifiées? Si oui, dans quelles circonstances? Décrivez la manière dont il faut les traiter.

9. Qu'est-ce que l'échange de documents informatisés et comment a-t-il modifié les relations entre acheteur et fournisseur?

10. Lorsqu'une entreprise décide d'informatiser ses activités d'approvisionnement, par où doit-elle commencer et de quoi a-t-elle besoin pour se doter d'un système intégré de gestion des achats et des matières?

11. Quels ont été les effets de l'avènement du micro-ordinateur sur la fonction approvisionnement?

12. De quels types de logiciels a-t-on besoin pour utiliser l'ordinateur dans le domaine de l'approvisionnement et que peut-on actuellement se procurer?

13. Quels flux d'information devrait-il exister entre le secteur de l'approvisionnement et les autres composantes de l'entreprise, d'une part, et avec les activités qui lui sont extérieures, d'autre part?

14. Quelle utilisation peut-on faire des codes barres à l'intérieur du système d'approvisionnement?

Références

BAKER, R. Jerry, Lee A. BUDDRESS et Robert S. KUEHNE, *Policy and Procedure Manual for Purchasing and Materials Control*, 2ᵉ éd., Englewood (N.J.), Prentice Hall, 1993.

CARTER, Joseph R., «Communicate with Your Vendors», *Journal of Purchasing and Materials Management*, hiver 1986.

CARTER, Joseph R., Robert M. MONCZKA, Keith S. CLAUSON et Thomas P. ZELINSKI, «Education and Training for Successful EDI Implementation», *Journal of Purchasing and Materials Management*, été 1987.

CARTER, Joseph R. et Gary L. RAGATZ, *Supplier Bar Coding–Closing the EDI Loop*, East Lansing (Mich.), Graduate School of Business Administration, Michigan State University, 1991.

EMMELHAINZ, Margaret A., *Electronic Data Interchange: A Total Management Guide*, New York, Van Nostrand Reinhold, 1990.

HARRIS, George (dir.), *Purchasing Policies*, Chesterland (Ohio), Business Laws Inc., 1991.

LAFORD, Richard J., *Ship-to-Stock–An Alternative to Incoming Inspection*, Milwaukee (Wisc.), ASQC Quality Press, 1986.

MONCZKA, Robert M. et Joseph R. CARTER, *Electronic Data Interchange: Managing Implementation in a Purchasing Environment*, East Lansing (Mich.), Graduate School of Business Administration, Michigan State University, 1987.

Stockless Materials Management–How It Fits Into the Healthcare Cost Puzzle, Alexandria (Va.), Health Industry Distribution Association, 1990.

4 La qualité, les spécifications et l'inspection

Plan

Questions clés du décideur

Devrait-on:

• adopter une nouvelle méthode d'établissement des spécifications?

• lancer un programme de standardisation?

• certifier les fournisseurs?

Comment peut-on:

• améliorer la satisfaction des clients au chapitre de la qualité?

• réduire les coûts liés à la qualité?

• atteindre l'objectif du zéro-défaut?

4.1 L'IMPORTANCE STRATÉGIQUE DE LA QUALITÉ

La qualité représente désormais l'un des éléments clés de la stratégie d'une entreprise, au même titre que l'attention accordée au service à la clientèle et à la satisfaction des clients. D'ailleurs, il en va fréquemment de la survie même de l'entreprise. Or, cet intérêt accru pour la qualité entraîne d'importantes conséquences en matière d'achat, puisque les fournisseurs de toute entreprise et ceux qui les approvisionnent influent sur la capacité de produire des biens ou des services de qualité.

Alors même qu'ils révolutionnaient la gestion des matières au chapitre de la quantité, de la livraison et des stocks, certains nouveaux concepts, telles la planification des besoins-matières (PBM) et la production juste-à-temps, ont rendu nécessaire une façon différente d'envisager la qualité. En effet, quand on ne possède aucun stock de sécurité et qu'on reçoit ce dont on a besoin juste avant de l'utiliser, les articles en cause doivent avoir la qualité requise. En s'ajoutant à toutes les autres raisons valables d'exiger une bonne qualité, cette nouvelle contrainte a incité les approvisionneurs à déployer des efforts considérables pour obtenir une assurance de la qualité de la part des fournisseurs. Dans nombre de cas, il en a résulté la création d'un programme de certification des fournisseurs ou de partenariat, ce qui a, entre autres, donné lieu à la mise sur pied d'un programme satisfaisant de contrôle de la qualité dans les entreprises où s'approvisionnent les fournisseurs.

L'intérêt renouvelé qu'on porte à la qualité a rendu encore plus nécessaires l'adoption d'une méthode d'achat en équipe, la rationalisation des sources d'approvisionnement, la coopération entre acheteurs et fournisseurs, l'établissement de contrats à long terme et la réévaluation du rôle que joue l'arbitrage entre le prix et la qualité dans les décisions relatives aux achats.

Pour bien comprendre le rôle de la qualité en approvisionnement, il faut connaître la manière dont on définit les besoins, les caractéristiques de ce que représente le « meilleur achat » et les mesures que prennent les acheteurs pour s'assurer qu'on leur fournit la qualité voulue. On peut envisager que toute entreprise procède à la transformation d'intrants en extrants. Or, il lui est impossible de se procurer des intrants de manière efficace sans avoir au préalable déterminé exactement ce dont elle a besoin et pourquoi.

Élément initial de tout processus d'achat, cette définition des besoins et des raisons qui les motivent comporte en réalité trois étapes. En premier lieu, on établit les besoins de l'entreprise en examinant ceux de ses clients ; on détermine ensuite ce que peut fournir le marché, puis on se prononce sur ce que représente un bon achat, compte tenu des circonstances. Il est fréquent de réaliser en même temps ces deux premières étapes, et il arrive qu'on procède aux trois étapes simultanément. On court cependant le risque de perdre des informations et des éléments d'analyse essentiels lorsqu'on les effectue trop rapidement. Dans le cas d'un achat complexe, il se peut, bien sûr, qu'on doive répéter ces étapes plusieurs fois avant d'arrêter une décision.

On peut répartir les produits et les services dont a besoin une organisation en diverses catégories. Au nombre de celles que l'on retrouve traditionnellement figurent les matières premières, les pièces achetées, les fournitures d'entretien, de réparation et d'opérations (ERO), les emballages, les services, les outils, les articles pour la revente et les équipements. Une autre manière de procéder consiste à établir une distinction entre les éléments que l'entreprise intègre au produit ou au service qu'elle offre à ses clients, et ceux qui lui permettent de maintenir ses activités de production et de distribution. On parle alors simplement de besoins externes et internes. Dans l'un et l'autre cas, les besoins définis doivent être orientés vers les clients et être conformes aux objectifs et aux stratégies de l'organisation.

Selon le concept de la qualité, on ne peut séparer les biens ou les services d'une entreprise des méthodes servant à les produire. En effet, si on examine un produit ou un service sans tenir compte du procédé dont il découle, il est vraisemblable qu'on ne pourra découvrir le moyen d'en assurer l'amélioration continue. De même, lorsqu'un procédé ne fait l'objet d'aucun contrôle statistique ni d'aucune mesure d'amélioration continue, on peut s'attendre à ce que la qualité du produit ou du service diminue. Ces conclusions s'appliquent tout autant à la fonction achat qu'au secteur des opérations de toute entreprise.

Dans la pratique, on peut envisager une entreprise comme un maillon faisant partie d'une chaîne que prolongent des fournisseurs d'un côté, et des clients de l'autre. Il s'ensuit plus précisément que toute organisation, par sa nature, joue trois rôles: ceux de client, de transformateur et de fournisseur (*voir la figure 4.1*). Évidemment, par ses activités de transformation, l'entreprise se doit d'ajouter à la valeur en tant que maillon de la chaîne.

Le même concept s'applique, à une échelle moindre, à l'intérieur de toute entreprise. Ainsi, chaque service ou fonction fait partie d'une chaîne interne remplissant les trois mêmes rôles (client, transformateur et fournisseur) auprès des autres composantes de l'organisation et, dans certains cas, auprès de clients et de fournisseurs. Le concept de la valeur ajoutée

FIGURE 4.1 Chaîne de transformation et de valeur ajoutée

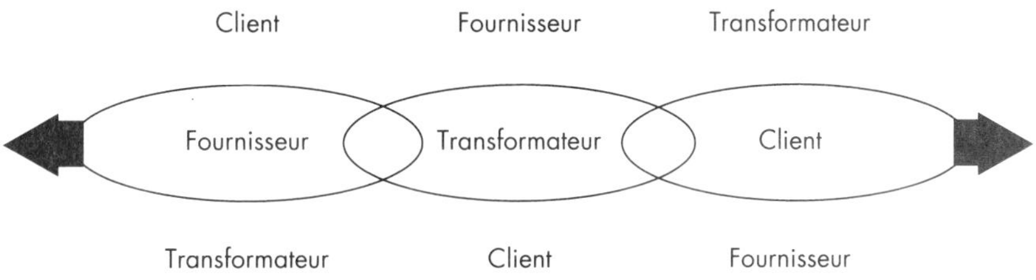

revêt de l'importance. En effet, chaque service ou fonction doit accroître la valeur et s'efforcer de réduire au minimum les coûts de cette activité par le moyen d'un contrôle des procédés et d'une amélioration continue en accord avec les objectifs et les stratégies de l'entreprise.

On s'entend généralement pour dire qu'environ 70 % des possibilités d'accroître la valeur se présentent lors des deux premières étapes du processus d'acquisition, soit la reconnaissance du besoin et l'établissement des spécifications. Par conséquent, il faut accorder une attention toute particulière à ces étapes pour s'assurer de ne pas négliger les occasions qu'elles offrent à ce chapitre (*voir la figure 4.2*).

4.2 LA DESCRIPTION ET LES SPÉCIFICATIONS DU PRODUIT

Le service qui utilise un article, le requiert ou en établit les spécifications doit être en mesure d'en fournir une description acceptable pour s'assurer

FIGURE 4.2   Possibilités d'influer sur la valeur au cours des six étapes du processus d'acquisition

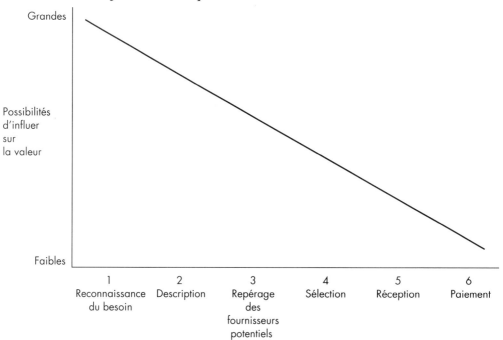

d'obtenir exactement ce qu'il veut. Bien qu'il revienne en général au service utilisateur ou à celui qui a la charge des spécifications de déterminer ce dont on a besoin, le service des achats assume directement la responsabilité de vérifier la description reçue. Bien sûr, il ne faut pas lui donner le pouvoir de modifier arbitrairement les caractéristiques ou les normes de qualité indiquées. On devrait cependant lui permettre d'exiger une description suffisamment précise et détaillée pour que tout fournisseur la comprenne clairement. L'acheteur doit en outre signaler au requérant l'existence de toute autre option susceptible de donner lieu à un meilleur achat.

Il existe de nombreuses façons de décrire un article, et on peut même en combiner plusieurs. De ce fait, le terme « description » s'appliquera ici à toute méthode permettant à un acheteur de fournir à un vendeur une image claire et précise de ce qu'il recherche, alors que le mot « spécifications » se rapportera aux caractéristiques énumérées.

Voici une liste des méthodes de description couramment utilisées :
- par la marque de commerce ;
- par équivalence ;
- au moyen de spécifications telles que :
  - les caractéristiques physiques ou chimiques,
  - les matières et la méthode de fabrication,
  - le rendement et la fonction ;
- à l'aide de dessins industriels ;
- par diverses méthodes telles que :
  - la classification du marché,
  - l'échantillon ;
- par la combinaison de plusieurs méthodes.

La description par la marque de commerce

L'emploi d'articles de marque soulève deux questions d'importance. La première a trait au bien-fondé d'une description portant sur cet aspect, et la seconde porte sur la difficulté de choisir la marque à obtenir.

Lorsqu'on précise une marque de commerce ou une marque déposée, on témoigne de sa confiance dans l'intégrité et la réputation du fournisseur. On suppose également que ce dernier est désireux et capable de préserver la clientèle que cette marque lui procure. En outre, lorsqu'un article d'une marque donnée remplit adéquatement son rôle, on est en droit de s'attendre à ce que toute unité de cette même marque achetée subséquemment présente une qualité identique à celle de la première.

Dans certaines circonstances, il peut se révéler non seulement préférable mais nécessaire de décrire un article en indiquant sa marque, soit:

– lorsqu'on ne peut en donner les spécifications parce qu'il est protégé par un brevet ou que sa méthode de fabrication est secrète;

– lorsque l'acheteur ne peut en établir les spécifications exactes étant donné que le processus de fabrication du fournisseur accorde une place importante à cette qualité intangible de la main-d'œuvre qu'on appelle parfois le savoir-faire ou l'habileté et qu'on ne peut définir avec précision;

– lorsque la quantité requise est si faible que la préparation d'une fiche technique entraînerait un coût excessif;

– lorsque l'acheteur ne peut effectuer des essais en raison des coûts ou d'autres éléments du même type;

– lorsque les utilisateurs démontrent souvent une préférence, même non fondée, pour un article d'une certaine marque, attitude que l'acheteur trouve dans certains cas presque impossible à modifier.

Cependant, il existe plusieurs arguments valables contre l'achat d'articles selon la marque de commerce, la plupart d'entre eux se rapportant au coût. Ainsi, bien que le prix de l'article demandé soit souvent comparable à celui qu'exigent d'autres fournisseurs pour des produits de marque similaires, il arrive que le niveau général de ces prix soit suffisamment élevé pour amener l'acheteur à rechercher un substitut sans marque, ou même à établir ses propres spécifications après analyse.

Un autre argument qu'on oppose souvent à l'emploi de produits de marque est qu'une trop grande dépendance à l'égard de ces derniers limite le nombre des fournisseurs et prive l'acheteur de l'avantage que peuvent lui procurer un prix plus bas ou même des améliorations attribuables aux efforts de recherche et d'invention des concurrents.

La description par équivalence

Il n'est pas rare, en particulier dans le secteur public, qu'on note, sur les demandes de proposition de prix ou de soumission, une marque ou un numéro de modèle du manufacturier suivi des mots «ou l'équivalent». En pareil cas, l'acheteur s'efforce de transmettre au soumissionnaire la responsabilité d'établir le caractère équivalent ou supérieur d'un produit, sans avoir à dépenser les sommes requises pour élaborer une fiche technique détaillée.

La description au moyen de spécifications

Une des meilleures façons de décrire l'article voulu consiste à en indiquer les spécifications recherchées. Par suite des démarches entreprises pour faciliter l'emploi de cette méthode de description, on s'efforce de standardiser les spécifications des produits et de réduire le nombre de types et de formats qu'on juge conformes.

Il est devenu pratique courante d'ajouter à la fiche technique d'un produit la marche à suivre lors des essais, les résultats qu'on doit obtenir pour satisfaire aux normes de qualité, de même qu'une liste d'instructions relatives à la manutention, à l'étiquetage, au transport et à la mise au rebut en accord avec les règlements relatifs à l'environnement.

Les achats réalisés selon des spécifications procurent traditionnellement certains avantages.

- Ils démontrent qu'on a soigneusement étudié le besoin en cause et les diverses façons de le satisfaire.

- Ils entraînent l'établissement d'une norme grâce à laquelle on peut évaluer et vérifier les marchandises fournies, ce qui permet de réduire les délais et le volume des rebuts attribuables à des matières inadéquates.

- Ils permettent d'obtenir ultérieurement les mêmes produits de différentes sources d'approvisionnement.

- Ils permettent une concurrence équitable, ce qui explique pourquoi les organismes publics accordent tant d'importance à la rédaction d'une fiche technique. Lorsqu'un acheteur reçoit des soumissions de divers fournisseurs, il doit s'assurer que toutes s'appliquent exactement au même produit ou au même service.

- Ils font assumer au fournisseur la responsabilité du rendement lorsque l'acheteur précise certaines normes à cet égard.

L'emploi de spécifications ne règle cependant pas tous les problèmes de qualité. Ce mode de description présente certaines limites qui se rattachent à l'un ou l'autre des huit points suivants.

1. Il existe de nombreux articles pour lesquels il est virtuellement impossible de définir des spécifications adéquates.

2. Bien qu'il engendre parfois des économies à long terme, le recours aux spécifications fait augmenter le coût immédiat. Or, cette dépense additionnelle n'a souvent aucune raison d'être si on n'achète pas une grande quantité du produit en cause et s'il n'a pas vraiment à satisfaire certaines normes déterminées.

3. Un acheteur peut obtenir de divers fournisseurs qu'ils proposent un prix selon des spécifications et qu'ils indiquent s'il existe un article standard qui s'y conforme de près, auquel cas les fournisseurs en feront connaître le prix et les différences par rapport aux caractéristiques énumérées. Il peut alors apparaître que les spécifications initiales n'étaient pas les meilleures.

4. Les achats réalisés selon des spécifications font augmenter le coût immédiat davantage que la demande d'une marque particulière, puisqu'on doit effectuer des essais pour vérifier si l'article présente les caractéristiques exigées.

5. Lorsqu'on les établit avec un soin insuffisant, les spécifications entraînent des difficultés parce qu'elles peuvent procurer à l'acheteur une fausse impression de sécurité.

6. À l'opposé, il arrive que les spécifications soient si élaborées et détaillées qu'elles vont à l'encontre du but recherché. En effet, une description technique trop poussée décourage certains fournisseurs de présenter une soumission en réponse à un appel d'offres.

7. Dans la mesure où l'article acquis est conforme à la description présentée, l'acheteur assume l'entière responsabilité de s'assurer qu'il convient à l'usage qu'on prévoit en faire, à moins que les spécifications définies ne touchent au rendement.

8. Il est probable que l'article fourni satisfera tout au plus aux spécifications minimales exigées par l'acheteur.

Les caractéristiques physiques ou chimiques

La description des caractéristiques physiques ou chimiques permet de connaître les propriétés des matières qu'un acheteur désire se procurer. Elle représente une tentative de définition en termes mesurables des propriétés qu'on juge nécessaires pour qu'un produit remplisse son rôle de manière satisfaisante, au plus bas coût compatible avec la qualité visée.

Les matières et la méthode de fabrication

On peut également spécifier les matières et la méthode à utiliser pour la fabrication de l'article désiré. En plus de convenir à certains achats du secteur public, tels ceux qu'effectuent les forces armées, cette manière de procéder s'applique lorsqu'il faut satisfaire des exigences spéciales et que l'acheteur est prêt à assumer la responsabilité des résultats. Or, nombre d'entreprises ne se trouvent jamais en pareille situation, de sorte qu'on emploie relativement peu souvent ce type de spécifications.

Le rendement et la fonction

On ne peut déterminer les normes de rendement à exiger sans connaître les fonctions qu'un article doit remplir. Pour bien comprendre ce dont on a besoin, il est utile d'étudier la raison d'être du produit ou du service requis. Il n'est pas si facile de songer à la fonction première qu'un article doit remplir. On tend en effet à parler d'une boîte plutôt que d'une chose qu'on utilise comme emballage, et d'un boulon plutôt que d'un objet qui sert d'attache.

Cette façon différente d'envisager les choses représente la base même d'un bon système d'approvisionnement et permet de découvrir les principaux moyens d'améliorer la valeur. Les spécifications établies sans tenir compte des besoins liés à la fonction s'avèrent fréquemment inadéquates. Il en résulte alors une myriade de problèmes tels qu'un boyau trop court, une doublure qui rétrécit, un boulon qui cède, un moteur qui saute, une peinture qui s'écaille, une machine qui vibre, un contenant qui éclate, une pièce qui ne s'ajuste pas ou une police d'assurance qui ne s'applique pas. Beaucoup de ces problèmes découlent soit d'une sous-évaluation des normes de rendement requises, soit d'une négligence, d'une erreur ou d'une omission attribuable au fait qu'on a oublié certains besoins liés à la fonction. Ce n'est pas par hasard que l'analyse de la valeur et des coûts repose sur une définition appropriée de la fonction.

Certains diront qu'on peut résoudre ce problème en achetant des produits de qualité. Or, lorsqu'un article ne présente pas une qualité suffisante pour jouer le rôle auquel on le destine, il ne remplit pas sa fonction. La qualité peut en outre masquer diverses lacunes. Ainsi, il ne servira à rien d'acheter des vis de la meilleure qualité et du meilleur alliage si on a besoin de boulons.

L'emploi d'un verbe combiné à un nom pour décrire la fonction d'un objet (transmettre un courant ou contenir un liquide) oblige à se former une image précise du rôle auquel on le destine. D'autre part, il est possible de faire la distinction entre les caractéristiques essentielles et superflues en séparant les fonctions principales des fonctions secondaires. Après avoir bien défini les exigences liées à une certaine fonction, on peut également évaluer leur valeur en les comparant à d'autres moyens d'en arriver au même résultat. Ainsi, on a remplacé les réservoirs de carburant d'un petit navire de la marine, lesquels étaient faits sur mesure d'un alliage spécial, par quatre barils en acier doux, ce qui a permis de réduire les coûts d'environ 90 %.

Les spécifications ayant trait au rendement ou à la fonction sont d'un emploi très répandu, en partie parce qu'elles attribuent au vendeur la responsabilité d'offrir un produit satisfaisant. Portant sur les résultats et l'utilisation, elles laissent au fournisseur le soin de décider comment produire l'article le plus approprié, ce qui lui permet de tirer avantage des plus récents progrès techniques et de remplacer tout ce dont les caractéristiques dépassent les exigences minimales.

Par exemple, le cahier des charges établi pour les panneaux de fermeture de silos de lancement de missiles précisait que ceux-ci devaient résister à l'impact d'un arbre ou d'un poteau téléphonique emporté par un ouragan. Pareille exigence obligea le fabricant à construire une machine capable de projeter violemment un poteau téléphonique!

Des normes de rendement ne peuvent bien sûr donner satisfaction que si on trouve le bon type de fournisseurs. D'autre part, il arrive que certains acheteurs y recourent afin de ne pas avoir à obtenir une description exacte ou à repérer des sources d'approvisionnement plus satisfaisantes. En présence de telles spécifications, notons qu'il peut s'avérer difficile de comparer les propositions reçues et que les fournisseurs ajoutent quelquefois une prime de risque à leur prix.

La description à l'aide de dessins industriels

D'un emploi répandu, les plans et les devis s'accompagnent à l'occasion d'une quelconque forme de texte descriptif et s'appliquent tout spécialement aux projets de construction, aux montages électriques ou électroniques de même qu'aux pièces usinées, forgées, coulées ou embouties. Cette méthode de description est toutefois dispendieuse, non seulement en raison du coût qu'entraîne l'élaboration du plan ou du logiciel servant à produire les plans et les devis, mais aussi parce qu'on l'utilise le plus souvent pour des articles qui sortent de l'ordinaire aux yeux du fournisseur et se révèlent ainsi coûteux à produire. Par contre, cette méthode offre vraisemblablement la plus grande précision, de sorte qu'elle convient tout particulièrement à la description des articles dont la marge de tolérance est faible et dont la fabrication doit atteindre un niveau de perfection élevé.

La description par diverses méthodes

La classification du marché   En se fondant sur les classifications du marché, on n'acquiert que certains produits de base, tels le blé, le coton[1], le bois d'œuvre et le beurre. Utilisé à certaines fins, ce mode de description s'avère tout à fait adéquat. La satisfaction qu'il procure dépend de l'exactitude avec laquelle on a établi la classification et de la capacité de ceux qui inspectent les produits d'en évaluer la qualité.

---

1. Le U.S. Department of Agriculture établit la classification des matières premières agricoles, tels le blé et le coton. Entrent dans cette catégorie tous les produits d'alimentation humaine et animale dont on a fixé les normes et la classification conformément au *Federal Food and Drugs Act*, au *Grain Standards Act* et à d'autres lois adoptées par le Congrès américain. Comme nous le verrons plus loin, l'établissement d'une classification acceptable à des fins commerciales s'avère essentiel au bon fonctionnement d'une Bourse des denrées. Au Canada, on se fie surtout à ce qui se fait aux États-Unis dans ce domaine.

L'échantillon Un autre moyen de décrire l'article recherché consiste à fournir un échantillon. Presque tous les acheteurs procèdent ainsi de temps à autre; mais, en général, ils n'adoptent cette méthode que pour un faible pourcentage de leurs transactions, et souvent parce qu'ils ne peuvent agir autrement. Il en va ainsi, par exemple, lorsqu'il faut examiner l'objet de visu pour en apprécier le grain, la couleur, l'aspect, la senteur ou autre.

La description par la combinaison de plusieurs méthodes

Il est fréquent qu'une entreprise combine plusieurs des méthodes descriptives examinées précédemment. La combinaison qu'elle juge la plus satisfaisante dépend bien sûr du type de produits dont elle a besoin et de l'importance qu'elle attribue à la qualité de ce qu'elle achète. Il n'existe aucune méthode convenant le mieux à un produit donné, ni aucune manière de procéder qui répond à tous les besoins d'une entreprise. Toute description a pour but d'assurer l'achat d'un produit de la qualité voulue au meilleur prix possible.

Les sources d'information pour l'établissement des spécifications

De façon générale, il y a trois grandes sources où l'on peut puiser de l'information pour dresser une fiche technique, soit: les normes individuelles établies par l'acheteur, les normes adoptées par certains organismes privés, qu'il s'agisse d'autres utilisateurs, de fournisseurs ou d'associations techniques, et les normes d'origine gouvernementale.

Les normes individuelles L'établissement de normes individuelles exige une concertation poussée entre les utilisateurs, le personnel technique, le service de l'approvisionnement et celui du contrôle de la qualité, les fournisseurs, le service commercial et, finalement, les consommateurs dans certains cas. On peut donc s'attendre à ce que cette tâche se révèle ardue et dispendieuse.

Il est courant que les entreprises qui achètent formulent leurs propres spécifications en s'inspirant des bases jetées par des organismes publics ou des associations techniques. Afin d'éviter toute erreur, certaines envoient une copie de la description préliminaire (même si elle ne résulte que de la révision d'une fiche existante) à plusieurs des principaux fournisseurs de l'industrie pour bénéficier de leurs commentaires et de leurs suggestions avant d'adopter une version finale.

Les normes publiées   Lorsqu'une entreprise souhaite acheter en se fondant sur des spécifications mais hésite à en formuler elle-même, elle peut s'en remettre à certaines normes publiées. Ces dernières constituent le fruit d'une expérience étendue et le résultat de nombreuses études réalisées tant par des organismes publics que privés, et d'énormes efforts ont été faits dans le but de les promouvoir. On peut appliquer ces normes aux matières premières ou aux produits semi-finis, aux pièces ou aux composantes d'une matière. Bien connus et définis avec soin, les aciers alliés SAE, par exemple, présentent chacun une composition particulière, des propriétés établies et un numéro d'identification individuel.

Les normes publiées offrent certains avantages. Elles sont connues et acceptées par un grand nombre d'entreprises, et tout acheteur peut facilement en obtenir une copie. De plus, les produits qui s'y conforment entraînent d'ordinaire des coûts de fabrication moins élevés. Enfin, comme elles résultent de l'expérience étendue de nombreux producteurs et utilisateurs, ces normes devraient en toute logique correspondre aux besoins de nombreux acheteurs.

Les exigences légales en matière d'environnement   Le personnel de l'approvisionnement doit s'assurer que les produits acquis répondent aux exigences légales en matière de protection de l'environnement, de santé et de sécurité du travail ainsi que de sûreté des produits de consommation. Toute infraction peut entraîner des sanctions sévères en vertu du Code pénal et du Code civil.

4.3 LA STANDARDISATION ET LA SIMPLIFICATION DES PRODUITS

Bien qu'on emploie fréquemment « standardisation » et « simplification » de manière synonymique, ces deux termes se rapportent, au sens strict, à des réalités différentes. Ainsi, la **standardisation** désigne l'adoption d'un format, d'une qualité ou d'un modèle déterminé et représente un concept essentiellement technique, alors que la **simplification** se définit comme une réduction du nombre de formats, de modèles ou autres. La simplification pose un problème de sélection qui relève du domaine commercial, puisqu'elle vise à déterminer quels sont, par exemple, les formats les plus importants d'un produit, et à concentrer les activités de fabrication sur ces derniers dans la mesure du possible. On peut procéder à une simplification avant ou après avoir standardisé le modèle ou le format des articles.

Lorsqu'on accorde de l'importance à la standardisation et à la simplification, non pas d'un produit fini mais plutôt de ses composantes, on réalise souvent des économies au chapitre de la fabrication, tout en augmentant le caractère distinct du produit en cause. De plus, on y gagne en ce qui concerne l'approvisionnement grâce à une baisse du coût initial, à une réduction des stocks et à une diversification des sources d'approvisionnement. Cette façon de procéder est très répandue dans le secteur de l'automobile, car elle permet de diminuer les coûts et d'améliorer la qualité, tout en donnant l'impression au consommateur qu'il jouit de nombreuses options.

Une importante entreprise dans le domaine de l'électronique décida de procéder à la standardisation et à la simplification de ses quelque 4 500 modèles de condensateurs, dont le volume des achats annuels entraînait une dépense d'environ 40 millions de dollars. Formée de représentants du service du génie, de l'assurance de la qualité, du marketing, de la recherche et du développement ainsi que des achats de chacune des divisions de l'entreprise, l'équipe chargée de cette tâche réduisit le nombre de modèles à moins de 400 et celui des fournisseurs à 6, raccourcit le délai d'obtention de 70 % et diminua les coûts de plus de 10 %. De tels résultats expliquent l'intérêt renouvelé qu'on porte aujourd'hui à la standardisation et à la simplification, deux des concepts les plus anciens et les plus efficaces pour améliorer la valeur en approvisionnement.

☐☐☐☐☐
4.4 LA FONCTION DU PRODUIT

Dans la pratique, le terme « qualité » englobe souvent les notions de convenance à l'usage, de fiabilité, de conformité aux spécifications, de rendement satisfaisant, de risque élevé et de meilleur achat. Il en résulte ainsi une grande confusion.

Dans son acception la plus simple, le terme **qualité** devrait se rattacher à la capacité d'un fournisseur d'offrir des produits et des services conformes aux spécifications établies. C'est l'interprétation qu'on en fait en ce qui a trait à l'inspection, un sujet traité à la fin du présent chapitre. La qualité peut aussi correspondre à la satisfaction des attentes du requérant lorsqu'il utilise l'article, quelle que soit sa conformité aux spécifications. C'est pourquoi on dit souvent qu'un article n'est pas bon ou qu'il est de mauvaise qualité quand il ne donne pas les résultats escomptés, même si la demande ou la fiche technique est parfois à l'origine de cet état de choses. En situation idéale, tous les intrants subissent évidemment avec succès cette épreuve d'utilisation.

Pour sa part, la **convenance à l'usage** d'une matière, d'un produit ou d'un service disponible sur le marché représente sa capacité à remplir la fonction à laquelle on le destine. Du point de vue théorique, elle ne se rapporte qu'à l'utilisation, faisant fi des aspects commerciaux. Dans la réalité, cependant, il est très rare qu'on l'envisage de cette façon. Ainsi, l'or se révèle un meilleur conducteur que l'argent ou le cuivre mais, à cause de son prix trop élevé, on ne l'utilise que dans certains cas très particuliers. C'est pourquoi une microplaquette comporte des éléments en or, tandis que l'installation électrique d'une maison est faite de cuivre.

Enfin, la notion de **meilleur achat** offre une vision globale et valable de la qualité, de la fiabilité et de la convenance à l'usage dans le contexte de l'approvisionnement.

La notion de « meilleur achat »

Cette notion suppose nécessairement un niveau minimal de convenance à l'usage, mais elle englobe également les coûts, la disponibilité, le transport et l'élimination du produit. Ainsi, lorsque le prix d'un article s'avère excessif, on doit se contenter d'un substitut un peu moins adéquat. De même, si un article parfait du point de vue technique est vendu par des fournisseurs qui n'ont ni la capacité de production requise ni les ressources financières ou autres garantissant leur survie, il faut y renoncer, peu importe son prix ou sa disponibilité. Des réévaluations fréquentes s'imposent évidemment. En effet, si le prix du cuivre passe de 2 $ à 3 $ le kilogramme, sa position sur le marché des métaux pourrait varier par rapport à celle de l'aluminium ou d'autres substituts.

Le meilleur achat tient compte de plusieurs caractéristiques, et non d'une seule. Or, la combinaison de caractéristiques qu'on choisit résulte presque toujours d'un compromis, puisque les aspects de la qualité auxquels on doit accorder de l'importance varient selon les circonstances. Prenons l'exemple d'une calculatrice. Il est bien connu que, grâce à leur mécanisme, les calculatrices actuelles s'avèrent fiables pour un usage courant, mais ne durent pas éternellement. Les divers types de calculatrices disponibles ayant plus ou moins la même fiabilité et la même durabilité, on se base donc sur la facilité d'emploi pour choisir le modèle à acheter. Ainsi, la nature de ce qui représente le meilleur achat dépend surtout de ce qu'on veut obtenir d'un bien.

Le choix de ce qui constitue le meilleur achat pour répondre à un besoin précis repose sur des considérations liées autant à l'approvisionnement qu'au domaine technique. Il faut bien comprendre que ni l'ingénieur, ni l'utilisateur, ni l'acheteur ne peuvent prendre une bonne décision s'ils ne collaborent pas étroitement.

Le service rattaché au meilleur achat

Le service offert par un fournisseur est parfois aussi important que les attributs de son produit. La notion de service inclut l'installation, la formation, l'inspection, la réparation, l'apport de conseils et la volonté de rectifier les malentendus ou les erreurs d'écriture à la satisfaction du client. Lorsqu'ils évaluent le service, certains acheteurs considèrent également le fait qu'un fournisseur accepte de modifier une commande dans un court délai et se montre ouvert aux demandes inhabituelles. Les fournisseurs assurent certains types de services en offrant des garanties de durée variable. Or, la valeur de ces garanties dépend plus de la bonne volonté et de la fiabilité des fournisseurs que des termes dans lesquels on les a rédigées.

Nombre de fournisseurs incluent directement le coût du service dans leur prix de vente, alors que d'autres l'absorbent eux-mêmes et ne demandent pas plus cher que leurs concurrents, s'en remettant à la supériorité de leur service pour décrocher le contrat. Une des tâches les plus difficiles d'un approvisionneur consiste à n'obtenir que les services réellement nécessaires, sans payer pour ceux qu'un fournisseur peut être obligé d'offrir à d'autres acheteurs.

La responsabilité de déterminer le meilleur achat

En règle générale, on s'entend pour dire qu'il revient au service utilisateur, au service qui prépare les spécifications, au service technique ou au service des ventes d'établir, au bout du compte, si un article s'avère techniquement adéquat pour un usage donné. Les questions relatives aux caractéristiques peuvent ainsi être tranchées par le chef de service lorsqu'elles se rapportent aux articles ou au matériel de bureau, par le service de la publicité lorsqu'elles touchent à des produits publicitaires, par les responsables de l'entretien lorsqu'elles ont trait à des fournitures d'entretien, et par le personnel commercial lorsque les articles sont destinés à la revente. De même, c'est principalement le service technique, chargé des travaux de conception et des normes se rapportant aux matières premières, aux produits semi-finis et aux composantes, qui devrait assumer la responsabilité finale dans le cas des articles manufacturés. La décision à prendre concerne dans l'immédiat le génie et la production.

C'est pourquoi il convient de donner à la personne responsable de la transformation des matières premières ou des produits semi-finis en produits finis le pouvoir de déterminer ce qu'il faut obtenir. L'acheteur doit, quant à lui, maintenir le coût des matières au plus bas niveau compatible avec les normes de qualité exigées du produit fini. Pour qu'il puisse exécuter cette tâche avec succès, on doit reconnaître au service de l'approvisionnement le droit de vérifier les spécifications, de les remettre en cause et d'apporter des suggestions, en plus de le faire participer à tout projet dès le début de sa conception.

Il fait partie des obligations du service des achats d'insister pour qu'on tienne compte des éléments liés à l'économie et à l'approvisionnement, et de fournir aux responsables qui établissent des spécifications toute suggestion utile pouvant découler de ses activités normales. L'acheteur se trouve en effet dans une position privilégiée pour recueillir les plus récentes informations sur le marché. Celles-ci peuvent permettre de modifier un projet, d'établir des spécifications plus flexibles ou d'utiliser une méthode de fabrication différente, ce qui entraînera une réduction du coût des matières sans compromettre le rendement des produits. Dans le cadre de la philosophie de gestion actuelle, il n'est pas rare qu'on abandonne l'approche antagoniste pour confier la détermination du meilleur achat à une équipe multidisciplinaire.

La contribution à la détermination du meilleur achat

La tendance en faveur d'une collaboration pleine et entière entre le service technique, le service utilisateur et le service des achats fait peser une lourde charge sur les épaules du personnel de l'approvisionnement. En effet, si ce dernier ne possède pas les qualifications requises pour vraiment contribuer à la détermination du meilleur achat, il y a fort à parier qu'on ne prendra pas ses suggestions au sérieux.

Plusieurs moyens s'offrent au service de l'approvisionnement pour remplir cette obligation. Ils visent tous à permettre aux acheteurs d'en apprendre le plus possible sur les articles qu'ils se procurent, quelles que soient leur nature et leurs utilisations. Il est évidemment beaucoup plus facile d'acquérir une connaissance technique adéquate des fournitures simples que des produits hautement perfectionnés, surtout lorsque ces derniers sont encore au stade du développement. Par conséquent, l'étendue et la nature des connaissances techniques que doit posséder un acheteur qualifié sont fonction du genre de produits dont il assume la responsabilité. De même, le nombre d'acheteurs ayant une formation technique que compte le service des achats varie selon le type d'entreprise.

Le service de l'approvisionnement peut tenter d'accroître la capacité de ses acheteurs à contribuer à la sélection du meilleur achat par divers moyens.

1. Assumer un rôle actif dès le début du processus d'établissement des spécifications   Participer à l'établissement des spécifications avant qu'elles ne soient adoptées s'avère beaucoup moins difficile que de les modifier subséquemment. Il est donc essentiel, pour obtenir une bonne valeur, que le service de l'approvisionnement et les fournisseurs assument un rôle actif dès les premières étapes du processus.

2. Confier le poste d'acheteur à des personnes ayant une formation en génie Dans le domaine des achats, un ingénieur possède un avantage par rapport à une personne sans formation technique; en effet, ses études et son expérience lui ont permis d'acquérir une connaissance poussée des matières, des procédés de fabrication et des méthodes d'inspection. De plus, il peut employer le langage des concepteurs et des fournisseurs. De ce fait, sa compétence est reconnue aussi bien par le personnel technique que par les employés du service de la production.

3. Compter un ou deux ingénieurs au sein du personnel Les ingénieurs peuvent assumer un rôle de soutien en offrant aide et conseils aux divers acheteurs lorsque cela s'avère utile. Ils peuvent également assurer la liaison entre le service des achats et le service technique.

4. Transférer le poste de travail de certains acheteurs au service du génie On attribue alors à tout acheteur choisi un bureau adjacent à celui des ingénieurs qui travaillent sur la catégorie d'articles à laquelle il s'intéresse.

5. Encourager la formation du personnel Sans modifier l'organisation ou le personnel, il convient d'encourager les acheteurs, leurs assistants et les autres employés du service à suivre des cours se rapportant au contrôle de la qualité, à la conception industrielle, à l'usinage, à la comptabilité de gestion, au génie, aux matières ou à d'autres domaines connexes. Les visites guidées d'usines, les films et les lectures dirigées peuvent également s'avérer profitables. Beaucoup de gestionnaires croient qu'une personne éveillée et consciencieuse peut apprendre tout ce qu'elle doit savoir dans le domaine du génie et des opérations pour offrir un rendement adéquat.

6. Organiser des rencontres avec le personnel technique à intervalles réguliers Au cours de rencontres hebdomadaires, semi-hebdomadaires ou mensuelles, on peut faire le point sur les progrès réalisés dans le cadre de certaines activités, en plus de résoudre les difficultés survenues depuis la dernière rencontre.

7. S'assurer que des membres du service des achats font partie des groupes de travail, des équipes de gestion d'une matière, des comi-

tés de planification et autres   En plus d'attester le bien-fondé de la participation du service des achats à ces activités, la présence de membres de son personnel au sein de tels groupes permet que leurs recommandations finales tiennent compte des considérations liées à l'approvisionnement. Il est possible de réduire le temps nécessaire pour lancer un nouveau produit en faisant assumer un rôle actif à tous les intervenants concernés (dont les services de la conception industrielle, du contrôle de la qualité, du marketing et de l'approvisionnement de même que les fournisseurs) avant qu'on ait établi définitivement les caractéristiques fonctionnelles de ce produit.

Les achats réalisés en équipe gagnent en popularité; les méthodes traditionnelles basées sur un partage fonctionnel des responsabilités cèdent le pas à une approche axée sur la participation et la consultation à chacune des étapes du processus d'acquisition. Ce phénomène est très évident au stade de la définition du besoin et de l'établissement des spécifications; la satisfaction du client, la qualité, le coût du cycle de vie du produit, la réduction des délais et l'amélioration continue jouent un rôle clé dans la survie de toute entreprise et dans sa compétitivité à l'échelle internationale.

4.5 LA QUALITÉ

L'intérêt marqué qu'on porte à la qualité en tant qu'instrument stratégique a amené les gestionnaires à reprendre conscience de la valeur qu'elle peut apporter à une entreprise. Au chapitre de l'approvisionnement, la manière dont les fournisseurs remplissent leur rôle peut influer considérablement sur la capacité de l'entreprise à produire des biens et des services de qualité. Diverses études tendent en effet à démontrer que les biens et les services obtenus de fournisseurs sont à l'origine d'au moins 50 % des problèmes liés à la qualité dans nombre d'entreprises.

D'autre part, les nouvelles techniques de gestion, comme la planification des besoins-matières, le juste-à-temps et l'approvisionnement zéro-stock, exigent que les fournisseurs livrent une marchandise conforme aux spécifications. Il est toutefois irréaliste pour une entreprise d'exiger de ses fournisseurs des biens de première qualité si elle ne présente pas elle-même un dossier irréprochable à cet égard. Or, cette qualité impeccable doit entre autres caractériser son service des achats et le personnel qui y travaille, de même que ses politiques, ses méthodes et ses procédés en matière d'approvisionnement. L'amélioration de la qualité pose un défi constant aussi bien à l'acheteur qu'au fournisseur. Les entreprises qui achètent et celles qui vendent doivent en outre collaborer étroitement pour être à même d'accroître considérablement la qualité à long terme.

Le mot « qualité » désigne une réalité complexe qui, selon le professeur David Garvin de la Harvard Business School, englobe au moins huit aspects différents, soit :

- **le rendement** : la manière dont un produit ou un service remplit sa fonction première ;
- **les caractéristiques** : ce qui distingue le produit d'un autre ;
- **la fiabilité** : la probabilité d'une défaillance au cours d'une période donnée ;
- **la durabilité** : la durée de vie prévue ;
- **la convenance à l'usage** : la conformité aux spécifications ;
- **la facilité d'entretien** : la facilité avec laquelle on peut entretenir et réparer un produit ;
- **l'esthétique** : l'apparence, l'odeur, la sensation au toucher, le bruit.
- **la qualité perçue** : la perception qu'a le client de la qualité du produit.

Du point de vue de l'approvisionnement, une neuvième dimension pourrait s'ajouter à la liste, soit la disponibilité à court et à long terme sur le marché, à un prix raisonnable, d'un produit ou d'un service qu'on ne cesse d'améliorer.

La dernière partie du présent chapitre traite surtout de la conformité aux spécifications et des essais. On ne peut toutefois étudier plus en détail ces deux éléments sans d'abord examiner la nature des coûts liés à la qualité.

Le coût de la qualité

Antérieurement, on croyait que la courbe qualité-coût ressemblait à la courbe de la quantité économique à commander et présentait ainsi la forme d'un « U » évasé (*voir la figure 4.3*). De ce fait, on jugeait acceptable un niveau d'imperfection élevé parce qu'on supposait que toute réduction du nombre de défauts entraînerait une hausse des coûts.

Cependant, sous l'impulsion de chefs de file tels que Deming, Juran et Crosby de même que sous l'influence de l'industrie japonaise, une nouvelle vision de la qualité et de sa faisabilité s'est imposée. Selon celle-ci, tout défaut s'avère coûteux et la prévention des unités défectueuses engendre une réduction des coûts (*voir la figure 4.4*).

Notons que les acheteurs acceptaient autrefois de payer plus cher pour des biens ou des services de meilleure qualité. Ils reconnaissaient alors les avantages que ces produits apportaient à leur entreprise, mais ils supposaient également que leur fournisseur devait peut-être engager des coûts plus élevés pour atteindre un plus haut niveau de qualité. Si on procédait

FIGURE 4.3   Vision traditionnelle de l'arbitrage entre la qualité et le coût

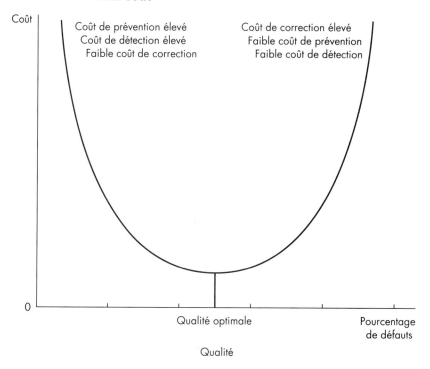

FIGURE 4.4   Vision actuelle de l'arbitrage entre la qualité et le coût

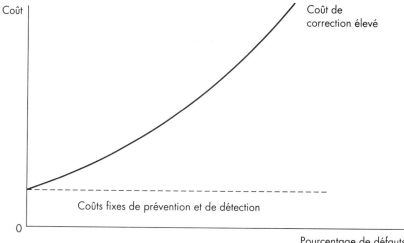

à une inspection pour établir le niveau de qualité, il s'ensuivrait effectivement des coûts plus élevés. Deming soutient ainsi qu'on devrait s'efforcer d'obtenir la qualité du premier coup plutôt que d'éliminer les articles défectueux au moyen d'une inspection. Il s'agirait là d'une solution moins dispendieuse. Par conséquent, il n'y a rien d'extravagant à ce qu'un acheteur et un fournisseur travaillent de concert pour améliorer la qualité tout en réduisant les coûts!

La qualité soulève trois défis pour l'approvisionnement. Il faut ainsi apprendre comment appliquer les principes qui se rapportent au rendement même du service des achats, comment collaborer avec les fournisseurs à l'amélioration continue de la qualité et comment faire face à la réduction du nombre de fournisseurs et à tout ce qui en découle. Nombre de politiques et de méthodes adoptées au chapitre de l'approvisionnement reposent sur le principe selon lequel la concurrence est un élément clé de la relation entre l'acheteur et le vendeur. Dans cette optique, ce dernier maintient ses efforts par crainte qu'un autre fournisseur ne lui fasse perdre la clientèle d'un acheteur en offrant à celui-ci une plus grande qualité, des prix plus avantageux, une livraison plus prompte, un meilleur service ou tout un éventail d'autres attraits. Cette façon de penser suppose qu'il en coûte peu pour changer de fournisseur et que le recours à des sources multiples permet à l'acheteur de garantir son approvisionnement et d'exercer un certain contrôle sur les vendeurs.

L'adoption de la qualité en tant que principal critère de sélection en approvisionnement vient toutefois remettre en cause cette interprétation traditionnelle fondée sur la concurrence. Elle laisse en effet supposer qu'il est très difficile de trouver un fournisseur qui produit une grande qualité, et qu'il est encore plus difficile d'en trouver un qui ne cessera de l'améliorer. De fait, l'accroissement continu de la qualité pourrait nécessiter des efforts considérables de la part de divers spécialistes de l'organisation qui achète et de leurs homologues au sein de l'entreprise qui vend. En pareille situation, il n'est pas réaliste de s'approvisionner auprès de plusieurs sources pour le même produit fini, de changer souvent de fournisseurs et de demander sans cesse des soumissions. Cependant, le recours à une source d'approvisionnement unique a de tout temps rendu les acheteurs très nerveux. En effet, les spécialistes des achats qui ont acquis leur expérience en appliquant la philosophie de la concurrence n'apprécient guère l'idée de partager avec les fournisseurs des informations importantes pour l'entreprise, de manière qu'ils puissent mieux en planifier, en concevoir et en satisfaire les besoins. La nouvelle façon d'envisager les choses se fonde sur la connaissance des outils mathématiques et autres, et sur des techniques qui se rapportent à la qualité.

La vision traditionnelle de la qualité est peut-être issue d'un contexte économique de forte demande et de faible concurrence à l'échelle mondiale, où on tolérait les défauts. Il se peut également qu'une compréhension déficiente des coûts réels de la qualité et de la mauvaise qualité y ait contribué. Ces coûts sont malheureusement très bien cachés au sein de beaucoup d'entreprises, de sorte qu'on peut difficilement en tenir compte lors de la prise de décisions.

On reconnaît trois grandes catégories de coûts liés à la qualité, soit les coûts de détection, de prévention et de correction. Les coûts de détection peuvent exister aussi bien chez le fournisseur que chez l'acheteur, lorsque chacune de ces entreprises emploie diverses méthodes de contrôle pour assurer le respect des normes de qualité. Si la détection nécessite le retrait de lots ou l'envoi du produit à un service d'inspection distinct, le coût de la manutention additionnelle et de l'immobilisation des stocks devrait s'ajouter à celui du contrôle, qui comprend l'espace, le personnel, l'équipement, les fournitures et les systèmes connexes d'acheminement des rapports. (On y gagne manifestement à utiliser les rapports de contrôle de la qualité du fournisseur et à bien faire les choses du premier coup.)

D'autre part, les coûts de prévention se rattachent à des éléments aussi divers que les programmes d'assurance de la qualité, la certification des fournisseurs, les programmes de formation et de sensibilisation des employés, la vérification des machines, des outils, des matières et de la main-d'œuvre, l'entretien préventif et le recours à une seule source d'approvisionnement de qualité. S'y ajoutent également les coûts connexes liés au personnel, aux déplacements, au matériel et à l'espace requis.

Enfin, la correction engendre des coûts très divers, dont certains dépassent parfois de beaucoup ceux qu'entraînent la prévention ou la détection. Les plus simples de ces coûts découlent du réusinage, du remplacement ou de l'élimination des produits ou des services inacceptables. La section consacrée au réusinage et aux retours traitera plus en détail de la plupart de ces coûts. En règle générale, les coûts de correction minimaux d'une entreprise qui achète découlent du retour des marchandises au fournisseur, de la manutention additionnelle, de la modification des programmes, du contrôle supplémentaire et du surcroît de paperasse.

Malheureusement, lorsqu'une pièce fait partie d'un ensemble, son remplacement peut entraîner des coûts de montage et de démontage bien plus élevés que son coût initial. D'autre part, le fait qu'un produit défectueux se retrouve entre les mains d'un client peut causer des dommages indirects. En effet, un rouleau de papier non conforme aux spécifications empêchera un imprimeur de respecter une échéance, de sorte qu'une revue ne pourra être publiée à temps, et ainsi de suite. Les produits de qualité inférieure peuvent aussi entraîner des conséquences fâcheuses sur le plan de la santé ou de la sécurité. Enfin, la perte de clients, l'incapacité d'en obtenir de nouveaux et les sommes versées pour garder ceux qui restent encore sont autant de situations qui ajoutent aux coûts de correction.

Il existe un coût qu'on reconnaît rarement du point de vue comptable, soit l'effet démoralisant qu'entraîne, chez le personnel, la production ou l'utilisation forcée de biens ou de services inadéquats. En plus d'influer évidemment sur la productivité, un tel manque de qualité peut éteindre chez les employés de l'entreprise l'ardeur qui les motivait à rechercher une amélioration continue, et peut donner lieu à une attitude relâchée.

La figure 4.5 montre les différents coûts liés à la qualité en indiquant leur ampleur et le degré de difficulté avec lequel on peut les déterminer. Notons qu'un coût difficile à évaluer peut néanmoins être bien réel et élevé. D'autre part, il ne faut pas conclure du graphique présenté que les coûts de prévention et de détection s'avèrent toujours minimes. Ainsi, une grande entreprise peut dépenser des millions de dollars pour mettre sur pied un programme de prévention efficace. De la même façon, les coûts de correction d'une grande entreprise atteignent parfois plus d'un milliard de dollars, même s'il arrive qu'on ne les reconnaisse pas tous. Il se peut ainsi que le budget ou les états financiers ne tiennent jamais compte des ventes potentielles à de nouveaux clients.

Certaines entreprises ont tenté de quantifier le coût total de la qualité ; les résultats qu'elles ont obtenus donnent à penser que celui-ci pourrait

FIGURE 4.5   Relation entre les coûts de détection, de prévention et de correction liés à la qualité et degré de difficulté d'en établir la nature et l'ampleur

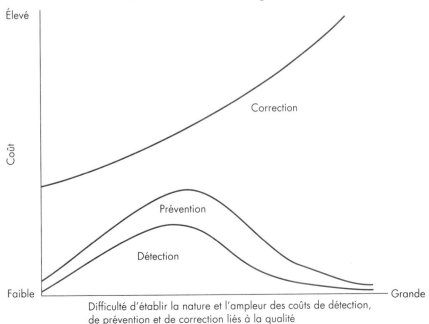

Difficulté d'établir la nature et l'ampleur des coûts de détection, de prévention et de correction liés à la qualité

représenter 30 % à 40 % du coût d'un produit fini. Il est évident qu'une proportion aussi élevée incite fortement à relever le défi que pose la qualité. C'est ainsi qu'au cours des 10 dernières années de plus en plus d'entreprises ont pris l'engagement de viser la qualité en toutes choses, et que des termes comme «gestion intégrale de la qualité» ont vu le jour.

Le *Malcolm Baldrige National Quality Award*

Aux États-Unis, on décerne chaque année le *Malcolm Baldrige National Quality Award*, une distinction visant à reconnaître le mérite des entreprises qui excellent au chapitre de la qualité et de sa gestion. Or, il est intéressant de voir les critères sur lesquels on se base pour attribuer ce prix, et l'importance qu'on leur accorde.

Critères	Maximum de points accordés
1. Leadership	100
2. Information et analyse	70
3. Planification stratégique de la qualité	60
4. Mise en valeur des ressources humaines	150
5. Assurance de la qualité des produits et des services	140
6. Résultats obtenus pour la qualité	180
7. Satisfaction des clients	300
	1 000

Certaines entreprises acheteuses, telle Motorola, ont demandé à leurs fournisseurs de poser leur candidature pour l'obtention de ce prix, conscientes que les démarches à réaliser mettraient en évidence les améliorations précises qu'ils doivent apporter à leurs programmes de qualité. La plupart des programmes de certification des fournisseurs reposent sur des critères d'évaluation similaires. Le gouvernement canadien a lui-même créé un programme national de récompense de la qualité, et le prix Deming accordé au Japon jouit d'un prestige international.

Les normes de qualité ISO 9000

L'Organisation internationale de normalisation (ISO), établie à Genève, en Suisse, tente de définir des normes qui seront respectées à travers le monde; l'American National Standards Institute (ANSI) et l'Association canadienne de normalisation (ACNOR) en sont membres. En 1980, l'ISO a mis sur pied un comité technique, en réaction contre l'unification du marché européen, contre la confusion entourant la signification du terme «qualité» et contre les divergences marquées des programmes de qualité existants. Les travaux de ce comité débouchèrent sur la publication, en 1987, des normes de la série ISO 9000.

Ces dernières fournissent certaines définitions et indications élémentaires se rapportant à l'assurance de la qualité. La norme ISO 9001 est la plus rigoureuse et traite du système de qualité à mettre en place pour la conception, la production, l'installation et le service après vente. Les normes ISO 9002 et 9003 s'y rattachent; la première a trait à la production et à l'installation, tandis que la seconde porte sur le contrôle et les essais finals. D'autre part, la norme ISO 9004 traite de l'élaboration d'un système de qualité totale. Toute entreprise qui désire être reconnue comme appliquant les normes ISO 9000 doit se soumettre à une vérification externe effectuée par un tiers accrédité. Plus de 20 000 entreprises dans 30 pays se sont déjà qualifiées.

Il faut cependant noter qu'on atteste le respect des normes ISO 9000 sans tenir compte de la satisfaction des clients, et que l'accréditation d'une entreprise et sa recherche d'une amélioration continue ne garantissent pas nécessairement un produit ou un service de qualité.

La responsabilité des ajustements et des retours

Il revient au service de l'approvisionnement, avec l'aide du service utilisateur, du service de l'inspection ou du service juridique, d'en arriver rapidement à un accord avec le fournisseur au sujet des ajustements et des retours que le rejet de marchandises a rendu nécessaires. L'inspection suscite un problème: celui de la répartition, entre l'acheteur et le fournisseur, des coûts qu'entraîne le matériel rejeté.

On peut diviser les coûts qu'engendrent les marchandises rejetées en trois grandes catégories:
– les coûts de transport;
– les coûts liés aux essais;
– les dépenses afférentes.

La manière de répartir ces coûts peut varier considérablement. Elle dépend, dans une certaine mesure, du type de marchandises rejetées, des pratiques commerciales, des coûts en cause, de la méthode de détermination du prix de revient de l'acheteur et de la position de force de chaque entreprise. Dans presque tous les cas rapportés, on débite au fournisseur les frais de transport jusqu'au lieu de rejet et à partir de celui-ci. Toutefois, rares sont les entreprises qui exigent le remboursement de leurs coûts liés au contrôle et aux essais. En général, l'acheteur les assume et ils sont assimilés au coût de l'approvisionnement ou de l'inspection.

Les contrats ou les pratiques commerciales établies déchargent souvent le fournisseur de toute responsabilité en ce qui concerne les dépenses afférentes, et pourtant, celles-ci entraînent peut-être la plus grande part de risque et le coût le plus élevé pour l'acheteur. En effet, il arrive que des intrants d'une qualité inadéquate perturbent sérieusement les activités de production. Leur rejet peut donner lieu à un manque susceptible d'engendrer des délais ou même l'arrêt de la production, ainsi qu'à des coûts de manutention additionnels et à d'autres dépenses. En outre, il se peut que, de bonne foi, on fournisse à la main-d'œuvre des matières qui se révèlent subséquemment inutilisables, auquel cas l'acheteur subit la perte non seulement de ces produits, mais aussi des heures travaillées. En règle générale, toutefois, les acheteurs n'ont pas l'habitude d'imputer ces coûts aux fournisseurs. Certains exigent cependant que leurs fournisseurs signent un accord qui leur permet de récupérer leurs coûts de main-d'œuvre de même que les autres dépenses qu'ont entraînées les matières en cause avant qu'on découvre le défaut.

4.6 LA CERTIFICATION DES FOURNISSEURS

Même lorsque la description du besoin est très précise, il faut s'assurer d'obtenir réellement du fournisseur ce qu'on recherche. À cette fin, on recourt d'ordinaire aux programmes d'assurance de la qualité, à des essais, à l'inspection et au contrôle de la qualité.

En règle générale, avant de passer une commande ou même avant de demander une proposition de prix, l'acheteur procède à une étude du niveau de qualité que peut atteindre le fournisseur ou de l'assurance de la qualité à ses installations. Il veut ainsi obtenir la certitude que le fournisseur pourra se conformer aux spécifications et aux normes de qualité requises. Adoptée tout d'abord par les militaires, cette pratique est devenue chose courante dans les secteurs de haute technologie et dans la plupart des entreprises d'envergure.

Cette étude, normalement réalisée par des employés du génie, de la fabrication, de l'approvisionnement et du contrôle de la qualité, touche non seulement le matériel, les installations et le personnel du fournisseur, mais aussi les systèmes qu'il a mis en place pour vérifier et améliorer la qualité. L'étude examine aussi ses efforts pour obtenir que ses propres fournisseurs collaborent et respectent les normes de qualité, et tient compte de sa volonté d'améliorer sans cesse la qualité.

Une collaboration continue avec les fournisseurs est souhaitable pour établir des normes de qualité communes, s'entendre sur les méthodes de contrôle à utiliser et trouver des moyens d'accroître la qualité tout en diminuant les coûts d'inspection et le coût total.

La qualité ne représente, bien sûr, qu'un des éléments à considérer lorsqu'on envisage de s'approvisionner auprès de fournisseurs certifiés. Pour les entreprises qui travaillent à établir une association avec leurs fournisseurs, la certification de la qualité constitue d'ordinaire le premier point sur lequel intervient un alignement de leurs politiques. Dans beaucoup d'industries, il apparaît clairement qu'on exigera un niveau de qualité minimal de tout fournisseur, et que la survie des entreprises pourra en dépendre.

Lorsqu'on améliore la qualité, on vise bien sûr à obtenir la qualité voulue en faisant les choses correctement du premier coup plutôt qu'en effectuant par la suite une inspection pour éliminer les articles défectueux. Cette recherche de la qualité à la source est à l'origine de tous les programmes d'amélioration de la qualité. La même philosophie devrait s'appliquer à l'entreprise qui achète et à son service de l'approvisionnement. En effet, une entreprise ne peut guère exiger que ses fournisseurs respectent des normes de qualité strictes lorsqu'il est évident qu'elle ne déploie elle-même aucun effort en ce sens. La meilleure chose à faire, pour tout service des achats voulant donner le coup d'envoi à une amélioration de la qualité, consiste à établir pour lui-même des normes de rendement liées aux diverses étapes du processus d'acquisition auxquelles il participe. Il obtiendra ainsi le droit d'exiger des autres services qu'ils lui emboîtent le pas, en plus de familiariser son personnel avec le contrôle statistique des procédés et les normes de qualité.

4.7 LES ESSAIS ET L'INSPECTION

Il arrive qu'on effectue des essais comparatifs pour déterminer quelle source d'approvisionnement offre le meilleur produit. D'autre part, une fois la commande placée, une inspection peut être nécessaire pour s'assurer que les articles livrés sont conformes à la description initiale.

Les essais

Certaines entreprises exigent de payer tous les échantillons qu'elles acceptent à des fins d'essai. Elles agissent de la sorte parce qu'elles croient obtenir un échantillon plus représentatif si elles l'acquièrent selon la procédure normale, et parce qu'elles réduisent ainsi les risques qu'un acheteur se sente redevable au fournisseur. D'autres entreprises ne paient un échantillon que s'il a une grande valeur, si elles ont elles-mêmes demandé qu'on procède à l'essai ou si les résultats de ce dernier se révèlent satisfaisants. Dans la plupart des cas, cependant, on laisse le fournisseur payer les échantillons en partant du principe que s'il désire réellement conclure la transaction et s'il a confiance en ses produits il n'hésitera pas à le faire.

Le type d'essai réalisé varie en fonction, entre autres, de la valeur qu'accorde l'acheteur aux divers genres de tests, des installations dont il dispose pour les effectuer, de la nature de l'article et de son importance comparative. Ainsi, on se contente parfois d'un test, comme pour la peinture et la cire à parquet. Un des avantages de cette approche est qu'elle permet de vérifier comment se comporte le produit lorsqu'on en fait l'usage pour lequel il a été prévu, dans les conditions particulières où il sera employé. Elle n'élimine cependant pas le risque d'une déficience susceptible d'entraîner des coûts élevés, de rendre l'article inutilisable ou d'interrompre la production. Dans d'autres circonstances, on préfère un essai en laboratoire et on en confie la réalisation à un laboratoire indépendant ou au service du contrôle de la qualité de l'entreprise. Il arrive également que les vendeurs au détail procèdent à un essai dans une ou plusieurs de leurs succursales afin de déterminer si la demande des consommateurs est suffisante pour justifier l'acquisition du produit.

L'inspection

En situation idéale, aucune inspection n'est nécessaire. Il en va ainsi parce que les efforts concertés de l'acheteur et du fournisseur au chapitre de l'assurance de la qualité ont permis d'atteindre un niveau de qualité exceptionnel qu'attestent des documents fiables établis par le fournisseur.

Cependant, lorsqu'on fait l'essai de nouveaux fournisseurs, on doit accorder une attention toute particulière à leurs produits ou à leurs services jusqu'à ce que leur fiabilité ne laisse aucun doute. D'autre part, il arrive que, chez un fournisseur de longue date, les méthodes de production changent, que sa compétence s'amenuise, que ses travailleurs deviennent négligents et commettent des erreurs, ou même qu'il tente de réduire ses coûts de production à un point tel que la qualité en souffre. Pour ces raisons et d'autres encore, un acheteur serait mal avisé de se désintéresser des méthodes ou des procédures d'inspection. En effet, rien ne sert de dépenser temps et argent pour établir des spécifications adéquates si on ne prend aucune mesure pour vérifier que les articles obtenus des fournisseurs les respectent.

La fréquence, la nature et l'étendue des contrôles effectués varient selon les circonstances. En dernière analyse, on les détermine en comparant les coûts.

Le fournisseur et l'acheteur doivent s'entendre sur le protocole d'échantillonnage et la nature du test à réaliser. De cette façon, ils devraient en arriver aux mêmes résultats, peu importe qui d'entre eux effectue l'essai. Bien que le contrôle de la qualité s'avère, dans certains cas, plus poussé chez l'acheteur que chez le fournisseur ou, vice versa, les deux parties y gagnent à collaborer sur ce point.

Il arrive que ni l'acheteur ni le fournisseur ne puisse réaliser lui-même l'inspection en raison de sa complexité ou de son coût. En pareil cas, il peut être intéressant de faire appel aux services d'un laboratoire d'essai commercial, en particulier lorsqu'un nouveau procédé ou de nouvelles matières sont en cause ou qu'on a besoin d'aide pour établir des spécifications. En outre, les résultats obtenus d'un organisme indépendant peuvent être jugés plus crédibles.

L'assurance et le contrôle de la qualité

Un groupe d'assurance de la qualité n'a pas pour seule tâche d'inspecter les marchandises à leur arrivée ou de surveiller la production faite sur place. Ainsi, il joue manifestement un rôle clé dans la certification des fournisseurs. De plus, il peut entreprendre des études se rapportant aux matières et vérifier, sur demande, les échantillons obtenus des fournisseurs. D'autre part, on le charge fréquemment d'enquêter sur les réclamations et les erreurs relatives aux intrants et aux extrants, ou aux produits finis. On peut aussi lui demander de s'intéresser aux rebuts et de formuler des recommandations sur la manière de s'en débarrasser. Ses responsabilités peuvent également inclure l'assurance de la qualité et tous les efforts qui s'y rattachent, dans le but d'aider les fournisseurs et ceux qui les approvisionnent à élaborer, à mettre en place et à gérer des programmes d'amélioration continue de la qualité.

Les méthodes d'inspection   Des méthodes d'inspection appropriées se révèlent encore plus nécessaires, compte tenu de l'intérêt marqué qu'on porte actuellement à la qualité pour diverses raisons (satisfaction des clients, coûts, compétitivité, moral du personnel et exigences techniques).

Au cours des 30 dernières années, des programmes zéro-défaut de divers types ont vu le jour. Les premiers furent adoptés dans le secteur de la défense et de l'aérospatiale où toute défaillance d'une pièce peut entraîner des conséquences catastrophiques. La manière dont on envisage actuellement la qualité accentue l'importance de l'élimination des défauts en tant qu'objectif que les acheteurs et les fournisseurs gagnent tous deux à atteindre. Si une entreprise pouvait avoir la certitude que tout ce qu'elle obtient d'un fournisseur ne présente aucun défaut, elle n'aurait plus à commander une quantité supérieure à celle dont elle a besoin ni à effectuer une inspection additionnelle. Elle pourrait en outre utiliser immédiatement les matières ou les pièces acquises. De plus, elle serait en mesure d'accorder toute son attention à ses propres biens ou services pour s'assurer qu'ils respectent les normes de qualité visées. Les gestionnaires doivent cependant déployer des efforts considérables pour arriver à cette situation idéale. Il ne faut pas sous-estimer l'importance du rôle que joue le service des achats en s'efforçant d'obtenir la coopération des fournisseurs pour parvenir à atteindre l'objectif du zéro-défaut.

Toute inspection s'avère coûteuse. Elle n'augmente en rien la valeur des articles de qualité acceptable. De plus, elle engendre un délai, des coûts additionnels et la possibilité d'une erreur ou de dommages causés lors de la manutention. Il est ainsi préférable de bien faire les choses du premier coup plutôt que d'effectuer ultérieurement une inspection pour séparer les pièces acceptables de celles qui ne le sont pas, ce qui entraîne un gaspillage.

Le contrôle statistique du processus   Lorsqu'un procédé comporte des opérations répétitives, une carte de contrôle de la qualité s'avère une aide précieuse, car elle permet de mesurer la production en suivant l'évolution de la moyenne et de la dispersion. On utilise ainsi une carte de contrôle $\overline{X}$ pour établir la moyenne des données et une carte R pour en connaître la dispersion.

Le docteur W. Edwards Deming, célèbre spécialiste américain du contrôle de la qualité, a aidé les fabricants japonais à instaurer un système de contrôle statistique de la qualité. Il a démontré que la plupart des machines ont tendance à se comporter selon des règles statistiques, et qu'on doit comprendre leur fonctionnement en l'absence de toute intervention des opérateurs pour pouvoir instituer des mesures de contrôle. On peut alors établir des limites inférieure et supérieure de contrôle pour qu'un opérateur n'ait à intervenir que si le déroulement du processus ou le fonctionnement de la machine s'écarte des paramètres désirés. Il importe, par exemple, que des boîtes ayant été remplies automatiquement par une machine ne présentent pas un poids trop inférieur ou trop supérieur à l'idéal recherché. On prélèverait donc au hasard des échantillons de quatre boîtes ou plus pour en indiquer le poids sur une carte de contrôle (chaque échantillon comportant un même nombre de boîtes). Si la moyenne ou l'étendue des valeurs recueillies dépassait les limites acceptables, on interromprait alors la production et on prendrait les mesures nécessaires pour déterminer la cause de cette variation afin de pouvoir y remédier.

Basée sur les techniques de l'échantillonnage aléatoire, la carte de contrôle convient à la plupart des processus de fabrication qui engendrent une production importante et elle est appropriée lorsqu'il est inutile de vérifier chaque article obtenu.

L'inspection à 100 %   Il existe essentiellement deux types de contrôles de la qualité auxquels on peut soumettre la production, soit l'inspection à 100 % et l'échantillonnage.

On croit traditionnellement qu'un contrôle à 100 % représente la meilleure méthode d'inspection à utiliser. Les faits démontrent néanmoins qu'un contrôle à 100 % donne rarement pleine satisfaction pour ce qui est de séparer les unités acceptables de celles qui ne le sont pas, ou de fournir une mesure adéquate des variables en cause. Selon la gravité de l'erreur commise, le rejet d'une pièce en parfait état peut s'avérer plus admissible que l'acceptation d'une unité défectueuse. Dans certains cas, la réalisation d'un contrôle aussi poussé se traduit par une augmentation substantielle du coût des pièces.

Un contrôle à 100 % n'est pas approprié lorsqu'on procède à un test destructif. Par ailleurs, il présente souvent un coût élevé. De plus, il est rare qu'on puisse s'y fier totalement en raison de l'ennui ou de la fatigue qu'il engendre chez les travailleurs, ou du caractère inadéquat des installations ou des méthodes utilisées. Il est donc peu fréquent qu'on y recoure pour vérifier une production de grande ampleur.

L'échantillonnage   Mise à part la vérification de chaque article, il existe une autre méthode de contrôle, soit l'échantillonnage. La manière dont on prélève un échantillon varie selon le produit et le processus en cause. Cependant, le but recherché est de toujours obtenir un échantillon représentatif de l'ensemble de la population à vérifier. Au nombre des méthodes couramment utilisées figure l'échantillonnage aléatoire, ou probabiliste.

Selon les statisticiens, la règle générale à observer lorsqu'on prélève un échantillon aléatoire est d'adopter une méthode de sélection qui confère à chaque unité du produit à vérifier une chance égale d'être choisie.

Les caractéristiques du produit à vérifier déterminent le mode de prélèvement d'un échantillon aléatoire. Si elles permettent de mêler à loisir tous les articles reçus en un même envoi, le prélèvement d'une portion quelconque de l'ensemble des unités mélangées fournit un échantillon aléatoire valable. Par exemple, si on mélange 1 000 billes supposément identiques et que 5 des 50 unités d'un échantillon aléatoire qu'on tire se révèlent défectueuses, il est probable qu'environ 10 % de cet envoi présentera une anomalie.

Si les caractéristiques d'un produit sont telles qu'il est difficile ou impossible de bien mélanger toutes les unités, on peut attribuer un numéro consécutif à chacune de ces dernières. Il suffit ensuite d'employer des tables de nombres au hasard ou un logiciel standard pour obtenir un échantillon à examiner en détail.

Les courbes d'efficacité   On utilise une courbe d'efficacité pour savoir dans quelle mesure un plan d'échantillonnage permet de distinguer les unités acceptables de celles qui ne le sont pas. Dans le secteur de l'approvisionnement, tout acheteur doit établir la probabilité que des biens ne présentant pas le niveau de qualité minimal indiqué soient acceptés; celle-ci constitue le risque du client, qu'on représente par un pourcentage (β). On reconnaît également un risque parallèle (α), celui que court le producteur de voir ses articles rejetés à l'usine alors qu'ils sont acceptables (*voir la figure 4.6*).

Dans l'exemple présenté, l'acheteur et le producteur doivent choisir un plan d'échantillonnage qui donne lieu à l'arbitrage approprié entre le risque, l'exactitude et le coût d'inspection. D'ordinaire, à mesure qu'on accroît le nombre des échantillons prélevés, le niveau de précision augmente, et les coûts du contrôle également. Lorsqu'on sélectionne un plan d'échantillonnage, on doit en théorie faire la part des choses entre son coût et les pertes qu'on subirait en ne contrôlant aucun échantillon. Malheureusement, il s'avère en général plus facile de déterminer le coût d'un échantillonnage que les pertes qu'entraînerait l'absence de ce contrôle.

L'échantillonnage progressif   Il est possible de réduire le nombre des articles à examiner sans compromettre l'exactitude des décisions de rejet ou d'acceptation, en recourant à l'échantillonnage progressif. Ce dernier repose sur l'effet cumulatif des renseignements qu'on tire du contrôle de chaque unité additionnelle de l'échantillon. Après l'examen de tout article de l'échantillon, on peut décider d'accepter ou de rejeter le lot, ou de vérifier une unité additionnelle. Wald, un des pionniers de l'échantillonnage progressif, a calculé que son plan permettait l'emploi d'échantillons deux fois moindres que ceux requis par un plan d'échantillonnage simple.

Les programmes informatiques de contrôle   Les programmes informatiques de contrôle de la qualité ne manquent pas sur le marché. Ils permettent d'éviter des calculs fastidieux et présentent une gamme étendue d'applications. Tous les fabricants d'ordinateurs ainsi que de nombreuses entreprises de services offrent ces programmes à leurs clients. Les logiciels courants peuvent, entre autres, choisir le plan d'échantillonnage,

FIGURE 4.6 Courbe d'efficacité pour NQA = 0,02 ; α = 0,05 ;
NQT = 0,08 et β = 0,10

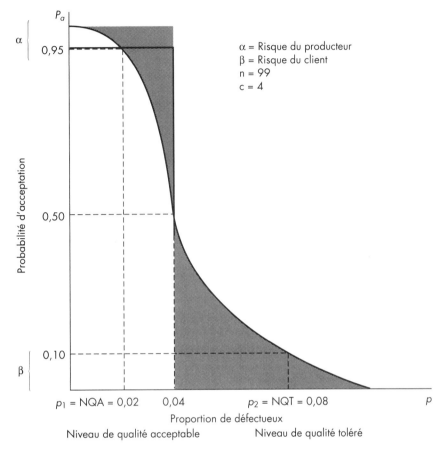

α = Risque du producteur
β = Risque du client
n = 99
c = 4

SOURCE: Jean NOLLET, Joseph KÉLADA et Mattio O. DIORIO, *La gestion des opérations et de la production. Une approche systémique*, Boucherville, Gaëtan Morin Éditeur, 1986, p. 658.

effectuer les calculs statistiques et produire les histogrammes se rapportant à l'échantillon, procéder à une sélection aléatoire des pièces, tracer les courbes d'efficacité et déterminer les limites de confiance.

Questions de révision et de discussion

1. Pourquoi devrait-on certifier les fournisseurs ?

2. En quoi consiste le meilleur achat ?

3. Comment peut-on appliquer une philosophie visant la qualité au service de l'approvisionnement?

4. Quels sont les divers coûts liés à la qualité et pourquoi est-il difficile de déterminer l'ampleur de certains d'entre eux?

5. Pourquoi un acheteur devrait-il connaître les outils mathématiques utilisés pour le contrôle de la qualité et l'inspection?

6. Quels sont les attraits que présente un échantillonnage progressif?

7. Quelles tâches le service de l'inspection devrait-il remplir?

8. Quels avantages procure le recours à des spécifications fonctionnelles?

9. Pourquoi Deming accorde-t-il autant d'importance à l'utilisation d'une source d'approvisionnement unique?

10. Pour quelle raison un acheteur devrait-il se préoccuper de la fonction?

Références

COOK, Brian M., «In Search of Six Sigma: 99.997 % Defect-Free», *Industry Week*, 1er octobre 1990.

CROSBY, Philip B., *Quality Without Tears: The Art of Hassle Free Management*, New York, McGraw-Hill, 1984.

DEMING, W.E., *Out of the Crisis*, Boston, MIT, 1987.

EMSHWILLER, John R., «Suppliers Struggle to Improve Quality As Big Firms Slash Their Vendor Rolls», *The Wall Street Journal*, 16 août 1991.

GUASPARI, John, *The Customer Connection: Quality for the Rest of Us*, New York, AMA, 1988.

GUASPARI, John, *I Know It When I See It*, New York, AMA, 1985.

KNAPPENBEYER, John F., Michael BABINEAUX et Charles A. AUBREY II, «The Quality Challenge», *NAPM Insights*, avril 1991.

LEIGH, Thomas W. et Arno J. RETHANS, «User Participation and Influence in Industrial Buying», *Journal of Purchasing and Materials Management*, été 1985.

Malcolm Baldrige National Quality Award, United States Department of Commerce, National Institute of Standards and Technology, géré par l'American Society for Quality Control.

MERLI, Giorgio, *Co-makership: The New Supply Strategy For Manufacturers*, Cambridge (Mass.), Productivity Press, 1991.

NAPOLEON, Landon J., «Supplier Certification: Where Are We Headed?», *NAPM Insights*, novembre 1991.

SCHONBERGER, Richard J., *World Class Manufacturing: The Lessons of Simplicity Applied*, New York, Free Press, 1986.

SEMATECH, *Partnering for Total Quality*, vol. 1 à 6, Austin, 1991.

TAYLOR III, Alex, «Why Toyota Keeps Getting Better and Better and Better», *Fortune*, 19 novembre 1990.

TRELEVEN, Mark, «Single Sourcing: A Management Tool for the Quality Supplier», *Journal of Purchasing and Materials Management*, printemps 1987.

5 Les éléments liés à la quantité

Plan

Questions clés du décideur

Devrait-on:

• modifier la manière d'établir des prévisions?

• mettre sur pied un système d'approvisionnement zéro-stock?

• acquérir les articles de catégorie A de manière différente?

Comment peut-on:

• améliorer la gestion des stocks?

• obtenir la coopération des fournisseurs dans le cadre d'un système de production juste-à-temps?

• prendre de meilleures décisions concernant la taille des lots?

Pour améliorer sans cesse la qualité, satisfaire les clients, les employés de même que les fournisseurs et demeurer concurrentiel à l'échelle mondiale, il faut consacrer beaucoup d'énergie aux activités touchant la productivité et la valeur ajoutée. Ces objectifs déterminent l'attitude des dirigeants d'entreprise en matière de qualité et de quantité, et influent ainsi considérablement sur le processus d'acquisition. Au chapitre de la quantité, les signes les plus probants de ce phénomène sont la réduction des stocks et la tendance à accroître la fréquence des livraisons tout en diminuant l'ampleur de chaque envoi. En découlent aussi les efforts se rapportant à la réduction du délai de mise en route, au juste-à-temps, aux systèmes d'approvisionnement zéro-stock, à la diminution du coût de commande et à l'échange de documents informatisés.

Logiquement, on s'interroge sur la **quantité** à acquérir après avoir déterminé la **nature** de ce qui est requis. De prime abord, on pourrait croire qu'il suffit d'en acheter autant qu'il en faut. Toutefois, plusieurs éléments compliquent la détermination de la quantité à acquérir. Premièrement, les gestionnaires doivent prendre la décision d'acheter avant (et parfois même très longtemps avant) de connaître les besoins réels. Il leur faut par conséquent s'en remettre à des prévisions qui se rapportent non seulement à la demande future, mais aussi aux délais d'obtention, aux prix et aux autres coûts. Deuxièmement, le passage de commandes, la détention de stocks et le manque d'articles ou de matières entraînent des coûts. Troisièmement, il arrive qu'on ne puisse obtenir la quantité voulue sans payer un prix ou des frais de livraison plus élevés. Quatrièmement, certains fournisseurs réduisent leur prix lorsqu'on achète en plus grande quantité. Enfin, toute pénurie peut avoir des conséquences graves.

5.1 LA CLASSIFICATION DES ACHATS

Il existe diverses méthodes de classification qui facilitent la gestion des stocks et la prise de décisions ayant trait à la quantité. On peut, par exemple, établir une distinction entre les différents types de besoins tels que les produits énergétiques, les matières premières, les pièces et les sous-ensembles, les fournitures d'entretien, de réparation et d'opérations (ERO), les articles destinés à la revente, les emballages, les services et les outils ou les équipements.

Une autre manière de procéder consiste à classer les articles selon leur fréquence d'achat. Il existe en effet des biens, souvent immobilisés, qu'on acquiert à l'occasion et d'autres qui font l'objet d'achats répétés.

Il est aussi possible de diviser les achats selon qu'ils servent ou non au réapprovisionnement des stocks. Ainsi, le fait que les articles maintenus en stock sont fréquemment renouvelés écarte le risque d'acheter en trop grande quantité, ce qui ne serait pas le cas des achats non répétitifs.

Une quatrième classification repose sur les caractéristiques physiques ou chimiques et la taille des articles acquis. Ces derniers peuvent ainsi présenter une nature solide, liquide ou gazeuse. Il arrive en outre que certains se révèlent plutôt instables, volatils ou périssables (ou même dangereux) et nécessitent, de ce fait, des règles de détermination de la quantité, des conditions d'entreposage et des procédés de manutention qui sont très différents de ceux qu'on adopte pour les matières plus stables ou moins dangereuses. La nature du matériel utilisé pour emballer les articles ainsi que la taille et la forme de l'emballage influent également sur la capacité de l'acheteur de les entreposer, et donc sur la quantité qu'il est souhaitable d'acquérir.

On peut également classer les achats selon le mode de transport utilisé. En effet, l'acheteur peut acquérir en quantité beaucoup plus faible les articles qu'il se charge lui-même de transporter par camion sur une courte distance, contrairement à ceux qu'il doit faire venir de loin par l'intermédiaire d'un transporteur terrestre ou maritime.

Une autre façon de procéder consiste à séparer les articles destinés à des clients de l'extérieur de ceux qui seront utilisés à l'intérieur même de l'entreprise. On parle alors de besoins externes et internes.

Une septième et dernière méthode de classification se fonde sur la valeur monétaire. L'économiste et sociologue italien Vilfredo Pareto observa que, quel que soit le pays étudié, seule une faible proportion de la population détenait la plus grande part de la richesse. Cette découverte mena à l'élaboration de la courbe de Pareto, dont les principes généraux demeurent valables dans de nombreuses situations. Ainsi, dans le domaine de la gestion des matières, on peut habituellement appliquer cette courbe aux articles acquis, au nombre des fournisseurs, aux articles maintenus en stock et à beaucoup d'autres éléments. On fait souvent allusion à la courbe de Pareto en parlant de la règle 80/20 ou, d'une manière encore plus utile, de l'analyse ABC, laquelle donne lieu à la répartition des achats en trois catégories:

Catégorie d'articles	Pourcentage du total des articles achetés	Pourcentage de la valeur totale des achats
A	10	70-80
B	10-20	10-15
C	70-80	10-20

Il arrive que ces proportions varient d'une entreprise à l'autre et que certaines organisations établissent un plus grand nombre de catégories. Le principe de la séparation revêt beaucoup d'importance en gestion des matières, car il permet aux dirigeants de concentrer leurs efforts dans les secteurs où ils rapportent le plus.

On peut s'attendre à ce qu'une semblable analyse des fournisseurs ou des stocks d'une entreprise révèle qu'une proportion tout aussi importante de la valeur totale se rattache à un petit nombre de sources d'approvisionnement ou d'articles.

Le volume des achats résulte de la combinaison du prix unitaire et du nombre d'unités acquises. Par conséquent, on ne peut inclure un article dans la catégorie A simplement parce que son prix est élevé ou parce qu'on s'en procure en grand nombre. Il importe en effet de calculer la valeur de la quantité achetée annuellement. La classification en trois catégories qu'on obtient alors représente un bon point de départ.

Catégorie	Valeur unitaire	Valeur annuelle
A	Élevée	Élevée
A	Élevée	Moyenne
A	Moyenne	Élevée
B	Élevée	Faible
B	Moyenne	Moyenne
B	Faible	Élevée
C	Moyenne	Faible
C	Faible	Moyenne
C	Faible	Faible

De quelle façon un gestionnaire de l'approvisionnement ou des matières peut-il utiliser une telle classification? Il sera profitable de consacrer plus d'énergie aux articles des catégories A et B plutôt qu'à ceux de la catégorie C. Étant donné qu'on attache en général une même importance à un approvisionnement garanti pour tous ces articles, il est courant de gérer ceux de la catégorie C en maintenant des stocks, en satisfaisant tout un éventail de besoins auprès de quelques fournisseurs ou même d'un seul, en concluant des ententes d'achat zéro-stock ou des contrats globaux, et en ne procédant qu'à une révision occasionnelle de la quantité en stock. Ces divers moyens permettent de réduire la paperasse et les efforts de gestion (pour la plupart des articles en cause) sans sacrifier la qualité du service.

Par ailleurs, les articles de catégorie A s'avèrent importants tout particulièrement du point de vue financier. C'est pourquoi, toute autre considération exclue, on n'en garde d'ordinaire qu'une petite quantité en stock et on les commande fréquemment, en plus de vérifier régulièrement les quantités. Quant aux articles de la catégorie intermédiaire B, ils se prêtent très bien à une approche systématique, qui consiste à les réévaluer moins souvent que ceux de la catégorie A. Il faut noter que certains articles des catégories B ou C peuvent exiger une aussi grande attention que ceux de la catégorie A en raison de leur nature spéciale, de leur caractère périssable ou d'autres particularités.

5.2 LES PRÉVISIONS

Les prévisions jouent incontestablement un rôle clé dans la gestion des matières. En effet, on ne peut prendre de bonnes décisions sans établir de prévisions concernant l'utilisation, l'offre, les conditions du marché, la technologie et les prix. Le but visé est d'assurer les besoins futurs, ce qui soulève certaines questions. À qui doit-on confier la tâche de prévoir l'utilisation future ? Le groupe de gestion des matières doit-il remettre en cause les prévisions du service des ventes, du service de la production ou des utilisateurs ? Doit-on exiger des fournisseurs qu'ils respectent les prévisions ou qu'ils répondent aux besoins réels ? Faut-il évaluer le directeur de l'approvisionnement en fonction de la satisfaction des besoins réels ou des prévisions ?

Dans la plupart des entreprises de fabrication, on détermine généralement les besoins en matières premières, en pièces et en sous-ensembles à partir de prévisions que le service du marketing a la responsabilité d'établir. Dans les entreprises de services et les organismes publics, par contre, la fonction matières effectue souvent à la fois l'apport de prévisions et l'acquisition des articles requis. D'autre part, dans le secteur de la revente, l'acheteur peut avoir à déterminer le volume de ventes prévu (en y incluant les produits saisonniers vendus à prix réduit) et à prendre des engagements d'achat en tenant compte des saisons. Quelle que soit la situation, on ne tarde guère à oublier les prévisions inexactes, mais on se souvient longtemps de tout surplus ou pénurie d'importance. Or, on blâme souvent les gestionnaires des matières pour ces surplus ou ces pénuries, sans tenir compte de l'origine des prévisions initiales ou de leur manque de précision.

Par leur nature même, les prévisions manquent de fiabilité. Elles se révèlent le plus souvent inexactes, et la question est de savoir si on a sous-estimé ou surestimé les besoins réels, et dans quelle mesure.

Un fournisseur peut penser qu'un écart considérable entre les prévisions et les besoins réels constitue une stratégie délibérée au chapitre de l'approvisionnement. Ainsi, advenant que la demande n'atteigne pas le niveau prévu, il pourrait soupçonner l'acheteur d'avoir établi ses prévisions initiales dans le but d'obtenir un prix avantageux ou d'autres concessions. Par contre, si la demande excède le niveau prévu, ce même fournisseur risque de voir ses coûts augmenter à cause des heures supplémentaires, d'un approvisionnement à la hâte et de la modification de ses calendriers de production. Il importe donc que les acheteurs fassent régulièrement part du degré d'incertitude de leurs prévisions à leurs fournisseurs pour que ces derniers puissent en tenir compte lorsqu'ils soumettent des prix. Un tel partage d'information s'avère évidemment impossible si les acheteurs ne connaissent pas eux-mêmes ce degré d'incertitude et ses conséquences possibles pour les fournisseurs. La figure 5.1 offre un exemple du degré d'incertitude des prévisions. Il convient également de mettre les prévisions à jour régulièrement.

Il existe plusieurs méthodes de prévision et de nombreux ouvrages qui les décrivent. C'est pourquoi nous nous contenterons d'en présenter quelques-unes brièvement, sans entrer dans les détails.

FIGURE 5.1   Degré d'incertitude des prévisions

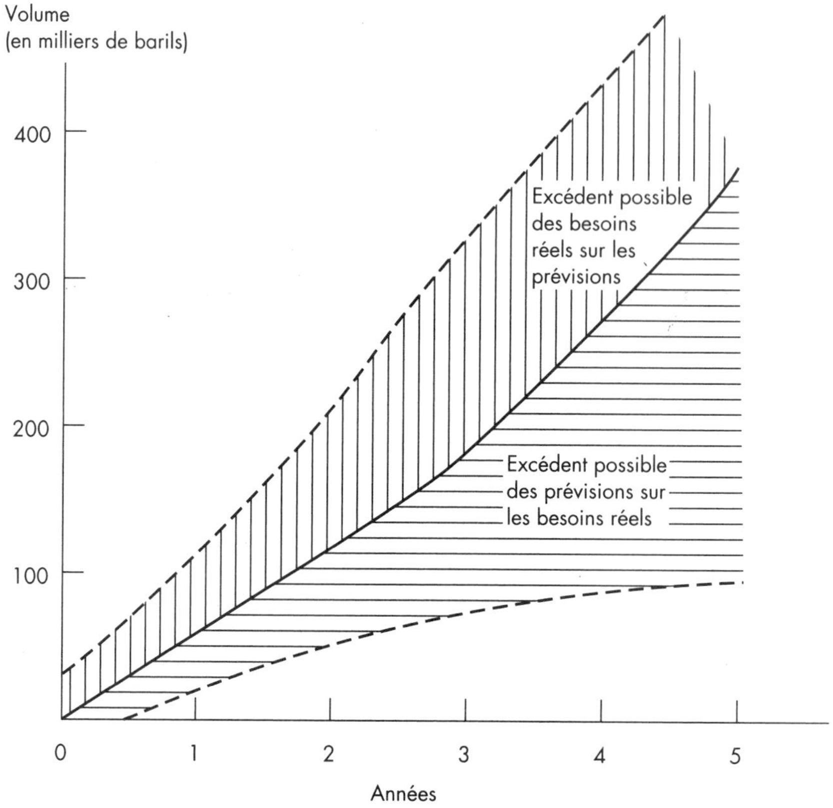

Parmi les méthodes les plus répandues figurent celles de nature qualitative, où l'on se fie, dans une certaine mesure, aux prévisions obtenues à partir de l'opinion de diverses personnes. Les prévisions de la demande reposant sur des estimations fournies, entre autres, par le personnel des ventes et les directeurs des ventes de différents territoires constituent une application possible de cette approche. Il arrive également que les prévisions des ventes proviennent des échelons supérieurs de l'organisation. La méthode Delphi permet d'établir ces prévisions d'une manière structurée. Les prévisions fondées sur une opinion collective, sans être aussi rigoureuses que celles qui découlent de méthodes quantitatives, ne sont pas nécessairement moins exactes; en effet, les personnes qui connaissent très bien le marché font souvent preuve d'une «intuition» qui, bien que difficile à définir, donne de bons résultats.

Les méthodes de prévision quantitatives tentent de prévoir l'avenir en fonction de données passées. Certaines d'entre elles ont pour but de reconnaître les principaux indicateurs à partir desquels on élabore des modèles

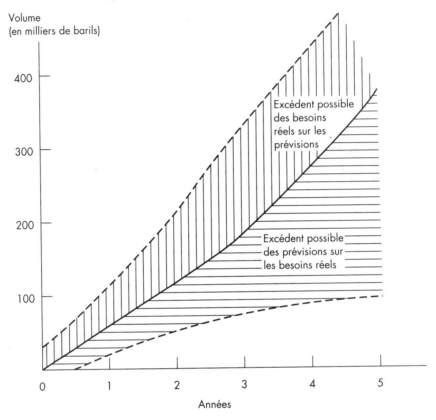

de régression linéaire ou multiple. Un fabricant de tapis peut ainsi s'efforcer de prévoir le volume de ses ventes en considérant le nombre de permis de construction émis, le taux des prêts hypothécaires, le taux d'inoccupation et d'autres éléments du même type. Il pourrait alors obtenir le modèle suivant :

Ventes de tapis au cours du prochain mois	= A + B	Nombre de permis de construction émis le mois précédent	+ C	Nombre de permis émis il y a deux mois

	+ D	Taux des prêts hypothécaires	+ E	Taux d'inoccupation	+ F	Ventes de tapis le mois précédent

où les éléments A à F représentent les constantes de régression. On croit en général que les indicateurs retenus font varier les ventes, bien que les bons modèles mêmes ne prouvent aucunement l'existence d'une relation de cause à effet.

Une autre catégorie de méthodes de prévision quantitatives repose sur l'hypothèse que les ventes (ou tout autre élément à prévoir) varient selon une allure récurrente. Ainsi, lorsque l'analyste a recours à des séries chronologiques, sa tâche consiste à en reconnaître l'allure pour ensuite établir des prévisions. Six aspects de l'allure (présentés à la figure 5.2) revêtent de l'importance, soit la valeur constante, la tendance, les variations

FIGURE 5.2   Représentation de certains termes liés aux prévisions

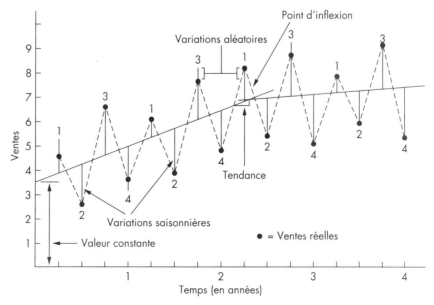

saisonnières, les autres variations cycliques, les variations aléatoires et les points d'inflexion.

□□□□□
5.3 LES STOCKS

De nombreux achats sont réalisés pour des articles qu'on se procure souvent et qu'on garde fréquemment en stock. De ce fait, la politique adoptée au chapitre des stocks influe considérablement sur les décisions relatives à la quantité à acheter. La quantité à commander et celle à garder en stock représentent ainsi deux éléments clés ; les décisions qui y sont liées doivent faire l'objet d'un examen visant une amélioration continue, au même titre que l'attention accordée à la qualité et à la satisfaction des clients, des employés ainsi que des fournisseurs.

Lorsqu'on décide de la quantité à stocker ou à commander, il importe de comprendre la raison d'être des stocks de même que les arbitrages qu'entraînent les différents choix possibles. La gestion des stocks s'avère encore plus complexe du fait que l'environnement dans lequel on procède à la planification des stocks et des achats évolue rapidement. Les stocks semblent toujours trop élevés, d'un type inapproprié ou au mauvais endroit.

On a élaboré diverses méthodes pour réduire l'ampleur des stocks en raison du coût élevé qu'entraîne leur possession. Les fabricants japonais ont ouvert la voie en cette matière dans les industries de production en série. Leurs fournisseurs, souvent établis tout près des installations de production qu'ils desservent, livrent les articles requis directement au lieu d'utilisation dans l'usine, et ce à intervalles très rapprochés. L'emploi de la technique Kanban et d'autres méthodes de gestion des stocks fondées sur le juste-à-temps ont révolutionné la manière d'envisager tous les types de stocks dans le secteur de la fabrication. Il est néanmoins utile de connaître la nature et les coûts des divers stocks pour être à même de définir les politiques et les procédures qui répondent aux besoins particuliers d'une entreprise. De plus en plus d'entreprises nord-américaines comptent désormais sur un système de planification des besoins-matières, lequel a lui aussi pour but de réduire les stocks, grâce à une information exacte et opportune reposant sur les besoins des utilisateurs, une coordination totale de tous les services et un strict respect des procédures établies.

À l'instar des achats, on peut classer les stocks de diverses manières, entre autres selon l'analyse ABC (*voir la figure 5.3*), la nature des articles ou leur fréquence d'utilisation. Les ordinateurs et les systèmes de traitement de texte permettent d'automatiser dans une large mesure la gestion

FIGURE 5.3 Classification des stocks selon la méthode ABC

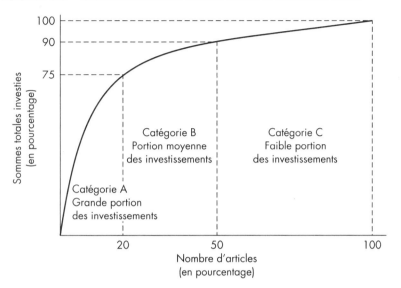

des achats et des stocks. On peut ainsi améliorer le contrôle de chaque article et consacrer plus de temps aux négociations, à l'analyse des coûts, à la recherche et aux autres tâches de gestion qu'il faut accomplir pour s'occuper efficacement des articles de catégorie A et B.

Les coûts liés aux stocks

En gardant des stocks, on vise plusieurs buts dont:
- assurer et maintenir un bon service à la clientèle;
- régulariser le flux des matières à l'intérieur du processus de production;
- bénéficier d'une protection contre les incertitudes en ce qui a trait à l'offre et à la demande;
- faire une utilisation raisonnable des ressources humaines et du matériel.

Les coûts qu'engendre tout article gardé en stock doivent être moindres que ceux qu'il faut assumer lorsqu'on ne détient pas cet article. Il s'agit là de la seule raison d'être des stocks. Bien que réels, les coûts qu'entraînent les stocks se révèlent souvent difficiles à quantifier avec précision. Voici d'ailleurs une description des principaux types de coûts liés aux stocks.

Le coût de stockage, de détention ou de possession Ce coût englobe les frais de manutention, le coût des installations de stockage ou les frais de location d'un entrepôt, le coût du matériel servant à la manutention des stocks, les frais d'entreposage, de main-d'œuvre et d'exploitation, les primes d'assurance, les pertes résultant du bris, du vol et de la désuétude, les taxes de même que la valeur des investissements ou coût de renonciation. Bref, il inclut tous les coûts qu'on assume en choisissant de posséder un stock.

Le coût de commande ou d'achat   Ce coût comprend les frais de gestion, de matériel, de téléphone, de poste, de comptabilité et de transport de même que les coûts d'inspection et de réception inhérents à une commande d'achat ou à un bon de fabrication. Par contre, on peut réaliser des économies en ne passant pas une commande ou en la combinant avec une autre grâce aux systèmes d'échange de documents informatisés ou d'accès direct aux fournisseurs; ainsi, on réduit considérablement le coût de commande ou d'achat, tout en raccourcissant le délai d'obtention.

Les frais de mise en route   On appelle ainsi les frais encourus pour mettre au point l'équipement servant à la production d'une série. Ces coûts peuvent être considérables. Ils s'expliquent par des éléments liés à l'apprentissage tels qu'une proportion de défauts élevée et un faible volume de production, jusqu'à ce que les taux standard soient atteints. Ils découlent aussi d'éléments tels que le salaire des employés et les autres coûts liés à la préparation, les pannes, les temps d'arrêt des machines, l'usure additionnelle des outils ainsi que les pièces (et le matériel) endommagées durant la mise en route. On doit accorder de l'importance aux frais de mise en route de l'acheteur aussi bien qu'à ceux du fournisseur. Il convient de noter que toute réduction des coûts ou du temps de mise en route permet de diminuer la taille des séries produites et, par le fait même, celle des quantités à commander.

Le coût de pénurie   Il s'agit là de l'ensemble des coûts assumés lorsqu'on ne dispose pas des pièces ou des matières requises au bon moment et à l'endroit voulu. S'y rattachent la valeur des ventes perdues (dans l'immédiat et le futur), le coût de la mise en route rendue nécessaire par la pénurie, les coûts résultant de la substitution de pièces ou de matières moins appropriées ou plus dispendieuses, les frais de relance et de modification des calendriers, les coûts liés aux temps improductifs de la main-d'œuvre et des machines, et ainsi de suite. En outre, les pénuries influent souvent de manière négative sur les relations avec les clients et les utilisateurs, et elles peuvent obliger à verser des amendes. Leurs effets sur les clients varient. Cependant, une pénurie entraîne généralement des coûts substantiels et bien plus élevés que le coût de possession d'un stock.

Les coûts liés aux variations de prix   Les fournisseurs diminuent souvent le prix et les frais de transport lorsqu'on achète en grande quantité. Cependant, les achats en grande quantité engendrent parfois des coûts de détention assez considérables. Le chapitre 7 traitera plus en détail du problème des remises de prix.

★ ★ ★ ★

Plusieurs des coûts liés aux stocks peuvent s'avérer difficiles à reconnaître et à mesurer. On peut essayer de définir les coûts attribuables à certains articles en particulier, pour ensuite utiliser ces informations lors de la prise de décisions. En effet, les coûts ainsi déterminés seront en général applicables à une plus vaste gamme d'articles. Une autre façon de procéder consiste à prévoir la manière dont une modification importante du système de gestion des stocks influera sur les divers centres de coûts. On peut ainsi se demander quel sera l'effet sur les stocks d'un changement en faveur de contrats globaux pour l'achat de la moitié des articles de catégorie C. Pareillement, on peut s'interroger sur la manière dont un système de juste-à-temps ferait varier le prix et les coûts de détention, de commande et de pénurie. Comme la plupart des modèles de gestion des stocks reposent sur l'atteinte d'un équilibre entre les coûts de possession, de commande et de pénurie en vue d'obtenir la quantité optimale à commander et à garder en stock, il faut attribuer de l'importance à la qualité et à la disponibilité de l'information se rapportant à ces coûts.

Les fonctions des stocks

Mise de l'avant par le professeur Britney de la University of Western Ontario, la classification des stocks présentée ci-après repose sur leur fonction et donne un aperçu des rôles multiples qu'ils jouent.

Les stocks de transit   Les stocks de transit servent à alimenter les réseaux d'approvisionnement et de distribution qui relient une entreprise à ses fournisseurs et à ses clients, de même que les divers points de son réseau de transport interne. Leur existence s'explique par la nécessité de déplacer les matières d'un lieu à un autre. L'ampleur de ces stocks dépend bien sûr de leur emplacement et du mode de transport utilisé. Ainsi, advenant qu'on décide de traiter avec un fournisseur éloigné qui expédiera les biens par train, il est probable qu'on aura besoin d'un stock de transit de matières premières beaucoup plus considérable que si on achetait d'un fournisseur local qui livre par camion. L'ampleur des stocks de transit de produits en cours de fabrication varie, quant à elle, selon le processus utilisé et l'aménagement de l'usine. D'autre part, les politiques de marketing et les moyens de distribution adoptés déterminent l'ampleur des stocks de transit de produits finis. Parmi les politiques qui influent sur les stocks de matières premières et de produits finis, on trouve celle qui définit le moment où survient le transfert de propriété des matières ou des produits en cause.

Une décision se rapportant aux stocks de transit peut très bien s'appliquer aux stocks qui remplissent une autre fonction. Ainsi, dans le cas d'une grève imminente des employés des chemins de fer, on accroîtra les stocks d'anticipation. De même, si les délais d'obtention fluctuent considérablement, il conviendra peut-être d'augmenter l'ampleur des stocks tampons.

Lorsqu'on applique la méthode de production juste-à-temps, on emploie divers moyens pour réduire les stocks de transit, dont le recours à des fournisseurs locaux, l'utilisation de lots de petite taille dans des contenants spéciaux et l'usage de camions conçus pour le chargement latéral de faibles quantités.

Les stocks cycliques   La décision prise par la direction d'acheter, de produire ou de vendre en lots et non à l'unité ou de manière continue explique l'existence de ces stocks. On les accumule en divers points des systèmes opérationnels. Dans un contexte de juste-à-temps, les stocks de ce genre deviennent moins nécessaires par suite de la réduction des frais et du temps de mise en route.

Les stocks de sécurité   On accumule des stocks de sécurité en raison du caractère incertain de l'offre ou de la demande. Ainsi, les stocks de sécurité de matières premières, de pièces acquises ou de fournitures ERO offrent une certaine protection contre les aléas susceptibles d'influer sur le rendement des fournisseurs, tels les fermetures d'entreprises, les grèves, les variations du délai d'approvisionnement, les retards de livraison chez le fournisseur ou l'acheteur et la qualité inacceptable de certaines unités. Les stocks de sécurité de produits en cours permettent, quant à eux, de faire face aux pannes, à l'absence d'employés pour cause de maladie et ainsi de suite. Les stocks de sécurité de produits finis servent, pour leur part, de protection contre les accroissements imprévus de la demande et les aléas de la production. Les efforts déployés pour rendre l'offre moins incertaine peuvent se traduire par des gains substantiels en permettant de réduire les stocks. Parmi les moyens dont peuvent disposer les gestionnaires pour arriver à ce résultat, mentionnons le recours à des sources d'approvisionnement locales, la diminution du niveau d'incertitude de la demande, le raccourcissement des délais d'obtention, la création d'une capacité excédentaire et la réduction des coûts de pénurie.

Effectuer des achats en prévision de graves pénuries sur le marché entraîne l'accumulation de stocks de sécurité qu'on envisage dans une perspective à plus long terme. L'application d'une telle politique peut nécessiter des sommes considérables de même qu'une révision de la stratégie par la direction générale.

Une autre catégorie de stocks de sécurité résulte d'achats qu'on réalise dans l'éventualité d'une hausse de prix, sans toutefois avoir la certitude qu'elle se produira. En pareille situation, il faut faire un compromis entre assumer des coûts de possession additionnels et éviter un accroissement du coût d'achat. On peut envisager ce compromis de la manière présentée à la figure 5.4. Il est évident qu'on tiendra compte des niveaux d'augmentation intermédiaires et du moment de l'entrée en vigueur des hausses de prix.

Les stocks d'anticipation   On accumule un stock d'anticipation dans le but de répondre à un besoin futur bien déterminé. Ces stocks se distinguent des stocks de sécurité par le risque moindre qu'ils entraînent découlant de la certitude qu'ils seront utiles. Citons, à titre d'exemple, les stocks agricoles (saisonniers) qu'on entrepose au moment de la récolte afin de les traiter plus tard au cours de l'année. Les raisons pour lesquelles on

FIGURE 5.4   Décision d'accumuler ou non un stock de sécurité dans l'éventualité d'une hausse de prix

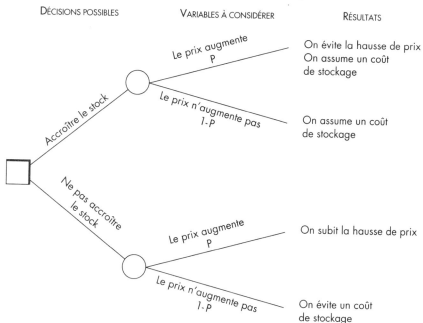

acquiert un stock d'anticipation sont les grèves, les conditions atmosphériques, les pénuries et les hausses de prix annoncées. La décision à prendre est beaucoup plus facile que dans le cas des stocks de sécurité puisque les gestionnaires ont la certitude que les événements en cause se produiront, ce qui rend toute évaluation des probabilités inutile. Malheureusement, il arrive qu'en période de pénurie et de hausse rapide des prix les organisations ne disposent pas des capitaux nécessaires pour accroître leurs stocks d'anticipation autant qu'elles le devraient. En effet, certains organismes publics ayant un budget préétabli ne peuvent alors obtenir l'autorisation et les sommes requises; beaucoup d'entreprises privées dont le fonds de roulement est insuffisant risquent elles aussi de se trouver dans l'incapacité d'accroître leurs stocks d'anticipation.

Les stocks tampons   L'existence d'un stock tampon à chacun des points reliant les principales étapes du processus permet d'effectuer les opérations qui s'y rattachent d'une façon relativement indépendante. On détermine l'ampleur et l'emplacement des stocks tampons de matières premières, de produits en cours et de produits finis en évaluant leurs coûts et les bénéfices qu'ils procurent en rendant les opérations plus adaptables.

La plupart des gestionnaires nord-américains et européens accordent beaucoup d'importance au fait de pouvoir établir leurs calendriers sans tenir compte du comportement de leurs fournisseurs ou de leurs clients à court terme. Cette capacité permet tant à un acheteur qu'à ses fournisseurs d'agir de manière plus flexible et plus indépendante. Elle constitue donc un excellent sujet de négociation; par exemple, nombre de contrats précisent qu'un fournisseur doit conserver un certain stock de produits finis.

★ ★ ★ ★

Lorsqu'on examine les fonctions remplies par les stocks, il apparaît clairement qu'elles découlent de nombreuses décisions et de politiques étroitement reliées. On ne peut distinguer matériellement un type de stock d'un autre par les fonctions qu'ils remplissent. De plus, il est fréquent qu'un même article accomplisse plusieurs fonctions simultanément. Alors à quoi sert de classer les stocks selon leurs fonctions? La réponse à cette question réside dans le fait qu'on ne peut modifier facilement les stocks de chaque catégorie décrite. Certains types de stocks demeurent essentiellement fixes et incontrôlables, alors que d'autres peuvent faire l'objet de modifications. (Tous les stocks sont évidemment contrôlables à long terme.) Compte tenu des politiques d'achat et de marketing appliquées et considérant les stocks cycliques et saisonniers déjà accumulés, une réduction de 20 % de l'ensemble des stocks pourrait éliminer la presque totalité des stocks tampons et de sécurité, ce qui entraînerait des conséquences désastreuses. Pour bien gérer les stocks, il est donc essentiel d'en connaître à fond la nature et les fonctions.

La composition ou la nature des stocks

On peut aussi diviser les stocks selon leur composition ou leur nature ; cette classification est d'ailleurs beaucoup plus courante. En pareil cas, on reconnaît d'ordinaire cinq types de stocks, soit : 1. les stocks de matières premières, de pièces acquises et d'emballages ; 2. les stocks de produits en cours de fabrication ; 3. les stocks de produits finis ; 4. les stocks de fournitures ERO ; 5. les stocks d'articles destinés à la revente. Nous laissons de côté les matières désuètes et les rebuts, bien qu'ils représentent techniquement une autre catégorie de stocks (*voir le chapitre 9 consacré à leur élimination*).

La classification selon la nature et les fonctions

En combinant les cinq fonctions et les cinq types de stocks du secteur secondaire, on obtient les 25 types de stocks dont peut disposer une entreprise. Le tableau 5.1 présente ces différents types de stocks et indique pour chacun certaines des variables qui influent sur les décisions de gestion s'y rapportant. Ces divers types de stocks n'ont pas tous la même ampleur au sein d'une entreprise ; de fait, certains peuvent même y être inexistants.

La gestion des stocks

La manière dont les stocks se comportent résulte directement des diverses politiques et décisions de l'entreprise. Ainsi, les décisions prises par le service utilisateur de même que par le service du marketing, des finances, de la production ou des achats peuvent toutes exercer une influence déterminante sur le niveau des stocks. De même, des politiques de marketing ou d'achat fixes à long terme rendent parfois les stocks de transit de produits finis ainsi que les stocks de transit ou cycliques de matières premières quelque peu inflexibles. Par contre, l'ordonnancement de la production peut accroître considérablement le niveau de flexibilité des stocks tampons de produits en cours. D'autre part, il arrive que des contrats d'approvisionnement à long terme conclus lors d'une baisse de la demande engendrent une accumulation de matières premières. Pour accomplir leur rôle efficacement, les gestionnaires doivent reconnaître le comportement et le degré de flexibilité de chaque type de stocks, tant à court terme qu'à long terme. Ils doivent également coordonner les

TABLEAU 5.1 Types de stocks selon leur nature et leur fonction

Fonction des stocks	Matières premières, pièces achetées et emballages 1	Produits en cours de fabrication 2	Produits finis 3	Fournitures ERO 4	Articles destinés à la revente 5
1. Stocks de transit	Conception du système d'approvisionnement, emplacement des fournisseurs, mode de transport	Aménagement des installations et conception du système de manutention des matières	Choix de l'emplacement de l'usine et conception du système de distribution des produits	Emplacement des fournisseurs, mode de transport, petits envois	Emplacement des entrepôts, distribution, mode de transport
Décisions logistiques					
2. Stocks cycliques (quantité économique à commander, lots)	Quantité à commander, coût de la commande	Taille des lots, mise en route	Frais de distribution, taille des lots	Fabrication de matériel d'origine ou non et quantité à commander	Quantité à commander et coût de la commande
Décisions relatives à la conception des produits et des processus					
3. Stocks de sécurité	Distributions de probabilités des prix, de l'offre, des pénuries et des coûts de possession	Distributions de probabilités de la capacité des machines et des produits	Distributions de probabilités de la demande et des coûts de stockage et de pénurie qui s'y rattachent	Distributions de probabilités des défaillances en cours d'utilisation	Distributions de probabilités de la demande et des coûts de stockage et de pénurie qui s'y rattachent
Décisions relatives au degré de risque et d'incertitude					
4. Stocks d'anticipation (prix, pénurie)	Connaissance du niveau des prix relatifs à l'offre et à la demande futures	Capacité, coûts de production liés, entre autres, à l'embauchage, aux mises à pied, aux transferts, au travail supplémentaire et aux temps d'inactivité de la main-d'œuvre	Variations saisonnières de la demande	Projets de planification de l'entretien	Allures de l'offre et de la demande et niveau des prix
Prix, disponibilité, décisions et degré d'incertitude, capacité saisonnière					
5. Stocks tampons (interdépendance)	Dépendance ou indépendance vis-à-vis du comportement des fournisseurs	Caractère dépendant ou indépendant des opérations de production successives	Dépendance ou indépendance vis-à-vis du comportement du marché	Stocks détenus par le fournisseur ou l'utilisateur	Stocks détenus par le fournisseur ou l'acheteur
Décisions relatives au contrôle de la production					

politiques et les décisions qui émanent de toutes les fonctions. D'ailleurs, les gestionnaires prennent souvent leurs décisions à l'aide de diverses règles empiriques, dont celle du taux de rotation des stocks.

Ce sont les réseaux d'approvisionnement et de distribution qui déterminent l'ampleur des stocks de transit. Ainsi, toute modification apportée au système de distribution à la suite d'un accroissement de la demande pourrait faire plus que doubler ou peut-être même réduire le stock de transit de produits finis. Quant aux stocks d'anticipation, ils réagiront selon l'allure de la demande plutôt que selon la demande absolue. Il se pourrait, d'autre part, que les stocks tampons restent au même niveau et que les stocks de sécurité augmentent ou diminuent en réaction à l'instabilité de l'offre et de la demande. Plusieurs de ces effets s'annuleront les uns les autres, mais il n'en demeure pas moins que les règles empiriques ne constituent qu'un moyen rudimentaire de déterminer le niveau des stocks, même lorsqu'elles semblent donner de bons résultats. On doit interpréter tout ensemble de règles avec jugement et le réévaluer périodiquement.

Il ressort clairement de l'analyse antérieure que les efforts déployés par les entreprises japonaises pour réduire leurs stocks de toute nature tiennent compte de l'ensemble des fonctions décrites précédemment. Les fabricants japonais ont ainsi réduit le temps de transport de ce qu'ils achètent et fait baisser le niveau de leurs stocks en ayant des fournisseurs établis à proximité. Ils ont de plus diminué l'ampleur de leurs stocks cycliques en raccourcissant leur temps de mise en route et ils ont abaissé leurs stocks de sécurité en diminuant le degré d'incertitude et en augmentant la qualité. Enfin, ils sont parvenus à réduire leurs stocks tampons grâce à une meilleure planification et à une amélioration de la qualité. La recherche de meilleures méthodes de gestion des stocks constitue un défi continuel.

Nous allons maintenant examiner certains modèles théoriques relativement simples qu'on utilise pour déterminer la quantité à commander et le niveau des stocks.

Le modèle du lot économique pour les stocks cycliques

Les modèles de réapprovisionnement à quantité fixe Lorsqu'on détermine la taille des lots à fabriquer ou à acheter pour réapprovisionner les stocks cycliques, on doit choisir entre les coûts qu'entraîne la détention d'un stock additionnel et ceux qu'engendre l'achat ou la production plus fréquente des articles. Le modèle proposé vise à réduire au minimum le coût total annuel.

Dans sa version la plus simple, la demande annuelle (D), le délai de livraison (L), le prix (C), le coût variable de commande ou de mise en route (C_c) et le pourcentage représentant le coût de stockage (C_s) sont tous constants. Lorsque le niveau des stocks baisse jusqu'au point de réapprovisionnement (P), on commande un lot économique de quantité fixe (Q) qu'on obtient au bout du délai de livraison (L). Ce modèle ne permet aucune commande en souffrance ni aucune pénurie.

Le coût total représente la somme du coût d'achat, du coût de mise en route ou de commande et du coût de stockage, c'est-à-dire :

$$CT = DC + \frac{DC_c}{Q} + \frac{QC_sC}{2}$$

La valeur minimale de Q, aussi appelée QEC (quantité économique à commander), se traduit par :

$$Q = \sqrt{\frac{2DC_c}{C_s}}$$

Il s'agit de la valeur pour laquelle les coûts de commande et de stockage s'avèrent égaux. Les figures 5.5 et 5.6 montrent de quelle façon la quantité à commander influe sur les coûts, et de quelle manière le niveau des stocks varie à la longue selon ce modèle. Pour bien voir comment on utilise ce dernier, examinons un exemple.

Soit :

D (demande annuelle) = 900 unités ;

C (coût d'achat global) = 45 $ l'unité ;

FIGURE 5.5   Coûts de stockage et de commande des matières

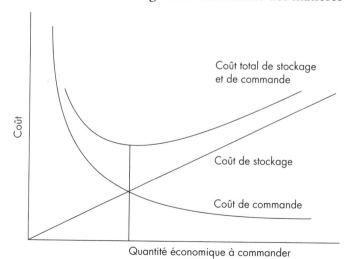

FIGURE 5.6   Modèle simple de réapprovisionnement à quantité fixe

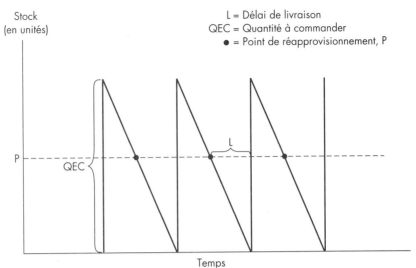

C$_s$ (pourcentage représentant le coût de stockage × coût unitaire) = 25 % × 45 $;

C$_c$ (coût de commande) = 50 $ la commande;

L (délai de livraison) = 10 jours ouvrables;

$$Q = \sqrt{\frac{2DC_c}{C_s}}.$$

Le point de réapprovisionnement P correspond au produit du délai de livraison L multiplié par la demande quotidienne. Autrement dit:

$$P = \frac{LD}{250} = \frac{10 \times 900}{250} = 36 \quad \text{(en supposant qu'une année compte 250 jours ouvrables).}$$

Ce modèle indique qu'on devrait commander 89 unités chaque fois que le stock atteint 36 unités. On utilisera alors la dernière unité en stock juste au moment où on recevra la commande suivante. Le stock moyen sera de 44,5 unités, soit 89/2. Dans les faits, on pourrait y gagner à conserver également un stock de sécurité qu'il faudra alors ajouter à ce stock moyen. De plus, étant donné que la partie inférieure de la courbe de coût est relativement plate (et asymétrique), comme le montre la figure 5.5, il pourrait se révéler avantageux de commander 96 ou 100 unités. Ces quantités ne feraient augmenter que de 2,52 $ et 6,27 $ respectivement le coût total annuel qui s'établit à environ 41 500 $.

Les hypothèses sur lesquelles repose le modèle du lot économique en restreignent fortement l'application. Il peut être utile de consulter des ouvrages traitant de la gestion des stocks pour en apprendre davantage sur ce modèle[1].

Les modèles de réapprovisionnement à intervalle fixe   Dans de nombreuses situations, il est préférable, du point de vue de la gestion des opérations, de réapprovisionner les stocks à intervalles réguliers au lieu d'attendre qu'ils atteignent un certain niveau. En effet, il s'avère plus facile de planifier la charge de travail lorsque les employés vérifient certaines catégories de stocks sur une base quotidienne, hebdomadaire, mensuelle ou autre.

Si on applique le modèle à quantité fixe, on passe une commande lorsque les stocks atteignent le point de réapprovisionnement; si on adopte le modèle à intervalle fixe, on ne commande qu'au moment de la vérification. De ce fait, on doit ajuster le niveau des stocks pour éviter toute pénurie durant la période de révision et le délai de livraison.

Les modèles à intervalle fixe visent à établir l'intervalle de réapprovisionnement optimal. On peut déterminer l'intervalle qui entraîne le coût minimal de la façon suivante. Il y a D/O cycles par année, de sorte que T (la portion d'une année) correspond à O/D. Or, on peut substituer cette valeur de O dans l'équation définissant le lot économique, ce qui donne :

$$T_{opt}D = \sqrt{\frac{2DC_c}{C_s}} \quad \text{ou} \quad T_{opt} = \sqrt{\frac{2C_c}{DC_s}}$$

Si on reprend l'exemple déjà utilisé, on obtient alors :

$$T_{opt} = \sqrt{\frac{2 \times 50}{900 \times 0,25 \times 45}} = 0,1 \text{ ou 10 fois par année}$$

Pour une année comptant 250 jours ouvrables, il convient donc de placer une commande tous les 25 jours ouvrables, c'est-à-dire une fois toutes les 5 semaines. Le lot économique QEC se traduit par DT_{opt} et constitue donc 90 unités, soit la valeur obtenue précédemment. Il se peut que les procédures adoptées par l'entreprise fassent pencher la balance en faveur d'une vérification chaque mois ou toutes les quatre semaines. En pareil cas, la valeur de T passerait à 0,08 et celle de O à 72; il s'ensuivrait un coût annuel dépassant de 23,77 $ son niveau optimal.

Les modèles probabilistes et le niveau de service   Les modèles décrits précédemment supposent qu'on connaît avec certitude la valeur de tous

1. Jean NOLLET, Joseph KÉLADA et Mattio O. DIORIO, *La gestion des opérations et de la production. Une approche systémique*, 2ᵉ éd., Boucherville, Gaëtan Morin Éditeur, 1994.

les paramètres. Or, il est beaucoup plus fréquent que la demande, le délai de livraison et les autres éléments varient quelque peu. Les modèles probabilistes de quantification des lots tiennent compte de ces variations. Ils sont plus complexes que les modèles déterministes examinés ci-dessus, mais ils permettent d'en apprendre davantage sur les résultats probables.

Dans le cas des stocks de sécurité, la principale variable liée aux décisions est la détermination de la quantité à conserver pour maintenir le niveau de service voulu. On peut définir le niveau de service comme la proportion des demandes des utilisateurs qu'on parvient à satisfaire. Advenant qu'on reçoive 400 demandes par année pour un même article et qu'on réponde immédiatement à 372 d'entre elles, le niveau de service s'établirait à 93 %.

On peut aussi envisager le niveau de service comme la proportion de la demande qu'on satisfait immédiatement. Si on pose l'hypothèse que les 372 commandes mentionnées plus haut étaient chacune d'une unité alors que les 28 autres étaient chacune de cinq unités, le niveau de service correspondrait à $372/[372 + (28 \times 5)]$ ou 73 %. Il importe donc de savoir exactement ce qu'on entend par le niveau de service au sein d'une entreprise.

Vu les difficultés et les frais qu'engendrent la détermination des coûts de stockage et de pénurie de même que l'évaluation des probabilités se rapportant à chaque article en stock, les gestionnaires fixent souvent le niveau de service de façon arbitraire. Ils optent en général pour un niveau d'environ 95 %, lequel implique un rapport approximatif entre les coûts de pénurie et de stockage de 19 pour 1. Dans la réalité, il s'avère difficile d'établir et de gérer un niveau de service en raison de la complexité de la classification et des fonctions des articles en stock. Le niveau de service n'a pas à être aussi élevé pour certains articles que pour d'autres. Toutefois, un article auquel un client accorde relativement peu d'importance peut se révéler essentiel aux yeux d'un autre.

5.4 LES SYSTÈMES D'APPROVISIONNEMENT ZÉRO-STOCK

On utilise fréquemment les expressions «système d'approvisionnement zéro-stock» et «achats par contrat global» comme des synonymes. Toutefois, un système d'approvisionnement zéro-stock représente en fait une variante des achats réalisés par contrat global, où le fournisseur prend en charge le stock de l'acheteur. La fiabilité et la rapidité du système de livraison du fournisseur sont telles que la présence d'un stock de sécurité chez l'acheteur s'avère inutile. On recourt le plus souvent au système zéro-

stock dans le cas d'articles de bureau, de matériel électrique et de fournitures de plomberie et d'entretien des bâtiments qui présentent un caractère relativement standard. Lorsque ce système s'accompagne de l'échange
de documents informatisés et de la livraison directe au lieu d'utilisation,
il permet de réduire non seulement le niveau des stocks mais aussi les
coûts liés à l'achat, à la réception, à la manutention et au paiement.

☐☐☐☐☐ 5.5 LA PLANIFICATION DES BESOINS-MATIÈRES

Les modèles de lotissement étudiés précédemment supposent entre autres
qu'il n'existe aucun lien entre la demande de l'article acquis ou fabriqué
et les autres demandes. C'est le cas des produits finis de la plupart des
fabricants. La demande de sous-ensembles, de matières premières et de
pièces ne présente cependant pas ce caractère indépendant. Elle varie selon
le calendrier d'assemblage des produits finis. La demande de nombreuses
fournitures ERO est, quant à elle, fonction des programmes d'entretien.
La reconnaissance de ce caractère dépendant de la demande est à l'origine
de la méthode de planification des besoins-matières (PBM).

Lorsqu'on adopte un système de PBM, on tente de soutenir les activités
de fabrication, d'entretien et d'utilisation en répondant aux besoins du
programme directeur de production. Or, un tel système ne permet de
déterminer les besoins que si on dispose d'une nomenclature exacte pour
chaque produit fini ou chaque projet. On peut envisager ces nomenclatures à la manière de structures de l'un ou l'autre des types représentés à
la figure 5.7. La planification des besoins-matières peut s'avérer profitable
pour les entreprises de tout genre, mais elle procure un maximum d'avantages à celles qui œuvrent dans le secteur de la fabrication et de l'assemblage, du fait de la plus grande complexité de leurs opérations. Elle vise

FIGURE 5.7   **Différents types de structures**

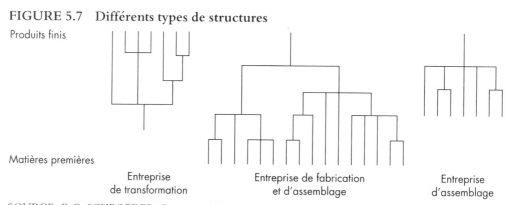

Produits finis

Matières premières

Entreprise
de transformation

Entreprise de fabrication
et d'assemblage

Entreprise
d'assemblage

SOURCE: R.G. SCHROEDER, *Operations Management*, New York, McGraw-Hill, 1981, p. 420.

à réduire les stocks au minimum, à maintenir un niveau de service élevé et à coordonner les calendriers de livraison avec les activités de fabrication et d'approvisionnement. Il existe souvent un conflit entre ces objectifs lorsqu'on utilise d'autres systèmes ; cependant, la planification des besoins-matières permet de les atteindre simultanément. Cette caractéristique de même que la possibilité de modifier rapidement les plans et les calendriers en réaction à l'évolution d'un environnement dynamique expliquent l'attrait des systèmes de PBM modernes.

Les intrants d'un système de PBM

On compte trois intrants essentiels à la planification des besoins-matières. En effet, l'ensemble du système repose sur la prévision des besoins par période (c'est-à-dire sur le programme directeur de production) pour un article donné. Une nomenclature représente le deuxième intrant requis. Enfin, un fichier contenant de l'information sur les stocks, les commandes en cours et les délais d'obtention se révèle nécessaire pour établir l'ampleur des commandes et le moment où il convient de les passer.

La logique du système de PBM permet de déterminer simultanément la quantité à obtenir et le moment où il faut la commander. Les calculs effectués supposent que toutes les données obtenues sont exactes et connues avec certitude, qu'on commandera les matières selon les besoins, que l'usine possède une capacité de production infinie et que les coûts de commande ou de mise en route sont minimes. Or, il n'en va généralement pas ainsi dans la réalité.

La détermination de la taille des lots par le système de PBM

Les règles servant à la détermination de la taille des lots font encore l'objet de recherches parce que celle qui convient le mieux (qui engendre le plus faible coût) dans une situation particulière est fonction des coûts de mise en route, des coûts de commande (et de leur rapport), de la variabilité de la demande, de l'horizon de planification et de la durée de la période de planification. Comme l'a fait remarquer Orlicky, «lorsque les données relatives aux besoins changent, on peut faire en sorte que l'exemple engendre pour ainsi dire n'importe quels résultats souhaités[2]». Les responsables de la gestion des matières doivent ainsi évaluer plusieurs

---

2. J. ORLICKY, *Material Requirements Planning*, New York, McGraw-Hill, 1975, p. 136 (traduction libre).

modèles et en trouver un qui semble fournir des résultats acceptables (mais non nécessairement optimaux) sur une longue période.

Les stocks de sécurité   Puisqu'il arrive à l'occasion que, les délais d'approvisionnement établis, les prévisions et autres ne collent pas à la réalité, on y gagne à conserver un certain stock de sécurité afin d'éviter tout arrêt de production. On peut maintenir les stocks à un faible niveau en ne gardant un stock de sécurité que dans le cas des produits finis et en déployant des efforts additionnels pour rendre les délais d'obtention moins incertains. Une planification adéquate des stocks de sécurité fait en sorte que le programme directeur de production tient compte de ces derniers, ce qui permet la fabrication d'ensembles de composantes dans de bonnes proportions.

Les rejets constituent une source d'incertitude digne de mention. Quand on sait qu'une proportion des unités acquises ou fabriquées d'une certaine pièce se révéleront inacceptables, on doit accroître en conséquence la commande produite par le système de planification des besoins.

La capacité infinie   Comme on l'a vu précédemment, la PBM ne fixe aucune limite au nombre d'unités d'un article qu'une usine ou un fournisseur peut produire au cours d'une période donnée. Il est cependant clair que toute usine possède une capacité limitée. Celle-ci est tout particulièrement difficile à établir dans le cas des ateliers où l'on fabrique sur demande une combinaison toujours changeante de nombreux produits comportant plusieurs sous-ensembles communs, et où les mêmes machines et les mêmes travailleurs produisent beaucoup d'articles différents. Bien que la planification des besoins-matières permette d'obtenir un calendrier de production échelonnée dans le temps, celui-ci se révèle parfois irréalisable. On doit encore s'occuper de l'ordonnancement du travail à l'atelier et résoudre les problèmes que posent l'absentéisme, les pannes, la mauvaise qualité et les délais imprévus. L'adoption d'un horizon à long terme et le maintien de stocks d'anticipation aident à surmonter ces difficultés, mais ils entraînent des coûts. Il faut donc manifestement apporter d'autres solutions pour remédier à ce défaut de logique de la planification des besoins-matières. Et c'est ce que font les systèmes de PBM modernes.

Les systèmes de PBM modernes

La plus importante amélioration apportée aux systèmes de PBM consiste en l'ajout de la planification de la capacité. Cette dernière remplit la même fonction que la PBM, mais elle se rapporte aux ressources de production plutôt qu'aux matières. Ainsi, une fois qu'on a établi un calendrier d'utilisation des matières grâce au système de PBM, on a recours à la planification de la capacité pour connaître les ressources humaines et matérielles nécessaires à sa réalisation par poste de travail et par période. On compare ensuite les besoins définis aux ressources disponibles. Advenant que la capacité se révèle insuffisante, le gestionnaire doit la modifier ou ajuster le programme directeur de production. L'existence de cette boucle de rétroaction se rattachant à l'élaboration du programme directeur de production explique pourquoi on parle désormais de systèmes de PBM à boucle fermée. La représentation schématique d'un tel système apparaît à la figure 5.8.

FIGURE 5.8   Schéma d'un système de PBM à boucle fermée

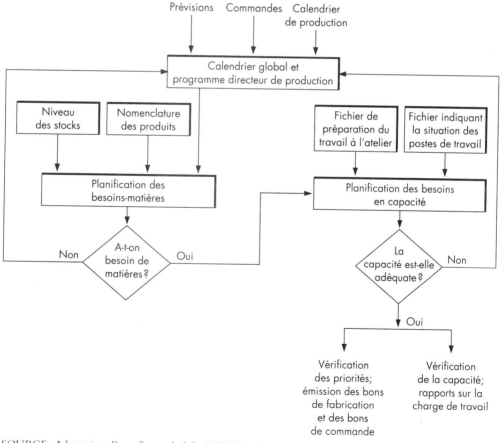

SOURCE: Adaptation d'une figure de J.G. MONKS, *Operations Management*, 2ᵉ éd., New York, McGraw-Hill, 1982, p. 487, et de R.J. TERSINE, *Principles of Inventory and Materials Management*, 2ᵉ éd., New York, Elsevier Science Publishing, 1982, p. 288. Traduit avec l'autorisation de McGraw-Hill.

On relie souvent le module de planification de la capacité à un élément qui contrôle le calendrier de fabrication à l'atelier. En agissant ainsi, on peut mesurer la production par poste de travail afin de la comparer aux objectifs préalablement fixés. Ces renseignements permettent de détecter les points chauds qu'il faut obtenir sur une base régulière pour planifier les besoins en capacité.

Il importe de remettre fréquemment à jour tout système de PBM pour s'assurer que les décisions prises reposent sur des données cohérentes, exhaustives et exactes. Cette remise à jour peut être partielle ou complète. La régénération complète d'un vaste système exige beaucoup de temps et d'argent; c'est pourquoi on ne l'effectue d'ordinaire qu'à intervalles éloignés (chaque semaine), et le plus souvent de nuit. Or, une telle manière de procéder entraîne un long délai de réaction et nuit à la qualité de l'information en plus d'engendrer des écarts importants par rapport au calendrier établi lorsque le moment de régénérer le système approche. Par opposition, les systèmes qui font l'objet de remises à jour partielles tiennent compte des effets ponctuels des changements survenus chaque fois qu'on y entre de nouvelles données. Le caractère erratique et incomplet de ces systèmes fait en sorte qu'ils peuvent produire des calendriers de production non optimaux. On peut remédier à ce problème en insérant des filtres qui éliminent les modifications relativement mineures. La plupart des systèmes offrent une combinaison de modifications ponctuelles et de régénération complète.

De nombreux systèmes modernes comportent également des modules qu'on peut relier au système comptable pour aider à la détermination du coût des produits et à l'élaboration des budgets.

Un système de PBM moderne fait donc beaucoup plus que simplement déterminer le moment où commander les matières et la quantité à obtenir. De fait, il représente un système d'information et de communication qui englobe tous les aspects de l'organisation. Il fournit aux gestionnaires une évaluation du rendement et une liste des bons de commande, des bons de fabrication et des avis de modification du calendrier. De plus, il leur permet de simuler un programme directeur de production qui tient compte des modifications à apporter à l'affectation des opérations de production (à la suite, par exemple, d'une nouvelle commande, d'un retard de livraison de certaines matières, d'un bris mécanique ou de l'absence d'un travailleur). Le niveau d'intégration que doit atteindre un tel système contraint les entreprises à maintenir une information très exacte, à renoncer aux règles empiriques et à utiliser les mêmes données dans chaque service. Toute entreprise profite alors d'une baisse des stocks, d'un accroissement du niveau de service, d'un accès rapide à une information de qualité et, plus important encore, de la capacité de modifier rapidement ses calendriers lorsque survient une difficulté imprévue.

Les conséquences de la PBM sur l'approvisionnement

Vu le contrôle serré qu'exige la planification des besoins-matières, le service de l'approvisionnement doit conserver des registres impeccables en ce qui touche aux quantités, aux délais d'obtention, aux nomenclatures et aux spécifications. Un système de PBM se traduit en outre par une plus grande centralisation des fonctions achat et entreposage, de même qu'un contrôle plus strict de l'accès au magasin.

La planification des besoins-matières nécessite, d'autre part, la coopération des fournisseurs, puisque les biens doivent être livrés à temps. Par conséquent, les acheteurs doivent sensibiliser leurs fournisseurs à l'importance des engagements pris au chapitre de la quantité, de la qualité et des délais de livraison. Une telle sensibilisation devrait permettre aux acheteurs de réduire les stocks de sécurité. Elle devient en outre plus facile à mesure qu'augmente le nombre des fournisseurs qui ont eux-mêmes adopté la PBM.

Beaucoup de systèmes de PBM comportent un module qui se charge d'une grande part des travaux d'écriture routiniers liés aux achats. La tâche des acheteurs devient ainsi plus axée sur l'analyse et les activités professionnelles. D'autre part, comme ils tiennent compte d'une longue période (en général un an), les systèmes de PBM permettent de planifier les achats à plus long terme et de négocier davantage de contrats à long terme offrant une remise basée sur le volume annuel. Ces contrats entraînent des demandes de livraison plus fréquentes de lots dont la taille est souvent inhabituelle. Les remises sur quantité accordées pour certaines commandes perdent beaucoup de leur importance en faveur de la livraison à temps d'un produit de grande qualité.

Les acheteurs doivent bien connaître le processus de production de leur entreprise et ceux de leurs fournisseurs. Vu les liens plus étroits qui existent au sein des entreprises ayant recours à la planification des besoins-matières, le personnel des achats doit faire montre de plus d'imagination et de flexibilité pour résoudre les difficultés inévitables au chapitre de l'approvisionnement. Grâce au système de PBM, les acheteurs ont accès aux données concernant l'ordonnancement de la production, ce qui leur permet un meilleur jugement lorsqu'ils traitent avec les fournisseurs. D'autre part, compte tenu de la réduction des temps morts qu'entraîne la planification des besoins-matières, les acheteurs doivent parfois retarder la livraison des commandes, et non pas seulement relancer les fournisseurs comme ils le font habituellement. Le caractère intégré et la vision à long terme des systèmes de PBM se traduisent en outre par une spécialisation plus poussée du personnel des achats, laquelle se rattache aux gammes de produits finis (extrants) plutôt qu'aux matières premières (intrants).

Les méthodes de production juste-à-temps permettent d'atteindre plusieurs des objectifs de la planification des besoins-matières lorsqu'on les utilise seules ou en combinaison avec un système de PBM.

5.6 LE JUSTE-À-TEMPS

Beaucoup d'entreprises prospères appliquent une philosophie radicalement différente que décrit bien l'appellation populaire «juste-à-temps». Lorsqu'on adopte la méthode du juste-à-temps, les composants et les matières premières arrivent aux divers postes de travail au moment même où on en a besoin. Il s'ensuit une réduction considérable des files d'attente de stocks de produits en cours de fabrication. La production juste-à-temps vise plus ou moins les mêmes objectifs que la PBM, c'est-à-dire fournir la bonne pièce à l'endroit voulu au moment opportun; mais elle utilise des moyens tout à fait différents pour les atteindre, et les résultats observés à ce jour sont impressionnants. Alors que la planification des besoins-matières repose sur l'informatique, le juste-à-temps relève du génie industriel. L'application des nombreuses mesures qui s'y rattachent ne peut que profiter à toute organisation, qu'elle soit publique ou privée, et qu'elle œuvre ou non dans le secteur de la fabrication (*voir le tableau 5.2 et la figure 5.9*).

Lorsqu'on applique la méthode du juste-à-temps, on conçoit un produit en se demandant d'abord s'il se vendra et si on pourra le fabriquer aisément. Or, le service du marketing et celui des opérations doivent coopérer pour examiner ces questions. Une fois qu'on peut y répondre par l'affirmative, on entreprend de concevoir le processus même en veillant surtout à disposer les machines de manière que la production se déroule sans à-coups. On privilégie l'automatisation (souvent simple) de la production et de la manutention des matières là où c'est possible. Il est en outre fréquent qu'on opte pour des chaînes en forme de U, lesquelles rendent la main-d'œuvre plus flexible et facilitent le travail en équipe, le réusinage, la circulation à l'intérieur de l'usine ainsi que la manutention des matières et des outils. Lorsqu'ils élaborent un processus, les concepteurs s'efforcent de standardiser les temps cycliques et de faire produire au système une combinaison fixe de produits inspirée du calendrier de production mensuel. De cette façon, le processus établi peut être répété pendant au moins un mois. Ainsi, une entreprise qui fabrique trois produits (ou modèles) appelés A, B et C, ayant un temps de cycle égal et une demande mensuelle respective de 1 000, 2 000 et 500 unités, pourrait adopter un plan de production BABABCB ou BBBBAAC et le répéter 500 fois durant le mois.

TABLEAU 5.2   Comparaison de différents systèmes de fabrication

	Systèmes de gestion des stocks axés sur les lots				Systèmes de gestion des stocks sans lot		
Ampleur du contrôle des stocks :	Faible ——→ Importante						
Nom du système :	Point de réapprovisionnement	Planification de la taille des lots	Point de réapprovisionnement et liste des articles manquants	PBM	PBM synchronisée	Kanban	Chaîne de production
Origine :	Apparition de l'homme	Révolution industrielle	Révolution industrielle	Années 1960 (aux É.-U.)	Années 1980 (au Japon)	Années 1970 (au Japon)	Révolution industrielle
Décomposition des besoins :	Non	Oui	Oui	Oui	Oui	Oui	Oui
Jalonnement en amont :	Non	Non	Non	Non	Oui	Oui	Oui
Commandes prioritaires, relance :	Oui	Oui	Oui	Non	Non	Non	Non
Recours à l'informatique :	Optionnel	Optionnel	Optionnel	Essentiel	Essentiel	Si désiré	Si désiré
Niveau typique des stocks :	Mois	Semaines ou mois	Jours ou semaines	Jours ou semaines	Heures ou jours	Minutes ou heures	Zéro ou minutes
Applications courantes :	Petits manufacturiers et fabricants de plus grande taille qui œuvrent sur un marché monopolistique ou protégé	Entreprises de fabrication axées sur le génie industriel	Fabrication de petite série touchant une vaste gamme de produits dans un environnement peu concurrentiel	Fabrication de petite série touchant une vaste gamme de produits et fabrication dans un environnement très concurrentiel	Fabrication répétée d'une vaste gamme de produits	Fabrication répétée d'une gamme moyenne de produits	Fabrication répétée d'une gamme de produits limitée
Raison d'être :	Simple, ce système répond aux besoins des quelques entreprises qui n'ont en général ni les moyens de gestion ni les ressources techniques et financières nécessaires pour améliorer leur système de gestion des stocks.	Les petits fabricants n'ont pas les ressources financières voulues pour améliorer leur système de gestion des stocks ou ne sont pas dirigées par des gens désireux d'améliorer la situation.	Il s'agit d'un système populaire dans lequel nombre d'entreprises ont investi des sommes considérables. Certaines entreprises n'ont pas les ressources financières voulues pour améliorer leur système de gestion des stocks ou ne sont pas dirigées par des gens désireux d'améliorer la situation.	Ce système améliore largement le service à la clientèle et réduit les stocks excédentaires. On peut l'appliquer même avec des gammes de produits variées et de longues nomenclatures.	Ce système assure une planification et un contrôle très stricts des pièces obtenues de nombreux centres de fabrication.	Ce système engendre une réduction considérable des stocks et simplifie le pilotage.	Ce système réduit le niveau des stocks à zéro et élimine beaucoup de paperasse.

SOURCE : Reproduit avec l'autorisation de l'American Production and Inventory Management, Inc., «Selecting the Right Manufacturing Inventory System: Western and Japanese Approaches», *Production and Inventory Management Journal*, R.J. SCHONBERGER, 1983, 2ᵉ trimestre, Journal of the American Production and Inventory Control Society Inc., p. 34 et 39.

FIGURE 5.9   **Choix du système de gestion des stocks selon le type de production**

Type de fabrication	SYSTÈMES DE GESTION DES STOCKS DANS LE SECTEUR DE LA FABRICATION						
	Point de réapprovisionnement	Planification de la taille des lots	Point de réapprovisionnement, liste des articles manquants	PBM	PBM synchronisée	Kanban	Chaîne de production
Répétitive, quelques modèles de pièces d'origine	Peu adéquat ◄- ► Bon						
Nombreux modèles	Peu adéquat ◄- ► Bon						
Nombreuses pièces usinées	Peu adéquat ◄- ► Bon						
Par projet ou par lot	Peu adéquat ◄- ► Intermédiaire ◄- ► Bon						
Axée sur la conception de systèmes	Peu adéquat ◄- ► Bon						
Petite ou sur un marché protégé	Intermédiaire						

SOURCE: «Selecting the Right Manufacturing Inventory System: Western and Japanese Approaches», *Production and Inventory Management Journal*, R.J. SCHONBERGER, reproduit avec l'autorisation de l'American Production and Inventory Management, Inc., 1983, 2ᵉ trimestre, p. 43.

Pour régulariser la production comme dans l'exemple précédent, il faut que les coûts de mise en route et de commande soient très faibles, de manière à permettre des lots de très petite taille qui ne comporteraient idéalement qu'une seule unité. Or, dans le contexte du juste-à-temps, ces coûts sont variables et non pas fixes comme le suppose l'équation du lot économique. En recherchant sans cesse de nouveaux moyens de réduire les délais de mise en route, les fabricants japonais ont réalisé des gains appréciables. Dans certaines entreprises ayant adopté la méthode du juste-à-temps, ce délai, qui atteignait traditionnellement 3 à 4 heures, ne dépasse plus 15 minutes. Ces améliorations spectaculaires sont le fruit de l'attention portée par les gestionnaires aux détails de l'atelier, de la mise au point et de la modification de gabarits, d'accessoires, de machines et d'outils spécialement adaptés, ainsi que de l'apport d'une formation poussée en ce qui touche aux méthodes utilisées. Il est encore plus facile pour les Japonais de simplifier la mise en route d'une série de production du fait qu'ils n'hésitent pas à modifier l'équipement acheté, qu'ils acquièrent celui-ci d'un nombre restreint de fournisseurs et qu'ils fabriquent souvent eux-mêmes leurs machines. Ces dernières répondent alors fréquemment à un besoin particulier et se révèlent assez légères, simples et peu coûteuses pour remplir un rôle précis à l'intérieur du processus. Les mesures décrites ont aussi engendré une réduction considérable des coûts de commande, lesquels s'apparentent essentiellement aux coûts de mise en route.

Lorsqu'on veut que les composantes et les matières n'arrivent qu'au moment où on en a besoin, il faut que les articles reçus soient parfaits. La méthode du juste-à-temps entraîne ainsi l'application d'un certain nombre de principes étroitement reliés, afin de garantir une production de grande qualité à chaque étape du processus.

Premièrement, la qualité d'une pièce est la responsabilité de celui qui la fabrique et non du service de contrôle de la qualité. De plus, les travailleurs et les gestionnaires s'efforcent en général d'améliorer le statu quo afin d'atteindre la perfection. On parvient souvent à accroître la qualité grâce à des projets spéciaux dont on a défini les buts, la méthode de mesure des résultats et la conclusion. Il revient en outre aux travailleurs de corriger leurs erreurs, de procéder au réusinage, et ainsi de suite.

Deuxièmement, en ayant recours aux travailleurs de la production et non à des contrôleurs de la qualité, on s'assure d'obtenir la qualité voulue dès le départ plutôt que d'avoir à effectuer une inspection pour l'établir. Cette caractéristique et la petite taille des lots permettent le contrôle serré de chaque processus et l'inspection de toute unité produite. Les travailleurs peuvent arrêter la chaîne de production lorsque survient un problème lié à la qualité. Cela démontre que la qualité, plus que la quantité produite, représente l'objectif premier du système de fabrication.

Troisièmement, le juste-à-temps exige le respect des normes de qualité. Ainsi, les acheteurs refusent tout article qui n'est pas parfaitement conforme et visitent les installations de leurs fournisseurs pour vérifier la qualité produite dans leurs ateliers. Vu la fréquence de ces visites, les producteurs qui appliquent la méthode du juste-à-temps notent les résultats obtenus au chapitre de la qualité dans des termes faciles à comprendre et les affichent là où ils ne manquent pas d'attirer l'attention. Cette pratique oblige à formuler une définition précise de ce qu'est la qualité.

La petite taille des lots produits dans un système de juste-à-temps facilite la gestion de la qualité et empêche l'accumulation d'un volume considérable d'articles inacceptables. D'autre part, la méthode du juste-à-temps engendre le plus souvent une production excédentaire, de sorte qu'il n'est pas nécessaire de pousser au maximum la capacité de production des usines pour fabriquer les quantités requises. Dans une même optique, on procède régulièrement à l'entretien et à la vérification des machines, lesquelles ne fonctionnent jamais à un rythme plus rapide que celui recommandé. On maintient la propreté de l'usine. Le service de gestion de la qualité facilite l'atteinte du niveau de qualité recherché en conseillant le personnel de production et les fournisseurs lorsqu'ils doivent résoudre des problèmes. Il réalise aussi certains essais, mais seulement lorsqu'on ne peut clairement attribuer la fabrication du produit fini en cause à un travailleur unique ou lorsque les tests demandés nécessitent un matériel, des installations, des connaissances ou une période de temps dont ne dispose pas le personnel de l'atelier. Partout où c'est possible, on utilise des appareils de vérification automatiques. Lorsqu'un échantillonnage se révèle nécessaire, on retient les première et dernière unités du lot produit au lieu de prélever un échantillon aléatoire de plus grande taille. Au nombre des outils servant à l'analyse figurent les techniques statistiques courantes, souvent connues des travailleurs, et des diagrammes de cause à effet qui aident à résoudre les problèmes.

La méthode du juste-à-temps exige de la part des travailleurs autant que des gestionnaires des efforts soutenus et une volonté d'aider l'entreprise. D'un point de vue occidental, les travailleurs qui participent à la production juste-à-temps doivent se montrer flexibles. En effet, ils possèdent la formation nécessaire pour accomplir des tâches différentes et ils changent souvent de poste de travail. De plus, ils sont responsables de la qualité et de la production obtenues. Les travailleurs cherchent sans cesse le moyen d'améliorer les divers aspects des opérations, et on les récompense lorsqu'ils détectent des problèmes auxquels on peut alors remédier. Dans les usines où on a adopté le juste-à-temps, on remarque un pourcentage élevé de cols bleus qui ajoutent à la valeur au cours du processus de production, et une proportion conséquemment plus faible de cols blancs. L'environnement s'apparente à celui qu'engendrent de nombreux programmes d'amélioration de la qualité de la vie au travail: tous participent à la prise de décisions par consensus et en assument la responsabilité.

On a souvent déclaré que la circulation des matières à l'intérieur de l'usine se fait selon la demande (système *pull*) plutôt que selon les stocks (système *push*). L'emploi de la technique Kanban comme méthode de contrôle vient appuyer cette affirmation.

Procédé de contrôle simple mais efficace, la méthode Kanban contribue au succès de la production juste-à-temps. Certains confondent à tort ces deux expressions; elles désignent en fait des réalités distinctes, bien qu'étroitement reliées. Le terme «kanban» n'est autre que l'équivalent japonais du mot «carte» ou «fiche». Beaucoup de systèmes de contrôle japonais reposent sur l'utilisation de fiches, dont celui de la société Toyota, qui a énormément retenu l'attention.

La méthode Kanban ne peut s'appliquer qu'à des lots de petite taille associés au juste-à-temps et à des unités de production par lots. Elle s'avère le plus utile dans le cas des pièces qu'on utilise en grande quantité sur une base régulière. La figure 5.10 décrit le fonctionnement d'un système Kanban comportant deux types de fiches.

Les systèmes de codes barres s'avèrent très utiles, compte tenu de l'amélioration des procédés d'échange de documents informatisés et du fait qu'on cherche sans cesse à économiser du temps et à réduire au minimum les coûts superflus liés aux activités qui ajoutent à la valeur. Toutefois, seule l'intégration complète des systèmes d'échange de documents informatisés, de reconnaissance automatique (codes barres) et d'expédition, de réception et de manutention des matières permet d'atteindre un maximum d'efficacité.

Honda of America Manufacturing Inc. fut l'une des premières entreprises à se doter d'un système de codes barres combiné à l'échange de documents informatisés; elle dut consacrer beaucoup d'efforts à sensibiliser et à former ses fournisseurs pour assurer l'efficacité de ce système.

La société Honda émet des bons de commande mensuels, puis indique quotidiennement à tout fournisseur la nature des pièces requises et la quantité exacte qu'il doit expédier à un moment précis, à bord d'un camion donné relié au service de courrier électronique d'une tierce partie. Transmis par des moyens électroniques, ces renseignements sont utilisés par le fournisseur pour imprimer une étiquette portant un code barres, laquelle accompagnera l'envoi. Juste avant le départ de la marchandise, cette étiquette fait l'objet d'une lecture optique pour donner lieu à un préavis d'expédition que le fournisseur transmet à la société Honda par des moyens électroniques. L'information que renferme le code barres sert également à produire la copie sur papier du bordereau d'expédition.

Au lieu de réception chez Honda, on passe le bordereau d'expédition au lecteur optique et on le compare à la commande pour en vérifier l'exactitude. Tout écart noté est alors signalé au service des achats. On transmet aussi l'information obtenue au système de planification de la production et de gestion des stocks. Le système de juste-à-temps utilisé par Honda ne peut fonctionner que si cette information recueillie en temps réel est exacte.

Le juste-à-temps entraîne un certain nombre de conséquences au chapitre de l'approvisionnement. Une des plus évidentes est qu'il faut traiter avec des fournisseurs qui vendent des produits d'une qualité supérieure uniforme et qui respectent les délais de livraison fixés. De ce fait, il arrive qu'on doive concentrer les achats chez un nombre restreint de fournisseurs établis à proximité. La livraison fréquente de petites commandes peut en outre rendre nécessaire une réévaluation du mode de transport en amont. Ainsi, il est normal d'assigner à un camionneur un itinéraire quotidien comportant 6 à 20 arrêts chez des fournisseurs différents, où il prend livraison de petits envois qu'il transporte dans un véhicule à chargement

FIGURE 5.10   Fonctionnement d'un système Kanban à deux cartes

Kanbans ou contenants acheminés vers d'autres postes de travail;
kanbans en provenance d'autres postes de travail

Kanbans ou contenants en provenance et à destination
d'autres postes de travail utilisateurs

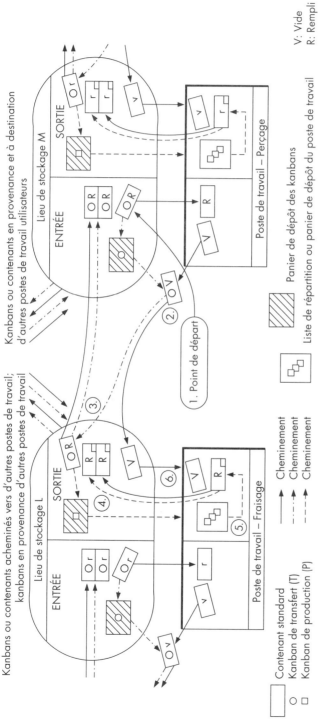

V: Vide   R: Rempli

☐ Contenant standard
○ Kanban de transfert (T)
☐ Kanban de production (P)

→ Cheminement
—·—· Cheminement
---- Cheminement

☐ Panier de dépôt des kanbans

▨ Liste de répartition ou panier de dépôt du poste de travail

1. Trouvez le point de départ où on s'apprête à envoyer un contenant rempli de pièces au poste de perçage. On détache la fiche T de ce contenant et on la place dans un panier de dépôt du lieu de stockage M.
2. On transporte au lieu de stockage M le dernier contenant vidé au poste de perçage et on y fixe un kanban de transfert.
3. On achemine le contenant vide accompagné d'une fiche de transfert au lieu de stockage L (dans une autre section de l'usine ou dans un autre bâtiment), où on détache le kanban T pour le fixer à un contenant plein qu'on retourne ensuite au lieu de stockage M. Ce dernier geste déclenche également des activités de production par le moyen d'un kanban P; et ce de la manière décrite ci-après.
4. Le contenant rempli qu'on vient de transférer portait une fiche de production. Avant qu'il quitte le lieu de stockage L, on a détaché cette dernière pour la mettre dans un panier de dépôt.
5. Chaque heure environ, les kanbans P qui s'appliquent au poste de fraisage y sont expédiés et déposés dans un panier où ils deviennent une liste de répartition des prochaines tâches à effectuer. On accomplit ces dernières dans l'ordre où les fiches ont été reçues du lieu de stockage L.
6. On place les pièces résultant de chaque tâche complétée dans un contenant vide obtenu du lieu de stockage L. On attache le kanban P à ce contenant, et on le retourne au lieu de stockage L une fois qu'il a été rempli.

SOURCE: R.J. SCHONBERGER, *Japanese Manufacturing Techniques: Nine Hidden Lessons in Simplicity*, New York, Free Press, 1982, p. 222-224. Traduit avec l'autorisation de «The Free Press», une division de Macmillan Inc. Copyright © 1982 par Richard J. Schonberger.

latéral spécialement conçu à cet effet. En assurant la livraison des pièces et des matières directement à leur lieu d'utilisation, on élimine la nécessité d'une double manutention. Des étagères mobiles spécialement conçues pour assurer une protection adéquate et faciliter le comptage, l'insertion et le retrait des matières améliorent également la manutention. On doit consacrer beaucoup d'énergie à sensibiliser les fournisseurs et obtenir leur entière coopération pour être à même de concevoir et d'exploiter un système de juste-à-temps efficace.

Au sens le plus strict, on peut envisager le juste-à-temps comme un système permettant de recevoir toute chose juste avant d'en avoir besoin. De ce point de vue, le juste-à-temps ne s'applique pas que dans le secteur de la fabrication: beaucoup d'organismes publics, d'entreprises de services et d'autres organisations non manufacturières peuvent aussi l'adopter. La fiabilité du système de livraison permet de réduire les stocks de sécurité, avec tous les avantages que cela comporte.

Dans un contexte de juste-à-temps, le fournisseur et l'acheteur collaborent étroitement pour résoudre tout problème et ils entretiennent des relations stables à long terme. En accord avec la philosophie du juste-à-temps, une entreprise ne compte en général que quelques fournisseurs, souvent établis à proximité pour faciliter la communication, la livraison au moment voulu de petits lots de pièces, la détention de faibles stocks de transit et de sécurité ainsi que le maintien d'un coût d'achat peu élevé. La situation observée chez nombre d'entreprises qui appliquent la méthode du juste-à-temps s'apparente beaucoup à une intégration verticale en amont. En effet, ces entreprises évitent d'établir des liens de propriété officiels, mais atteignent nombre des mêmes objectifs grâce à une coordination poussée et à une intégration des systèmes qui facilitent leurs activités. Le juste-à-temps fait de l'acheteur un agent d'aplanissement des difficultés, de négociation, de communication et de mise en valeur, plutôt qu'un agent de relance.

Questions de révision et de discussion

1. Quels sont les avantages de l'analyse ABC?

2. Qu'est-ce qu'un programme directeur de production et quel rôle joue-t-il?

3. Pourquoi la détention de stocks entraîne-t-elle des coûts élevés?

4. Quelles sont la nature et la fonction des divers stocks que maintient une entreprise typique de restauration rapide? Expliquez

comment cette entreprise pourrait réduire la somme totale investie dans ses stocks et décrivez les conséquences possibles d'une
telle action.

5. Qu'est-ce qu'un système d'approvisionnement zéro-stock?

6. Qu'est-ce que la méthode Kanban et pourquoi l'utilise-t-on?

7. Quels problèmes l'inexactitude des prévisions relatives à l'utilisation cause-t-elle aux acheteurs? Aux fournisseurs?

8. Comment le juste-à-temps se distingue-t-il de la planification
des besoins-matières?

9. Pourquoi adopterait-on un modèle de réapprovisionnement à
intervalle fixe plutôt qu'à quantité fixe?

10. Pourquoi est-il difficile d'obtenir un appui total lorsqu'on veut
faire participer les employés au processus d'amélioration continue?

Références

ANSARI, A. et Jim HECKEL, «JIT Purchasing: Impact on Freight and Inventory Costs», *Journal of Purchasing and Materials Management*, été 1987.

CARTER, Joseph R. et Gary L. RAGATZ, «Supplier Bar Codes: Closing the EDI Loop», *International Journal of Purchasing and Materials Management*, été 1991.

GRIECO, Peter L. Jr., Michael W. GOZZO et Jerry W. CLAUNCH, *Just-In-Time Purchasing: In Pursuit of Excellence*, Plantsville (Conn.), PT Publications, 1988.

HAHN, Chan K., Peter A. PINTO et Daniel J. BRAGG, «"Just-In-Time" Production and Purchasing», *Journal of Purchasing and Materials Management*, automne 1983.

HALL, Robert W., *Attaining Manufacturing Excellence*, Homewood (Ill.), Dow Jones-Irwin, 1987.

JONES, David, «JIT and Stockless: A System or Culture?», *NAPM Insights*, juin 1991.

KRUPP, James A.G., «MRP Failures and the Purchasing Interface», *Journal of Purchasing and Materials Management*, été 1984.

MANOOCHEHRI, G.H., «Suppliers and the Just-In-Time Concept», *Journal of Purchasing and Materials Management*, été 1984.

McLACHLIN, Ron et Chris PIPER, «Just-In-Time Production», *Business Quarterly*, été 1990.

MONKS, Joseph G., *Operations Management: Theory and Problems*, 3ᶜ éd., New York, McGraw-Hill, 1987.

O'NEAL, Charles R., «The Buyer-Seller Linkage in a Just-In-Time Environment», *Journal of Purchasing and Materials Management*, printemps 1987.

SCHONBERGER, Richard J., *World Class Manufacturing: The Lessons of Simplicity Applied*, New York, Free Press, 1986.

TERSINE, Richard J., *Production Operations Management: Concepts, Structure, and Analysis*, New York, North-Holland, 1985.

6 La sélection des fournisseurs et les relations avec les fournisseurs

Plan

Questions clés du décideur

Devrait-on:

- revenir sur la décision de fabriquer ou d'acheter?

- utiliser un seul ou plusieurs fournisseurs?

- évaluer les fournisseurs en utilisant une méthode structurée?

Comment peut-on:

• améliorer les relations avec les fournisseurs?

• créer de nouvelles sources d'approvisionnement?

• éviter les problèmes d'éthique?

□ □ □ □ □
6.1 INTRODUCTION

On sait depuis longtemps que le choix des fournisseurs constitue une décision fondamentale en gestion des approvisionnements. Cette sélection et la relation qui se crée subséquemment entre l'acheteur et le fournisseur déterminent la nature ainsi que l'importance de la contribution de l'approvisionnement à la réalisation des objectifs et des stratégies de l'entreprise. La gestion stratégique des approvisionnements repose sur l'idée que le type de fournisseurs choisis de même que les relations entretenues avec eux et la manière dont on élabore un système d'approvisionnement peuvent permettre à une entreprise d'acquérir un avantage marqué par rapport à ses concurrents. Toute entreprise qui désire satisfaire ses clients et améliorer sans cesse le service qu'elle leur offre ne peut y parvenir sans l'aide de ses fournisseurs (*voir la figure 6.1*). C'est pourquoi la sélection des fournisseurs constitue la plus importante décision en gestion des approvisionnements. La plupart des gestionnaires sous-estiment l'influence qu'exerce le rendement des fournisseurs sur la productivité, la qualité et la compétitivité de l'entreprise qui achète. Il importe

FIGURE 6.1   Intrants du service à la clientèle

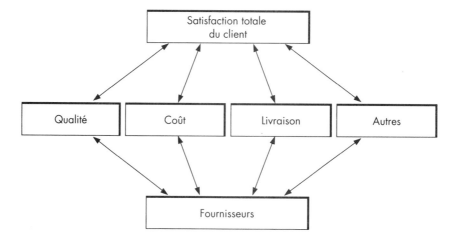

aujourd'hui que ce rendement soit exceptionnel, étant donné les tendances récentes à acheter plutôt qu'à fabriquer, à améliorer la qualité, à réduire les stocks, à intégrer les systèmes employés par les fournisseurs et les acheteurs ainsi qu'à établir des liens coopératifs tels que le partenariat.

L'importance de la décision à prendre, la méthode de sélection utilisée et le choix arrêté peuvent varier selon la nature de l'achat à effectuer (satisfaction d'un besoin nouveau ou d'un besoin qui se répète tel quel ou de manière différente) et l'ampleur des sommes en cause. La plupart des acheteurs croyaient autrefois que la sélection des fournisseurs ne devait relever que du service de l'approvisionnement. La tendance actuelle à réaliser les achats en équipe démontre cependant la nécessité de mettre en commun les ressources clés de ce service et des autres composantes de l'entreprise pour prendre une décision éclairée. La coordination et la communication établies entre les divers intervenants de l'entreprise qui achète et de celle qui vend doivent également être beaucoup plus étroites en raison du mouvement en faveur d'une réduction du nombre des fournisseurs, de la signature de contrats à plus long terme, du recours à l'échange de documents informatisés et d'une amélioration continue de la qualité, des prix et du service. C'est pourquoi l'établissement de bonnes relations entre l'acheteur et le fournisseur compte parmi les éléments dont on doit le plus se préoccuper en matière de sélection des fournisseurs.

En règle générale, il doit exister depuis longtemps une communication et une coopération étroites entre les divers représentants de l'entreprise qui achète et de celle qui vend pour que le rendement de cette dernière puisse atteindre l'excellence. Ayant reconnu ce fait, les services d'approvisionnement progressistes cherchent divers moyens pour réduire le nombre de leurs fournisseurs et tirer le maximum de ceux qu'ils conservent. L'adoption de nouveaux fournisseurs engendre des coûts considérables et comporte souvent une période d'apprentissage et de frustration pour les deux parties. Vu la popularité croissante des programmes d'amélioration de la qualité et de la philosophie du juste-à-temps, une courte distance entre les installations d'un fournisseur et celles de l'acheteur revêt aujourd'hui une grande importance. Des efforts soutenus et une approche inventive en ce qui concerne la mise en valeur de sources d'approvisionnement nouvelles ou existantes peuvent rapporter gros à mesure que l'évaluation des fournisseurs en place révèle la présence de lacunes et que l'évolution de la technologie engendre de nouveaux besoins. D'autre part, il importe encore plus que les systèmes utilisés par un acheteur et ses fournisseurs soient compatibles, par suite de la découverte de nouveaux moyens pour réduire le temps qui s'écoule entre le moment de la préparation d'une demande d'achat et celui de la réception de la commande.

Ces nouvelles manières d'aborder la sélection des fournisseurs et les relations qu'on entretient avec eux contrastent très vivement avec la ligne dure autrefois adoptée en approvisionnement; il était alors plutôt courant de renoncer aux services d'un fournisseur sans l'en aviser formellement à l'avance lorsque le prix qu'il proposait dans un contrat annuel n'était pas le plus bas. L'idée de partager l'information avec ses fournisseurs et de les aider à améliorer leur rendement au chapitre de la qualité, de la quantité, du prix, de la livraison et du service paraissait plutôt originale au cours des deux dernières décennies. De nos jours, cependant, on la considère non plus comme une nouveauté, mais comme une nécessité pour obtenir un rendement d'organisation de classe mondiale.

6.2 LA DÉCISION DE FABRIQUER OU D'ACHETER

Toute entreprise doit prendre une décision stratégique primordiale: celle de fabriquer ou d'acheter. La position qu'elle adopte à ce chapitre peut modifier la nature même de l'organisation. De plus, cette décision revêt une importance capitale sur le plan de la productivité et de la compétitivité d'une entreprise. Or, il semble que l'attitude des gestionnaires face à cette question commence à évoluer. En effet, beaucoup de grandes entreprises optaient traditionnellement pour la fabrication, ce qui amenait une intégration vers l'amont et l'acquisition d'une vaste gamme d'installations de fabrication et d'assemblage. Ces entreprises achetaient donc surtout des matières premières qu'elles transformaient ensuite elles-mêmes.

Les tendances actuellement observées en gestion, lesquelles insistent sur l'adaptabilité et les points forts de l'entreprise, favorisent un rapprochement avec le client et accordent plus d'importance à la productivité et à la compétitivité; elles donnent cependant plus de poids à l'idée d'acheter de l'extérieur. Le fait qu'une entreprise acquière de fournisseurs compétents les biens requis parce qu'elle ne gagne rien à les produire elle-même permet aux gestionnaires de se concentrer davantage sur sa mission principale. Cette philosophie a déjà entraîné la vente de nombreuses divisions au sein d'entreprises multinationales, et a élargi par le fait même le champ d'activité du service de l'approvisionnement. Sur un marché d'envergure mondiale, il revient à l'acheteur de chercher ou de mettre en valeur des fournisseurs de calibre mondial répondant aux besoins stratégiques de l'entreprise. Les constructeurs d'automobiles japonais, par exemple, satisfont jusqu'à 40 % de plus de leurs besoins en achetant de l'extérieur, comparativement aux constructeurs de l'Amérique du Nord ou de l'Europe de l'Ouest. En outre, ils déploient des efforts de mise en valeur considérables pour que leurs fournisseurs répondent sans cesse à des normes strictes de qualité, de livraison et de prix. Par ailleurs, on observe que les entreprises nord-américaines ont désormais tendance à obtenir de l'extérieur certains services qu'elles assuraient elles-mêmes. Mentionnons des activités traditionnelles comme la sécurité, l'alimentation et l'entretien, mais aussi la programmation informatique, la formation, le génie, la comptabilité, les services juridiques, la recherche, la gestion du personnel et même la logistique des contrats. Une nouvelle catégorie d'acquisitions se rapportant à des services a ainsi vu le jour (*voir le chapitre 15*).

Presque toutes les organisations doivent sans cesse choisir entre fabriquer ou acheter. La décision de fabriquer peut permettre à une entreprise manufacturière d'étendre tout naturellement ses activités actuelles ou de les diversifier. Au sein des organisations à caractère non manufacturier, le choix à faire concerne en général des services plutôt que des produits. Un hôpital devrait-il assurer lui-même ses services de buanderie, d'alimentation, de sécurité et d'entretien, ou devrait-il les obtenir de l'extérieur? Malgré le peu d'attention que nous avons accordée jusqu'à présent à la possibilité qu'une entreprise devienne son propre fournisseur, cet aspect constitue un élément essentiel de la stratégie d'approvisionnement de toute organisation.

Quelle devrait être l'attitude d'une entreprise face à la décision de fabriquer ou d'acheter? Beaucoup d'organisations n'élaborent aucune politique explicite à cet égard, préférant étudier chaque cas lorsqu'il se présente. En outre, il peut être difficile de recueillir les données comptables nettes permettant d'appuyer les décisions de ce genre sur une analyse économique.

Si on pouvait envisager la question d'un point de vue global à l'intérieur d'une entreprise, il faudrait s'interroger sur les objectifs à viser concernant l'ampleur et la nature de la valeur ajoutée en tant que pourcentage du coût du bien ou du service produit. Un groupe d'achat fort, à même d'assurer un approvisionnement adéquat à des prix raisonnables, fera pencher la balance en faveur de l'acquisition si aucun autre élément ne prime en importance. Citons l'exemple d'une entreprise qui découvrit que sa capacité à acheter sur les marchés internationaux représentait un tel avantage concurrentiel, qu'elle se départit délibérément de certaines installations de fabrication d'un type commun à tous ses concurrents au sein de l'industrie.

Les raisons qui incitent à fabriquer plutôt qu'à acheter

Plusieurs raisons peuvent amener une organisation à produire plutôt qu'à acheter ce dont elle a besoin. En voici quelques-unes.

1. Les quantités requises sont trop faibles.
2. Le caractère très strict ou inhabituel des normes de qualité exigées rend nécessaire l'emploi de méthodes de traitement qu'on ne peut trouver chez un fournisseur.

3. On recherche un approvisionnement plus sûr ou mieux adapté à la demande.

4. On veut préserver des secrets technologiques.

5. On souhaite réduire les coûts.

6. On désire interrompre ou éviter l'inactivité des machines, des travailleurs, ou des deux.

7. On veut empêcher que le niveau d'activité des installations de l'entreprise varie et que les fournisseurs portent le fardeau des fluctuations de la demande.

8. On souhaite éviter de dépendre d'une source d'approvisionnement unique.

9. Des considérations liées à la concurrence, au contexte sociopolitique ou à l'environnement peuvent contraindre une entreprise à fabriquer un bien même si elle préférerait l'acheter. Ainsi, lorsqu'un de ses concurrents acquiert une source d'approvisionnement ou une matière première clé, une entreprise peut avoir à l'imiter. D'autre part, nombre de pays exigent qu'on procède chez eux à une partie de la transformation des matières premières qu'on y achète. Une entreprise située dans une région où le taux de chômage est élevé décide parfois de fabriquer elle-même certains articles pour aider à contrer cette situation. Il arrive également qu'une entreprise doive faire subir un traitement plus poussé à certains produits secondaires pour les rendre acceptables du point de vue environnemental. Dans chacune de ces situations, le coût ne l'emporte pas toujours sur les autres éléments à considérer.

10. Il existe enfin une raison d'ordre purement émotif, soit la fierté que certains dirigeants semblent retirer de la taille de leur entreprise.

Les risques liés à la décision de fabriquer

On peut donc citer une longue liste de raisons justifiant, lorsque les circonstances s'y prêtent, qu'une entreprise fabrique elle-même certains articles ou assure elle-même divers services plutôt que de les acquérir. Cette décision comporte toutefois certains risques liés aux aspects suivants.

1. L'entreprise ne possède pas toujours l'expérience administrative ou technique nécessaire pour produire les articles requis.

2. Une capacité de production excédentaire peut la contraindre à entrer sur le marché et même à concurrencer ses anciens fournisseurs. Or, cet état de choses pourrait nuire aux relations qu'elle entretient avec d'autres fournisseurs.

3. Souvent, des fournisseurs acquièrent une réputation telle qu'ils parviennent à établir chez les clients une préférence réelle en faveur de leur bien en tant que composante du produit final.

4. Le maintien de la viabilité technologique et économique à long terme d'une activité périphérique pose des difficultés.

5. Il est souvent difficile de revenir sur la décision de fabriquer. En effet, les pressions syndicales et l'inertie de la direction contribuent à préserver le statu quo.

6. Il n'est pas facile de déterminer les coûts véritables à long terme de la décision de fabriquer. Les faits observés révèlent très clairement qu'une fois que la direction s'est engagée sur la voie de l'approvisionnement par le moyen de la fabrication interne, il n'est pas difficile d'établir les coûts de cette politique de manière qu'ils justifient l'adoption initiale et le maintien de cette approche.

7. On peut s'attendre à ce que la décision de fabriquer limite le nombre des sources d'approvisionnement et des articles substituts possibles.

8. Toute entreprise doit reconnaître les activités d'ajout à la valeur qui ont pour elle une importance fondamentale, et les secteurs où elle veut se distinguer des autres. Depuis une dizaine d'années, les dirigeants acceptent de plus en plus de réévaluer les décisions prises antérieurement de fabriquer ou d'acheter, à la lumière de la situation concurrentielle actuelle.

La zone grise en ce qui concerne la décision de fabriquer ou d'acheter

Des recherches effectuées par Leenders et Nollet[1] laissent croire à l'existence d'une « zone grise », c'est-à-dire d'un ensemble de possibilités autres que la fabrication ou l'achat à 100 %. En effet, ces options intermédiaires pourraient s'avérer très utiles en permettant l'essai et l'apprentissage, sans rendre nécessaire un engagement exclusif à fabriquer ou à acheter. Dans le cas, en particulier, des services qui ne requièrent aucun investissement en matériel, il se peut qu'une organisation réalise des économies considérables si elle est à même de substituer du personnel interne peu coûteux à une aide extérieure dispendieuse, ou une main-d'œuvre extérieure peu coûteuse à un personnel interne dispendieux.

Étant donné la tendance croissante à réaliser des achats à l'extérieur ou à utiliser des sources d'approvisionnement externes, cette zone grise

---

1. Michiel R. LEENDERS et Jean NOLLET, « The Gray Zone in Make or Buy », *Journal of Purchasing and Materials Management*, automne 1984, p. 10-15.

pourrait offrir de précieuses possibilités ou de meilleures options tant aux acheteurs qu'aux fournisseurs.

□ □ □ □ □
6.3 LA SOUS-TRAITANCE

La sous-traitance constitue une option particulière liée à la décision de fabriquer ou d'acheter. Déjà courante dans le secteur militaire et le domaine de la construction, cette méthode d'approvisionnement gagne en popularité au sein d'industries aussi diverses que celles de l'électronique, du pétrole et de l'acier.

Dans sa forme la plus simple, un contrat de sous-traitance est un bon de commande portant des conditions plus explicites. Son degré de complexité et sa gestion varient selon la valeur et l'ampleur du programme à réaliser. Ainsi, la gestion d'un tel contrat peut exiger des compétences et des habiletés uniques en raison du nombre et de la nature des échanges de correspondance, des graphiques, des révisions de programme et des rapports de direction qu'elle rend nécessaire. Le mode de paiement peut aussi différer et il fait en général l'objet de négociations à l'instar de la méthode de détermination du prix et des conditions mêmes du contrat.

Le recours à la sous-traitance est approprié lorsqu'on commande des travaux qu'il est difficile de définir, qui exigeront beaucoup de temps et qui coûteront très cher. Ainsi, les constructeurs de l'industrie aéronautique obtiennent de sous-traitants plusieurs des plus volumineuses composantes structurelles et électroniques de leurs appareils, tels les trains d'atterrissage, les ailes et les radars. On utilise fréquemment ce type de sous-traitance dans l'industrie de la construction, où un entrepreneur général confie à un sous-traitant les travaux liés aux installations électriques ou à la plomberie dans le cadre d'un projet donné.

La gestion d'un contrat de sous-traitance représente une tâche complexe qu'on peut cependant mener à bien si on connaît le pourcentage de réalisations jusqu'à ce jour et si on peut prévoir les gestes à poser afin d'obtenir les résultats désirés à la fin. Ainsi, la gestion des coûts débute par la négociation d'un prix équitable et raisonnable, la sélection d'un type de contrat approprié et la mise en place d'incitatifs choisis avec soin. La gestion du calendrier nécessite, quant à elle, l'élaboration d'un plan directeur adéquat établissant un échéancier réaliste pour toutes les activités qu'exige le contrat. Au besoin, il faut donc présenter des rapports écrits clairs ainsi que des plans de redressement bien structurés. Il faut en outre procéder à un contrôle technique pour s'assurer que le produit final réponde à toutes les normes de rendement et aux spécifications établies au moment de l'octroi du contrat. De plus, toute modification apportée doit être justifiée.

6.4 LE CHOIX DES FOURNISSEURS

Dans le reste du présent chapitre, nous supposerons que la décision de traiter avec un fournisseur est toujours fondée sur un ensemble de critères raisonnables. L'art de bien acheter consiste à faire reposer cette décision sur le raisonnement le plus solide possible. Ainsi, l'acheteur prendra sa décision en fonction de la capacité d'un fournisseur à respecter les objectifs de qualité, de quantité, de livraison, de prix et de service. Compte tenu de ces objectifs en matière d'approvisionnement, les attributs d'un fournisseur qui revêtent le plus d'importance peuvent inclure : ses antécédents, ses installations et ses atouts techniques, sa situation financière, sa structure organisationnelle, sa réputation, les systèmes qu'il utilise, son respect des procédures, ses moyens de communication, ses relations avec ses employés et son emplacement. La nature et l'ampleur des achats influent évidemment sur l'importance qu'on accorde à chaque objectif, donc sur les raisons qui justifient le choix d'un fournisseur. Ainsi, pour une petite commande de circuits imprimés qui serviront à la conception d'un nouveau produit, la qualité et la rapidité de la livraison s'avéreront beaucoup plus importantes que le prix. Le fournisseur choisi devra alors jouir d'une solide réputation technique et être situé à proximité de l'entreprise pour faciliter la communication avec les ingénieurs-concepteurs. Par contre, si on a besoin d'une grande quantité de circuits imprimés pour la fabrication d'un lot, le prix deviendra un des éléments clés, alors que la rapidité de la livraison sera considérée comme un facteur secondaire.

Des études portant sur l'évaluation des risques par les acheteurs révèlent que ces derniers jugent qu'il est très risqué de passer une commande à un fournisseur avec qui ils n'ont jamais traité et qu'ils ne connaissent pas. Il faut cependant distinguer les achats courants répétitifs des acquisitions moins standard. En effet, on attribue une plus grande part de risque aux matières, aux pièces et aux équipements inconnus ainsi qu'aux achats coûteux. Les acheteurs tentent de partager ce risque avec d'autres en demandant conseil à des experts techniques, par exemple, et en se procurant de l'information additionnelle par le moyen, entre autres, d'une commande d'essai.

6.5 LES SOURCES D'INFORMATION SUR LES FOURNISSEURS

La connaissance des sources d'approvisionnement est une des qualifications premières de tout acheteur efficace. Or, certains acheteurs ne s'en remettent qu'à leur expérience et à leur mémoire en la matière. Dans de rares circonstances, cette manière de procéder peut donner satisfaction; par exemple, lorsque les besoins à combler sont extrêmement simples ou qu'un nombre limité de fournisseurs offrent l'article requis, il n'est pas nécessaire d'établir des dossiers détaillés sur les sources d'approvisionnement. Les cas de ce genre sont toutefois l'exception. Les principales sources d'information dont dispose généralement un acheteur sont les catalogues (sur papier, sur support informatique ou sur microfiches), les revues spécialisées, les publicités de divers types, les répertoires de fournisseurs et de produits, les représentants, les collègues de travail, les relations professionnelles et les dossiers du service des achats.

Les catalogues   Dans tout service des achats bien géré, on considère à juste titre qu'il est essentiel de disposer de catalogues où figure la liste des sources ordinairement connues qui offrent les plus importantes matières dont l'entreprise a besoin. La valeur de ces catalogues dépend en grande partie de leur présentation (sur laquelle l'acheteur exerce peu d'influence), de la facilité avec laquelle on peut obtenir les renseignements qu'ils contiennent et de l'utilisation qu'on en fait.

Les revues spécialisées   Les publications spécialisées constituent une autre source précieuse d'information sur les fournisseurs. Il existe des revues spécialisées d'intérêt dans tous les secteurs d'activité; les acheteurs consacrent beaucoup de temps à lire celles qui traitent du domaine où œuvre leur entreprise et celles qui concernent les industries où se trouvent ses fournisseurs et ses clients. Les acheteurs mettent ces périodiques à contribution de deux manières. D'une part, ils étudient le texte en vue d'accroître leurs connaissances générales et de découvrir de nouveaux produits et des matières substituts qu'ils pourraient acquérir. Les échos qu'on y rapporte leur procurent en outre des renseignements sur les fournisseurs et leur personnel. D'autre part, ils lisent attentivement les annonces publicitaires qu'on y trouve, une habitude profitable commune à tous les acheteurs avisés.

Les répertoires commerciaux   Autre source d'information utile, les répertoires commerciaux contiennent une liste des principaux manufacturiers et indiquent leur adresse, le nombre de leurs succursales, leurs affiliations et parfois même leur situation financière ou leur position dans le secteur d'activité. De plus, on y trouve les diverses appellations commerciales des articles disponibles sur le marché ainsi que le nom de leurs fabricants. Y apparaît également une liste ordonnée des matières, des fournitures, des équipements et d'autres articles offerts sur le marché, dont chaque entrée s'accompagne du nom et de l'emplacement des sources d'approvisionnement possibles. La consultation de ces répertoires peut se faire à partir du nom d'un produit, d'un fabricant ou d'une appellation commerciale.

Les répertoires courants de ce genre, tels le *Thomas' Register of American Manufacturers*, le *MacRae's Blue Book*, le *Fraser* et les publications Kompass en Europe, s'avèrent utiles; il existe aussi des répertoires plus spécialisés. L'annuaire téléphonique, dans la section des «pages jaunes», offre quant à lui la liste des fournisseurs locaux.

Les représentants   Les représentants constituent parfois l'une des plus précieuses sources d'information disponibles en ce qui a trait aux fournisseurs, aux types de produits et à leur secteur d'activité en général. C'est pourquoi un acheteur vigilant se fera un devoir de rencontrer le plus grand nombre possible de représentants, sans toutefois négliger ses autres tâches. Il importe d'établir de bonnes relations avec un fournisseur, ce qui exige au départ l'adoption d'une attitude amicale, courtoise, sympathique et franche envers ses représentants. L'acheteur doit en outre s'efforcer de ne pas perdre de temps.

La plupart des entreprises ont élaboré certaines politiques et lignes directrices concernant les relations entre le personnel des achats et les représentants des fournisseurs. Les associations de gestionnaires des achats et des matières ont en outre adopté, dans beaucoup de pays, leur propre code de déontologie régissant les relations entre les fournisseurs et les acheteurs. Tous ces codes se fondent sur la nécessité, pour chaque partie, de traiter l'autre en respectant les préceptes éthiques afin que leurs transactions reposent sur des bases solides. Ils insistent par conséquent sur la courtoisie, l'honnêteté et l'équité, en plus d'inciter les acheteurs à se comporter d'une manière qui reflète les désirs de leur organisation.

Ainsi, on exige normalement qu'un acheteur reçoive tout représentant sans délai, qu'il fasse des déclarations honnêtes, qu'il passe en revue tous les éléments du processus d'acquisition afin d'en assurer une bonne compréhension, qu'il ne demande une proposition de prix à un fournisseur que si ce dernier a une chance raisonnable d'obtenir le contrat, qu'il maintienne la clarté et l'impartialité des spécifications, qu'il entretienne une concurrence équitable, qu'il respecte la confiance des fournisseurs qui lui transmettent des renseignements confidentiels, qu'il n'abuse pas des erreurs commises par les représentants, qu'il aide les fournisseurs à résoudre tout problème et qu'il négocie rapidement une solution équitable en cas de litige. On s'attend de plus à ce qu'un acheteur ait l'obligeance de fournir une explication raisonnable lorsqu'il rejette une soumission (sans toutefois divulguer des renseignements confidentiels), qu'il réponde à toute lettre sans délai et qu'il s'occupe promptement des échantillons, des essais et des rapports en offrant une information complète et véridique. Enfin, tous les codes de déontologie adoptés insistent sur la nécessité pour l'acheteur de ne contracter à l'égard des représentants aucune obligation qui n'est pas strictement liée aux affaires.

Certains représentants essaient à l'occasion de contourner le service des achats, croyant y gagner à agir de cette manière. De telles manœuvres sont regrettables à tous points de vue. En effet, advenant qu'un fournisseur obtienne une commande à l'insu du service des achats et sans son approbation, il pourrait en découler des dissensions à l'intérieur de l'entreprise de même qu'une certaine rancœur contre le représentant concerné. Un gain à court terme pourrait ainsi se transformer en une perte à long terme.

Les fichiers des fournisseurs et des marchandises   Le fichier se rapportant aux fournisseurs contient leur adresse et certaines données relatives aux commandes qui leur ont déjà été accordées, à leur compétence générale, à leur fiabilité et à leur volonté de répondre aux besoins particuliers de l'entreprise, ainsi que toute autre information pertinente susceptible d'être utile à l'acheteur. Le fichier des marchandises, où l'on classe l'information relative aux produits, offre aussi une aide précieuse. Les renseignements qui s'y trouvent portent sur les sources dont on a obtenu un produit par le passé, et s'accompagnent à l'occasion du prix payé, du lieu d'expédition et d'un renvoi au fichier des fournisseurs.

Les visites chez les fournisseurs   Certains cadres du domaine de l'approvisionnement jugent particulièrement utile de rendre visite à un fournisseur, même lorsqu'ils n'ont aucun point litigieux à résoudre avec lui. En effet, lors de ces visites amicales, le directeur des achats peut discuter avec des cadres supérieurs au lieu de ne rencontrer que la personne directement responsable du traitement d'une plainte. Ces visites contribuent au maintien de bonnes relations à tous les échelons de la direction et révèlent parfois beaucoup de choses qui passeraient peut-être inaperçues en ce qui touche aux projets d'avenir d'un fournisseur.

Les échantillons   Un représentant chargé de vendre un nouveau produit incite souvent un acheteur à accepter un échantillon à des fins d'essai. On doit s'interroger sur la nature des échantillons à accepter, la manière de les soumettre à un essai significatif, la détermination de celui qui devrait en assumer le coût et la nécessité de communiquer les résultats au fournisseur. C'est pourquoi on réfléchit parfois longtemps à la manière d'aborder ce qu'on pourrait appeler le « problème des échantillons ».

Les collègues de travail   Certains membres de l'organisation qui n'œuvrent pas au service des achats peuvent souvent apporter une information précieuse au sujet des sources d'approvisionnement possibles. Il arrive d'ailleurs que les demandes d'achat comportent un espace où le requérant peut indiquer le nom de sources possibles.

Les relations professionnelles Les professionnels du secteur des achats consultent souvent d'autres experts de leur domaine lorsqu'ils doivent choisir un fournisseur. Or, l'appartenance à une association profession-nelle comme l'ACGA (Association canadienne de gestion des achats) ou à un groupe d'achat spécialisé (du milieu hospitalier ou éducationnel, par exemple) aide à établir des relations avec d'autres approvisionneurs.

★ ★ ★ ★

Il est évident qu'on ne peut réduire le nombre des sources d'approvi-sionnement ni renoncer à traiter avec un nouveau fournisseur sans pro-céder à une étude adéquate des qualifications de chacun. Cela nécessite une enquête parfois longue et approfondie, qui peut en outre obliger l'acheteur à demander l'information voulue aux représentants des services utilisateurs ou techniques, dont ceux du génie et de la gestion de la qua-lité, des systèmes et de l'entretien.

6.6 L'ÉVALUATION DES FOURNISSEURS ACTUELS ET POTENTIELS

L'évaluation des fournisseurs compte parmi les tâches que doit sans cesse accomplir le personnel des achats. Celui-ci doit en effet établir si les four-nisseurs actuels offrent le rendement attendu. Il doit également évaluer les sources d'approvisionnement potentielles afin de déterminer s'il serait justifié d'y avoir recours. Comme la plupart des organisations tendent à réaliser une part importante de leurs achats répétitifs chez les mêmes fournisseurs, nous traiterons d'abord de l'évaluation des sources d'appro-visionnement actuelles.

L'évaluation des fournisseurs actuels

Un fournisseur compte au nombre des sources d'approvisionnement actuelles s'il a passé l'étape de la sélection préalable et s'il a reçu ultérieu-rement au moins une commande. La plupart des acheteurs répartissent les fournisseurs actuels en deux catégories. La première regroupe ceux avec lesquels l'entreprise fait affaire depuis si peu de temps qu'elle ne peut établir clairement leur valeur. La seconde catégorie englobe les fournis-seurs «en place», c'est-à-dire ceux qui ont démontré leur fiabilité. Ces deux groupes font l'objet d'une évaluation continue, tant informelle que méthodique. Il demeure néanmoins pratique courante d'accorder une attention toute spéciale aux nouvelles sources d'approvisionnement qui n'ont pas encore fait la preuve d'un rendement satisfaisant sur une longue période et dans des conditions diverses sur le marché.

L'évaluation informelle   On procède à une évaluation informelle en jaugeant les contacts directs qui s'établissent entre les fournisseurs et le personnel des divers services de l'entreprise qui achète. Les employés de l'approvisionnement peuvent ainsi demander à d'autres membres de l'organisation comment vont les choses avec tel ou tel fournisseur. De plus, les propos entendus lors de rencontres professionnelles ou de conférences ainsi que les informations obtenues par le biais des médias peuvent aider à vérifier et à comparer les impressions personnelles.

Cependant, à mesure que la taille de l'organisation acheteuse augmente, il devient nécessaire de structurer davantage l'évaluation des sources d'approvisionnement actuelles.

Les rencontres des dirigeants   Un moyen simple de procéder à une évaluation semi-structurée consiste en une réunion annuelle à laquelle participent les cadres supérieurs de l'entreprise qui achète et de celle qui vend. En règle générale, on n'organise ce genre de rencontre qu'avec les dirigeants des principaux fournisseurs qui répondent à des besoins de premier plan. La présence de cadres supérieurs des deux entreprises donne du poids à la rencontre et permet d'aborder divers sujets (tels le rendement antérieur, les attentes futures, les tendances économiques, sociales et technologiques, les plans à long terme) dans le contexte de la direction générale. C'est normalement le responsable de la fonction matières qui s'occupe d'organiser les réunions de ce genre et d'y inviter les cadres concernés. Ces tables rondes peuvent aider à consolider les liens qui existent entre les deux organisations à un niveau supérieur; de plus, elles peuvent apporter, tant à l'acheteur qu'au fournisseur, des renseignements inestimables lorsqu'elles se répètent. Ces rencontres se tiennent généralement chez l'entreprise qui achète.

Bien sûr, on ne peut organiser qu'un nombre limité de réunions de ce genre. Des tables rondes équivalentes regroupant des cadres intermédiaires et des fournisseurs de moindre importance se révèlent également très utiles. Elles permettent à l'acheteur et au fournisseur de faire régulièrement le point dans un contexte plus large que celui des rapports habituels axés sur les commandes en cours.

L'évaluation méthodique   Lorsqu'on évalue les sources d'approvisionnement actuelles, il faut se demander jusqu'à quel point un fournisseur a satisfait aux attentes. À mesure qu'on reçoit les commandes, on peut établir si un fournisseur a répondu aux exigences concernant la qualité, la quantité, le prix, la livraison de même que le service, et s'il a respecté les autres conditions fixées. La plupart des systèmes d'évaluation des fournisseurs visent à déterminer le rendement réel au fil du temps. De ce fait, ils permettent d'adopter des mesures correctrices au besoin. En outre, lorsque vient le moment de renouveler une commande, on peut examiner les antécédents du fournisseur pour décider s'il convient ou non de retenir à nouveau ses services.

Dans beaucoup d'entreprises, on n'envisage de passer les commandes futures qu'aux fournisseurs certifiés. En conséquence, on procède à une évaluation approfondie de la qualité, du rendement et des autres attributs des fournisseurs.

Il est relativement facile d'estimer le rendement d'un fournisseur actuel au chapitre de la livraison lorsqu'on note soigneusement les engagements qu'il a pris, les faits se rapportant à la réception des commandes et les modifications apportées. Dans un système de juste-à-temps, le non-respect des promesses de livraison se révèle tout aussi désastreux qu'une qualité insatisfaisante, d'où la nécessité de surveiller étroitement le rendement.

C'est peut-être l'évaluation de la qualité du service offert par les fournisseurs qui fait le plus appel au jugement. On doit en effet obtenir l'opinion de divers intervenants concernant, entre autres, l'attitude du fournisseur, la qualité de l'aide technique qu'il offre, le temps requis pour répondre à toute demande d'assistance et la compétence de son personnel de soutien. Pour ce faire, on utilise habituellement un système de notation assez simple, telle une échelle de satisfaction (par exemple « excellent », « acceptable », « médiocre »), puis on demande une explication à propos des incidents particuliers qui sont à l'origine de la mention attribuée.

Le système de notation pondérée   Certaines entreprises mettent tous leurs fournisseurs sur un pied d'égalité en attribuant un certain nombre de points et une échelle de valeurs à chaque élément et à chaque note. Cette méthode permet en particulier de comparer plusieurs sources dont on se procure un même bien ou service. On peut alors récompenser les fournisseurs dont le rendement est exceptionnel par un plus grand volume d'achats et réduire l'ampleur des commandes passées à ceux qui laissent à désirer, ou même cesser de faire affaire avec eux. Le tableau 6.1 présente le système de notation relativement simple qu'une entreprise de taille moyenne qui fabrique de l'équipement d'emballage emploie pour évaluer le rendement de ses fournisseurs de pièces moulées et de composantes de machines.

TABLEAU 6.1   Système d'évaluation pondérée des fournisseurs

Élément à considérer	Poids relatif	Procédé de mesure	Rendement du fournisseur au cours des 12 derniers mois	Note accordée
Qualité	40	Soustraire 5 % pour tout 1 % de défauts	Taux de défauts : 0,8 %	$\dfrac{40(100 - (0,8 \times 5))}{100} = 38,4$
Livraison	30	Soustraire 1 % par jour de retard	Retard moyen : 3 jours	$\dfrac{30(100 - (3 \times 1))}{100} = 29,1$
Prix	20	$\dfrac{\text{Plus bas prix payé}}{\text{Prix demandé}}$	$\dfrac{46\ \$}{50\ \$}$	$\dfrac{20 \times \dfrac{46}{50} \times 100}{100} = 18,4$
Service	10	Bon = 100 % Passable = 70 % Mauvais = 40 %	Passable = 70 %	$\dfrac{10(70)}{100} = 7,0$
Total des points	100			Note totale du fournisseur 92,9

Le choix des éléments à considérer, de la pondération et du procédé de mesure doit évidemment faire l'objet d'une longue réflexion pour que le système de notation établi permette de reconnaître les meilleurs fournisseurs, en tenant compte des priorités de l'entreprise quant au type de produits en cause. Les éléments, la pondération et les mesures sélectionnés doivent en effet varier d'une catégorie de produits à l'autre selon l'importance relative qu'accorde l'entreprise à chacune d'elles.

Il est évident que la plupart des entreprises surveillent leurs principaux fournisseurs de beaucoup plus près qu'elles ne le font pour les fournisseurs de moindre importance. Certaines entreprises établissent même une catégorie spéciale regroupant tous les biens ou services qui proviennent des fournisseurs dont le rendement inadéquat pourrait causer de graves problèmes. En présence d'un système entièrement informatisé, il convient d'enregistrer toutes les données relatives au rendement des fournisseurs à mesure qu'on reçoit les commandes. L'acheteur devrait en outre avoir directement accès à cette information pour être en mesure d'évaluer à tout moment le rendement d'un fournisseur. Par ailleurs, on doit lui indiquer périodiquement où il se classe au chapitre du rendement; le fait de savoir qu'il a obtenu une note inférieure à celle d'un concurrent amène souvent un fournisseur à prendre des mesures pour améliorer son rendement.

L'évaluation des fournisseurs potentiels

Évidemment, il est bien plus facile d'évaluer un fournisseur actuel qu'une source d'approvisionnement potentielle. Comme il faut souvent beaucoup de temps et de ressources pour enquêter sur un fournisseur possible, il est préférable de se limiter à ceux qui ont franchi l'étape de la présélection et à qui on envisage de passer une commande importante. Si un fournisseur éventuel fait concurrence à un fournisseur actuel, le rendement du premier doit être supérieur au rendement du second.

Les principaux éléments à considérer lors de l'évaluation d'une source d'approvisionnement potentielle sont sa capacité technique, ses aptitudes en matière de fabrication ou de distribution, sa situation financière et sa capacité de gestion.

Nous avons déjà mentionné qu'il est d'usage de passer des commandes d'essai pour vérifier la capacité d'un fournisseur. Quelle que soit la popularité de cette pratique, elle n'est pas révélatrice de la capacité ni de la fiabilité d'un fournisseur éventuel. Même lorsqu'un fournisseur s'acquitte d'une commande d'essai de manière satisfaisante, il arrive qu'il ne constitue pas une source d'approvisionnement acceptable à long terme.

L'évaluation d'un fournisseur potentiel doit permettre de répondre à deux questions clés :

1. Ce fournisseur peut-il répondre aux besoins de l'acheteur de manière satisfaisante à court et à long terme ?

2. Qu'est-ce qui incite ce fournisseur à satisfaire les besoins et les exigences de l'acheteur à court et à long terme ?

La première question relève, dans une large mesure, du domaine technique ; par contre, la seconde touche à l'aspect humain. Pourquoi le personnel du fournisseur concerné accorderait-il une attention particulière aux besoins de l'acheteur ?

L'évaluation des capacités en matière de techniques, de génie et de fabrication On choisit vraisemblablement un fournisseur plutôt qu'un autre en raison de sa force dans les domaines qui revêtent de l'importance pour l'acheteur. Ainsi, la capacité d'un fournisseur en matière de techniques, de génie et de fabrication détermine, entre autres, sa capacité de produire des biens de qualité. Il arrive que son service de fabrication ait une capacité insuffisante pour répondre à la demande, qu'il ne dispose pas de l'espace nécessaire pour prendre de l'expansion ou qu'il ne présente pas l'adaptabilité requise pour satisfaire à un éventail de besoins. L'évaluation du fournisseur doit donc tenir compte non seulement de sa capacité actuelle, mais aussi des aptitudes qu'il développera. Il n'y a que les très grandes entreprises qui disposent d'un personnel de l'approvisionnement ou de la gestion des matières suffisamment qualifié pour effectuer à lui seul une telle évaluation. Il est donc normal que des experts d'autres fonctions, comme ceux du génie, du service utilisateur, de la production ou de la gestion de la qualité, aident l'acheteur à déterminer le potentiel d'un fournisseur en matière de techniques et de fabrication.

Si la source à évaluer est un distributeur, on insistera davantage sur sa capacité de distribution. On examinera alors la nature des ententes conclues avec les fabricants qui l'approvisionnent, sa politique en matière de gestion des stocks et sa capacité de satisfaire des besoins spéciaux. On évaluera également toute compétence technique particulière que doit posséder son personnel pour aider l'entreprise qui achète à faire le meilleur choix entre plusieurs options acceptables.

L'évaluation de la capacité de gestion et de la situation financière   Si on privilégie les sources d'approvisionnement uniques pour une longue période et si on s'intéresse davantage à la planification des besoins-matières et au juste-à-temps, l'évaluation de la capacité de gestion d'un fournisseur potentiel est cruciale. L'acheteur devra donc chercher à savoir si le mode de gestion adopté par un fournisseur constitue un handicap ou un atout. Pour ce faire, il devra examiner en détail la structure organisationnelle de l'entreprise, les qualifications de ses dirigeants, les méthodes de contrôle de la gestion, le système de récompense (renforcement), les programmes de formation et de développement de la main-d'œuvre de même que les stratégies, les politiques et les procédures adoptées. Il convient également de demander aux gestionnaires du fournisseur ce qui leur fait croire qu'ils accomplissent bien leur tâche, et d'obtenir une liste de leurs réussites et de leurs échecs les plus marquants.

Toute évaluation nécessite que le fournisseur présente certains documents et que des experts de l'entreprise acheteuse se rendent sur place. Avant d'accorder des contrats importants, certaines organisations de très grande taille demandent à un groupe de travail ou à un comité spécial chargé de l'évaluation des nouveaux fournisseurs de préparer un rapport décrivant les forces et les faiblesses dans la gestion des entreprises considérées. Il se peut que cette évaluation détermine le choix du fournisseur retenu.

La situation financière d'un fournisseur est généralement révélatrice de sa capacité de répondre aux besoins de ses clients. Un acheteur qui connaît très bien la situation financière de ses fournisseurs bénéficie souvent de nombreuses possibilités de négociation. Ainsi, un paiement à l'avance ou un escompte au comptant n'intéressera pas l'entreprise qui dispose d'une encaisse importante, mais ils se révéleront très tentants pour celle dont le fonds de roulement est faible. De même, un fournisseur qui possède des stocks considérables est parfois en mesure d'offrir, plus que tout autre, une meilleure garantie d'approvisionnement et une plus grande protection des prix en cas de pénurie.

Parmi les éléments financiers à considérer figurent la cote de crédit, la structure du capital, la rentabilité, la capacité de verser les intérêts et les dividendes dûs, le fonds de roulement, le taux de rotation des stocks, le ratio de solvabilité à court terme et le rendement de l'actif. On suppose que la stabilité et la force financières d'une entreprise témoignent d'une saine gestion et d'un certain niveau de compétitivité. Ses états financiers représentent par conséquent une source d'information valable pour en apprendre davantage sur son rendement antérieur. Il revient cependant à l'acheteur de juger si le rendement du fournisseur concerné se maintiendra dans le futur.

L'acheteur devrait insister pour que le fournisseur remédie à certaines faiblesses, en particulier sur le plan de la gestion ou des finances. De nombreux exemples témoignent de la nécessité de choisir un fournisseur solide, puisque la survie à long terme de l'entreprise peut en dépendre. Il est fréquent que la survie d'une petite entreprise dépende de la santé, de l'âge et des habiletés de celui qui la possède et la dirige; ainsi, chaque fois que cette personne circule en automobile, l'avenir de son entreprise est remise en jeu.

6.7 LES AUTRES POINTS À CONSIDÉRER LORS DE LA SÉLECTION DES FOURNISSEURS

Pour bien comprendre les difficultés inhérentes au choix final d'une source d'approvisionnement, il peut s'avérer nécessaire de considérer quelques-uns ou même l'ensemble des éléments décrits ci-après.

Les achats effectués chez un fournisseur unique

L'acheteur devrait-il s'approvisionner chez un seul fournisseur ou chez plusieurs? Il n'existe aucune réponse satisfaisante à cette question, puisque le meilleur choix à faire dépend des circonstances.

Voici, en bref, les raisons pour lesquelles on s'approvisionne chez un seul fournisseur.

1. Des engagements préalables, des transactions antérieures fructueuses ou un contrat à long terme liant l'entreprise à un fournisseur unique éliminent parfois toute possibilité de diviser une commande.

2. Il arrive qu'un fournisseur soit le détenteur d'un brevet ou d'un processus exclusif, ce qui en fait la seule source d'approvisionnement possible. Dans ce cas, l'acheteur ne peut recourir qu'à une source unique s'il n'existe aucun substitut adéquat.

3. Si un fournisseur se distingue par la qualité de son produit ou l'excellence de son service, l'acheteur n'aura pas intérêt à traiter avec un autre.

4. Les très petites commandes réparties chez plusieurs fournisseurs entraînent des écritures et des frais additionnels.

5. Le regroupement des achats peut permettre d'obtenir des remises ou une réduction des frais de transport.

6. Un fournisseur se montre plus coopératif, plus intéressé et plus empressé envers un client qui réalise tous ses achats chez lui. Cet argument perd évidemment beaucoup de poids si la valeur totale des commandes est faible ou si elle ne représente, malgré son importance, qu'un infime pourcentage du chiffre d'affaires du fournisseur.

7. Si la fabrication de l'article requiert l'utilisation d'une matrice, d'un outil ou d'un moule particuliers ou nécessite une mise en route coûteuse, la reproduction de cet équipement ou la mise en route chez d'autres fournisseurs entraînera vraisemblablement des dépenses considérables.

8. Il est plus facile d'établir le calendrier des livraisons lorsqu'on passe toutes les commandes à un même fournisseur.

9. La production juste-à-temps, le système zéro-stock, les achats par contrat global et l'échange de documents informatisés procurent de nombreux avantages dont on ne peut bénéficier qu'en recourant à une source d'approvisionnement unique ou, tout au plus, à quelques fournisseurs.

10. L'établissement d'une collaboration efficace avec un fournisseur demande beaucoup de temps et de ressources. Par conséquent, il est préférable d'avoir le moins de fournisseurs possible.

11. Les entreprises japonaises ont remporté beaucoup de succès en privilégiant une source d'approvisionnement unique.

12. Une source d'approvisionnement unique permet d'établir un véritable partenariat avec le fournisseur.

En contrepartie, voici les raisons qui motivent les acheteurs à s'approvisionner chez plusieurs fournisseurs.

1. Il est d'usage pour la majorité des acheteurs d'utiliser plus d'une source d'approvisionnement, en particulier dans le cas des articles d'importance.

2. Conscients que leurs concurrents reçoivent une partie des commandes, les fournisseurs doivent s'efforcer de maintenir de bons prix et d'offrir un bon service.

3. Des sources multiples assurent un approvisionnement continu. En effet, s'il survient un incendie, une grève, une panne ou un accident

chez l'un des fournisseurs, on pourra obtenir d'une autre source l'article requis.

4. Il y a plus de chances de se procurer au moins une partie des biens requis advenant qu'une inondation, une grève des employés des chemins de fer ou tout autre événement majeur vienne perturber dans une certaine mesure les activités des fournisseurs choisis.

5. Certaines entreprises achètent de diverses sources parce qu'elles ne veulent pas devenir l'unique soutien d'un fournisseur et assumer les responsabilités qui en découlent.

6. En passant des commandes à plusieurs fournisseurs, une entreprise accroît sa flexibilité, puisqu'elle peut alors mettre à profit la capacité inutilisée de toutes ces sources plutôt que d'une seule.

7. Même lorsqu'on doit établir des relations de coopération étroites avec les fournisseurs, il est possible de se ménager des solutions de rechange. Ainsi, on peut obtenir qu'un fournisseur X se spécialise dans la production d'un article Q et seconde un fournisseur Y, qui le soutient pour l'article Q tout en se spécialisant dans la fabrication d'un produit R.

8. Il se peut qu'on doive recourir à plusieurs sources pour des raisons stratégiques telles que l'apport d'un soutien continu aux forces armées et l'assurance d'approvisionnement.

9. Les gouvernements adoptent parfois des lois qui obligent à traiter avec de petites entreprises ou avec des fournisseurs issus de minorités. Étant donné le risque élevé qu'engendrent ces exigences, on peut alors devoir recourir à plusieurs sources d'approvisionnement.

10. Il arrive qu'aucun fournisseur ne possède une capacité suffisante pour répondre aux besoins actuels ou futurs de l'acheteur.

11. On peut vouloir vérifier la capacité de nouveaux fournisseurs et de futures sources d'approvisionnement par le moyen de commandes d'essai, tout en continuant d'effectuer ailleurs la plus grande part des achats requis.

Les cadres du secteur de l'approvisionnement se préoccupent sans conteste de l'ampleur des achats à réaliser chez un même fournisseur, surtout lorsque celui-ci est de petite taille. Ils craignent qu'une interruption soudaine de leurs achats menace la survie du fournisseur, mais ils ne veulent pas réduire leur niveau d'adaptabilité en se liant à des sources dépendantes. Selon une règle empirique traditionnellement utilisée, les achats d'un même client ne devraient pas constituer plus d'une certaine proportion du chiffre d'affaires d'un fournisseur, soit 20 % à 30 %.

Si on décide de répartir une commande entre plusieurs fournisseurs, on doit s'interroger sur la manière de procéder à cette division. Les méthodes employées varient considérablement. L'une d'elles consiste à répartir le volume des achats en parts égales ; on peut aussi effectuer une part considérable des achats chez son fournisseur préféré et se procurer le reste de la quantité requise chez une ou plusieurs autres sources. Dans l'industrie des produits chimiques, entre autres, il est courant de traiter avec divers fournisseurs selon un pourcentage de la quantité totale dont on a besoin. On peut évaluer cette dernière sans nécessairement la garantir, et il arrive même qu'on n'établisse aucune quantité minimale requise. Chaque fournisseur connaît le pourcentage du volume des commandes qu'il reçoit, mais il se peut qu'il ignore l'identité de ses concurrents ou la proportion qu'obtient chacun d'eux lorsqu'on utilise trois sources ou plus. Il n'existe ni pratique communément adoptée ni méthode nettement supérieure aux autres, même si l'intérêt renouvelé qu'on porte au recours à une source unique est compatible avec plusieurs tendances actuelles, dont la recherche de la qualité et le partenariat.

Les achats effectués chez un fabricant ou un distributeur

Parfois, on doit se demander s'il vaut mieux acheter directement du fabricant ou plutôt d'un intermédiaire commercial tel qu'un grossiste, un distributeur ou même un détaillant. Cette question est souvent étroitement liée à la décision de s'approvisionner ou non auprès de sources locales. Dans les faits, elle touche essentiellement à la nature plutôt qu'à la proximité de la source à choisir.

Les services que rendent les intermédiaires commerciaux en justifient l'utilisation. Ainsi, les grossistes qui offrent les produits de divers fabricants et répartissent leurs coûts de marketing entre tout un éventail d'articles peuvent être en mesure de livrer un bien à l'usine de l'acheteur à un coût moindre, surtout lorsque son unité de vente est petite et que les clients qui se procurent le bien sont très dispersés ou que la demande est irrégulière. En outre, ils détiennent un stock parfois plus important que celui qu'un fabricant pourrait se permettre d'entreposer à sa succursale, ce qui leur permet de livrer rapidement la marchandise et de répondre aux commandes urgentes. De même, il arrive que les grossistes économisent des frais de transport en achetant des chargements complets, d'où une réduction de prix pour l'acheteur.

La population locale favorise parfois les intermédiaires. Or, les organismes publics sont tout particulièrement sujets à ce genre d'influence. De plus, il arrive que des entreprises qui vendent leurs produits grâce à un intermédiaire aient pour politique de s'approvisionner chez cet intermédiaire chaque fois que c'est possible.

Par contre, certaines grandes entreprises cherchent souvent divers moyens de contourner les intermédiaires, surtout lorsqu'elles ont besoin d'une grande quantité, que les articles livrés proviennent directement du fabricant d'origine et que le grossiste n'offre aucun service et ne déploie aucun effort pour vendre. Certaines entreprises acheteuses exploitent leur propre entreprise de commerce de gros afin de bénéficier de remises ou d'escomptes substantiels. D'autres essaient plutôt de convaincre les manufacturiers de leur offrir des remises sur quantité, une pratique semblable à celle qu'on observe dans l'industrie de l'acier.

Certaines entreprises ont tenté de trouver des sources d'approvisionnement parmi les petits fabricants qui ne possèdent pas un vaste réseau de distribution. D'autres encore ont cherché à obtenir la garantie d'un service spécial de la part d'un distributeur choisi par le moyen, entre autres, d'une entente selon laquelle ce dernier embaucherait deux nouveaux employés chargés exclusivement du repérage des produits et de la relance. Un accord semblable pourrait, par exemple, amener une agence de voyages à établir un de ses employés chez un acheteur afin d'améliorer le service.

Les achats par contrat global et les systèmes d'approvisionnement zéro-stock reposent en grande partie sur la concentration d'un grand nombre d'achats relativement faibles chez un même distributeur très efficace.

L'emplacement des sources d'approvisionnement

Faut-il réaliser la plus grande part des achats chez des fournisseurs locaux ou accorder peu d'importance à l'emplacement des sources choisies? La plupart des acheteurs préfèrent avoir recours à des sources d'approvisionnement locales, et nombre d'entre eux affirment être disposés, pour ce faire, à payer davantage ou à se contenter d'un degré de qualité ou de service moins satisfaisant. Il en va tout particulièrement ainsi dans le cas des plus grandes entreprises.

Une source d'approvisionnement locale peut souvent offrir un service plus fiable qu'un fournisseur éloigné. Généralement, la livraison des commandes se fait plus rapidement parce que la distance est plus courte, et les risques d'une interruption du service de transport sont moindres.

La proximité peut aussi favoriser une connaissance réciproque approfondie entre l'acheteur et le fournisseur en permettant au premier de faire connaître ses besoins particuliers, et au second de démontrer ses qualifications spéciales. Les fournisseurs locaux peuvent également faire preuve d'une plus grande adaptabilité pour satisfaire les besoins de l'acheteur, tout en possédant des installations, une expertise et une stabilité financière comparables à celles d'autres sources plus éloignées. Des raisons d'ordre économique peuvent donc inciter l'acheteur à choisir une source locale plutôt qu'un fournisseur éloigné. Lorsqu'on applique un système de production juste-à-temps, il est essentiel que l'usine du fournisseur se trouve à proximité des installations de l'acheteur. C'est pourquoi certaines entreprises (dans l'industrie automobile par exemple) incitent leurs fournisseurs à établir des usines près de leurs propres chaînes de montage.

Il existe une autre raison, tout aussi valable mais moins tangible, de choisir des sources d'approvisionnement locales. Toute entreprise doit beaucoup au milieu où elle s'est installée et d'où provient la grande majorité de ses employés. En outre, il arrive souvent qu'elle en tire une partie substantielle de son financement et qu'elle y effectue une part importante de ses ventes. C'est pourquoi les acheteurs doivent s'efforcer, lorsque c'est possible, d'encourager les fournisseurs locaux s'ils constituent une aussi bonne valeur que toute autre source établie ailleurs.

Cependant, deux éléments compliquent l'application d'une telle politique. Premièrement, la principale responsabilité du service des achats consiste à effectuer des transactions qui seront profitables pour l'entreprise ; il faut donc éviter que des décisions purement émotives l'emportent sur un jugement rationnel. Deuxièmement, il est de plus en plus difficile de définir le terme « local ». Le progrès technique a en effet modifié non seulement la taille et la répartition des bassins de population, mais aussi la structure commerciale ; en conséquence, l'étendue des marchés s'est accrue, et avec elle le nombre des sources auprès desquelles on peut s'approvisionner. De ce fait, appliqué à de nombreux produits, le qualificatif « local » signifie souvent « provincial » ou « national ».

La taille des fournisseurs

Il arrive que l'ampleur et la nature des besoins à combler déterminent l'envergure de la source d'approvisionnement ; en effet, on croit en général que la taille du fournisseur sélectionné doit être proportionnelle au volume des achats à réaliser. Les petits fournisseurs, souvent d'origine locale, se voient habituellement confier les commandes de faible volume pour lesquelles la flexibilité, le temps de réaction et la disponibilité sont plus importants que le prix. Par contre, il convient généralement de choisir un fournisseur de grande taille lorsque la quantité à acheter est substantielle et que le savoir technique, la qualité ainsi que le coût total de possession revêtent une importance capitale. Les fournisseurs de taille moyenne, quant à eux, occupent une position entre ces extrêmes. Il faut cependant se méfier des généralisations, car les exceptions ne manquent pas. Ainsi, les petits fournisseurs ont tendance à s'approprier les créneaux que les fournisseurs de grande taille ne peuvent combler ou ont préféré délaisser.

Traditionnellement, on croit que la loyauté et la qualité du service sont l'apanage des petits fournisseurs. Toutefois, nombre de grandes entreprises accordent aujourd'hui beaucoup d'attention au service à la clientèle dans le but de modifier cette perception. De plus, elles se révèlent en général plus stables et possèdent davantage de ressources, d'où l'assurance accrue d'un rendement constant en tant que fournisseurs.

Les achats effectués conjointement avec un fournisseur

Le service de l'approvisionnement acquiert à l'occasion certains articles pour un fournisseur, parce qu'il peut le faire plus efficacement que ce dernier. Dans ce cas, le fournisseur réalise des économies considérables dont l'acheteur pourra bénéficier. Ainsi, malgré les frais additionnels engagés par le service des achats, les deux parties réaliseront un gain et établiront une relation étroite qui permettra à l'acheteur d'en apprendre davantage sur les coûts de production du fournisseur et d'établir s'il verse ou non un prix équitable pour les produits qu'il acquiert. Toutefois, lorsqu'une entreprise demande une soumission à divers fournisseurs, il n'est pas rare que ces derniers consultent à leur tour des intervenants du marché des matières pour connaître les prix en vigueur et les quantités disponibles. Ainsi, advenant que six fournisseurs soumissionnent une même commande, la demande d'information préliminaire quant aux matières requises se trouvera multipliée par six.

Les achats effectués pour le personnel

Une autre difficulté que rencontrent la plupart des services de l'approvisionnement consiste à établir s'ils ont le droit d'utiliser leurs ressources pour procurer aux employés ou aux cadres de l'entreprise certains produits que ces derniers ne pourraient obtenir à d'aussi bonnes conditions s'ils les achetaient eux-mêmes. Beaucoup d'entreprises, en plus d'offrir à leurs employés une remise substantielle sur le prix de leurs produits et de leur permettre d'acheter au prix coûtant tout ce qu'elles acquièrent elles-mêmes pour leur propre usage, donnent également la possibilité d'obtenir des articles qu'elles ne fabriquent pas elles-mêmes et qu'elles n'utilisent pas.

Toute entreprise devrait au moins fournir l'indispensable à ses employés, surtout dans les villes minières et forestières. En outre, en permettant la réalisation d'achats pour les employés, l'entreprise est à même d'augmenter leur salaire réel à un coût minime ou nul. Une telle politique peut également accroître la loyauté des employés envers l'entreprise en plus de compter au nombre des avantages sociaux. Généralement, les employés jugent qu'ils ont droit à tous les avantages ou à toutes les compensations que l'entreprise est en mesure de leur procurer. D'autre part, sans tenir compte de ce qu'il pense d'une telle pratique, le responsable de l'approvisionnement se sent souvent obligé d'accorder son aide à un cadre supérieur qui veut obtenir une remise sur un quelconque article.

Toutefois, beaucoup d'entreprises refusent catégoriquement d'adopter une telle politique d'achat. En effet, il faut s'interroger sur les économies réelles qui en découlent lorsqu'on compare le prix payé à celui que demande un magasin à succursales multiples, un supermarché ou tout autre lieu de distribution à bon marché. Il se peut en outre qu'une telle politique engendre un certain ressentiment, puisque les détaillants ordinaires jugent alors que l'entreprise leur fait directement concurrence ou qu'elle exerce à tout le moins une pression sur eux pour qu'ils accordent une remise à ses employés. Malheureusement, peu de gens savent à quel point il est difficile pour le service de l'approvisionnement de traiter les nombreuses demandes d'achats personnels de faible ampleur; il s'agit là d'une tâche ingrate qui exige beaucoup de temps.

Les préoccupations sociales, politiques et environnementales

Des considérations autres qu'économiques peuvent exercer une influence considérable sur les décisions relatives aux sources d'approvisionnement. Mentionnons les préoccupations sociales, politiques et environnementales.

Les préoccupations sociales   L'approvisionnement permet parfois de remédier à certains problèmes sociaux. Une entreprise peut ainsi aider à l'embauchage des toxicomanes, des anciens prisonniers, des handicapés physiques ou des déficients mentaux en se procurant certains produits ou services des organismes sociaux qui les emploient. De même, elle peut choisir de traiter avec des fournisseurs établis dans certaines régions caractérisées par un faible niveau de revenu ou un taux de chômage élevé.

La plupart des entreprises ont conscience des possibilités et des problèmes liés à la réalisation d'achats auprès de sources choisies selon des critères sociaux. Cependant, il n'est pas facile pour un directeur des achats réaliste, habitué à choisir des sources standard relativement sûres et de bonne réputation dans un climat fortement concurrentiel, d'accepter le risque élevé que comporte la sélection d'un fournisseur de ce type. La plupart des gestionnaires de l'approvisionnement s'entendent pour dire que les transactions doivent être justifiables du point de vue commercial et que toute entente conclue par pure charité s'effondre tôt ou tard. On ne peut guère s'attendre à la réalisation de progrès notables si le personnel des achats ne prend pas l'initiative de chercher les fournisseurs susceptibles d'avoir un potentiel raisonnable. En effet, trop de sources d'approvisionnement sont de faible taille, disposent de peu de ressources et s'y connaissent peu en marketing. C'est pourquoi il est essentiel de reconnaître les faiblesses de ces fournisseurs et d'être disposé à leur venir en aide. En règle générale, les sources d'approvisionnement de ce type présentent un caractère local, ce qui permet de demeurer en contact avec elles, de les surveiller de près et de les appuyer au cours de leur phase de développement.

Les préoccupations politiques La question fondamentale sur le plan politique est de savoir si l'on doit envisager la fonction achat comme un moyen de favoriser l'atteinte d'objectifs politiques. Les organismes publics subissent depuis longtemps des pressions à cet égard. Ainsi, nombre de gouvernements municipaux et provinciaux exigent de leurs responsables des achats qu'ils traitent avec des fournisseurs de l'endroit. Le gouvernement canadien a aussi tenté d'obtenir du ministère des Approvisionnements et Services qu'il distribue ses achats à travers le pays, selon la répartition de la population. À des fins militaires, le gouvernement américain travaille pour sa part depuis longtemps à soutenir et à créer des fournisseurs nationaux dans le but de garantir l'approvisionnement en cas de conflit armé. Cependant, une question se pose toujours: quelle doit être l'ampleur du supplément à verser pour se conformer aux directives politiques?

Des considérations politiques existent également dans le secteur privé. Une entreprise devrait-elle appuyer les objectifs politiques et économiques du gouvernement en place? Les autorités exigent généralement qu'une partie des biens acquis lors d'une transaction majeure soit d'origine nationale. Dans le domaine de l'aéronautique et des télécommunications, par exemple, l'approbation de toute commande passée à l'étranger repose fréquemment sur la conclusion d'un accord satisfaisant pour l'octroi de contrats de sous-traitance dans le pays d'origine du client. Il est intéressant de noter que les gouvernements ne craignent pas de s'aventurer là où l'industrie privée n'a pas le droit de le faire.

D'autre part, les entreprises multinationales sont souvent implantées dans des pays où les orientations politiques diffèrent. Ainsi, pendant de nombreuses années, les entreprises américaines se virent interdire de traiter avec l'ex-URSS et Cuba. Cependant, leurs filiales établies à l'étranger subirent d'énormes pressions nationales les incitant à exporter vers Cuba ou l'ex-URSS les mêmes produits que leur société mère n'avait pas le droit d'expédier à partir des États-Unis. La même chose s'applique à la réalisation d'achats dans les pays avec lesquels le gouvernement ne favorise pas les échanges. Il arrive souvent que les filiales canadiennes établies à l'étranger fassent l'objet de pressions contraires : le gouvernement local désire encourager les achats locaux, et les autorités canadiennes incitent la société mère ou ses fournisseurs à exporter. Étant donné l'ampleur croissante du rôle joué par le gouvernement dans toutes les sphères de l'activité économique, on peut s'attendre à ce que les difficultés de ce genre se multiplient. Or, il n'est pas facile de les surmonter ; il faut démontrer beaucoup de tact et de compréhension pour y parvenir.

Les préoccupations environnementales   Des considérations environnementales influent sur toutes les phases du cycle d'approvisionnement, de la définition des besoins à l'élimination des rebuts. Depuis quelques dizaines d'années, la population reconnaît de plus en plus qu'on doit viser l'objectif idéal d'un effet nul sur l'environnement. Il importe donc d'examiner avec soin le rôle que doit jouer le service de l'approvisionnement pour aider à la réalisation de cet objectif.

Une première difficulté consiste à déterminer si on doit continuer d'acquérir des matières, des produits ou des équipements susceptibles d'avoir un impact direct ou indirect sur l'environnement. Le personnel des achats devrait-il mentionner les enjeux liés à l'environnement alors que d'autres services à l'intérieur de l'entreprise ne le font pas ?

Un second problème consiste à établir s'il est indiqué de traiter avec des sources nationales ou étrangères, sachant que leurs méthodes nuisent à l'environnement. On peut éviter de se prononcer en rejetant la responsabilité de cette décision sur l'État. Il suffit alors d'affirmer qu'une telle pratique est acceptable, puisque les autorités ne l'interdisent pas. Cependant, le service des achats doit considérer le fait que le gouvernement peut obliger un fournisseur pollueur à interrompre ses activités à court terme, ce qui remettrait en cause l'assurance d'un approvisionnement.

Prenons l'exemple des matériaux d'emballage. Leur élimination soulève d'énormes difficultés aux États-Unis, où on en jette environ 60 millions de tonnes par année réparties comme suit : papier, 50 % ; verre, 22 % ; métaux, 11 % ; plastiques, 12 %. L'Environmental Protection Agency a d'ailleurs dressé une liste des mesures à adopter, par ordre de priorité, pour combattre ce problème :

– la réduction à la source, c'est-à-dire la conception ou l'emploi d'emballages moins volumineux et la diminution de leur utilisation ;

– la récupération, qui amène l'utilisation répétée d'un même emballage ou d'un même contenant ;

– le recyclage, par lequel on reconvertit ces matériaux en matières premières ;

– l'incinération, qui permet de récupérer l'énergie, mais qui contribue à la pollution par le gaz carbonique;

– l'enfouissement, qui nécessite cependant des espaces d'entreposage et le transport des déchets, et qui peut endommager les sols et les cours d'eau.

Les fournisseurs peuvent évidemment contribuer grandement à la résolution de ces problèmes en aidant à réduire au minimum les effets nocifs pour l'environnement qu'engendrent les produits acquis par les acheteurs et leurs clients (*voir également le chapitre 9*). Nombre d'entreprises ont déjà confié à leur service de l'approvisionnement un rôle d'agent d'information en ce qui concerne le traitement des déchets et des matières dangereuses, et ce pour établir un lien entre les individus, les fonctions et les fournisseurs concernés par les effets possibles de cette activité sur l'environnement[2].

On ne cesse d'adopter de nouveaux règlements en matière de protection de l'environnement pour rendre les normes plus strictes et s'attaquer à de nouveaux problèmes. On exige, par exemple, que les fabricants d'appareils ménagers, d'automobiles et d'autres biens du même genre conçoivent leurs produits de manière à en faciliter le démontage pour pouvoir récupérer les composantes utiles. Toutefois, cette tâche se révèle particulièrement ardue dans le cas des véhicules automobiles en raison des normes établies par l'État pour diminuer la consommation d'essence. Ces normes ont en effet amené les constructeurs d'automobiles à réduire le poids de leurs voitures en remplaçant certaines pièces métalliques facilement recyclables par des composantes en plastique plus légères, mais difficilement récupérables.

□□□□□ 6.8 L'ÉTHIQUE PROFESSIONNELLE

Acheter un bien ou un service consiste à l'obtenir contre paiement. Étant donné l'ampleur des sommes en cause, il est essentiel d'adopter une éthique rigoureuse lors de toute transaction liée au processus d'approvisionnement. Malheureusement, la présence de sommes d'argent considérables suscite toujours des tentations. Ainsi, certains fournisseurs usent de méthodes répréhensibles, tels le versement de pots-de-vin et l'offre de cadeaux de valeur, pour obtenir un contrat. Il arrive également que des

---

2. Il existe au Canada un système d'information sur les matières dangereuses utilisées au travail (SIMDUT). Voir Howard GOODFELLOW, «La législation en matière de protection de l'environnement et de santé et sécurité du travail: une vue globale», article commandité par l'Association canadienne de gestion des achats, 1989.

acheteurs sans scrupules profitent de leur situation privilégiée pour sou-
tirer des récompenses personnelles à certains fournisseurs; cette pratique
contrevient aux lois et à l'éthique professionnelle. Les fournisseurs et les
acheteurs partagent clairement la responsabilité de réprimer tout geste
contraire à l'éthique. Du côté des acheteurs, l'Association canadienne de
gestion des achats (ACGA) et la National Association of Purchasing
Management (NAPM) ont toutes deux adopté un code déontologique de
même que des principes et des normes régissant la conduite des professionnels qui en sont membres (*voir le tableau 6.2*).

La plupart des grandes entreprises ont établi, dans le cadre de leurs
politiques et de leurs procédures, des normes s'appliquant à la conduite
de leur personnel de l'approvisionnement et aux relations qu'il entretient
avec les fournisseurs. Beaucoup d'entreprises considèrent qu'elles doivent
accorder le même traitement à leurs clients, à leurs employés et à leurs
fournisseurs; en termes simples, elles stipulent que «tout client, employé
ou fournisseur de l'organisation doit être traité avec une honnêteté, une
courtoisie et une équité égales».

Les cadeaux et autres gratifications

Comment le responsable des achats doit-il réagir face au problème que
posent les invitations et les cadeaux d'une importance exagérée? Certains
vendeurs tentent en effet, par le moyen de cadeaux, de sorties et même
de pots-de-vin purs et simples, d'influencer les personnes chargées de la
sélection des fournisseurs. Ils ne limitent d'ailleurs pas leurs efforts
déloyaux au seul personnel de l'approvisionnement: ils approchent également les directeurs de projets, les superviseurs et les employés de la
production ou du génie qui sont directement responsables des décisions
relatives aux types de matières à acquérir ou qui peuvent les déterminer
dans une large mesure. En pareil cas, bien qu'aucune influence directe ne
s'exerce sur l'acheteur, la tâche de ce dernier s'en trouve compliquée. Pour
cette raison, certaines entreprises interdisent à leurs employés d'accepter
tout cadeau, aussi banal soit-il, d'un quelconque fournisseur actuel ou
potentiel.

Parfois, il s'avère difficile de distinguer les dépenses légitimes qu'un
fournisseur engage pour maintenir sa clientèle de celles qu'il réalise injus-
tement pour qu'un acheteur ait une dette envers lui. En pareil cas, il faut
faire preuve de discernement pour trancher la question.

Dans leur code de déontologie, l'ACGA et la NAPM se prononcent
résolument contre toute forme de gratification. Chaque année, toutefois,
quelques individus transgressent la règle établie, ce qui fait peser des

TABLEAU 6.2 Extrait du code de déontologie de l'ACGA

Préceptes

Les membres doivent toujours éviter de se placer dans toute situation de conflit d'intérêts. En outre, ils doivent s'appliquer à maintenir et à rehausser le prestige de la profession d'approvisionneur et de l'Association canadienne de gestion des achats, notamment:

a) En faisant constamment preuve d'une intégrité irréprochable dans toutes leurs relations professionnelles, tant à l'intérieur qu'à l'extérieur des organismes pour lesquels ils travaillent;

b) En contribuant au développement des plus hautes normes de compétence professionnelle dans leur milieu respectif de travail;

c) En utilisant avec le maximum d'efficacité les ressources dont ils sont chargés, et ce dans le meilleur intérêt de leur employeur;

d) En respectant l'esprit et la lettre:
   (i) des lois du pays où ils exercent leur fonction,
   (ii) des «Principes et normes de pratique de l'approvisionnement» et de toute autre directive semblable que l'Association peut édicter,
   (iii) de tout engagement contractuel;

e) En refusant et en dénonçant toute pratique commerciale irrégulière.

Principes directeurs

Dans l'application de ces règles fondamentales d'éthique professionnelle, les membres devraient observer les principes directeurs suivants:

a) **Divulgation d'intérêt.** Les membres devraient déclarer à leur employeur tout intérêt personnel qui, dans l'exercice de leur fonction, serait susceptible d'influer sur leur impartialité ou de fournir des motifs raisonnables de la mettre en doute;

b) **Caractère confidentiel et exactitude des renseignements.** Toute information confidentielle reçue en cours d'exercice de la fonction devrait être traitée comme telle et ne devrait jamais servir à des fins personnelles; toute information fournie pendant l'exercice du travail devrait être exacte et présentée de façon à ne pas induire en erreur;

c) **Concurrence.** Bien que le maintien de rapports suivis avec un fournisseur puisse représenter un avantage pour l'employeur, tout arrangement qui pourrait, à long terme, nuire à la bonne marche d'une concurrence loyale devrait être évité;

d) **Cadeaux d'affaires.** Afin de préserver l'image et l'intégrité des membres et de leur employeur, il est fortement déconseillé d'accepter ou d'offrir des cadeaux d'affaires, sauf certains articles de peu de valeur tels que des agendas ou des calendriers;

e) **Hospitalité.** Dans une certaine mesure, les gestes d'hospitalité constituent une forme de courtoisie acceptable dans le cadre des relations d'affaires. Toutefois, les membres ne devraient jamais se permettre d'en arriver à un point où de telles invitations pourraient les influencer dans leurs décisions ou donner l'impression qu'ils l'ont été. Les membres ne devraient pas accepter des invitations qu'ils ne pourraient rendre à un rythme et avec un déploiement semblables, compte tenu des politiques de leur employeur en matière de remboursement de frais de représentation;

f) En cas de doute quant à l'opportunité d'accepter des cadeaux ou des invitations, les membres devraient s'abstenir ou demander conseil à leur supérieur.

soupçons sur l'ensemble de la profession. Une part du blâme revient manifestement à ceux qui usent de leurres pour obtenir un contrat.

Prenons l'exemple d'un représentant qui rend visite à un acheteur et l'invite à dîner pour se montrer courtois ou pour discuter d'une transaction sans perdre de temps. On suppose qu'il agit ainsi pour maintenir de bonnes relations, même si le coût de ce repas s'ajoute au prix de vente des articles. Le vendeur remet aussi à l'acheteur un cadeau décoratif, mais peu coûteux, pour qu'il le place en évidence sur son bureau. Le nom du fournisseur apparaissant sur cet objet, on juge alors qu'il constitue un véhicule publicitaire. Une fois la transaction conclue, le représentant envoie à l'acheteur une bouteille de vin ou des billets pour assister à une rencontre sportive.

Il n'y a qu'un pas entre agir de la sorte et inviter un client éventuel à un souper suivi d'une soirée au théâtre. En effet, l'habitude d'offrir des choses de peu de valeur peut déboucher sur la remise de cadeaux beaucoup plus coûteux. Il est difficile d'établir ce qu'on peut ou non accepter. Dans certaines entreprises, il est de mise que le directeur de l'approvisionnement ou les acheteurs déclinent les invitations à dîner des représentants, ou insistent à tout le moins pour régler la note aussi souvent que ces derniers.

En plus des conséquences économiques, les pots-de-vin dans le secteur commercial sont à l'origine de nombreuses poursuites juridiques. Les décisions rendues par les tribunaux reposent essentiellement sur la doctrine du mandant et du mandataire. On interdit tout abus de confiance de la part du mandataire, que la loi reconnaît depuis toujours comme le dépositaire de l'autorité du mandant. Par conséquent, tout mandataire contrevient à la loi lorsqu'il accepte de poser un geste contraire aux intérêts du mandant en échange d'un pot-de-vin.

Les pots-de-vin ont des conséquences néfastes d'une portée beaucoup plus grande qu'il n'y paraît de prime abord. Il suffit qu'une seule entreprise accepte initialement un pot-de-vin pour qu'ils deviennent pratique courante dans l'ensemble de l'industrie. De ce fait, un fabricant aura beau offrir un produit de qualité supérieure et des prix avantageux, il éprouvera vraisemblablement beaucoup de difficulté à concurrencer les entreprises qui usent de pots-de-vin. Il est presque certain que le prix versé par un acheteur qui accepte un pot-de-vin sera plus élevé qu'il ne le serait autrement. On peut également s'attendre à ce qu'un acheteur ayant accepté un pot-de-vin à l'insu de son employeur passe outre aux défauts de fabrication et à l'absence de qualité. Il arrive même que des acheteurs endommagent ou détruisent des matières pour faire paraître inacceptables les produits de certains fabricants qui n'offrent pas de pots-de-vin.

La pratique des pots-de-vin est illégale en Amérique du Nord, mais dans d'autres parties du monde elle est conforme aux usages. Les faits étonnants mis au jour au sujet des pots-de-vin liés à la vente d'avions américains à d'autres pays, au milieu des années 70, démontrèrent malheureusement jusqu'à quel point les pratiques de ce genre sont répandues.

Les relations commerciales

Dans quelles circonstances faut-il établir des relations commerciales, ou de réciprocité? On peut définir la réciprocité d'une manière pratique mais imprécise en disant qu'elle consiste, pour une entreprise, à s'approvisionner de préférence chez les fournisseurs qui sont ses clients. Les responsables de l'approvisionnement ne s'entendent pas sur l'importance à accorder à cette pratique si on suppose que les conditions relatives au prix, au service et à la qualité sont sensiblement les mêmes.

L'argumentation présentée contre toute généralisation de la réciprocité se fonde sur l'idée qu'elle va à l'encontre des principes de vente et d'achat. En effet, le maintien d'une relation client-fournisseur ne doit reposer que sur la conviction de l'acheteur que le produit d'un vendeur particulier répond le mieux à ses besoins et offre la meilleure valeur possible, toutes choses considérées. En règle générale, un fournisseur qui utilise la réciprocité à titre d'argument croit que l'acheteur est prêt à faire des concessions sur le plan du prix, de la qualité ou de la livraison.

Les gouvernements ont souvent recours à une forme de réciprocité à l'échelle internationale. Ainsi, pour obtenir un contrat gouvernemental, une entreprise étrangère devra respecter certaines exigences strictes quant à la proportion des achats d'origine locale. Pour décrocher ce contrat, l'entreprise n'a alors d'autre choix que de se créer de nouvelles sources d'approvisionnement, ce qui engendre fréquemment des coûts substantiels. En outre, les contrats de ce type donnent souvent lieu au troc, l'acheteur insistant pour payer le fournisseur en matières premières ou en biens de fabrication locale.

□□□□□
6.9 LES RELATIONS ENTRE L'ACHETEUR ET LE FOURNISSEUR

Lorsqu'une entreprise fournit des biens ou des services à une autre, la nature des relations existant entre elles exerce une influence déterminante sur la valeur globale et le niveau de satisfaction du client. C'est pourquoi le service de l'approvisionnement ne doit pas se contenter d'acquérir des biens et des services contre paiement, mais doit aussi gérer les relations entre l'acheteur et les fournisseurs.

La présente section traite de la qualité et de la gestion des relations entre l'acheteur et le fournisseur. Elle propose également un modèle de satisfaction s'appliquant à ces relations, et considère les avantages découlant de la réduction du nombre de fournisseurs.

La qualité des relations avec le fournisseur

La sélection de bonnes sources d'approvisionnement permet d'atteindre un niveau de qualité élevé dans l'immédiat et contribue, avec une vision et une planification progressistes, à en assurer l'amélioration future. De très bonnes sources d'approvisionnement procurent donc un avantage considérable à toute entreprise.

On considère depuis longtemps que l'établissement de bonnes relations avec les clients représente une stratégie commerciale valable. Les vendeurs entretiennent ces relations grâce à des marques de commerce, à de vastes campagnes de publicité, à des efforts de sensibilisation, à des visites régulières effectuées par leurs représentants et à de nombreux autres moyens élaborés par les responsables du marketing. La qualité des relations entre le vendeur et ses clients est fondamentale, car elle donne lieu à l'un des principaux éléments d'actif, l'achalandage, qui constitue une valeur commerciale réelle reconnue par les tribunaux.

Selon ce même principe, une organisation qui achète doit entretenir de bonnes relations avec ses fournisseurs (ce qui représente une forme d'achalandage) et les maintenir avec autant de soin que le fait un directeur des ventes pour obtenir et conserver la faveur des clients; cette attitude permet d'éviter nombre d'erreurs coûteuses. Le fait de négliger ces relations entraîne souvent de graves conséquences. Ainsi, certaines entreprises ont été acculées à fabriquer elles-mêmes les articles qu'elles utilisent après avoir perdu leurs fournisseurs en raison d'une attitude malavisée. Comme on établit souvent un plan stratégique en supposant que les fournisseurs se montreront coopératifs, il est logique d'agir pour qu'il en soit ainsi.

Quel que soit le soin apporté à l'élaboration des calendriers par le personnel des achats, de la production ou du service utilisateur, il survient toujours des imprévus, et les besoins réels diffèrent inévitablement de ceux qu'on avait définis. Dans une telle situation, l'acheteur pourra compter sur la compréhension des fournisseurs qui attachent de l'importance à sa clientèle. Ainsi, la pénurie de nombreuses matières au cours des dernières années s'est révélée plus désastreuse pour les entreprises qui n'avaient pas pris le soin d'établir de bonnes relations avec leurs fournisseurs lorsque le marché leur était favorable.

Le manuel du service de l'approvisionnement d'une grande entreprise comporte le passage suivant:

Le service de l'approvisionnement est celui qui est le plus souvent en contact avec d'autres entreprises, à l'exception du service des ventes. Or, l'opinion que l'on acquiert d'une entreprise se fonde sur les rapports que l'on a avec ses employés. Tout acheteur peut ainsi contribuer ou nuire à la bonne réputation de l'entreprise de par les relations qu'il entretient avec les fournisseurs et leurs représentants. Une de ses principales responsabilités consiste à projeter une image favorable de l'entreprise.

Désormais, les entreprises progressistes évaluent régulièrement leurs relations avec les fournisseurs grâce à des sondages réalisés par une firme de recherche indépendante. Comme le faisait remarquer le président d'une entreprise d'électronique, «aucune entreprise ne peut faire sa marque à l'échelle mondiale si elle ne mesure pas régulièrement le niveau de satisfaction de ses principaux fournisseurs et si elle ne tente pas d'améliorer sans cesse les relations qu'elle entretient avec eux».

Fait intéressant, les enquêtes effectuées pour évaluer la satisfaction des fournisseurs révèlent en général que ces derniers croient que les meilleurs acheteurs sont ceux qui en savent davantage sur les activités de leur entreprise que leurs propres employés.

Une échelle de satisfaction s'appliquant aux relations acheteur-fournisseur

Un des principaux éléments à évaluer pour établir si les fournisseurs actuels sont satisfaisants ou non est la qualité des relations acheteur-fournisseur. De nature très complexe, ces relations peuvent être perçues différemment par les divers membres de l'organisation qui achète. En outre, il arrive que les résultats de l'évaluation changent par suite de la concurrence sur le marché. En effet, un prix qu'on considère aujourd'hui avantageux pourrait bien perdre son attrait si on apprenait qu'un fournisseur concurrent, tout aussi compétent que la source d'approvisionnement actuelle, peut offrir les mêmes matières ou articles à un coût substantiellement moindre. Le modèle apparaissant à la figure 6.2 présente un cadre d'analyse simple qui permet de faire le point sur la satisfaction et la stabilité des relations actuelles entre un acheteur et un fournisseur.

Le quadrant A   Toute position à l'intérieur de ce quadrant indique que les deux parties sont satisfaites et que leurs relations demeureront vraisemblablement stables. De telles assises permettent d'établir des liens à long terme ou un partenariat avec le fournisseur. Une amélioration considérable est encore possible si on occupe la position 5,5 et qu'on vise l'objectif 10,10.

FIGURE 6.2   **Modèle simple pour mesurer la satisfaction
de l'acheteur et du fournisseur**

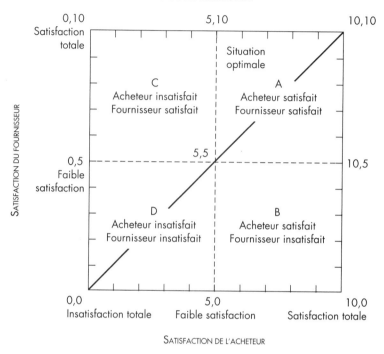

Le quadrant B   À l'intérieur de ce quadrant, une stabilité à long terme
est peu probable puisque l'acheteur est satisfait alors que le fournisseur
ne l'est aucunement. Cette situation représente l'inverse de celle que traduit le quadrant C. On peut s'attendre, de la part du fournisseur, à une
réaction qui entraînera un déplacement vers l'un des trois autres quadrants
ou qui modifiera la position à l'intérieur du quadrant B.

Le quadrant C   À l'intérieur de ce quadrant, le fournisseur se déclare
satisfait alors que l'acheteur ne l'est aucunement. Ce dernier essaiera donc
d'améliorer la situation. S'il y parvient aux dépens du fournisseur, il s'ensuivra un effet de balancier qui fera descendre la position du fournisseur
le long de l'échelle de satisfaction, jusque dans le quadrant D. Dans ce
cas, on suppose que la plus insatisfaite des deux parties prendra l'initiative
de susciter un changement. Il se peut que les efforts déployés en ce sens
n'aboutissent pas et maintiennent le niveau de satisfaction de l'acheteur
et du fournisseur dans le quadrant D; il se peut aussi que les changements
apportés les conduisent dans le quadrant A.

Les remarques qui précèdent découlent évidemment d'une généralisation. En effet, il est possible qu'un acheteur puissant maintienne

longtemps une position à l'intérieur du quadrant B en présence d'un fournisseur faible, et qu'un fournisseur puissant agisse de même dans le quadrant C.

Le quadrant D Dans ce quadrant, l'acheteur et le fournisseur sont tous deux insatisfaits. On ne peut s'attendre à ce qu'une telle situation demeure longtemps stable, puisque chaque partie s'efforcera d'améliorer son propre niveau de satisfaction.

La diagonale On peut envisager la diagonale du graphique comme une droite d'équité ou de stabilité. En effet, tant que l'acheteur et le fournisseur occupent une position le long de cette diagonale, la situation de l'un correspond à celle de l'autre. La région où la stabilité est la plus grande s'étend sur une faible distance de chaque côté de la portion de cette droite délimitée par les points 5,5 et 10,10.

La position 10,10 décrit une situation utopique qu'on observe rarement dans les faits. Pour y accéder, il faut démontrer une confiance, un partage et un respect mutuels difficiles à atteindre dans le monde actuel, où tout acheteur doit se méfier et où on suppose que la concurrence et le système des prix fonctionnent librement. Certains partenariats ont permis d'établir une relation proche de celle que traduit le point 10,10. L'acheteur se montre alors prêt à partager les risques et les informations avec le fournisseur qui, lui, accepte de laisser le client vérifier ses livres. Les deux parties résolvent leurs différends à l'amiable en trouvant une solution mutuellement acceptable, et chacune tire profit de cette relation.

Il convient d'envisager la position médiane 5,5 comme l'objectif minimal que peuvent accepter les deux parties en cause. Ainsi, tout acheteur devrait éviter les ententes qui ne lui permettent pas d'atteindre au moins cette position.

Les perceptions Le modèle présenté se complique lorsqu'on tient compte de la perception de chaque partie quant à sa propre situation et à celle de l'autre. En effet, il se peut que l'acheteur juge que la relation établie correspond à un point du quadrant A et que le fournisseur ne partage pas cette opinion. Un échange de points de vue entre les gestionnaires concernés permet, dans certains cas, de concilier les perceptions jusque-là différentes; ce résultat doit être atteint avant de pouvoir améliorer la position de l'une ou l'autre partie.

L'utilisation du cadre d'analyse Le modèle décrit suppose que l'acheteur et le fournisseur sont à même d'émettre une opinion sur le degré de satisfaction qu'ils retirent de leur relation. Les critères d'évaluation de l'acheteur sont la qualité, les prix payés, le service, la livraison et le rendement, et ceux du fournisseur sont la rapidité de paiement, l'accessibilité, l'équité et le professionnalisme. Chaque partie évalue également si les demandes et la coopération de l'autre présentent un caractère raisonnable compte tenu des circonstances; en outre, il faut prendre en considération la personnalité des intervenants. Il est évidemment difficile de quantifier ces éléments, mais on peut leur attribuer une valeur relative en comparant la relation étudiée à celles qu'on entretient avec d'autres fournisseurs. Ainsi, bien qu'il soit difficile d'obtenir une quantification absolue, le modèle décrit peut se révéler utile de diverses manières.

Du point de vue de l'approvisionnement, il est possible d'évaluer l'ensemble des relations établies avec les fournisseurs actuels et de déterminer leur position dans l'échelle de satisfaction par rapport à la situation recherchée. Un pourcentage élevé de relations insatisfaisantes ou à peine adéquates indique qu'il faudra consacrer beaucoup d'énergie à restructurer les ententes actuelles. Le service des achats peut faire part de son évaluation au fournisseur pour connaître son point de vue, et proposer l'élaboration d'un diagnostic mutuel et d'un plan de modification. Ainsi, il arrive qu'un acheteur choisisse de faire davantage d'efforts s'il en est au point 1,5 plutôt qu'au point 5,5 lorsque ces positions correspondent toutes deux à une situation dont la valeur monétaire et les effets sont les mêmes pour l'entreprise.

Les mesures et les techniques permettant de changer de position

Il existe un certain nombre de moyens qui permettent à l'acheteur et au fournisseur de changer de position sur le graphique traduisant la satisfaction. Certains de ces moyens sont qualifiés de mesures «répressives» ou négatives, alors que d'autres constituent des mesures «constructives» ou positives.

Parmi les mesures répressives à la disposition de l'acheteur, mentionnons:

- la cessation complète des achats sans préavis;
- le refus d'acquitter les factures;
- le refus des envois;
- le recours aux tribunaux ou la menace d'une poursuite.

Quant au fournisseur, il dispose des mesures répressives suivantes:

- le refus d'expédier les matières promises;
- la majoration unilatérale des prix sans préavis;
- la réclamation d'un contrat d'une durée excessive, de clauses d'indexation dispendieuses ou d'autres conditions extravagantes et la formulation de propositions non négociables.

Par opposition, l'acheteur peut opter pour des mesures constructives telles que :

- octroyer des contrats substantiels, prendre des engagements à long terme ou signer des ententes visant à combler la totalité des besoins ;

- partager avec le fournisseur l'information interne au sujet des prévisions, des problèmes et des possibilités dans le but d'amener la recherche conjointe d'autres options ;

- démontrer sa volonté et sa capacité de travailler à modifier le comportement à l'intérieur de son entreprise afin d'améliorer la position du fournisseur ;

- répondre rapidement à toute demande des fournisseurs concernant la tenue de discussions ou l'apport de modifications au prix, à la qualité, aux conditions de livraison ou au service.

De même, le fournisseur qui applique des mesures constructives peut :

- modifier rapidement et de bonne grâce le prix, les conditions de livraison et la qualité lorsque l'acheteur le demande ;

- inviter l'acheteur à discuter de leurs problèmes communs et des possibilités qui s'offrent à eux ;

- prévenir l'acheteur suffisamment à l'avance de tout changement concernant le prix, le délai d'obtention ou la disponibilité afin qu'il dispose d'un maximum de temps pour modifier ses plans en conséquence.

Il est intéressant de noter que l'usage des mesures constructives est plus répandu lorsqu'on occupe une position à l'intérieur du quadrant A et qu'on désire accroître la stabilité des relations établies. Les mesures répressives, quant à elles, peuvent permettre d'atteindre certains objectifs à court terme, mais elles réduisent parfois les chances d'en arriver ultérieurement à une relation stable.

L'idée qu'on se fait d'une relation varie selon les résultats obtenus et la manière dont on les a atteints. Ainsi, une réduction de prix accordée de très mauvaise grâce par un fournisseur que ses employés ne cessent de dénigrer procure parfois moins de satisfaction à l'acheteur qu'une autre obtenue de façon courtoise. Une mesure de type répressif peut être beaucoup mieux acceptée si on l'applique avec délicatesse plutôt qu'avec désinvolture. Ainsi, il sera beaucoup plus facile de faire accepter une hausse de prix inévitable si le directeur des ventes du fournisseur prévient l'acheteur à l'avance et en personne plutôt qu'en l'annonçant par une lettre circulaire envoyée après l'entrée en vigueur. De même, au lieu de retourner les envois les uns après les autres avec la mention « inacceptable », le directeur de l'approvisionnement peut choisir de visiter l'usine du fournisseur pour déterminer la manière de remédier au problème de qualité et expliquer qu'il ne peut accepter aucune livraison tant que celui-ci ne sera pas résolu. Comme on évalue aussi bien les résultats que la manière dont on les a obtenus, le jugement des gestionnaires et leur capacité de modifier efficacement la situation revêtent beaucoup d'importance.

La gestion des relations entre l'acheteur et le fournisseur

Dans le contexte de l'approvisionnement, la gestion des relations avec un fournisseur vise à créer des rapports de travail fructueux entre les deux parties. Elle exige un niveau de coordination élevé à l'intérieur de l'entreprise qui achète, car les personnes pour lesquelles le rendement d'un fournisseur a le plus d'importance doivent participer pleinement à l'élaboration et à la réalisation d'un programme visant à établir les relations souhaitées à long terme. De ce fait, la mise sur pied d'équipes chargées des relations à long terme avec les fournisseurs constitue probablement la seule option logique. Au sein de telles équipes, l'acheteur, l'approvisionneur ou le directeur de l'approvisionnement se verra sans doute confier le rôle de coordonner et de gérer les projets.

Il est impossible de gérer les relations avec les fournisseurs à moins de collaborer au sein de l'entreprise et d'adopter une stratégie interne visant leur amélioration. D'autre part, le personnel du fournisseur et celui de l'entreprise acheteuse doivent très bien connaître leur propre organisation et celle de leur vis-à-vis pour être en mesure d'assurer une amélioration continue à l'avantage des deux parties. Or, une telle connaissance ne s'acquiert qu'en faisant montre d'ouverture, en discutant, en remédiant aux problèmes de l'une et de l'autre partie et en acceptant d'examiner avec franchise tout aspect d'une relation constructive. Dans beaucoup d'entreprises, les employés des différents secteurs éprouvent de la difficulté à collaborer pour atteindre un objectif commun, ce qui laisse entrevoir l'ampleur des obstacles à surmonter lorsqu'on doit également coopérer avec le personnel du fournisseur. L'établissement de bonnes relations avec les fournisseurs constitue probablement le plus important défi que devront relever les gestionnaires de l'approvisionnement au cours des prochaines décennies. En outre, le service des achats ne pourra réussir à créer un climat permettant des échanges fructueux avec les fournisseurs que s'il parvient à établir de bonnes relations de travail à l'intérieur même de son entreprise. Par conséquent, la position de ce service au sein de l'organisation et la disponibilité d'un personnel qualifié en approvisionnement détermineront dans une large mesure la capacité de l'entreprise à obtenir le maximum de ses fournisseurs.

La réduction du nombre des fournisseurs

Beaucoup d'entreprises ont réduit le nombre total de leurs sources d'approvisionnement sous l'effet combiné des efforts visant à améliorer la qualité, de l'implantation de la planification des besoins-matières, du juste-à-temps et de l'échange de documents informatisés, de la signature de contrats à plus long terme et de l'établissement de relations de coopération entre l'acheteur et le fournisseur. Les revues spécialisées ne cessent de faire mention d'entreprises qui comptaient autrefois plusieurs milliers de sources d'approvisionnement et qui ont réduit ce nombre à quelques centaines.

En regroupant les achats pour traiter avec de très bons fournisseurs, on bénéficie d'avantages considérables qui ne se limitent pas à l'aspect le plus manifeste de la logistique. Un meilleur rendement des fournisseurs quant à la qualité, à la livraison et à la réduction des coûts contribue grandement à l'efficacité et à la compétitivité de l'entreprise de même qu'à sa capacité de satisfaire ses clients. L'acheteur peut en outre consacrer son temps et ses efforts à des améliorations futures, à la réalisation de projets conjoints avec les fournisseurs et à la gestion des relations avec ces derniers, plutôt qu'à des travaux d'écriture, à la recherche de nombreuses sources d'approvisionnement et à la résolution de problèmes.

□ □ □ □ □ 6.10 LES FOURNISSEURS PRIVILÉGIÉS, LES PARTENARIATS ET LES ALLIANCES STRATÉGIQUES

Nombre d'acheteurs ont conscience que les sources d'approvisionnement de grande qualité sont rares et qu'il en coûte cher pour établir d'excellentes relations avec un fournisseur. C'est pourquoi ils ont entrepris de sélectionner des fournisseurs privilégiés et de créer des partenariats et des alliances stratégiques. Il s'agit là d'une suite logique aux efforts déployés pour réduire le nombre des sources d'approvisionnement.

Les fournisseurs privilégiés

Un fournisseur privilégié doit offrir la qualité convenue, respecter les délais de livraison établis, demander un prix acceptable et réagir aux besoins imprévus découlant, par exemple, d'une diminution ou d'un accroissement soudain du volume des ventes, d'une modification des spécifications, de problèmes liés au service ou de toute autre revendication légitime. Il n'hésite pas à suggérer de meilleurs moyens de servir la clientèle et à tenter de découvrir de nouvelles façons de concevoir des produits et des services qui permettront à leurs clients de poursuivre leurs activités à un coût moindre. Un fournisseur privilégié prévient l'acheteur à l'avance des pénuries de matières, des grèves et de tout autre phénomène susceptible d'influer sur ses activités. Il offre à ses clients une expertise technique ou autre lorsqu'ils en font la demande, ou simplement pour leur venir en aide. De plus, il demeure concurrentiel.

Les fournisseurs qui répondent à tous ces critères sont difficiles à trouver. Beaucoup d'industries n'en comptent qu'un seul ou tout au plus deux ou trois. Un bon service de l'approvisionnement se distingue par sa capacité à repérer ces fournisseurs exceptionnels et à les conserver. De fait, on peut envisager l'approvisionnement comme une lutte pour l'obtention de bonnes sources.

L'acquisition des compétences énumérées plus haut engendre à court terme des coûts additionnels pour le fournisseur. Ce dernier acceptera de les assumer s'il obtient l'assurance qu'on récompensera ses efforts en augmentant le volume des achats effectués chez lui. La meilleure récompense qu'un client peut offrir à un fournisseur est la garantie qu'il continuera de traiter avec lui si son rendement le satisfait. Il importe d'éviter les changements fréquents des sources utilisées, car tout changement de fournisseur engendre des coûts pour l'acheteur. En effet, le personnel de l'assurance de la qualité doit inspecter de nouvelles installations, le service de l'approvisionnement doit établir de nouveaux contacts et les divers systèmes informatiques doivent enregistrer de nouvelles données. Les coûts varieront selon le produit et la source en cause.

D'autre part, maintenir les fournisseurs dans l'incertitude quant aux transactions à venir constitue sans doute un des meilleurs moyens dont dispose le service de l'approvisionnement pour les contraindre à demeurer vigilants; cependant, une telle approche comporte des inconvénients. Par exemple, les fournisseurs privilégiés sont en mesure d'établir une liste des clients qu'ils préfèrent conserver lorsqu'ils réduisent leur clientèle. Ou encore, si un fournisseur ne s'attend pas à voir son contrat renouvelé, il peut choisir de ne prendre aucun engagement à long terme en ce qui touche aux matières premières sans lesquelles une entreprise ne peut poursuivre ses activités.

Sachant que leurs clients ont besoin d'eux, certains fournisseurs peuvent demander un prix excessif, négliger les aspects liés à la qualité et à la livraison, ralentir leurs activités ou mettre un terme à leur programme d'amélioration continue. Mentionnons en passant combien il est ironique que beaucoup d'acheteurs qui s'approvisionnent auprès d'autres divisions au sein de leur entreprise se voient accorder une faible priorité parce qu'ils n'ont pas la possibilité d'utiliser des sources extérieures. Une bonne gestion des relations entretenues avec les fournisseurs prend ici toute son importance. Elle nécessite qu'on comprenne ce qu'est la valeur et qu'on la reconnaisse. Or, la valeur se définit comme le coût total à long terme qu'engendre le produit ou le service acquis pour l'utilisateur. Elle ne se traduit pas nécessairement par le plus bas prix à l'achat, la plus petite somme investie dans les stocks, le plus court délai de livraison, la plus longue durée de vie, la plus grande valeur de rebut ni même la meilleure qualité possible; elle résulte plutôt d'une combinaison optimale de ces divers éléments. Souvent, le prix d'achat contribue grandement à la valeur. Il revient au service de l'approvisionnement de s'assurer que tout achat effectué représente une bonne valeur à long terme.

Les partenariats

Au cours des 10 dernières années, beaucoup d'entreprises ont créé un partenariat avec leurs fournisseurs. Les acheteurs utilisent différentes expressions pour décrire cette réalité, dont «fournisseurs privilégiés» et «alliances stratégiques». Le terme «partenariats» semble néanmoins être le plus populaire.

Au cours des années 80, l'étude des entreprises japonaises qui entretenaient des relations très étroites avec leurs fournisseurs accrut l'intérêt suscité par les partenariats acheteur-fournisseur. On considérait ces derniers comme l'un des éléments clés à l'origine d'une production de qualité, d'une livraison rapide et d'une amélioration continue. Au nombre des premières entreprises à former des partenariats en Amérique du Nord, citons Xerox, Honeywell, Polaroid, Motorola, IBM et les constructeurs d'automobiles.

Le partenariat diffère considérablement de l'approche traditionnelle en matière de relations entre l'acheteur et le fournisseur. Anna Flynn de Purchasing Education Plus a dressé la liste des principales différences (*voir le tableau 6.3*). Le partenariat procure des avantages par les liens étroits qu'il établit entre les entreprises. Il repose sur une philosophie semblable à celle de la conception en vue de la fabrication ou du montage, où on abolit les barrières internes entre les fonctions conception, marketing, génie industriel, assurance de la qualité, approvisionnement et opérations, pour permettre une mise à contribution optimale. En éliminant ainsi les barrières entre les fonctions pour que le concept n'ait pas à passer successivement de l'une à l'autre, on peut accélérer le lancement de nouveaux modèles et améliorer grandement la qualité et les coûts.

Une application plus étendue de cette idée amène la participation des fournisseurs au processus. La conception se fait alors en tenant compte des possibilités d'approvisionnement par suite de la mise à contribution des fournisseurs dès les premières étapes. Advenant que ces derniers fassent participer leurs propres fournisseurs au processus, l'entreprise qui achète peut tirer avantage d'un vaste ensemble de ressources, toutes orientées sur la satisfaction des besoins des clients. Lorsqu'un fournisseur prend des décisions relatives à ses investissements, à l'embauchage et à

TABLEAU 6.3   Principales différences entre les relations acheteur-fournisseur traditionnelles et le partenariat

Relations traditionnelles	Partenariat
Prix le plus bas	Coût total de possession
Accent mis sur les spécifications	Accent mis sur le consommateur final
Caractère à court terme, réactions à l'évolution du marché	Caractère à long terme
Prévention des difficultés	Maximisation des possibilités
Responsabilité confiée au service de l'approvisionnement	Participation d'équipes multidisciplinaires et de la direction générale
Moyen tactique	Moyen stratégique
Partage limité de l'information	Communication réciproque des plans à court et à long terme du fournisseur et de l'acheteur
Partage des risques et des possibilités	Standardisation
Entreprises en participation	Partage des données

l'adoption de nouveaux produits, processus ou systèmes, il peut le faire sans perdre de vue les besoins futurs de son client et partenaire. C'est ce potentiel d'amélioration qu'on tente de mettre à profit en créant un partenariat.

On peut envisager le partenariat comme une autre solution pouvant être adoptée en lieu et place de la fabrication lorsqu'on décide de fabriquer ou d'acheter. Le partenariat peut également se substituer à l'intégration verticale. On tente alors d'obtenir les bénéfices découlant du partage de l'information sans connaître les inconvénients liés à la propriété.

Cependant, le concept du partenariat crée de grandes inquiétudes. En effet, certains acheteurs ne sont pas convaincus qu'une relation de coopération vaut mieux que la culture axée sur la concurrence, qui est à l'origine de la plupart des instruments et des techniques d'approvisionnement traditionnels. Ils craignent qu'un des partenaires tire profit de sa position privilégiée et qu'il néglige alors ses engagements de même que les relations établies. En outre, dans un monde où la technologie domine, les droits liés à la propriété intellectuelle de nouvelles connaissances techniques valent très cher, et on accorde une importance capitale au maintien du secret. Il faut s'interroger sérieusement pour déterminer si on peut communiquer en toute confiance aux acheteurs ou aux fournisseurs les informations susceptibles d'influer sur la stratégie concurrentielle qui sera adoptée au cours des prochaines années.

De plus, les stratégies qu'une entreprise applique pour satisfaire ses clients déterminent si elle agit pour le mieux à long terme en renonçant à tirer avantage, à court terme, d'une situation. Ainsi, la décision de créer un partenariat relève clairement de l'entreprise dans son ensemble plutôt que du seul domaine de l'approvisionnement, et elle présente une grande importance sur le plan stratégique.

En ce qui concerne le choix des fournisseurs, l'aspect intéressant de la sélection de partenaires potentiels réside dans l'attention accordée aux éléments quantitatifs et qualitatifs. Ainsi, on s'attarde encore à tous les éléments traditionnels : qualité, livraison, coût, environnement, sécurité, amélioration continue, stabilité des finances et de la gestion ainsi que réalisations techniques. Toutefois, lorsqu'on songe au partenariat, on se préoccupe aussi d'éléments subjectifs tels que la concordance des valeurs des gestionnaires en ce qui touche, par exemple, à la satisfaction des clients, à l'importance de la qualité, à la participation des employés, aux relations acheteur-fournisseur et à la compatibilité des individus ayant à traiter ensemble.

La figure 6.3 expose le cheminement typique qui mène au partenariat. Le tableau 6.4 énumère les éléments qui permettent d'évaluer le succès d'un partenariat du point de vue de l'acheteur.

Les alliances stratégiques

Dans le contexte de l'approvisionnement, une alliance stratégique se définit comme une entente spéciale conclue avec un fournisseur clé, laquelle profite tant à l'acheteur qu'au fournisseur sur le plan de la stratégie. On pourrait y assimiler ce que SEMATECH appelle un « partenariat étendu ». Les alliances stratégiques tirent leur origine d'une conviction partagée par l'acheteur et le fournisseur qu'ils y gagneraient à structurer davantage leurs relations que ne l'exige l'approche standard.

Dans nombre de cas, ces alliances reposent sur le savoir technique et ne débouchent sur le marché que si l'acheteur et le fournisseur investissent des sommes considérables. En tant que pierres angulaires de la stratégie d'une entreprise, elles comptent au nombre des préoccupations majeures des gestionnaires et appuient l'idée que les fournisseurs de même que les relations qu'on entretient avec eux revêtent une importance stratégique pour toute organisation.

6.11 LE MARKETING À REBOURS

Jusqu'à présent, nous avons supposé qu'il existait toujours au moins un fournisseur adéquat prêt à traiter avec l'acheteur, et que le problème de

FIGURE 6.3   Étapes menant au partenariat

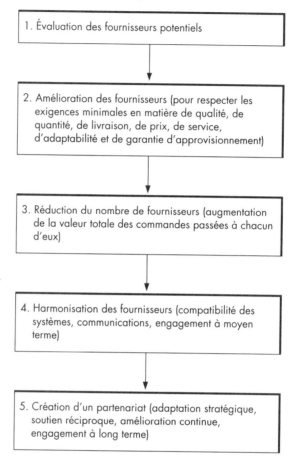

1. Évaluation des fournisseurs potentiels

2. Amélioration des fournisseurs (pour respecter les exigences minimales en matière de qualité, de quantité, de livraison, de prix, de service, d'adaptabilité et de garantie d'approvisionnement)

3. Réduction du nombre de fournisseurs (augmentation de la valeur totale des commandes passées à chacun d'eux)

4. Harmonisation des fournisseurs (compatibilité des systèmes, communications, engagement à moyen terme)

5. Création d'un partenariat (adaptation stratégique, soutien réciproque, amélioration continue, engagement à long terme)

ce dernier au moment de la sélection consistait avant tout à reconnaître la meilleure source d'approvisionnement. Il arrive cependant qu'il n'y ait aucune source acceptable et que l'acheteur doive en créer une. Le marketing à rebours, ou mise en valeur des sources d'approvisionnement, exige du personnel de l'approvisionnement qu'il se montre plus entreprenant qu'à l'ordinaire lors de la sélection des fournisseurs. Ainsi, il met fréquemment le responsable des achats dans une situation où il doit convaincre un fournisseur potentiel d'accepter une commande. Dans un tel contexte, la mise en valeur d'une source d'approvisionnement ne représente pas la méthode ou la technique appropriée, mais plutôt la seule option qui s'offre à l'acheteur, mise à part la fabrication interne de la pièce requise.

Le marketing à rebours doit s'appuyer sur une vision plus large de la nécessité de mettre en valeur des sources d'approvisionnement nouvelles

TABLEAU 6.4   Éléments de succès d'un partenariat du point de vue de l'acheteur

- Création de processus de communication structurés
- Engagement de contribuer au succès du fournisseur
- Rentabilité pour les deux parties
- Établissement d'une relation stable ne dépendant pas de la personnalité de quelques individus
- Rétroaction cohérente et précise liée au rendement du fournisseur
- Attentes réalistes
- Responsabilisation des employés quant au caractère éthique de leur comportement
- Partage constructif de l'information
- Aide apportée au fournisseur pour établir un programme d'amélioration
- Négociations et prises de décisions dans un contexte de solidarité où on accorde la priorité au coût total de possession

SOURCE: SEMATECH (groupe formé à la suite des efforts conjugués du gouvernement et des géants de l'électronique américains).

ou existantes; l'acheteur reconnaît les avantages qui en découleraient pour les deux parties, alors que le fournisseur n'en a pas toujours conscience. Ces bénéfices peuvent se rattacher à une seule commande ou avoir une portée plus grande en influant sur les aspects technique et financier ainsi que sur les méthodes de gestion, l'acquisition de compétences, la hausse du niveau de qualité, la réduction des efforts de marketing, le recours aux prévisions à long terme, la stabilisation des niveaux de production, le maintien d'un stock minimal et autres.

Dans une situation de marché normale, l'acheteur réagit aux efforts de marketing du fournisseur. Dans le contexte du marketing à rebours, toutefois, l'initiative appartient non pas au fournisseur mais à l'acheteur (*voir la figure 6.4*); en tant qu'instigateur, ce dernier peut donc proposer certains prix et certaines conditions. C'est pourquoi l'expression «marketing à rebours» est synonyme de «mise en valeur des sources d'approvisionnement». De nombreux exemples démontrent qu'une telle approche peut engendrer des bénéfices considérables, ce qui permet à l'entreprise qui achète d'aborder des fournisseurs de toute taille.

Un autre argument en faveur du marketing à rebours est que le processus normal de vente et d'achat industriels, où le vendeur prend traditionnellement l'initiative, comporte inévitablement des lacunes. Ainsi, même lorsqu'un acheteur et un fournisseur entretiennent de bonnes relations, ils ne sont pas toujours conscients des possibilités qui s'offrent à eux d'accroître le volume de leurs échanges. Cette situation peut s'expliquer par la spécialisation du représentant et de l'acheteur, par le manque de dynamisme du fournisseur ou par le manque de curiosité de l'acheteur.

FIGURE 6.4   Création par l'acheteur d'une source
d'approvisionnement

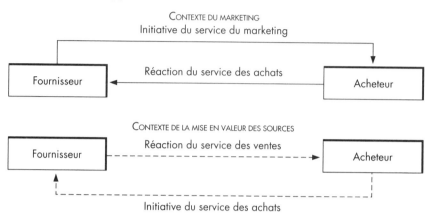

Or, si on remarque des lacunes même lorsque la relation acheteur-vendeur est bien établie, il faut s'attendre à des déficiences encore plus grandes lorsqu'il n'existe aucun lien de ce genre. Il arrive, par exemple, qu'un fournisseur ne puisse desservir l'ensemble de son marché en raison d'éléments géographiques, d'une publicité limitée ou du manque de temps ou d'efforts de son personnel des ventes, de ses distributeurs ou de ses agents. De plus, chez la plupart des fournisseurs, certaines gammes de produits fabriquées ou offertes par l'entreprise reçoivent plus d'attention que les autres de la part des gestionnaires et font l'objet de plus grands efforts de vente. D'autre part, il est difficile de se tenir au courant de tout ce qui se passe; il peut donc s'écouler un certain temps entre le moment où on lance un nouveau produit et celui où un acheteur en apprend l'existence. En remédiant à ces déficiences par une attitude entreprenante, l'acheteur renforce en réalité l'ensemble du processus.

Un autre des principaux arguments avancés en faveur du marketing à rebours se rattache à des considérations futures. En effet, lorsqu'on attribue au service de l'approvisionnement non seulement le rôle de combler les besoins actuels mais aussi de préparer l'avenir, le marketing à rebours peut apparaître comme un outil précieux pour s'assurer des sources d'approvisionnement futures.

Il existe au moins trois forces extérieures qui doivent inciter l'acheteur à créer des sources d'approvisionnement futures. Une de ces forces est de nature technologique. En effet, la vitesse toujours plus rapide avec laquelle on met au point des produits, des matières et des processus nouveaux tend à compliquer davantage les efforts de marketing industriel et à les rendre encore plus vulnérables aux imperfections. De plus, l'accroissement du volume des échanges internationaux a élargi l'horizon des fournisseurs et pourrait obliger l'acheteur à faire montre de dynamisme pour mettre en valeur des sources d'approvisionnement étrangères. Par ailleurs, la création de sources d'approvisionnement constitue l'une des tâches les plus exigeantes et les plus importantes liées à la gestion d'une filiale établie dans un pays en voie de développement. Enfin, étant donné les nouvelles préoccupations des gestionnaires en matière de qualité, de livraison, de stocks, d'amélioration continue, de systèmes et de partenariat, les acheteurs doivent se montrer plus entreprenants vis-à-vis des fournisseurs et créer des sources qui répondent à leurs attentes.

Dans leur ouvrage intitulé *Reverse Marketing*, Leenders et Blenkhorn énumèrent les difficultés et les possibilités inhérentes au marketing à rebours[3]. Le rôle d'instigateur oblige l'acheteur à se préparer avec soin et à dresser une liste plus précise et plus détaillée des besoins et des options en cause qu'il ne le ferait s'il adoptait l'approche traditionnelle. Or, cette préparation et ces recherches additionnelles tendent à rapporter gros, car elles produisent une amélioration considérable de la qualité, des conditions de livraison, du prix, du service ou d'autres aspects auxquels l'acheteur accorde de l'importance.

Le marketing à rebours ne s'applique pas qu'à la création de nouvelles sources d'approvisionnement. On peut aussi y recourir dans le cas d'un fournisseur existant dont le rendement est loin de satisfaire aux attentes de l'acheteur. À la lumière des excellents résultats obtenus par ceux qui utilisent cette technique, il est facile de prédire que le marketing à rebours gagnera en popularité au cours des prochaines années.

☐☐☐☐☐
6.12 CONCLUSION

De nos jours, la sélection des fournisseurs s'avère beaucoup plus complexe parce que des préoccupations environnementales, sociales et politiques de même que des éléments liés à la satisfaction de la clientèle sont venus s'ajouter aux considérations traditionnelles telles que la qualité, la livraison, le coût et le service. Ainsi, il n'y a rien d'étonnant à ce que des approches comme la réduction du nombre des sources, la création de fournisseurs privilégiés, de partenariats ou d'alliances stratégiques et le marketing à rebours gagnent en importance. Ayant pris conscience que les fournisseurs et les rapports qu'on entretient avec eux peuvent exercer une influence stratégique sur la capacité d'une entreprise d'améliorer sans cesse le niveau de satisfaction de ses clients, on cherche aujourd'hui de

---

3. Michiel R. LEENDERS et David L. BLENKHORN, *Reverse Marketing: The New Buyer-Supplier Relationship*, New York, Free Press, 1988.

nouveaux et de meilleurs moyens de gérer les relations entre acheteurs et fournisseurs.

Questions de révision et de discussion

1. Quelle est la raison d'être d'un fournisseur privilégié, d'un partenariat ou d'une alliance stratégique?

2. Qu'est-ce que le marketing à rebours et pourquoi l'utilise-t-on?

3. Quels sont les avantages que procure une réduction du nombre des fournisseurs?

4. Pourquoi une entreprise devrait-elle renoncer à fabriquer un article et l'acheter de l'extérieur?

5. Où se situe la limite entre ce qui constitue une gratification et ce qui représente un pot-de-vin?

6. Pourquoi le service de l'approvisionnement devrait-il éviter d'effectuer des achats personnels pour les employés de l'entreprise?

7. Pour quelles raisons choisit-on de traiter avec un distributeur ou un grossiste plutôt que de s'approvisionner directement chez le fabricant?

8. Comment peut-on savoir qu'un partenariat ne sera pas profitable?

9. Quels avantages retire-t-on à utiliser de petites sources d'approvisionnement locales?

10. Quel lien existe-t-il entre la satisfaction et la stabilité en ce qui concerne les relations entre un acheteur et un fournisseur?

Références

BERGSMAN, Steve, «Reverse Marketing in 1991», *NAPM Insights*, juillet 1991.

ELLRAM, Lisa, «The Supplier Selection Decision in Strategic Partnerships», *Journal of Purchasing and Materials Management*, automne 1990.

FELCH, Robert I., «The Strategic Question: Make or Buy?», *NAPM Insights*, juillet 1991.

FELCH, Robert I., «Standards of Conduct: The Key to Supplier Relationships», *Journal of Purchasing and Materials Management*, automne 1985.

GIUNIPERO, Larry C., «Differences Between Minority and Non-Minority Suppliers», *Journal of Purchasing and Materials Management*, printemps 1990.

LEENDERS, Michiel R. et David L. BLENKHORN, *Reverse Marketing: The New Buyer-Supplier Relationship*, New York, Free Press, 1988.

LEENDERS, Michiel R. et Jean NOLLET, «The Gray Zone in Make or Buy», *Journal of Purchasing and Materials Management*, automne 1984.

LEHMANN, Donald R. et John O'SHAUGHNESSY, «Decision Criteria Used in Buying Different Categories of Products», *Journal of Purchasing and Materials Management*, printemps 1982.

LESTER, Marilyn, «Sales Ethics: Comments from the Other Side», *NAPM Insights*, septembre 1990.

LITTLE, Kathleen R., «Minority Supplier Resource List», *NAPM Insights*, octobre 1991.

MOONEY, Richard L., «Effective Minority Purchasing Program Management», *National Association of Educational Buyers*, Woodbury, New York, 1989.

PURSCH, William C. et Robert A. HOLMES, «Making Ethics Work in Business», *NAPM Insights*, septembre 1990.

RAMSEY, John, «The Myth of the Cooperative Single Source», *Journal of Purchasing and Materials Management*, hiver 1990.

SOUKUP, William R., «Supplier Selection Strategies», *Journal of Purchasing and Materials Management*, été 1987.

STRALKOWSKI, Michael C. et Alexander S. BILLON, «Partnering: A Strategic Approach to Productivity Improvement», *International Journal of Purchasing and Materials Management*, hiver 1991.

TAIT, Michael A., «Purchasing in an Era of Environmental Consciousness», *NAPM Insights*, septembre 1990.

UNGER, Harlow, «Purchasers Contracting Out Some Services Manufacturing», *Modern Purchasing*, décembre 1991.

7 La détermination des prix

Plan

Questions clés du décideur

Devrait-on:

- recourir aux appels d'offres comme principal moyen de déterminer les prix?

- négocier les achats d'équipements?

- effectuer une analyse des coûts pour tous les articles dispendieux?

Comment peut-on:

- repérer et contrer la fixation des prix?

- utiliser le marché à terme pour effectuer des opérations de couverture à l'achat de matières premières?

- déterminer s'il convient d'accepter une remise sur quantité ou un escompte au comptant?

La détermination du prix à payer constitue une décision importante en matière d'approvisionnement. Ainsi, la capacité d'obtenir un «bon» prix est parfois considérée comme la principale qualité d'un acheteur avisé, compte tenu qu'un «bon» prix représente la meilleure valeur.

Bien que le prix ne soit qu'un des éléments de tout achat, il revêt beaucoup d'importance. La raison d'être du service des achats est essentiellement de satisfaire les besoins de l'entreprise à un coût total moindre que celui qu'entraînerait un système d'approvisionnement décentralisé. Le personnel des achats doit connaître les différentes méthodes de détermination des prix, savoir à quel moment il convient de recourir à l'une ou à l'autre de ces méthodes et faire preuve de compétence pour établir le prix à payer. Il n'a pas à s'excuser d'insister sur le prix ou de lui accorder de l'importance. On s'attend avec raison à ce que l'acheteur obtienne la meilleure valeur possible pour l'entreprise dont il dépense les fonds. Il convient d'analyser tout prix offert, quel que soit le fournisseur ou l'article en cause. Lorsque vient le moment de décider ce qui représente le «meilleur achat», le prix payé par l'entreprise exerce une aussi grande influence que les attributs techniques du produit.

□□□□□
7.1 LE COÛT TOTAL DE POSSESSION

L'acheteur devrait évaluer le coût total de possession avant de choisir un fournisseur. Au sens large, celui-ci englobe tous les coûts liés à des éléments pertinents tels que la gestion des achats, le suivi, la relance, le transport en amont, l'inspection et les essais, le réusinage, l'entreposage, la mise au rebut, la garantie, le service, les temps improductifs, les retours de marchandise par le client et les ventes perdues[1]. De fait, le coût total de possession représente la somme du coût d'acquisition et de ces coûts internes. Une approche axée sur le coût total exige la coopération des services du génie, de l'assurance de la qualité, de la fabrication et de l'approvisionnement pour coordonner les aspects des besoins (telles les spécifications et les marges de tolérance) qui influent sur les décisions relatives aux achats. On doit également faire participer les fournisseurs dès les premières étapes du processus pour assurer les coûts les plus faibles possible.

---

1. Jacqueline HENRY et Caren ELFANT, «Cost of Ownership», *Purchasing Management*, 28 mars 1988, p. 19.

⬜⬜⬜⬜⬜
7.2 LA RELATION ENTRE LE COÛT ET LE PRIX

Tout gestionnaire de l'approvisionnement doit verser un prix équitable au fournisseur. Mais qu'est-ce qu'un prix «équitable» (un «juste» prix)? Il s'agit en fait du plus bas prix garantissant la fourniture continue d'articles de la qualité recherchée, au moment et à l'endroit où on en a besoin. Or, seul un fournisseur qui enregistre des profits raisonnables continuera d'approvisionner l'entreprise à long terme.

Le prix équitable qu'on paie à un fournisseur pour un article donné se révèle parfois plus élevé que celui qu'on verserait à un autre fournisseur ou qu'on accepterait de payer pour obtenir un produit substitut tout aussi satisfaisant. Ces deux prix peuvent être «équitables» du point de vue de l'acheteur, et il arrive que ce dernier paie l'un et l'autre simultanément.

Un prix fixé par un monopoliste ou résultant d'une collusion entre les vendeurs n'est pas nécessairement inéquitable ou excessif. De même, le prix courant ne s'avère pas forcément équitable, entre autres lorsqu'il est établi sur le marché noir ou gris, ou lorsque des actions monopolistiques ou collusives le font monter ou descendre.

Pour établir le prix «équitable» dans diverses circonstances, le responsable des achats doit donc faire preuve de discernement et posséder de l'expérience (des données).

Tout fournisseur sera un jour contraint d'abandonner les affaires s'il ne récupère pas ses coûts et s'il n'enregistre pas de profits. Cet état de choses a pour conséquence de réduire le nombre de sources d'approvisionnement que peut utiliser un acheteur, et parfois de rendre les articles plus rares, les prix plus élevés, le service moins satisfaisant et la qualité moindre.

Les gens d'affaires avisés savent que la détermination du coût d'un article ne résulte pas d'un processus rigoureux. Il est néanmoins fréquent d'établir le coût d'un article de manière très précise. Dans les industries de fabrication, on reconnaît deux catégories élémentaires de coûts, soit les coûts directs et les coûts indirects.

En général, on définit les **coûts directs** comme les charges attribuables, de façon particulière et exacte, à une unité de production donnée, tel le coût des matières (5 kilogrammes d'acier) ou de la main-d'œuvre (30 minutes du temps qu'un employé passe à opérer une machine ou à travailler sur une chaîne de montage). Toutefois, en raison des méthodes comptables utilisées, il arrive que le prix d'achat d'une matière ne représente pas le coût dont on tient compte pour établir le coût direct des matières. Comme le prix versé pour une matière peut fluctuer à la hausse ou à la baisse au cours d'une période donnée, il est pratique courante d'adopter plutôt ce qu'on appelle un coût standard ou normalisé. Ainsi, certaines entreprises choisissent comme coût standard de leurs matières le plus récent prix qu'elles ont payé lors du dernier exercice financier; d'autres optent pour le prix moyen versé au cours d'une période déterminée.

On qualifie de **coûts indirects** les charges résultant de l'exploitation d'une usine ou d'un processus de fabrication, mais qui ne peuvent en général être rattachées directement à une unité de production donnée. Ces coûts englobent entre autres les loyers, l'impôt foncier, l'amortissement des machines, les frais de surveillance, les frais de traitement des données ainsi que le coût de l'énergie, du chauffage et de l'éclairage.

Il est d'usage en comptabilité de répartir les coûts en trois catégories, soit les coûts variables, semi-variables et fixes; pour être valable, toute analyse de la relation entre le prix et le coût doit reposer sur cette classification. La plupart des coûts directs sont variables, car ils changent selon le nombre d'unités produites. Les coûts semi-variables, bien qu'ils fluctuent parfois selon le niveau de la production, se révèlent partiellement variables et partiellement fixes. Enfin, les coûts fixes demeurent généralement stables, peu importe le nombre d'unités produites. Pour une usine, les frais généraux représentent souvent un pourcentage donné des coûts directs.

Dans le cas où on accepte la définition du coût offerte ici, une question logique se pose: de quel coût faut-il tenir compte? Certains fabricants sont plus efficaces que d'autres, alors que tous vendent ordinairement le même article à un prix plus ou moins égal. Ce prix devrait-il permettre à tous les fournisseurs ou seulement aux plus efficaces d'entre eux de récupérer leurs coûts? D'autre part, le coût ne détermine pas nécessairement le prix du marché. Ainsi, lorsqu'un fournisseur affirme que le prix doit être établi à un niveau donné en raison des coûts, sa position n'est pas vraiment justifiable. Au bout du compte, c'est le marché qui détermine la valeur des biens et le prix qu'on versera pour les obtenir. De plus, aucun fournisseur ne peut exiger un prix qui engendre un profit simplement parce qu'il est en affaires ou qu'il assume des risques.

7.3 LA DÉTERMINATION DES PRIX PAR LES FOURNISSEURS

Pour des raisons de concurrence, la plupart des fournisseurs préfèrent ne pas révéler leur méthode de fixation des prix. Il existe cependant deux approches traditionnelles, l'une axée sur les coûts et l'autre sur le marché.

L'approche axée sur les coûts

Lorsqu'on adopte l'approche axée sur les coûts, on fixe le prix en ajoutant aux coûts directs une valeur permettant de récupérer les coûts indirects et les frais généraux, et d'obtenir une certaine marge bénéficiaire. Cette approche offre à l'acheteur la possibilité de chercher les fournisseurs dont les coûts sont bas, de suggérer des options de fabrication moins dispendieuses et de remettre en cause le pourcentage ajouté aux coûts directs. Ainsi, la négociation s'avérera particulièrement utile si on y combine l'emploi de techniques d'analyse des coûts.

L'approche axée sur le marché

L'approche axée sur le marché suppose que les forces du marché déterminent les prix, et qu'il n'existe pas nécessairement de lien direct entre ces derniers et les coûts. Lorsque la demande est élevée par rapport à l'offre, on s'attend à ce que le prix monte ; inversement, lorsque la demande est faible par rapport à l'offre, il est probable que le prix baissera. Cependant, il s'agit là d'une simplification excessive. En effet, certains économistes soutiennent que les entreprises multinationales offrant de nombreux produits exercent un tel pouvoir sur le marché que la concurrence pure n'existe pas et que les prix ne diminueront pas même si l'offre excède la demande.

En présence de l'approche axée sur le marché, l'acheteur doit accepter les prix courants du marché ou trouver le moyen de les contourner. Lorsqu'il lui est impossible de s'attaquer directement à la structure des prix, l'acheteur peut encore, dans certains cas, choisir les fournisseurs qui sont prêts à lui accorder des avantages non liés au prix tels que le maintien d'un stock, une aide technique, une qualité supérieure, une livraison sans faille, des concessions sur le transport ou l'annonce anticipée de toute modification prochaine des prix ou des produits. Il arrive donc que les négociations portent sur des aspects autres que le prix.

Beaucoup d'économistes affirment que la substitution de matières ou de produits semblables mais non identiques à ceux qu'on se proposait d'acheter constitue l'une des plus puissantes forces qui empêchent un marché de devenir totalement monopolistique ou oligopolistique. On peut ainsi substituer l'aluminium au cuivre, ou vice versa, pour nombre d'applications. De ce fait, les marchés de l'aluminium et du cuivre ne sont pas indépendants l'un de l'autre. Au nombre des éléments qui déterminent l'adaptabilité d'une entreprise, mentionnons sa capacité à reconnaître les substituts possibles, à modifier la conception de ses produits et à utiliser ce qu'elle achète pour en tirer avantage. La décision de fabriquer ou d'acheter revêt aussi de l'importance. En effet, à la condition qu'il soit assez facile d'obtenir les matières premières, la main-d'œuvre qualifiée et les processus techniques requis, l'entreprise peut fabriquer elle-même ce dont elle a besoin pour éviter les prix excessifs du marché.

□ □ □ □ □
7.4 LA DÉTERMINATION DES PRIX PAR L'ÉTAT

Le rôle que joue l'État dans l'établissement des prix a considérablement évolué. L'État participe activement à la détermination des prix en fixant des quotas de production et en adoptant, de temps à autre, diverses mesures de contrôle des prix et des salaires. De plus, il régit la manière dont l'acheteur et le vendeur peuvent se comporter lorsqu'ils s'entendent sur un prix. On voit mal comment les autorités canadiennes et américaines pourront ignorer la position d'autres gouvernements, qui exercent eux aussi un certain contrôle sur les prix et qui ont, dans plusieurs cas, amené une structure des prix différente sur le marché intérieur et sur celui des exportations. L'État peut influer sur les prix en mettant sur pied des commissions chargées de les réviser ou de les réglementer, ou en ayant recours à une forte persuasion morale. On peut s'attendre à ce que les prix augmentent sous l'effet des mesures de réglementation gouvernementales telles que les quotas, les tarifs douaniers et les permis d'exportation.

La législation fédérale canadienne s'appliquant à la détermination des prix diffère de celle qui existe aux États-Unis, mais elle vise essentiellement le même but. Ainsi, la nouvelle *Loi sur la concurrence* vise à maintenir la concurrence sur les marchés en interdisant certaines pratiques liées à l'établissement des prix, et elle s'applique tant aux acheteurs qu'aux vendeurs. Toute infraction à cette loi constitue un acte criminel. L'article 45(1) de cette loi stipule qu'aucun fournisseur ou acheteur ne peut comploter, se coaliser ou conclure un accord ou un arrangement avec une autre personne pour hausser les prix de manière déraisonnable ou réduire la concurrence de toute autre façon. Cela n'empêche cependant pas l'échange d'informations à l'intérieur d'associations commerciales ou professionnelles, tant qu'il ne diminue pas la concurrence en matière de prix. De plus, l'article 47 rend illégal tout truquage d'offres. Pour obtenir une condamnation, le procureur n'a donc qu'à prouver l'existence d'un tel truquage sans avoir à démontrer qu'il a influé outre mesure sur la concurrence. Quant à l'article 51, il interdit à tout fournisseur d'accorder une remise sur le prix à un acheteur sans l'offrir également à tous les autres (le *Robinson-Patman Act*, aux États-Unis, comporte une disposition semblable).

La *Loi sur la concurrence* permet les remises sur quantité, de même que les réductions de prix non répétées visant à liquider un stock. Au Canada comme aux États-Unis, tout acheteur qui tire profit d'une discrimination de prix contrevient lui aussi à la loi. L'article 61 de la loi traite du maintien des prix ou du régime de prix imposé, et s'applique lors de l'achat de biens destinés à la revente. Il en ressort essentiellement qu'aucun fournisseur ne doit, par le biais de menaces ou de promesses, tenter d'influer sur la manière dont les entreprises qui traitent avec lui déterminent ensuite le prix des produits qu'elles revendent.

□□□□□
7.5 LES TYPES D'ACHATS

L'analyse des coûts engagés par les fournisseurs n'est qu'un des éléments sur lesquels peut reposer la détermination des prix. La méthode adoptée varie dans une large mesure selon le type de produit requis. Or, on divise les articles achetés en sept grandes catégories.

1. Les matières premières On regroupe dans cette catégorie les produits en nature[2] dont le marché est sensible aux fluctuations, tels le cuivre, le blé et le pétrole brut.

2. Les articles spéciaux Cette catégorie englobe les articles et les matières qui font l'objet d'une production sur demande, de même que les équipements et les articles qu'on achète de manière non répétitive.

3. Les articles de production standard Cette catégorie comprend les articles dont le prix demeure relativement stable et fait l'objet de propositions découlant d'une remise sur le prix courant (par exemple les écrous, les boulons, plusieurs types d'acier commercial, les soupapes et les tuyaux).

4. Les articles de faible valeur On classe dans cette catégorie les articles dont la valeur relative est si faible qu'il est inutile de vérifier le prix avant de les acheter.

Les trois catégories suivantes ne seront pas abordées dans le présent chapitre, soit parce qu'on en traite ailleurs dans le manuel ou parce qu'elles débordent le cadre de notre étude.

5. Les équipements Ces biens font partie des éléments d'actif immobilisés, de sorte qu'on étale leur coût par le moyen de l'amortissement au lieu de l'inclure dans les charges au moment même de leur achat ou de leur utilisation. Le chapitre 14 traitera de l'acquisition des biens immobilisés.

---

2. Le terme «denrées» est communément employé, mais nous utiliserons plutôt d'autres termes reconnus, tels «produits en nature» et parfois «marchandises».

6. Les services   Cette vaste catégorie comprend de nombreux types de services personnels, dont la publicité, la vérification, le courtage, la conception architecturale, les services juridiques, les déplacements du personnel, la reproduction de documents, la sécurité et l'élimination des déchets. Le chapitre 15 porte sur l'acquisition de services.

7. Les articles destinés à la revente   On peut diviser cette catégorie en deux groupes. D'une part, elle inclut les articles antérieurement fabriqués à l'interne et qui sont maintenant achetés chez un fournisseur qui les livre entièrement assemblés. Citons l'exemple d'un important manufacturier d'appareils ménagers qui vend des fours à micro-ondes; plutôt que de les fabriquer lui-même, il les achète déjà assemblés pour les offrir sous sa propre marque de commerce. D'autre part, les articles destinés à la revente englobent les biens vendus au détail, qui comprennent, entre autres, les vêtements offerts dans les grands magasins non spécialisés, la nourriture vendue dans les supermarchés et les outils disponibles dans les quincailleries. On consacre évidemment des sommes considérables à l'achat de ces articles. Ceux qui sont chargés de les acquérir doivent d'abord établir quels articles se vendront; à partir de cette évaluation, ils prendront leurs décisions en matière d'achats.

★ ★ ★ ★

Maintenant que chacune des catégories a été décrite, voyons comment sont déterminés les prix.

Les matières premières

La valeur qu'atteint le prix d'un produit sensible aux fluctuations, à un moment particulier, est moins importante que la tendance qu'il démontre. Dans la plupart des cas, on peut facilement déterminer le prix des matières premières parce que beaucoup d'entre elles sont vendues et achetées sur des marchés bien organisés. Les prix en vigueur apparaissent régulièrement dans les publications spécialisées et les journaux d'affaires tels que *Iron Age* et *The Wall Street Journal*.

Dans la mesure où ces cours reflètent assez bien les conditions du marché, ils permettent de connaître le prix courant au comptant, qui demeure alors sensiblement le même pour une qualité donnée. Toutefois, dans le domaine de l'approvisionnement, chacun sait que les cours publiés sont en général surévalués, et qu'un acheteur avisé sera probablement à même d'obtenir un plus bas prix. En règle générale, une entreprise peut planifier ses besoins en matières premières de manière à retarder tout achat si la tendance des prix est à la baisse.

Les articles spéciaux

Les articles spéciaux comprennent diverses pièces achetées ou diverses matières spéciales qui permettent à l'entreprise de réaliser un produit fini ou d'offrir un service. La décision de fabriquer ou d'acheter revêt beaucoup d'importance dans le cas de ces articles en raison de leur nature particulière. Il faut généralement demander une proposition de prix pour connaître le coût, car ce dernier n'apparaît sur aucune liste disponible. On recourt fréquemment à la sous-traitance pour obtenir ces articles, et il arrive souvent que les équipements spéciaux ou compatibles, la main-d'œuvre qualifiée et la capacité de production disponibles en déterminent le prix. Comme ces éléments et le désir de conclure une transaction peuvent varier beaucoup d'un fournisseur à l'autre, on remarque parfois des écarts considérables entre les prix proposés par les divers soumissionnaires. Tout article spécial est unique et peut nécessiter une attention particulière. Il peut être très profitable d'effectuer des recherches pour trouver les fournisseurs capables de répondre à ces besoins spéciaux et disposés à le faire à un prix avantageux.

Généralement, on procède par soumissions pour se procurer des équipements ou tout autre article ne faisant pas l'objet d'achats répétés.

Les articles de production standard

La troisième catégorie regroupe les articles de production standard dont le prix demeure relativement stable et fait le plus souvent l'objet de propositions établies en accordant des escomptes ou des remises sur le prix courant. On y retrouve un large éventail de biens qu'on peut ordinairement acquérir d'un grand nombre de sources. Pour connaître le prix de ces articles, on consulte en général les catalogues et les autres publications semblables des fournisseurs, de même que les barèmes d'escomptes et de remises qu'ils établissent périodiquement.

Il ne faut pas conclure de ce qui précède que les achats d'articles de production standard ne revêtent aucune importance ou qu'il est inutile d'examiner avec soin les propositions de prix s'y rapportant. Lorsque le service de l'approvisionnement reçoit une demande, l'acheteur commence normalement par consulter le registre des achats antérieurs en tant que source d'information première. Advenant qu'il hésite à prendre une décision sur la seule base des renseignements ainsi obtenus, il peut alors dresser une liste des fournisseurs disponibles à partir du fichier des fournisseurs, de catalogues ou d'autres sources et en choisir un certain nombre auxquels il demandera ensuite une proposition de prix.

Les représentants de commerce sont une des meilleures sources pour connaître les prix courants et les escomptes accordés. En effet, rares sont les fabricants qui ne s'en remettent qu'à leurs catalogues pour vendre; la plupart du temps, ils font suivre l'envoi de ces publications par la visite d'un représentant. Un acheteur peut recueillir beaucoup d'informations utiles lors de cette visite. Le représentant lui indique les révisions de prix, que l'acheteur devrait noter dans le catalogue approprié, l'informe de la date de publication probable des nouvelles éditions et s'assure que le nom de son entreprise figure sur la liste d'envoi. Au cours d'une visite de ce genre, l'acheteur peut également être mis au fait des remises confidentielles, en général basées sur la quantité, qu'un fournisseur accorde sur certaines gammes de produits. Quelquefois, il arrive aussi que le représentant l'avertisse à l'avance des modifications de prix prévues. Tout acheteur doit rechercher les possibilités d'obtenir de telles informations pour en tirer pleinement parti.

Lors de sa visite, il est possible que le représentant fasse une proposition de prix à l'acheteur et que ce dernier l'accepte en émettant un bon de commande. Cette façon de procéder n'entraînera sans doute aucun problème, bien que du point de vue légal le représentant n'ait probablement pas le pouvoir de s'engager au nom de l'entreprise qui l'emploie; ainsi, l'offre faite ne liera cette dernière qu'après l'acceptation par une personne responsable. Advenant qu'il désire accepter une telle offre et s'assurer qu'elle aura force de loi, un acheteur devrait requérir du représentant une lettre signée par son responsable, où il est indiqué que le vendeur peut agir à titre d'agent de vente.

Les articles de faible valeur

La quatrième catégorie englobe les articles dont la valeur relative est si faible qu'il serait inutile de prendre la peine d'en analyser le prix en détail.

Pour ces articles, il est d'usage d'émettre des bons de commande où ne figure aucun prix. Une autre pratique courante est d'inscrire sur le bon de commande le dernier prix payé, qu'on obtient en consultant le fichier des achats antérieurs lorsque la dernière commande passée ne remonte pas trop loin dans le temps. D'autres acheteurs ont l'habitude de regrouper les commandes d'articles de faible valeur pour signer un contrat à prix coûtant majoré avec des fournisseurs qui s'engagent à avoir ces matières en stock lorsqu'on en a besoin et qui acceptent qu'on procède à une vérification périodique de l'équité des prix qu'ils demandent.

Dans la plupart des cas, on se procure les articles de faible valeur de sources d'approvisionnement locales; généralement, on obtient le prix courant par téléphone, puis on l'indique sur le bon de commande afin qu'il devienne partie intégrante de l'accord d'achat. Toutefois, la manière la plus courante de procéder consiste peut-être à s'en remettre à l'intégrité des fournisseurs et à n'effectuer aucune vérification poussée du prix adéquat de ces articles.

Une dernière méthode utilisée pour contrôler le prix des articles de faible valeur consiste en l'échantillonnage au hasard. La signature d'un contrat global du type décrit au chapitre 3 pourrait représenter une manière plus efficace d'acquérir ce genre d'articles.

Le problème que posent les articles de faible valeur ressemble à celui qu'engendrent les besoins urgents. En effet, lorsqu'une machine tombe en panne, par exemple, il arrive que le temps soit beaucoup plus précieux que l'argent et que l'acheteur désire mettre le fournisseur à l'œuvre immédiatement, bien que le prix reste encore à déterminer. Il se peut alors que l'acheteur décide simplement d'ordonner au fournisseur de commencer le travail ou d'expédier les pièces et qu'il émette un bon de commande sur lequel n'apparaît aucun prix. Advenant que le prix indiqué sur la facture soit excessif, il demeure possible de le contester avant de payer le fournisseur.

7.6 LA COURBE D'APPRENTISSAGE

La courbe d'apprentissage fournit un cadre d'analyse permettant de quantifier le principe généralement reconnu selon lequel la compétence s'accroît avec l'expérience. Cette technique fut instaurée dans l'industrie aéronautique durant la Seconde Guerre mondiale, lorsqu'on détermina de façon empirique que le nombre d'heures de travail de la main-d'œuvre par avion diminuait considérablement à mesure que le volume de production augmentait. Des études subséquentes révélèrent que le même phénomène se manifestait dans diverses industries et situations. Bien que du point de vue conceptuel on rattache la courbe d'apprentissage surtout à la main-d'œuvre directe, la plupart des spécialistes croient qu'elle découle en réalité de l'effet combiné d'un grand nombre d'éléments, parmi lesquels :

– le taux d'apprentissage de la main-d'œuvre ;
– la volonté de la main-d'œuvre et de la direction d'accroître la production ;
– la mise au point de méthodes, de procédures et de systèmes de soutien améliorés ;
– la substitution de meilleurs outils, équipements et matières à ceux qu'on employait précédemment, ou leur utilisation plus efficace ;
– l'adaptabilité du travail et de ceux qui y sont associés ;

– le rapport entre le temps-machine et le temps-personne pour l'exécution d'une tâche;

– l'ampleur de la planification effectuée avant la réalisation de la tâche;

– le taux de rotation de la main-d'œuvre à l'intérieur de l'unité.

Lorsqu'on tient compte de tous ces éléments, on parle alors de la courbe d'expérience.

La courbe d'apprentissage traduit un phénomène réel dont l'existence a été suffisamment démontrée de façon empirique pour qu'elle ne fasse plus aucun doute. Les raisons avancées pour l'expliquer semblent très plausibles; néanmoins, on ne peut encore établir à l'avance quel devrait être exactement le taux d'apprentissage associé à un tout nouveau produit ou à une nouvelle tâche.

La courbe d'apprentissage entraîne des conséquences importantes en ce qui a trait à la détermination des coûts, à la gestion par objectifs et à la négociation. Prenons l'exemple d'une courbe d'apprentissage à 90 %. Supposons qu'on désire acheter 800 unités d'un produit dispendieux, lesquelles seront fabriquées sur une période de deux ans par un groupe de travailleurs utilisant une méthode à forte prédominance de main-d'œuvre. La main-d'œuvre a dû travailler en moyenne 1 000 heures pour fabriquer chacune des 100 premières unités. En présence d'une courbe d'apprentissage à 90 %, cette moyenne diminuerait à 900 heures une fois qu'on aurait produit les 200 premières unités. Les résultats obtenus apparaissent au tableau 7.1. On peut reporter ces données sur un graphique cartésien, comme le montre la figure 7.1.

Il importe de reconnaître que le choix d'une courbe d'apprentissage ne relève pas d'une science exacte. Généralement, lorsqu'un acheteur ne possède aucune expérience antérieure en ce qui concerne un article qu'il doit acquérir, il opte initialement pour une courbe d'apprentissage à 80 % et l'ajuste ensuite à la hausse ou à la baisse, selon les circonstances. On peut comparer la situation qui s'applique à ce nouveau produit à d'autres situations où prévalaient des circonstances identiques ou semblables. Il est facile d'établir après coup ce qui s'est réellement passé et de déterminer

TABLEAU 7.1   Exemple de courbe d'apprentissage

Nombre d'unités produites	Nombre cumulatif d'heures de travail de la main-d'œuvre	Nombre moyen d'heures de travail par unité produite
100	100 000	1 000
200	180 000	900
400	324 000	810
800	583 200	729

FIGURE 7.1   Courbe d'apprentissage à 90 % tracée selon
une échelle standard

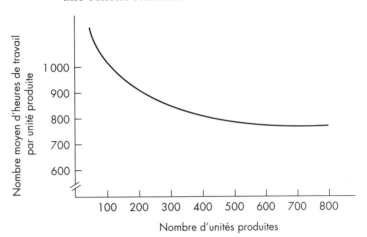

quelle était la courbe applicable dans les faits. On peut également attendre d'obtenir certaines données préliminaires relatives à la production afin de les utiliser pour tracer la courbe. Ainsi, dans le cas d'un nouveau produit ou de lots relativement petits, on peut demander l'information se rapportant à la production de la première série d'importance et réclamer de négocier de nouveau sur la base de ces données advenant qu'on ne puisse établir avec certitude la courbe d'apprentissage appropriée.

La courbe d'apprentissage ou d'expérience implique qu'on ne cesse de s'améliorer, quel que soit le volume de production déjà réalisée. On n'a pas encore exploré toutes les possibilités de cette courbe sur le plan de la gestion des matières. Elle représente un concept puissant et très utile à l'acheteur. On devrait ainsi la mettre à contribution pour planifier et obtenir des remises progressives, des délais de livraison plus courts et une meilleure valeur.

Certains gestionnaires de l'approvisionnement soutiennent que rien ne justifie une étude poussée des coûts des fournisseurs. Plusieurs raisons expliquent leur position.

1. Très souvent, les fournisseurs ne connaissent pas leurs coûts; il ne sert donc à rien de les interroger à ce sujet.

2. L'interprétation des coûts fait appel au jugement, de sorte qu'on ne pourrait arriver à un consensus même si on disposait de toutes les données.

3. Certains fournisseurs refusent de divulguer ce genre d'information.

4. Les coûts d'un fournisseur ne déterminent pas le prix du marché.

5. L'acheteur ne s'intéresse pas aux coûts des fournisseurs; sa préoccupation première est d'obtenir le meilleur prix possible, compte tenu de la qualité, de la quantité et du service recherchés. Si un fournisseur offre un prix qui ne lui permet pas de récupérer ses coûts, soit par ignorance ou en toute connaissance de cause, c'est lui que cela concerne et non l'acheteur.

Bien que valable dans une large mesure, le raisonnement de ces gestionnaires présente certaines lacunes. Ainsi, tout acheteur qui n'a pas à tout le moins une idée générale des coûts d'un fournisseur pourra difficilement établir si le prix qu'il lui demande est raisonnable. En outre, si l'acheteur ne se préoccupe pas de savoir qu'un fournisseur vend ses biens en bas du prix coûtant et s'il n'assume aucune responsabilité à cet égard, il ne pourra se plaindre si des réductions de prix presque exagérées font disparaître les fournisseurs efficaces ou leur nuisent; de plus, il ne pourra se montrer indifférent lorsque les fournisseurs offrent leurs produits en bas du prix coûtant, pour ensuite se montrer très inquiet lorsque les prix surpassent le coût parce que les fournisseurs tentent de survivre financièrement.

□ □ □ □ □
7.7 LES SOUMISSIONS ET LES APPELS D'OFFRES

Habituellement, on demande des soumissions lorsque l'ampleur de l'engagement à prendre dépasse une certaine valeur minimale telle que 1 000 $. D'autre part, les achats publics doivent généralement se faire par appels d'offres, la loi exigeant que le contrat soit accordé au soumissionnaire dont le prix est le plus bas. Dans le contexte industriel, il arrive qu'on sollicite des propositions en vue de choisir les entreprises avec lesquelles on négociera pour établir le prix final.

L'importance qu'on accorde aux appels d'offres pour obtenir un prix acceptable peut varier considérablement. D'un côté, les acheteurs qui acquièrent toujours les mêmes fournitures des mêmes sources émettent le plus souvent un bon de commande où ne figure aucun prix. La même chose se produit, à l'occasion, dans le cas d'un article essentiel offert sur un marché très favorable au vendeur, où les prix montent si rapidement que le fournisseur refuse de proposer un prix fixe. Cependant, on devrait habituellement inscrire le prix sur le bon de commande. La loi exige d'ailleurs que le prix ou la méthode à utiliser afin de le calculer apparaisse sur le bon de commande pour que ce dernier représente un contrat liant les deux parties. Lorsqu'on décide de procéder à un appel d'offres, on doit réaliser certaines étapes essentielles. Il faut donc:

– sélectionner minutieusement les sources fiables possibles;

– rédiger avec précision la demande de soumission;

- envoyer cette dernière à un nombre suffisant de fournisseurs pour s'assurer d'obtenir un prix vraiment concurrentiel;
- traiter adéquatement les soumissions reçues;
- analyser les soumissions avec soin avant d'accorder le contrat.

La première étape consiste à choisir les fournisseurs possibles auxquels on demandera une soumission, ce qui revient à effectuer une présélection des sources d'approvisionnement. On tient alors pour acquis que les soumissionnaires doivent:

- posséder les qualifications requises pour fabriquer l'article en cause selon les spécifications de l'acheteur et le livrer à la date convenue;
- se montrer suffisamment fiables à tous égards pour justifier qu'on traite avec eux;
- être assez nombreux pour que le prix obtenu soit vraiment concurrentiel;
- ne pas être trop nombreux.

Nous avons déjà examiné les deux premières exigences lors de notre étude des sources d'approvisionnement. Le choix du nombre de fournisseurs auxquels on envoie une demande de soumission relève, dans une large mesure, du jugement de l'acheteur. Généralement, on invite au moins deux fournisseurs, et tout au plus trois ou quatre, à soumettre une proposition. Une multiplicité de soumissionnaires ne garantit pas un prix vraiment concurrentiel. Cependant, elle y contribue pour beaucoup dans des circonstances normales, à condition que les fournisseurs approchés se révèlent comparables à tous points de vue et que chacun démontre une assez grande fiabilité pour que l'acheteur soit prêt à traiter avec n'importe lequel d'entre eux.

L'acheteur doit normalement s'abstenir de solliciter une proposition des entreprises qui ont peu de chances d'obtenir une commande, même si elles offrent un bon prix. Il demande parfois des soumissions dans le seul but de vérifier les prix qu'accordent ses fournisseurs réguliers ou d'établir la valeur de ses stocks. Cependant, il ne faut pas perdre de vue qu'une entreprise engage des dépenses (quelquefois considérables) lorsqu'elle présente une soumission; il faut donc éviter de lui faire assumer ce coût sans raison valable. De plus, une demande de soumission représente une forme d'encouragement et laisse entendre au fournisseur qu'il pourrait recevoir une commande. Par conséquent, les acheteurs ne devraient solliciter une proposition d'un fournisseur que s'ils envisagent sérieusement de lui passer une commande.

Une fois qu'on a choisi les entreprises qui seront invitées à présenter une soumission, on leur envoie une demande contenant toute l'information nécessaire, soit la description complète des articles requis, la date à laquelle on veut les recevoir et la date limite pour soumettre une proposition. Dans plusieurs cas, on procède par téléphone au lieu d'envoyer une demande de soumission écrite.

Entre le moment où ils présentent une soumission et celui où l'acheteur accorde le contrat, les fournisseurs se montrent naturellement désireux de savoir comment leur proposition se compare à celles des autres candidats en lice. Comme on exige rarement des soumissions cachetées dans l'industrie privée, bien qu'elles soient courantes dans le secteur public, l'acheteur est à même de comparer les propositions à mesure qu'il les reçoit. Cependant, lorsqu'on examine chaque soumission dès son arrivée, il importe de maintenir ces renseignements confidentiels. C'est pourquoi certains acheteurs choisissent délibérément de ne prendre connaissance des propositions qu'au moment de les analyser. De cette façon, ils peuvent répondre honnêtement à tout soumissionnaire qu'ils ignorent comment les prix proposés se comparent entre eux. Même une fois qu'on a accordé le contrat, il est probablement mieux de ne pas révéler aux soumissionnaires non choisis la différence entre leur proposition de prix et celle qu'on a acceptée.

Les soumissions fermes

La raison pour laquelle il faut garder les propositions de prix confidentielles se rattache à un problème auquel presque tous les acheteurs doivent faire face: celui des soumissions «fermes». La plupart des entreprises ont pour politique d'indiquer aux fournisseurs que toute soumission présentée est finale et ne peut faire l'objet d'aucune révision, quelles que soient les circonstances. On ne fait une exception à cette règle que dans le cas d'une erreur flagrante.

Il s'agit là d'une bonne politique, et on ne devrait s'en écarter que dans les circonstances les plus inhabituelles. À ceux qui affirment qu'elle est impossible à appliquer, on peut répondre que beaucoup d'entreprises exigent effectivement des soumissions fermes. Lorsqu'on la respecte strictement, une telle politique constitue le moyen le plus équitable de traiter tous les fournisseurs sur un pied d'égalité. Elle met l'accent sur les éléments de la transaction liés à la qualité et au service plutôt que sur le prix. De plus, elle supprime la tentation, pour un fournisseur, d'utiliser des matières ou une main-d'œuvre de qualité inférieure advenant que sa soumission soit acceptée. Elle permet en outre à l'acheteur d'économiser du temps, car elle élimine la nécessité de négocier sans cesse avec les fournisseurs au sujet du prix.

Le choix de la soumission

On recourt à un appel d'offres dans le but d'obtenir le plus bas prix possible, et on transmet aux divers fournisseurs les spécifications détaillées et la définition précise des besoins pour s'assurer de recevoir les mêmes articles ou les mêmes services, quelle que soit la source choisie. Dans le secteur public, tout contrat doit être accordé au soumissionnaire dont le prix est le plus bas, à moins que des raisons très spéciales ne justifient qu'on agisse autrement.

Un appel d'offres s'avère le meilleur moyen d'obtenir les articles requis à un prix équitable, car il permet de recourir aux forces de la concurrence pour faire baisser le prix jusqu'à un niveau où un fournisseur efficace récupérera ses coûts de production et de distribution et enregistrera un profit minimal. Le fournisseur qui veut recevoir une commande doit alors soumettre à l'acheteur une proposition intéressante. Il subit ainsi une forte pression, et c'est pourquoi on devrait recourir à un appel d'offres chaque fois que c'est possible.

Toutefois, certaines conditions doivent être respectées pour qu'un appel d'offres remplisse efficacement son rôle. Il faut donc:

- qu'il existe au moins deux fournisseurs qualifiés, et de préférence plusieurs;
- que ces fournisseurs souhaitent obtenir le contrat (un appel d'offres se révèle plus efficace sur un marché à la baisse);
- que les spécifications soient claires afin que chaque soumissionnaire sache précisément ce qu'on attend de lui et que l'acheteur puisse facilement comparer les diverses propositions reçues;
- que les soumissionnaires agissent de façon honnête, sans recourir à la collusion.

Si l'une ou l'autre de ces conditions n'est pas respectée, il vaut mieux recourir à la négociation pour déterminer le prix (*voir la section 7.8*).

Il existe cependant plusieurs situations où le fournisseur qui propose le plus bas prix ne reçoit pas nécessairement la commande. Ainsi, il arrive qu'après avoir demandé une soumission l'acheteur apprenne que l'entreprise offrant le meilleur prix n'est pas fiable. Dans d'autres cas, le plus bas prix proposé dépasse encore ce que l'acheteur juge acceptable. Il se peut également qu'on ait des raisons de croire qu'il y a eu entente préalable ou collusion entre les soumissionnaires.

On peut citer d'autres raisons pour refuser la plus basse proposition de prix. Il arrive que les dirigeants de l'usine, le service du génie ou les utilisateurs manifestent une préférence pour le produit d'un certain fabricant. De même, un faible écart de prix ne compense pas la confiance qu'on accorde au produit d'un fournisseur donné et ne justifie pas l'abandon d'une source d'approvisionnement qui donne satisfaction depuis longtemps. Dans ces cas, l'appel d'offres sert essentiellement à vérifier si l'entreprise obtient effectivement un prix adéquat.

Même lorsque deux soumissions paraissent identiques, il arrive qu'une des deux soit plus avantageuse que l'autre. En effet, les coûts d'installation d'un fournisseur peuvent être plus élevés que ceux d'un autre. De plus, advenant que les prix proposés supposent la livraison des biens franco à bord au point de départ, les frais de transport pourraient varier considérablement. Dans certains cas, un fournisseur accorde un prix beaucoup plus bas parce qu'il tente de percer un nouveau marché ou de contraindre son seul véritable concurrent à fermer ses portes. Il arrive également que le produit de l'un des fournisseurs rende nécessaire l'achat d'un outillage qu'il faudra amortir. D'autre part, il se peut qu'un fournisseur présente une soumission ferme, alors qu'un autre exige une clause d'indexation susceptible de faire monter son prix au-delà de celui d'un concurrent. Toutes ces possibilités et d'autres encore font en sorte qu'on risque fortement de se tromper en prenant une décision hâtive basée uniquement sur la comparaison des prix.

La collusion entre les soumissionnaires

Un acheteur peut également rejeter toutes les soumissions présentées s'il soupçonne que les fournisseurs ont agi de connivence. Il est souvent difficile d'établir la ligne de conduite à adopter en pareil cas, mais diverses possibilités s'offrent à l'acheteur. Bien que possible, une poursuite judiciaire constitue rarement une option valable en raison des frais, des délais et de l'issue incertaine qu'elle entraîne. Malheureusement, l'acheteur se sent souvent obligé d'accepter la situation, convaincu qu'il ne peut rien y changer. Une autre possibilité qui s'offre à lui est de chercher de nouvelles sources d'approvisionnement à l'intérieur ou à l'extérieur de la région où il se procure habituellement les matières ou les services en cause. Dans certains cas, il peut aussi recourir à des matières substituts de façon temporaire ou permanente. L'acheteur a également la possibilité de refuser toutes les soumissions, pour ensuite négocier avec l'un ou l'autre des fournisseurs dans le but d'obtenir un prix plus bas. Cependant, cette pratique pose un problème d'éthique, même si certains responsables de l'approvisionnement jugent qu'en cas de collusion entre les vendeurs ils ne contreviennent pas aux règles en s'efforçant d'amener les fournisseurs à baisser leurs prix par des moyens qu'ils n'utiliseraient pas en d'autres circonstances.

Les soumissions identiques

Il n'est pas rare qu'un acheteur reçoive des soumissions identiques de fournisseurs différents. Comme une telle situation peut résulter d'une forte concurrence ou, au contraire, d'une discrimination ou d'une collusion, il importe que l'acheteur se montre prudent. Voici quelques-uns des éléments qui tendent à faire planer le doute en cas de prix identiques ou analogues.

1. Jusqu'à présent, les fournisseurs n'avaient jamais proposé de prix identiques.

2. Certains faits prouvent que les fournisseurs ou les acheteurs ont échangé des informations relatives aux prix.

3. On remarque une standardisation «artificielle» du produit.

4. L'acheteur reçoit des propositions de prix identiques malgré les spécifications complexes, détaillées ou nouvelles de l'article en cause.

5. Les écarts observés par rapport aux prix uniformes soulèvent l'inquiétude dans toute l'industrie. On en discute lors de rencontres, et on adopte même des sanctions pour y remédier.

L'acheteur dispose de quatre moyens pour tenter d'éviter les soumissions de prix identiques. Le premier consiste à encourager les petits fournisseurs qui forment la composante non-conformiste d'une industrie et qui désirent prendre de l'expansion. Le deuxième est de permettre aux fournisseurs de ne soumissionner qu'une partie d'un contrat lorsque ce dernier est d'une trop grande ampleur. Le troisième consiste à demander des soumissions fermes ne pouvant être révisées. Le quatrième, enfin, est d'accorder le contrat en fonction de critères qui découragent les fournisseurs de présenter des soumissions identiques à l'avenir.

Diverses possibilités s'offrent à un acheteur qui reçoit des propositions identiques et qui décide, malgré tout, de procéder à une sélection. Il peut ainsi accorder le contrat:

– au plus petit fournisseur;

– à l'entreprise qui offre un produit de fabrication nationale ou locale;

– à l'entreprise la plus éloignée, ce qui oblige cette dernière à assumer la plus grande part des frais de transport;

– à l'entreprise qui détient la plus petite part du marché;

– à l'entreprise qui est prête à faire le plus de concessions sur des aspects autres que le prix;

– à l'entreprise dont le rendement est le meilleur jusqu'à ce jour.

□ □ □ □ □
7.8 LA NÉGOCIATION

La négociation représente le moyen le plus complexe et le plus coûteux dont on dispose pour établir le prix, et elle convient à la réalisation des achats de grande valeur pour lesquels un appel d'offres s'avère inapproprié. L'acheteur et le fournisseur doivent alors se rencontrer et entreprendre des discussions pour arriver à un accord sur les principaux aspects d'un contrat d'achat ou de vente tels que la livraison, les spécifications, la garantie, les prix et les conditions. Compte tenu des liens étroits qui existent entre ces éléments et beaucoup d'autres encore, la négociation n'est pas chose facile et exige qu'on fasse preuve de jugement et de tact. Elle a pour but d'amener la conclusion d'une entente qui permettra aux deux parties de réaliser leurs objectifs. Un acheteur y recourt le plus souvent lorsqu'il se trouve en présence d'une source d'approvisionnement unique. En pareil cas, les deux parties savent qu'un contrat d'achat sera signé, et leur tâche consiste à définir un ensemble de conditions acceptables tant pour l'acheteur que pour le fournisseur. Vu le temps et l'argent qu'exigent de véritables négociations, on n'utilise d'ordinaire cette approche que si le montant de la transaction est relativement élevé. Certaines entreprises ont fixé le minimum à 50 000 $ ou plus.

On envisage habituellement la négociation comme le moyen d'établir le prix à payer. Bien qu'il s'agisse là du principal élément abordé, on peut aussi traiter de beaucoup d'autres points ou conditions. Tout aspect d'un accord d'achat ou de vente peut en réalité faire l'objet de négociations. Voici quelques-uns des points dont on peut traiter.

1. **La qualité**: conformité aux spécifications, respect des normes de rendement, critères utilisés lors des essais, procédures de rejet, responsabilité, fiabilité, modifications de conception.

2. **Le soutien**: aide technique, recherche et développement de produits, garantie, pièces de rechange, formation, outillage, emballage, partage de l'information, incluant les données techniques.

3. **L'approvisionnement**: délais d'approvisionnement, calendrier de livraison, stock en consignation, possibilités d'étendre la portée du contrat, stocks du fournisseur, possibilités d'annulation.

4. **Le transport**: conditions franco à bord, transporteur, classification des denrées, répartition ou égalisation des frais de transport, livraison à plusieurs endroits.

5. **Le prix**: prix indiqué sur le bon de commande, escompte au comptant, remise sur quantité et rabais de gros, clauses d'indexation, taux d'échange (lorsqu'il fluctue), droits d'importation, versement des taxes.

L'analyse du coût de revient

Lors de négociations, la partie qui dispose des meilleures données possède l'avantage. Ayant reconnu l'importance du coût, les responsables de l'approvisionnement ont pour habitude d'évaluer le mieux possible les coûts d'un fournisseur, car cela permet de juger si le prix qu'on leur propose est raisonnable. Ainsi, lorsqu'un acheteur demande à un fournisseur de lui soumettre une proposition destinée à faire ensuite l'objet de négociations, il peut le prier d'y joindre une liste indiquant la répartition de ses coûts. Si le fournisseur n'a rien à cacher et s'il fait confiance à son service d'évaluation, il devrait normalement accepter de transmettre la ventilation de ses coûts. Toutefois, advenant qu'il ne puisse obtenir cette information, l'acheteur devra lui-même reconstituer les coûts du fournisseur, ce qui exige beaucoup plus de temps et s'avère beaucoup plus difficile.

Beaucoup de grandes entreprises emploient des analystes des coûts à leur service de l'approvisionnement. Ceux-ci ont pour tâche d'aider les acheteurs à analyser les coûts des fournisseurs lorsqu'ils se préparent à négocier (*voir aussi le chapitre 11 sur la recherche en approvisionnement*). Certaines entreprises déterminent leurs prix en fonction du coût total. Ces évaluations de coûts doivent reposer sur les données disponibles.

Les frais généraux d'une entreprise englobent ordinairement les coûts indirects qu'entraînent ses installations de fabrication, de recherche ou de génie. Comme l'industrie tend à devenir de plus en plus à prédominance de capital, la proportion des frais généraux par rapport aux coûts directs de main-d'œuvre et de matières augmente.

L'acheteur s'intéresse également aux coûts qu'entraîne l'outillage. Il désire ainsi savoir combien il en coûterait à un fournisseur raisonnablement efficace pour fabriquer l'outillage requis, et quels en seraient ensuite le coût de possession et la durée de vie (nombre d'unités). Il veut en outre établir si cet outillage peut être utilisé avec un équipement autre que celui du fournisseur.

Par ailleurs, les frais de vente et d'administration comprennent, entre autres, les dépenses liées à la vente, à la promotion et à la publicité de même que la rémunération des cadres et les frais juridiques. Le fournisseur n'a souvent aucune raison d'inclure un élément attribuable aux frais de publicité dans le prix d'un produit qu'il fabrique selon les spécifications de l'acheteur.

Il est également possible d'évaluer le coût des matières à partir d'une nomenclature, d'un dessin ou d'un échantillon du produit. L'acheteur peut établir le coût des matières premières en multipliant leur prix par la quantité requise pour produire une unité.

Les coûts directs de main-d'œuvre s'avèrent quant à eux plus difficiles à évaluer que le coût des matières. Bien qu'on envisage ordinairement le coût des opérateurs de machines et des travailleurs à la chaîne comme un coût de main-d'œuvre direct, il tend en réalité à être plus fixe que ne veulent l'admettre la plupart des gestionnaires. En effet, de nombreuses entreprises préfèrent ne pas mettre de travailleurs à pied et subissent de fortes pressions les incitant à maintenir raisonnablement stable le niveau de la main-d'œuvre soi-disant directe qu'elles emploient. Il s'ensuit qu'elles recourent fréquemment aux stocks et au temps supplémentaire pour aplanir les fluctuations de la demande, et que les coûts de main-d'œuvre deviennent à tout le moins semi-variables et peuvent être ventilés.

La combinaison de produits, la taille des lots fabriqués et la rotation du personnel peuvent influer grandement sur les coûts de main-d'œuvre. En effet, plus la variété est grande, plus la taille des lots est petite, et plus le taux de rotation est élevé, plus les coûts de main-d'œuvre directe sont considérables. Ces trois éléments peuvent à eux seuls expliquer des écarts substantiels entre les coûts de divers fournisseurs pour un produit final identique.

Les situations où on recourt à la négociation et la stratégie de négociation

À mesure que la fonction achat est devenue plus importante dans les entreprises bien gérées, les personnes responsables de son exécution ont adopté une attitude plus professionnelle. Or, cette compétence professionnelle toujours plus grande a entraîné un accroissement de l'utilisation d'outils sophistiqués à la disposition des cadres qui prennent des décisions dans le milieu des affaires. La négociation constitue un exemple manifeste de ce phénomène.

Voici une liste des diverses situations d'achat où le recours à la négociation s'avère en général profitable:

- lorsqu'il faut rédiger un contrat écrit indiquant le prix, les spécifications, les conditions de livraison et les normes de qualité;
- lorsqu'un acheteur doit acquérir un article fabriqué selon ses spécifications (il faut accorder une attention particulière à tout achat initial, car une étude poussée des besoins de l'acheteur et du fournisseur permet souvent d'obtenir un meilleur produit à un plus bas prix);
- lorsqu'on modifie les dessins industriels ou les spécifications après avoir émis un bon de commande;
- lorsqu'on a demandé une soumission à divers fournisseurs responsables mais qu'aucune des propositions reçues n'est acceptable;

– lorsque surviennent des problèmes ayant trait à l'outillage ou à l'emballage;

– lorsqu'on doit modifier la quantité ou les prix par suite de l'évolution de la situation économique ou des conditions du marché;

– lorsque la cessation d'un contrat engendre des problèmes liés à la disposition d'installations, de matières ou d'un outillage;

– lorsque l'acceptation d'un élément d'un contrat établi en fonction du coût soulève des problèmes;

– lorsque certains types de contrats militaires ou provenant du secteur public suscitent des difficultés.

Le succès d'une négociation dépend surtout de la qualité et de l'étendue de la planification réalisée au préalable. Un modèle du processus de négociation apparaît à la figure 7.2. Voici les étapes élémentaires à suivre pour élaborer une stratégie de négociation.

1. Dresser la liste des objectifs (résultats) particuliers à atteindre lors de la négociation.

2. Analyser le pouvoir de négociation du fournisseur. Quelles sont sa capacité et sa rentabilité? Son carnet de commandes est-il bien rempli? Jusqu'à quel point est-il convaincu d'obtenir le contrat? Existe-t-il des contraintes de temps?

3. Recueillir les données pertinentes. C'est ici que l'analyse des coûts entre en jeu.

FIGURE 7.2   Modèle du processus de négociation

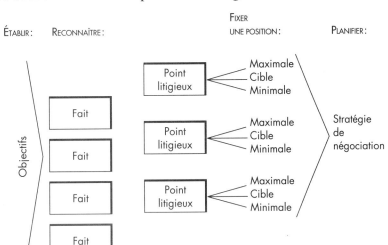

4. Tenter de reconnaître les besoins du fournisseur. Pour que les négociations s'avèrent fructueuses, il faut que les parties en retirent quelque chose.

5. Établir les faits se rapportant à la situation. Un fait se définit comme toute information sur laquelle les deux parties devraient s'entendre. Advenant, par exemple, que la répartition des coûts du fournisseur indique que le coût horaire de main-d'œuvre est 8,10 $ et que l'acheteur accepte ce chiffre, il s'agit alors d'un fait.

6. Reconnaître les points litigieux. Toute chose qui engendrera vraisemblablement un désaccord représente un point litigieux. On entreprend des négociations dans le but de résoudre ces litiges pour pouvoir signer un contrat satisfaisant les deux parties. Par exemple, lorsque le fournisseur soutient que son coefficient d'imputation des frais généraux de fabrication représente 300 % de ses coûts directs de main-d'œuvre alors que l'analyse effectuée par l'acheteur indique qu'il correspond à environ 240 %, ce point engendre un litige qui doit être résolu par le biais de la négociation.

7. Établir la position de l'entreprise sur chacun des points litigieux. Quelles données l'acheteur utilisera-t-il pour appuyer cette position?

8. Élaborer une stratégie de négociation. De quels points devrait-on traiter en premier? Sur quoi l'acheteur est-il prêt à faire des compromis? Qui fera partie de l'équipe de négociation? (Il est fréquent qu'elle se compose d'un représentant du génie et d'un autre de la gestion de la qualité, sous l'autorité de l'acheteur qui la dirige.)

9. Donner des instructions à tous les membres de l'équipe de négociation.

10. Procéder à une répétition générale avec les personnes qui prendront part aux négociations.

11. Conserver un calme absolu durant les négociations.

Les règles d'une bonne négociation

Bien que la conduite de négociations relève davantage d'un art que d'une science, l'expérience d'un grand nombre d'entreprises et de gestionnaires de l'approvisionnement a permis d'établir certaines règles fondamentales s'y appliquant. Si un acheteur ne respecte pas toutes ces règles, il est probable que son entreprise n'obtiendra pas les résultats escomptés. On divise ces règles de base en trois groupes, selon qu'elles s'appliquent avant, pendant ou après la séance de négociation.

Avant la séance de négociation

1. La préparation:
   - Dressez la liste des sources d'approvisionnement possibles.
   - Analysez la position du fournisseur.

- Procédez à une étude des installations du fournisseur.
- Effectuez une analyse de la situation financière du fournisseur.
- Analysez la proposition du fournisseur.
- Mettez sur pied l'équipe de négociation.
- Assurez-vous de bien comprendre l'énoncé de travail.
- Définissez les objectifs à atteindre lors de la négociation.
- Élaborez diverses lignes de conduite possibles.
- Sachez jusqu'où s'étend votre autorité.
- Fournissez un endroit adéquat.
- Préparez la salle de réunion à l'avance.

2. Les principes de base :
   - Soyez prêt à faire des compromis.
   - Préparez-vous à faire valoir votre position.
   - Ne trahissez aucune émotion.
   - Ne sous-estimez jamais le fournisseur.
   - Demeurez toujours vigilant.
   - Prenez votre temps et faites bien les choses.
   - Rappelez-vous que l'alcool et la négociation ne font pas bon ménage.
   - Soyez raisonnable; ne poussez pas trop les choses.
   - Rappelez-vous que le fournisseur demandera toujours davantage, quelle que soit votre offre.
   - N'oubliez pas que toute nervosité de votre part sera interprétée comme un signe de faiblesse.

Pendant la séance de négociation

1. L'évaluation du fournisseur :
   - Remarquez si les yeux de vos vis-à-vis se promènent de droite à gauche, ce qui indique qu'ils peuvent lire un texte renversé.
   - Identifiez le chef du groupe, c'est-à-dire la personne qui peut véritablement faire des concessions.
   - Notez toute hésitation à aborder un point litigieux, laquelle dénote une faiblesse.
   - Rappelez-vous que le fournisseur qui ne possède aucune donnée relative à un point litigieux est vulnérable.
   - Soyez attentif, concentrez-vous. Regardez votre vis-à-vis droit dans les yeux et écoutez ses propos.

2. La stratégie :
   - Prenez l'initiative des négociations en vous asseyant au bout de la table.
   - Apprenez le nom des représentants du fournisseur et sachez comment les prononcer.

- Déterminez jusqu'où s'étendent les pouvoirs des représentants du fournisseur.
- Évaluez la position minimale du fournisseur.
- Adoptez une attitude positive.
- Énoncez vos questions de manière à obtenir une réponse affirmative.
- Acceptez un compromis sur des points mineurs lorsqu'il est avantageux d'agir ainsi.
- Faites des concessions peu après le début de la séance pour inciter l'autre partie à agir de même.
- Abordez en premier lieu les questions faciles à régler.
- Évitez toute proposition formelle, car le fournisseur pourrait rompre les négociations.
- Ne révélez jamais rien sans raison valable.
- Ne dépassez pas les limites de votre endurance physique et mentale.

3. Les tactiques:
- Ne dévoilez pas le maximum recherché.
- Évitez tout argument inutile.
- Conservez votre calme.
- Ne faites aucune promesse sans avoir l'autorité nécessaire.
- Rappelez-vous que le fournisseur doit lui aussi sortir «gagnant» des négociations.
- Évitez d'interrompre les représentants du fournisseur; ce geste impoli pourrait les vexer.
- Ne dites rien lorsqu'on vous présente une offre totalement inacceptable; le silence est la meilleure réponse en pareil cas.
- Évitez les digressions, faites en sorte que les discussions ne s'écartent pas du sujet car le temps est précieux.

4. Les manières de sortir d'une impasse:
- Passez à un autre sujet.
- Reconnaissez la position du fournisseur et tentez de lui faire comprendre la vôtre.
- Demandez à l'autre partie de suggérer une solution.
- Dites aux représentants du fournisseur que vous avez parcouru trop de chemin pour échouer si près du but.

Après la séance de négociation

- Assurez-vous que l'entente finale englobe tous les points.
- Sachez quand et comment mettre fin à la séance de négociation.
- Conservez des notes détaillées relatives à chaque élément de l'entente. Ces notes devraient porter la signature ou les initiales des représentants des deux parties.
- Analysez ce qui est survenu au cours de la séance et trouvez-en l'explication.

□ □ □ □ □
7.9 LES DISPOSITIONS RELATIVES AUX MODIFICATIONS DE PRIX

La garantie contre une baisse de prix

Dans le cas des matières premières et des biens qu'on achète périodiquement, le prix indiqué sur le contrat peut être celui en vigueur au moment de la négociation de l'entente. On ajoute alors au contrat une clause stipulant qu'il y aura réduction de ce prix au cours d'une période subséquente si les prix du marché sont à la baisse.

La clause de protection du prix

Lorsqu'un acheteur signe un contrat à long terme pour des matières premières ou d'autres articles clés avec un ou plusieurs fournisseurs, il souhaite parfois conserver la possibilité d'obtenir un prix plus bas offert par une autre source d'approvisionnement. Or, il peut y parvenir en traitant avec le fournisseur qui n'a pas pris part à l'entente, ou en obligeant celui ou ceux avec lesquels il l'a conclue à lui accorder le même bas prix. Ainsi, il peut faire inclure dans le contrat une clause de protection du prix indiquant que si l'acheteur se voit offrir un article de qualité identique, en quantité similaire et à des conditions semblables, mais à un prix net inférieur à celui qui figure au contrat, le fournisseur devra, sur réception d'une preuve écrite de cette offre, réduire d'autant son prix ou permettre à l'acheteur de traiter avec le fournisseur dont le prix est plus bas et de déduire la quantité qu'il acquerra de ce dernier de celle inscrite sur le contrat.

Les clauses d'indexation

Beaucoup de clauses d'indexation stipulent que le prix sera ajusté à la hausse ou à la baisse si les coûts varient. L'inclusion de ce type de clause devint chose courante durant la Seconde Guerre mondiale. Les fournisseurs jugèrent alors que leurs coûts étaient tellement incertains qu'ils ne pouvaient accorder un prix ferme ou qu'ils devraient alors exiger un prix si élevé (pour tenir compte de tous les risques probables) que leur proposition n'intéresserait pas l'acheteur et serait peut-être même injuste à son égard. On recourut également à ce genre de clause durant la période d'hyperinflation des années 70.

La formulation d'une clause d'indexation engendre plusieurs problèmes généraux et particuliers tels que la détermination:

– de la proportion du prix total qui fera l'objet d'ajustements;

– des mesures des prix et des taux de salaire sur lesquelles reposera tout ajustement;

– des méthodes à employer pour appliquer ces moyennes au prix de base;

– de l'ampleur maximale de tout ajustement, advenant qu'on la limite;

– des méthodes de paiement.

En période de stabilité des prix, seuls les contrats à long terme comportent habituellement une clause d'indexation, parce qu'on juge que certains coûts peuvent augmenter et que le vendeur ne dispose d'aucun moyen pour exercer une certaine influence sur cette hausse. Par contre, en période d'inflation, de pénurie et de hausse des prix sur le marché, ce type de clause devient chose commune, même dans le cas des contrats à court terme, du fait que les fournisseurs veulent s'assurer de la possibilité d'augmenter leurs prix et de préserver leur marge brute. En règle générale, il y a une corrélation acceptable entre les variations du coût des matières et des coûts directs de main-d'œuvre d'une part, et l'un des indices publiés des prix et des coûts d'autre part. L'indexation se fait automatiquement une fois que les deux parties se sont entendues sur l'indice à utiliser, la portion du contrat qui sera ajustable, la fréquence des révisions et la durée de l'entente. C'est pourquoi il faut choisir ces éléments avec soin.

La clause du client le plus favorisé

Une autre clause de protection du prix fréquemment utilisée (appelée parfois «clause de la nation la plus favorisée») stipule que, pendant toute la durée du contrat, le fournisseur s'abstiendra d'accorder un prix plus bas à d'autres acheteurs à moins qu'il ne l'applique également à l'entente en cause.

7.10 LES ESCOMPTES, LES REMISES ET LES RABAIS

On regroupe les escomptes et les remises en deux catégories. La première englobe les prix privilégiés et les diverses autres formes de concessions de prix qu'on ne peut toujours justifier du point de vue légal ou commercial. La seconde inclut les escomptes au comptant, les rabais de gros et les remises sur quantité de type habituel, lesquels sont tout à fait légitimes et équitables.

On peut difficilement délimiter avec précision ces deux catégories, car il n'est pas toujours aisé de définir ce qui est légitime et ce qui ne l'est pas. Toutefois, il existe manifestement certains types de réductions de prix apparentes, tel un prix privilégié, qu'aucun agent d'approvisionnement responsable ne devrait demander et qu'il convient de refuser dans la plupart des cas où on se le voit offrir. Le fournisseur qui accorde un prix privilégié à un acheteur offrira un prix égal ou inférieur à un autre client. Une entreprise ne peut se permettre de traiter avec un fournisseur qui ne détermine pas ses prix de manière franche et honnête.

La seconde catégorie de remises et d'escomptes mérite qu'on l'examine de plus près.

Les escomptes au comptant

Presque tous les fournisseurs accordent des escomptes au comptant, bien que les conditions s'y appliquant varient considérablement d'une industrie à l'autre et dépendent des pratiques commerciales qui y sont adoptées. Tout escompte au comptant a pour but d'assurer le règlement rapide d'un compte.

La plupart des fournisseurs s'attendent à ce qu'un acheteur se prévale des escomptes au comptant. Par conséquent, ils établissent en général leur prix net à un niveau qui leur permettra de réaliser un profit équitable et qui correspondra au prix qu'ils prévoient recevoir de la plupart de leurs clients.

On ne peut généralement blâmer l'acheteur si son entreprise ne tire pas avantage d'un escompte au comptant. En effet, ce sont les ressources financières de l'entreprise qui déterminent si on s'en prévaudra; autrement dit, cette décision relève de la politique de gestion financière et non de la politique d'achat. L'acheteur devrait cependant prendre grand soin d'obtenir tous les escomptes au comptant habituellement accordés. Une de ses responsabilités consiste à s'assurer qu'on inspecte promptement les biens reçus, qu'on les accepte sans perte de temps et qu'on traite tous les documents sans délai, de façon à se prévaloir de tous les escomptes accordés. Lorsqu'on obtient un escompte de 2 % en réglant en moins de 10 jours un compte dont le montant brut est payable avant 30 jours, cela correspond à bénéficier d'un placement à un taux d'intérêt annuel d'environ 36 %.

Afin d'établir la date à laquelle il faut poster le paiement pour déduire l'escompte au comptant de la somme à verser et afin d'éviter la confusion qu'engendre souvent une facture mal préparée par le fournisseur, certaines entreprises ajoutent à leur bon de commande une clause stipulant qu'elles détermineront la période d'applicabilité de l'escompte à partir de la date la plus éloignée soit de la livraison de biens acceptables, soit de la réception d'une facture adéquatement préparée.

Les rabais de gros

Un fabricant accorde un rabais de gros à l'entreprise qui achète lorsque celle-ci représente un type particulier de distributeur ou d'utilisateur. En règle générale, ces rabais ont pour but de protéger le distributeur en faisant en sorte que l'acheteur y gagne à traiter avec lui plutôt que de s'approvisionner directement chez le fabricant. Lorsque les fabricants prennent conscience que divers distributeurs peuvent vendre leurs produits sur un territoire donné à un prix moindre que le leur, ils se prévalent ordinairement de leurs services. Pour que les biens passent effectivement par l'intermédiaire choisi, on accorde alors au distributeur un rabais de gros correspondant plus ou moins à ce qu'il lui en coûte pour demeurer en affaires.

Cependant, il est plus probable qu'un fabricant vende directement aux utilisateurs dans le cas des entreprises qui achètent en plus grande quantité, bien qu'il réserve parfois aux grossistes du même territoire le soin de desservir les clients de moindre importance. Ainsi, certains fabricants refusent de traiter directement avec les entreprises dont les achats n'atteignent pas une valeur minimale.

Les rabais multiples

Dans certains domaines commerciaux et industriels, les propositions de prix s'accompagnent de rabais multiples. Ainsi, lorsqu'on accorde des remises de 10 %, 10 % et 10 % sur un article dont le prix courant est 100 $, celui-ci coûte en fait à l'acheteur:

$$
\begin{aligned}
&& 100{,}00\ \$ \\
-\ 10\ \%\ (100\ \$) &= & 10{,}00\ \$ \\
-\ 10\ \%\ [100\ \$ - 10\ \%\ (100\ \$)] &= & 9{,}00\ \$ \\
-\ 10\ \%\ \{100\ \$ - 10\ \%\ (100\ \$) - 10\ \%\ [100\ \$ - 10\ \%\ (100\ \$)]\} &= & 8{,}10\ \$ \\
\hline
&& 72{,}90\ \$
\end{aligned}
$$

Par conséquent, une remise multiple de 10 %, 10 % et 10 % correspond à un escompte de 27,1 %. Il existe des tableaux où apparaissent les combinaisons de rabais multiples les plus courantes et l'escompte qu'elles représentent.

Les remises sur quantité

Les remises sur quantité sont accordées en raison du volume des achats effectués, et varient plus ou moins en proportion de celui-ci. Généralement, les fournisseurs justifient ce genre de remise en affirmant que les achats en quantité leur permettent de réaliser des économies et d'offrir ainsi un meilleur prix à l'acheteur qui les a rendues possibles. Les économies peuvent s'appliquer aux frais de marketing ou aux frais de production.

Les économies en frais de marketing résultent du fait qu'il n'en coûte pas nécessairement davantage pour vendre une grosse commande plutôt qu'une petite; de même, les frais de facturation demeurent identiques, et la hausse du coût de l'emballage, de la mise en caisse et de l'expédition n'est pas proportionnelle. En pareille situation, on peut justifier de consentir une remise sur quantité directe n'excédant pas la différence de coût qu'entraîne la manutention d'une grosse commande par rapport à celle de plusieurs petites d'un volume équivalent.

L'obtention d'une grosse commande plutôt que d'une petite permet en outre de réaliser des économies considérables en coûts de production. Par exemple, le fait qu'un client passe ses commandes avant que ne débute la production facilite la planification de cette dernière.

On doit se montrer un peu plus circonspect lorsqu'on tente de justifier les remises sur quantité par le fait qu'elles contribuent à réduire les coûts de production en engendrant un volume d'affaires d'une ampleur suffisante pour entraîner une diminution des frais généraux. Il est vrai que dans certains domaines les frais généraux unitaires baissent à mesure que la production augmente. Il se peut aussi que le coût de production moyen soit moindre en raison du volume des achats effectués par les gros clients. Cependant, il arrive que les petits acheteurs représentent une plus grande proportion du chiffre d'affaires d'un fournisseur et qu'ils contribuent ainsi davantage au volume des ventes, permettant de réduire les coûts de production unitaires.

Par ailleurs, certains affirment qu'on devrait accorder une plus forte remise sur quantité aux gros clients qui passent leurs commandes avant ou peu après le début de la période de production pour une saison donnée, parce que leurs achats permettent au fabricant de poursuivre ses activités. Un tel acheteur a vraisemblablement droit à un plus bas prix qu'un autre qui commande plus tard au cours de la saison. Toutefois, puisqu'on justifie ce genre de réduction par le moment où la commande a été passée, la remise devrait être accordée à tout acheteur qui commande tôt, quelle que soit la quantité qu'il acquiert. Il s'agit donc d'un escompte accordé en raison du moment où on a reçu la commande, et non d'une remise sur quantité.

Les remises cumulatives

Certaines remises sur quantité sont de type cumulatif et varient en proportion de la quantité achetée. Cependant, on les calcule non pas en fonction de l'ampleur d'une commande donnée, mais selon la quantité totale acquise durant une certaine période. Un fournisseur accorde habituellement ce genre de remise pour inciter une entreprise à demeurer au nombre de ses clients; il espère amener l'acheteur à traiter surtout avec lui plutôt qu'à s'approvisionner auprès de nombreuses sources. En règle générale, une entreprise ne devrait pas commander d'un trop grand nombre de sources d'approvisionnement, car il est dispendieux de traiter avec beaucoup de fournisseurs; de plus, en pareilles circonstances, un fournisseur accordera moins d'attention aux besoins de l'acheteur qu'il ne le ferait pour un client qui lui confie la plus grande part de ses commandes.

☐☐☐☐☐
7.11 L'ANNULATION DE CONTRATS

Tout contrat constitue une obligation légale. Cependant, on remarque que certains acheteurs annulent un contrat si une baisse de prix survient après qu'ils aient passé une commande. Ils prétextent alors diverses lacunes du bon de commande ou du contrat de vente pour rejeter les articles commandés et, pour éviter de mener la transaction à terme, ils s'acharnent sur des détails techniques auxquels ils n'accorderaient aucune attention dans d'autres circonstances. On ne peut donc approuver l'attitude d'un acheteur qui s'efforce d'annuler un contrat dans une telle situation.

Dans certains cas, l'acheteur sait, lorsqu'il se procure des matières pour fabriquer les produits demandés par un client, que ce dernier peut retirer sa commande à l'improviste, l'obligeant ainsi à annuler les bons de commande émis. Il s'agit là d'un risque courant lorsqu'on achète des matières pour la réalisation d'un contrat signé avec un gouvernement. En effet, des modifications budgétaires contraignent souvent les autorités à résilier un contrat, ce qui amène les entreprises qui devaient leur servir de fournisseurs à annuler un grand nombre de bons de commande. Il arrive également que des variations importantes du cycle économique donnent lieu à l'annulation de commandes. Lorsqu'il existe une possibilité d'annulation, les motifs qui la justifient et les conditions qui s'y appliquent devraient faire l'objet d'une entente préalable et apparaître sur le bon de commande. En effet, il vaut mieux établir la manière d'évaluer un travail partiellement exécuté et l'ampleur du montant à verser en contrepartie avant que la situation se présente, plutôt qu'après.

☐☐☐☐☐
7.12 LES ACHATS À TERME ET LES PRODUITS EN NATURE

Par le moyen de transactions à terme, on prend des engagements d'achat en prévision de besoins futurs qui ne se manifesteront qu'après les délais d'approvisionnement habituels. Ainsi, il arrive qu'une entreprise effectue des achats à l'avance parce qu'elle s'attend à une pénurie, à une grève ou à une hausse des prix. Plus l'intervalle entre le moment où on s'engage à acheter des articles et celui où on en aura besoin est long, plus le niveau d'incertitude est élevé. Le prix constitue également un sujet de préoccupation. Il faut donc se demander si les besoins prévus se manifesteront effectivement.

Les produits en nature (denrées) représentent une catégorie particulière de biens et font souvent l'objet d'achats à terme. Presque toutes les entreprises se procurent des articles faits à partir de produits en nature. Il arrive ainsi qu'un fabricant de matériel électrique achète une grande quantité de fil métallique dont le coût est déterminé, dans une large mesure, par le prix du cuivre. Beaucoup d'entreprises acquièrent des produits en nature afin de les transformer ou de les revendre. Bien souvent, leur prospérité repose avant tout sur la manière dont elles achètent ces produits et sur le prix qu'elles paient pour les obtenir. *The Wall Street Journal* publie quotidiennement le prix au comptant de certains produits de ce genre.

La comparaison entre les achats à terme et la spéculation

Les achats à terme comportent certains risques. Généralement, on achète pour satisfaire des besoins connus ou évalués avec soin, qui se manifesteront à l'intérieur d'une période de temps limitée. Les besoins constituent alors l'élément déterminant. Même lorsque l'entreprise fait usage de points de réapprovisionnement et de lots économiques, elle peut accroître ou diminuer la quantité à acheter en fonction de l'utilisation probable et de la tendance des prix, plutôt que de commander automatiquement une quantité donnée. D'ailleurs, il arrive de temps en temps qu'elle ne passe aucune commande.

On peut procéder ainsi même lorsqu'il faut réaliser les achats plusieurs mois à l'avance, comme dans le cas des produits saisonniers, tel le blé, et de ceux qui proviennent d'outre-mer, tels le jute et les laines à tapis. Les risques liés au prix augmentent bien sûr selon la longueur du délai de livraison; mais c'est d'abord pour bénéficier d'un approvisionnement garanti qu'on prend des engagements à terme : le prix ne constitue qu'une raison secondaire.

La spéculation a pour but de tirer avantage des fluctuations de prix; la nécessité de s'assurer un approvisionnement ne représente qu'une préoccupation secondaire. Lorsque les prix sont à la hausse, toute promesse d'achat faite en vue d'obtenir un excédent sur la quantité nécessaire pour répondre aux besoins prévus traduit une forme de spéculation. Lorsque les prix sont à la baisse, la spéculation consiste à ne pas acheter ou à se procurer des quantités inférieures au minimum de sécurité, ce qui engendre un risque de subir une pénurie et de devoir passer des commandes urgentes à un prix élevé si la chute de prix attendue n'a pas lieu.

La comparaison entre la spéculation et le jeu

Lorsqu'une personne se lance dans une entreprise dont elle ne peut déterminer les chances de succès, il est clair que les opérations effectuées ne relèvent pas de la spéculation. On peut ainsi qualifier de «joueur» tout acheteur qui essaie de deviner la tendance probable du marché pour un produit qu'il ne s'est jamais procuré auparavant et qu'il connaît à peine. Il en va de même pour tous ceux qui, quelle que soit leur expérience concernant un produit donné, ne disposent pas d'une information adéquate pour prévoir les fluctuations de prix.

Les préparatifs pour réaliser des achats à terme

La manière d'élaborer et d'appliquer une politique d'achat à long terme de produits en nature dont le prix enregistre des fluctuations marquées varie considérablement selon la taille de l'entreprise, l'importance qu'elle accorde à la spéculation et le pourcentage de son coût total que représentent les sommes consacrées aux biens en cause. Dans certains cas, le président dirige totalement ces opérations en se basant presque exclusivement sur son propre jugement, alors que dans d'autres entreprises il en assume la responsabilité directe, mais bénéficie de l'aide d'un comité informel.

Pour la plupart des entreprises, la meilleure approche consiste à confier la responsabilité de la politique d'achat à terme à un comité formé du président ou du directeur général, d'un économiste et du directeur de l'approvisionnement; ensuite, le service des achats applique la politique adoptée.

7.13 LES BOURSES DE MARCHANDISES (PRODUITS EN NATURE)

La fonction première d'une Bourse de marchandises organisée consiste à fournir un marché établi où les forces de l'offre et de la demande peuvent agir librement lorsque les acheteurs et les vendeurs effectuent des transactions. Si une Bourse permet la réalisation d'achats au comptant et à terme, on peut également y effectuer des opérations de couverture. Les

règles de fonctionnement d'une Bourse indiquent avant tout les procédures à suivre pour mener à bien, de façon méthodique, les transactions
négociées. Elles établissent, entre autres, les conditions et la date de paiement, la date de livraison, la classification des produits échangés et les
méthodes de règlement des litiges.

En règle générale, une Bourse de marchandises peut le mieux remplir
son rôle lorsque les conditions suivantes sont satisfaites.

1. On peut classer les produits échangés de manière relativement précise.
2. Le nombre des acheteurs et des vendeurs ainsi que le volume des transactions sont suffisants pour qu'aucun acheteur ou vendeur ne puisse
   exercer une influence sensible sur le marché.

Pour pouvoir effectuer des opérations de couverture à une Bourse de
marchandises, il doit aussi exister :

- un marché à terme permettant d'acheter ou de vendre un produit en
  vue de sa livraison à une date précise ;
- un lien relativement étroit entre la qualité de base et les autres catégories ;
- une corrélation raisonnable, mais non nécessairement constante, entre
  les prix au comptant et à terme.

Les principales Bourses spécialisées dans le commerce des grains et du
coton répondent généralement à toutes ces conditions, qui s'appliquent
également, à divers degrés, aux Bourses secondaires où se négocient le
cuir, la soie, les métaux, le caoutchouc, le café et le sucre. D'autre part,
le marché à terme des titres financiers permet aux entreprises de se couvrir
pour éviter les risques inhérents aux fluctuations des taux d'intérêt, lesquelles comptent parmi les principaux éléments qui influent sur le taux
de change[3].

Dans la plupart des cas, les cours des Bourses de marchandises et la
liste des transactions effectuées permettent à tout le moins de se faire une
idée du prix actuel du marché et de l'ampleur des quantités échangées.
Les Bourses de commerce offrent à l'acheteur, à divers degrés, la possibilité de garantir son entreprise des risques élémentaires liés au prix, par
le moyen d'opérations de couverture.

Les limites des Bourses de marchandises

Les Bourses de marchandises présentent certaines limites en tant que
sources d'approvisionnement matériel pour l'acheteur. Ainsi, malgré les

---

3. Martin MAYER, « Suddenly, It's Chicago : In Trading Pits Once Dominated by Pork Bellies
   and Wheat, Financial Futures Have Been Setting World Prices », *The New York Times*,
   27 mars 1988, p. 23.

efforts raisonnables consacrés à la définition des diverses qualités offertes sur le marché, la classification établie se révèle souvent d'une précision insuffisante à des fins de fabrication. On peut en effet s'attendre à ce que les besoins en coton d'un fabricant textile soient si particuliers que même la définition relativement étroite d'une catégorie donnée s'avérera trop large pour permettre de les satisfaire. De plus, les règles de fonctionnement des Bourses sont telles que le coton effectivement livré n'a pas à être d'une catégorie donnée; il peut ainsi présenter une qualité supérieure ou inférieure à celle de base, à la condition, bien sûr, qu'on procède à l'ajustement nécessaire du prix. Il en va de même pour le blé: les minoteries qui vendent des farines mélangées ne contenant que l'endosperme doivent utiliser du blé de qualités et de types particuliers, qu'elles ne peuvent se procurer de manière satisfaisante que par le moyen d'échantillons.

Les opérations de couverture

Le plus grand avantage des Bourses de marchandises pour un fabricant est sans doute la possibilité d'y contrebalancer les transactions pour ainsi se prémunir, dans une certaine mesure, contre les risques inhérents aux prix. C'est en général par des opérations de couverture qu'on se protège de la sorte.

Un contrat de couverture entraîne la réalisation simultanée d'un achat et d'une vente sur deux marchés différents, qu'on suppose se comporter d'une manière telle qu'une perte enregistrée sur l'un sera compensée par un gain équivalent obtenu sur l'autre. Ce contrat se traduit ordinairement par l'achat et la vente simultanés d'une même quantité d'une marchandise (produit en nature) sur les marchés au comptant et à terme.

On ne peut effectuer une opération de couverture que s'il existe un marché à terme. Voici un exemple simple illustrant ce qui précède.

Sur le marché au comptant	Sur le marché à terme
Le 1ᵉʳ septembre: l'entreprise de transformation achète 5 000 boisseaux de blé à 4 $ l'unité pour les faire livrer à Chicago à partir d'un silo à céréales du pays	l'entreprise de transformation vend 5 000 boisseaux de blé d'hiver à terme à 4,10 $ l'unité
Le 20 octobre: l'entreprise de transformation vend une quantité de farine équivalente à 5 000 boisseaux de blé à 3,85 $ l'unité (prix du blé livré à Chicago)	l'entreprise de transformation achète 5 000 boisseaux de blé d'hiver à terme à 3,95 $ l'unité
Perte de 0,15 $ le boisseau	Gain de 0,15 $ le boisseau

Cet exemple suppose qu'il existe constamment un lien direct entre les prix au comptant et à terme, mais il n'en va pas toujours ainsi. De ce fait, une opération de couverture peut engendrer une perte ou un gain si l'écart entre ces deux prix ne demeure pas constant. On peut envisager une opération de couverture comme une forme d'assurance et, à l'instar d'une police d'assurance, elle permet rarement de se protéger à 100 % contre toute perte, sauf à un coût prohibitif. À mesure qu'on se rapproche de l'échéance d'une transaction à terme, la prime ou l'escompte qui s'y rattache tend vers zéro (qu'il atteint lorsque le prix au comptant devient égal au prix à terme). Dans le cas des marchandises saisonnières, l'écart entre les deux prix commence habituellement à diminuer six ou huit mois à l'avance.

Il faut avoir du talent, de l'expérience et des ressources en capital pour mener à bien une opération de couverture à une Bourse de marchandises. Il s'ensuit que les possibilités des petites entreprises à cet égard sont vraisemblablement limitées. Cet état de choses explique également pourquoi les entreprises qui utilisent une grande quantité d'une certaine marchandise détiennent fréquemment un siège à la Bourse où elle se négocie.

Beaucoup de gestionnaires se méfient encore des opérations de couverture et ont tendance à imputer les erreurs commises par le passé au système, plutôt qu'à un mauvais jugement des gestionnaires. Il est probable que les fluctuations importantes qu'a enregistrées le cours des marchandises durant les dernières années aient fait prendre conscience à beaucoup de gestionnaires des possibilités qu'offrent les opérations de couverture, lesquelles semblaient auparavant peu utiles.

7.14 LES SOURCES D'INFORMATION SUR LA TENDANCE DES PRIX

Sur quoi repose l'opinion d'un acheteur en ce qui a trait à la tendance des prix? Il existe essentiellement trois sources d'information générales en la matière, lesquelles présentent toutes une valeur et une fiabilité sensiblement limitées.

Les firmes spécialisées en prévisions, telle Moody's Investors Service, constituent la première de ces sources. La deuxième englobe quant à elle toute une gamme de publications gouvernementales et autres, parmi lesquelles *Federal Reserve Bulletin*, *Survey of Current Business*, *Journal of Commerce*, *Business Week*, *Barron's*, *Les Affaires*, *Commerce* et *The Wall Street Journal*. Les revues spécialisées, telles *Iron Age* et *Chemical Marketing Reporter*, s'avèrent également utiles dans le cas d'industries particulières. La troisième source fournit une information très peu scientifique, mais néanmoins précieuse lorsqu'on l'évalue adéquatement. Elle se compose de toutes les personnes (représentants de commerce, collègues et autres) avec lesquelles un acheteur est en rapport quotidiennement.

Questions de révision et de discussion

1. Quelle est l'importance de la *Loi sur la concurrence* pour un acheteur de l'industrie?

2. Quels sont les avantages d'un appel d'offres en tant que méthode de détermination des prix?

3. Qu'est-ce que les escomptes au comptant, les remises sur quantité, les rabais de gros et les remises cumulatives? Un acheteur devrait-il essayer de tirer profit de ces escomptes et remises? De quelle manière?

4. Quand et comment a-t-on recours à la négociation et que peut-on négocier?

5. Qu'est-ce qu'une courbe d'apprentissage et de quelle manière peut-on l'utiliser?

6. Quelle relation existe-t-il entre les coûts et les prix d'un fournisseur?

7. Quelles sont les diverses méthodes utilisées pour déterminer les prix?

8. Indiquez la méthode utilisée pour établir le prix:
   a) d'un produit dont le marché est sensible aux fluctuations;
   b) d'un article spécial;
   c) d'un article de production standard;
   d) d'un article de faible valeur.

9. Quelle est la différence entre les coûts directs et les coûts indirects? Comment un acheteur peut-il analyser ces coûts?

10. Que peut faire un acheteur lorsqu'il soupçonne une collusion entre les fournisseurs?

11. Pourquoi un acheteur pourrait-il vouloir se couvrir lors de l'achat d'un produit en nature?

12. Les opérations de couverture éliminent-elles tous les risques?

13. Quelle distinction peut-on faire entre les achats à terme, la spéculation et le jeu? Dans quelle situation un acheteur emploierait-
il chacune de ces techniques?

14. Qu'est-ce qu'une Bourse de marchandises?

15. Qu'est-ce que le coût total de possession et de quelle manière le
détermine-t-on?

Références

ADAMS, Charles H., «The Improvement Curve Technique», *NAPM Guide to Purchasing*, New York, National Association of Purchasing Management, 1980.

BINGHAM, Frank G., «When, How, and Why Suppliers Consider Price Moves», *Journal of Purchasing and Materials Management*, automne 1989.

CALTRIDER, James M., «Price Adjustment Clauses Based on Cost Indices», *Journal of Purchasing and Materials Management*, printemps 1987.

Commodity Year Book, New York, Commodity Research Bureau Inc., 1990.

LAMM, David V. et Lawrence G. VOSE, «Seller Pricing Strategies: A Buyer's Perspective», *Journal of Purchasing and Materials Management*, automne 1988.

MAYER, Martin, «Suddenly, It's Chicago: In Trading Pits Once Dominated by Pork Bellies and Wheat, Financial Futures Have Been Setting World Prices», *The New York Times*, 27 mars 1988.

MONCZKA, Robert M. et Steven J. TRECHA, «Cost-Based Supplier Performance Evaluation», *Journal of Purchasing and Materials Management*, printemps 1988.

NEWMAN, Richard G. et Joseph SCODRO, «Price Analysis for Negotiation», *Journal of Purchasing and Materials Management*, printemps 1988.

TEPLITZ, Charles J., «Negotiating Quantity Discounts Using a "Learning Curve Style" Analysis», *Journal of Purchasing and Materials Management*, été 1988.

8 L'acquisition de services de transport

Plan

Questions clés du décideur

Devrait-on:

- choisir la méthode d'expédition et le transporteur ou en laisser le soin au fournisseur?
- opter pour des conditions FAB (franco à bord) au point de départ, au point d'arrivée ou à un autre endroit?
- vérifier les frais de transport payés?

Comment peut-on:

- élaborer une stratégie de transport efficace?
- fournir des documents pertinents à l'appui de toute demande d'indemnité pour perte ou dommages?
- s'assurer que la classification des marchandises utilisée est la plus rentable?

Les biens achetés doivent être transportés du lieu de leur culture, de leur extraction ou de leur fabrication jusqu'au lieu de leur utilisation. L'acquisition de services de transport exige beaucoup de compétence et de connaissances si on veut réduire au minimum les coûts de déplacement tout en satisfaisant aux besoins en la matière. Vu la complexité de l'industrie du transport, la multitude des règles et règlements en vigueur ainsi que l'accroissement marqué du nombre de possibilités attribuable à la déréglementation, il ne suffit plus d'obtenir « le meilleur tarif de transport » pour qu'une entreprise tire le maximum de chaque dollar consacré au déplacement des biens.

Aux États-Unis, on estime que le coût total de transport des marchandises correspond à 6,4 % du produit national brut, soit environ 352 milliards de dollars, et que 70 % de ce coût est consacré au transport routier. Une part considérable du coût total (environ 140 milliards de dollars) résulte du transport des biens à partir des installations du fournisseur jusqu'à l'endroit où l'acheteur en a besoin. Selon le type de biens, les frais de transport peuvent représenter jusqu'à 40 % du coût total d'un article, surtout lorsque celui-ci est de faible valeur et encombrant, tels les matériaux de construction. Il arrive toutefois que ces frais correspondent à moins de 1 % du coût total d'achat, comme dans le cas des biens électroniques dont la valeur est grande mais dont le poids et le volume sont faibles. Dans beaucoup d'entreprises, on constate que le transport en amont engendre en moyenne 10 % des dépenses liées aux achats. Bien qu'elles ne cherchent pas toutes à réaliser les mêmes économies, de nombreuses entreprises ont remarqué qu'en déployant de modestes efforts pour gérer plus efficacement les services de transport en amont elles pouvaient enregistrer une réduction substantielle de leurs frais de transport, souvent de 10 % à 15 %.

S'il suffisait de limiter les coûts au minimum lorsqu'on acquiert des services de transport, la tâche serait facile. Cependant, l'acheteur responsable du transport doit considérer non seulement le coût mais aussi le service offert. Par exemple, on se procure des articles afin de respecter un calendrier de production, et les divers moyens de transport disponibles entraînent des délais de livraison différents. De plus, il arrive que le degré de fiabilité varie grandement d'une entreprise de transport à une autre, tout comme la qualité du service, le nombre des envois perdus et l'ampleur des dommages. Par conséquent, l'acheteur devrait faire preuve de la même compétence et de la même attention lorsqu'il choisit un transporteur que lorsqu'il sélectionne un fournisseur. Par suite de la déréglementation du transport, le choix du transporteur et la détermination du prix s'avèrent beaucoup plus importants de nos jours qu'ils ne l'étaient avant 1980.

De plus, à mesure que les entreprises adoptent un système d'approvisionnement juste-à-temps, les décisions relatives à l'achat de services de transport prennent une importance capitale. En effet, le juste-à-temps requiert que les articles soient livrés au moment voulu, sans avoir été endommagés au cours du transport. Une étude portant sur quatre grandes entreprises qui ont recours au juste-à-temps a révélé que les économies réalisées au chapitre des coûts liés aux stocks compensaient tous les frais de transport additionnels. On note deux méthodes efficaces pour réduire les coûts en présence d'un système de juste-à-temps, soit le groupement des envois de plusieurs fournisseurs et le développement de sources d'approvisionnement locales par le moyen de contrats à long terme et de relations plus étroites entre l'acheteur et le fournisseur[1]. Les décisions relatives au transport revêtent également plus d'importance lorsqu'on s'approvisionne à l'échelle internationale (*voir le chapitre 12*), étant donné les délais de livraison plus longs et les distances plus grandes.

□□□□□
8.1 LA STRUCTURE ORGANISATIONNELLE EN MATIÈRE DE TRANSPORT

Vu l'ampleur des sommes consacrées au déplacement des biens en amont et en aval ainsi que les effets possibles de ces dépenses sur le niveau des profits, les grandes entreprises possèdent un service responsable du transport. Ce dernier emploie des personnes spécialisées dans divers domaines comme la sélection des transporteurs, le choix des itinéraires, la classification des marchandises, l'établissement des tarifs, le repérage des envois et le traitement des demandes d'indemnité advenant la perte ou l'endommagement des biens au cours du transport. Au sein des très grandes entreprises, la fonction transport peut faire l'objet d'une spécialisation encore plus poussée, établie selon la nature des biens déplacés. Un constructeur d'automobiles peut ainsi compter trois services de transport distincts: un premier est chargé du transport en amont, un deuxième prend les décisions relatives à la circulation des matières entre les usines et à l'intérieur de chacune d'elles, et un troisième est responsable de l'expédition des produits finis aux clients par le biais du réseau de distribution. Dans une entreprise où on applique le concept de la gestion des matières, le directeur du transport assume parfois la responsabilité de tous les types de déplacements de biens. La manutention et l'expédition des matières premières et des produits finis n'ajoutent rien à la valeur du produit fabriqué; ces activités sont plutôt à l'origine d'un des principaux coûts liés à l'exploitation de l'entreprise et doivent par conséquent être

---

1. A. ANSARI et J. HECKEL, «JIT Purchasing: Impact of Freight and Inventory Costs», *Journal of Purchasing and Materials Management*, été 1987, p. 24-28.

gérées de manière à coûter le moins cher possible, tout en assurant le service requis.

Dans les petites et les moyennes entreprises, le nombre des décisions relatives au transport est souvent insuffisant pour justifier l'emploi à temps plein d'un spécialiste en la matière. En pareil cas, l'acheteur ou le responsable de l'approvisionnement se charge de l'organisation du transport. Par conséquent, il doit posséder les connaissances suffisantes pour prendre des décisions concernant les conditions de franco à bord (FAB), la classification des marchandises, le choix du transporteur et de l'itinéraire, la détermination des tarifs de transport, la préparation des documents requis, la relance et le repérage des envois, la présentation et le règlement de toute demande d'indemnité advenant la perte ou l'endommagement de biens en transit et les procédures relatives au paiement des services de transport reçus.

En raison des nouvelles possibilités créées par la déréglementation, le service de l'approvisionnement participe activement et toujours davantage à la prise des décisions relatives au transport. En 1991, le Center for Advanced Purchasing Studies a effectué une étude portant sur le rôle du service de l'approvisionnement en matière de transport dans 678 entreprises américaines réparties en 29 groupes d'industries. Cette étude révéla que dans 90 % de ces entreprises, le personnel des achats prenait part aux activités liées au transport en amont. Il participait également au choix du mode de transport (88 %), à la sélection du transporteur (85 %), à la détermination du prix du transport (67 %), à l'évaluation du rendement des transporteurs (67 %), au transport en aval (49 %), à la circulation des biens à l'intérieur des usines et entre celles-ci (47 %), au transport des matières dangereuses (42 %), aux déplacements du personnel (24 %) et aux déménagements (20 %)[2].

□ □ □ □ □
8.2 LA RÉGLEMENTATION ET LA DÉRÉGLEMENTATION EN MATIÈRE DE TRANSPORT

Aux États-Unis, de 1887 à 1977, des lois promulguées par le Congrès américain et des réglementations votées par divers organismes ont régi étroitement l'industrie du transport. Ces lois et règlements avaient pour but de permettre que des services de transport soient offerts dans toutes

---

2. Julie J. GENTRY, *Purchasing's Involvement in Transportation Decision Making*, Tempe (AZ), Center for Advanced Purchasing Studies / National Association of Purchasing Management, 1991, p. 6.

les régions du pays, sans discrimination. Au Canada, on connut une situation semblable.

Depuis la fin des années 70, on a aboli la plupart des règlements qui touchent l'industrie du transport, tant au Canada qu'aux États-Unis. Bien qu'on utilise couramment le terme «déréglementation» pour désigner ce phénomène, il serait plus juste de parler d'une «réforme de la réglementation», car beaucoup de règlements s'appliquent encore[3]. Cette réforme a entraîné plusieurs changements, dont:

- l'importance accrue des décisions relatives au transport en amont;
- une plus grande participation du service de l'approvisionnement à la prise des décisions en matière de transport;
- la réduction du nombre des transporteurs utilisés par chaque entreprise;
- l'octroi de remises substantielles par les nouveaux transporteurs;
- l'apparition et la disparition d'un grand nombre d'entreprises de transport;
- l'établissement de relations plus étroites entre les acheteurs et les transporteurs (dont la création de partenariats) et entre le service de l'approvisionnement et celui du transport;
- la modification des tarifs;
- l'offre de nouveaux services.

Au nombre des changements futurs, on prévoit une plus grande concentration d'entreprises pour tous les types de transport, une utilisation accrue des services de transport intermodal, la création de très grandes entreprises de transport fournissant une gamme étendue de services et le recours plus fréquent à des transporteurs indépendants[4].

L'industrie américaine du camionnage a beaucoup évolué depuis l'entrée en vigueur du *Motor Carrier Act*, le 1er juillet 1980. Les partisans de la déréglementation affirmaient que celle-ci profiterait beaucoup à l'acheteur en augmentant le nombre des combinaisons prix–service s'offrant à lui et engendrerait une forte compétition en matière de prix; leur prédiction s'avéra juste à court terme[5]. De ce fait, certains groupes d'expéditeurs réclament une déréglementation plus poussée. Par contre, certains groupes de camionneurs s'efforcent d'obtenir le rétablissement d'une

3. Peter J. WALTERS, «The Purchasing Interface with Transportation», *Journal of Purchasing and Materials Management*, hiver 1988, p. 21.

4. Thomas F. DILLON, «Ten Years of Inbound», *Inbound Logistics*, janvier 1991, p. 18-21.

5. Peter BRADLEY, «Making the Grade: Truckers Think They Can», *Purchasing*, 23 mars 1989, p. 66-67.

réglementation et, en particulier, la création d'un tarif plancher pour les protéger contre l'octroi de remises excessives[6]. Sans ces mesures, affirment les opposants à la déréglementation, «les destinataires et les expéditeurs pourraient assister à une détérioration du service, à un accroissement du nombre de transporteurs en faillite et, au bout du compte, à une hausse marquée des tarifs»[7].

□ □ □ □ □
8.3 LES CONDITIONS FRANCO À BORD

L'expression «franco à bord» (ou FAB)[8] indique que les biens achetés seront livrés à un endroit donné tous frais de transport payés. Une convention appelée *Incoterms* définit les conditions et les responsabilités en ce qui touche à l'expédition dans le cadre des contrats internationaux (*voir le chapitre 12*). Le choix du lieu où les biens seront livrés franco à bord est important pour l'acheteur, car il détermine:

– qui paiera le transporteur;

– à quel moment l'entreprise acheteuse deviendra légalement propriétaire des biens expédiés;

– qui devra présenter une demande d'indemnité au transporteur advenant la perte ou l'endommagement des biens au cours du transport.

On a tort de supposer qu'il vaut toujours mieux opter pour des conditions FAB au point d'arrivée parce qu'elles obligent le fournisseur à payer les frais de transport. Même si ce dernier règle les frais de transport, c'est l'acheteur qui les assume au bout du compte, puisque le fournisseur les inclut alors dans son prix global. Ainsi, en laissant un fournisseur prendre les décisions relatives au transport, on lui permet de dépenser l'argent de l'entreprise qui achète.

Comme le montre le tableau 8.1, il existe plusieurs variantes des conditions FAB. Lorsqu'on s'approvisionne outre-mer, le transporteur maritime n'assure généralement pas les marchandises en transit. De ce fait, l'acheteur qui acquiert des biens FAB au point de départ doit voir à ce qu'ils soient couverts par une assurance adéquate. Les conditions de vente le plus souvent adoptées dans le cas du transport maritime sont «coût et fret» de même que «coût, assurance et fret». La condition coût et fret (ou C.F.) s'apparente à celle du franco à bord au point de départ, les frais

---

6. Peter BRADLEY, «Rapid Transition Marks the Industry», *Purchasing*, 19 juillet 1990, p. 67.

7. Thomas F. DILLON, «Are Discounts Tearing Apart the Trucking Industry?», *Inbound Logistics*, septembre 1990, p. 21 (traduction libre).

8. N.D.T.: On emploie également le sigle F.O.B. de l'anglais *free on board*.

TABLEAU 8.1   Conditions FAB et partage des responsabilités

Conditions FAB	Celui qui paie les frais de transport	Celui qui assume les frais de transport	Celui qui possède les biens en transit	Celui qui présente une demande d'indemnité (le cas échéant)	Explications
FAB au point de départ ou FAB fret dû	Acheteur	Acheteur	Acheteur	Acheteur	L'acheteur prend les biens en charge et en devient propriétaire lorsque le transporteur signe, au point de départ
FAB au point de départ, fret payé	Vendeur	Vendeur	Acheteur	Acheteur	
FAB au point de départ, fret payé et ajouté au compte	Vendeur	Acheteur	Acheteur	Acheteur	Le vendeur acquitte les frais de transport et les ajoute au montant de la facture
FAB au point d'arrivée, fret dû	Acheteur	Acheteur	Vendeur	Vendeur	Le vendeur demeure propriétaire des biens jusqu'au moment de leur livraison
FAB au point d'arrivée, fret payé	Vendeur	Vendeur	Vendeur	Vendeur	
FAB au point d'arrivée, fret payé et ajouté au compte	Vendeur	Acheteur	Vendeur	Vendeur	Le vendeur acquitte les frais de transport et les ajoute au montant de la facture
FAB au point d'arrivée, fret dû et remis	Acheteur	Vendeur	Vendeur	Vendeur	L'acheteur acquitte les frais de transport et les déduit du montant facturé par le vendeur

de transport étant à la charge du fournisseur; toutefois, lorsqu'elle s'applique, l'acheteur assume tous les risques et il doit alors souscrire une assurance. Dans le cas de la condition coût, assurance et fret (ou C.A.F.), le fournisseur acquitte les frais de transport et fournit de plus une assurance adéquate. Cette condition ressemble à celle du FAB au point d'arrivée, fret payé. L'acheteur souhaite parfois verser des frais de transport égaux à ceux qu'entraîne l'envoi à partir des plus proches installations du fournisseur ou d'un autre lieu d'expédition concurrentiel. En pareil cas, il peut utiliser la clause suivante: «Les frais de transport devront être égaux à ceux qui s'appliquent du point d'expédition du fournisseur à partir duquel il en coûte le moins cher pour transporter des biens jusqu'au point d'arrivée convenu.»

□ □ □ □ □
8.4 LA CLASSIFICATION DES MARCHANDISES

La classification appropriée des marchandises revêt une importance primordiale lors de l'acquisition de services de transport. Il revient aux expéditeurs de connaître la description exacte des biens à transporter, car celle-
ci détermine le tarif qui s'applique. Par exemple, on classe les feuilles de
métal selon leur épaisseur et les fils métalliques selon leur diamètre; toute
erreur de notation peut donc engendrer une différence de plusieurs milliers
de dollars en frais de transport dans le cas d'un envoi important. La
description des biens doit apparaître sur l'avis d'expédition et sur le
connaissement. Il faut en outre qu'elle soit conforme à celle qui se rattache
au tarif applicable, et qu'elle comprenne les spécifications relatives à l'emballage lorsque le tarif demandé varie selon la manière d'emballer un
article donné en vue de son transport. Toute description inadéquate amè-
nera le transporteur à calculer un tarif inexact et pourrait engendrer le
dépôt d'une plainte contre l'expéditeur, qui sera accusé de classer frau-
duleusement les marchandises pour profiter indûment de tarifs réduits.

Les classifications élaborées dans le but d'établir les tarifs reposent sur
divers éléments tels que le poids au mètre cube, la valeur au kilogramme
et l'ampleur du risque de dommages ou de vol. Comme les envois qui
parcourent de longues distances voyagent parfois à bord de différents
transporteurs, on devrait recourir à un système de classification uniforme.

□ □ □ □ □
8.5 LA SÉLECTION DU TRANSPORTEUR
ET DE L'ITINÉRAIRE

Généralement, l'acheteur indique de quelle manière les articles acquis doivent être expédiés, et toute condition du type FAB au point de départ lui
en confère le droit. Advenant que l'acheteur ait déjà bénéficié d'un service
exceptionnel de la part d'un transporteur, il voudra alors que ce dernier
procède de nouveau au transport de ses biens.

Évidemment, la préoccupation première de l'acheteur est que le transporteur respecte ses promesses de livraison (livre à temps) et assure le
déplacement des biens sans les endommager. Toutefois, lorsque l'acheteur
s'y connaît relativement peu en transport et que le fournisseur dispose
d'un personnel compétent spécialisé en la matière, il pourrait être avantageux de laisser ce dernier choisir le transporteur et l'itinéraire. De plus,
en période de pénurie de véhicules de transport (wagons et camions), il
arrive que le fournisseur connaisse mieux que l'acheteur la situation locale
qui prévaut et les arrangements qui donneront les meilleurs résultats.
Enfin, si l'article à expédier présente des dimensions particulières qui

rendent nécessaire l'emploi de wagons spéciaux, le fournisseur peut être mieux placé pour connaître les équipements disponibles et les étapes requises pour assurer le transport dans des conditions appropriées.

Lorsqu'on doit satisfaire des besoins en transport, la première étape consiste à déterminer le mode de transport (ferroviaire, routier, aérien, maritime ou autre) qui conviendra le mieux. Selon une étude réalisée en 1991 par le Center for Advanced Purchasing Studies (CAPS), la date de livraison fixée est le principal critère qui détermine le moyen de transport (37 % des points s'y rapportant); viennent ensuite le coût du transport (17 % des points), la fiabilité et la qualité du service (14 %), la taille de l'envoi (11 %), le temps de transit (10 %), la nature de l'article à expédier (7 %), les risques de dommages (2 %) et les services disponibles (2 %)[9].

La deuxième étape consiste à sélectionner un transporteur et à en établir l'itinéraire. L'étude effectuée par le CAPS en 1991 révèle que le choix du transporteur repose avant tout sur le respect des délais de livraison (25 % des points); les autres éléments qui influent sur cette décision sont les tarifs (18 %), l'étendue du territoire desservi par le transporteur et le temps de transit (10 % chacun), le repérage des marchandises et le soin apporté à la manutention (6 % chacun), la situation financière du transporteur (5 %), la livraison de porte à porte (4 %), l'acheminement direct, le type d'équipement utilisé et le caractère pratique des calendriers (3 % chacun), le traitement des demandes d'indemnité (2 %), ainsi que la protection garantie par une assurance, le groupement des envois, la possibilité de procéder à l'échange de documents informatisés, la capacité de grouper ou de diviser les envois et autres (1 % chacun)[10]. Ces informations devraient apparaître sur le bon de commande pour permettre à l'acheteur de suivre le déplacement des marchandises et de vérifier que tout se déroule selon l'horaire établi.

Les éléments à considérer lors de la sélection

Voici quelques-uns des éléments à considérer lors de la sélection du moyen de transport, du transporteur et de l'itinéraire.

Le délai de livraison fixé   La date à laquelle on doit recevoir les matières facilite la sélection du mode de transport. Ainsi, lorsque la livraison doit se faire en deux jours à partir d'un point très éloigné, on doit vraisemblablement opter pour le transport aérien. Si on dispose de plus de temps, on peut envisager l'emploi d'autres modes de transport. La plupart des

---

9. Julie J. GENTRY, *Purchasing's Involvement in Transportation Decision Making*, p. 7.
10. *Ibid.*, p. 7.

transporteurs sont en mesure de fournir une évaluation des délais de livraison normaux, et le service de l'approvisionnement peut aussi fonder sa décision sur les résultats obtenus antérieurement.

La fiabilité et la qualité du service Il arrive que deux transporteurs assurent la liaison entre les mêmes points, mais que leur fiabilité et la qualité du service qu'ils offrent varient considérablement. Ainsi, un bon transporteur prêtera une plus grande attention aux besoins du client, remplira mieux ses engagements, livrera intacts les biens qu'il transporte et sera reconnu comme le meilleur fournisseur de services de transport. L'acheteur doit s'en remettre avant tout à son expérience pour évaluer la qualité du service offert.

Les services disponibles Lorsque l'article à expédier est volumineux, il arrive qu'un seul mode de transport convienne à son déplacement. De même, la nécessité de recourir à des conteneurs spéciaux limite parfois le nombre des transporteurs possibles, car ceux-ci doivent posséder un équipement particulier pour s'acquitter du contrat.

La nature de l'article à expédier Dans le cas des liquides en vrac, le transport par wagon-citerne, péniche ou pipeline peut s'avérer approprié. En outre, certains transporteurs ou itinéraires peuvent se révéler inadéquats ou illégaux en raison des règlements qui s'appliquent au transport des matières dangereuses.

La taille de l'envoi On peut expédier les articles peu volumineux et en grand nombre par la poste, par l'intermédiaire d'un service de courrier ou d'un transitaire de fret aérien. Par contre, il est sans doute plus économique de faire transporter les envois de plus grande taille par train ou par camion.

Le risque de dommages Par leur nature, certains articles, comme la porcelaine et le matériel électronique, sont susceptibles d'être endommagés au cours du transport. L'acheteur qui acquiert de tels biens peut choisir un mode et une entreprise de transport qui lui permettront de les expédier directement à destination sans qu'ils soient transférés à un autre transporteur à un point quelconque de distribution. Une des responsabilités de l'acheteur consiste à s'assurer que les biens sont emballés d'une manière qui convient à leur nature et au mode de transport sélectionné.

Le coût du service de transport L'acheteur devrait opter pour le mode, l'entreprise et l'itinéraire de transport qui assureront le déplacement des biens en toute sécurité, à l'intérieur du délai fixé et au coût total le plus bas. Pour ce faire, il doit posséder une connaissance approfondie des diverses classifications de marchandises et des tarifs de transport. L'acheteur aura peut-être à faire certains compromis lorsqu'il se procurera des services de transport, tout comme il le fait lorsqu'il sélectionne un fournisseur en vue de réaliser des acquisitions d'autres types.

La situation financière du transporteur   Lorsqu'on expédie un volume de biens considérable, il est inévitable qu'une part de la marchandise soit endommagée au cours du transport, ce qui entraîne la présentation de demandes d'indemnité au transporteur. Or, advenant que l'entreprise de transport éprouve des difficultés financières ou soit insolvable, il s'avérera difficile d'obtenir ces indemnités. C'est pourquoi l'acheteur devrait éviter de recourir à un transporteur dont la situation financière est précaire.

Le traitement des demandes d'indemnité   Le transport d'une grande quantité de marchandises donne inévitablement lieu à la présentation d'une demande d'indemnité. La rapidité et l'efficacité avec lesquelles une entreprise étudie et traite ces demandes comptent au nombre des principaux éléments à considérer lors du choix du transporteur.

Les types de transporteurs routiers

Dans le secteur du transport routier, on compte plusieurs types d'entreprises.

1. Les transporteurs indépendants, qui déplacent les biens d'un lieu à un autre contre rétribution et regroupent différents types d'entreprises, dont :
   - les transporteurs agréés, qui sont soumis à une réglementation et offrent leurs services au grand public ;
   - les transporteurs contractuels, qui acheminent des marchandises dans le cadre d'ententes conclues avec certaines entreprises ;
   - les transporteurs à itinéraire fixe, qui n'assurent la liaison qu'entre des points déterminés ;
   - les transporteurs à itinéraire variable, qui desservent les agglomérations à l'intérieur d'une région donnée en modifiant leur trajet selon les besoins ;
   - les transporteurs spécialisés, qui possèdent des équipements spécialement conçus pour déplacer certains types de matières ou d'articles, tels les produits chimiques ;

– les transporteurs généraux, qui acheminent divers types de produits et utilisent des terminaux pour procéder au groupement et à la distribution des biens. Il existe quatre types de terminaux courants, soit les terminaux de cueillette et de livraison, les terminaux de répartition, les terminaux relais et les terminaux intermédiaires.

2. Les transporteurs privés, qui acheminent les marchandises d'une unité à une autre au sein d'une même entreprise.

La personne qui effectue la sélection des transporteurs et des itinéraires doit connaître à fond les divers types d'entreprises et de systèmes de transport pour choisir les meilleures combinaisons possibles[11].

Les transporteurs privés ou de location

Une entreprise peut choisir d'utiliser des véhicules de transport privés ou loués. Les transporteurs privés ou de location n'offrent pas leurs services au grand public. Aussi, beaucoup d'entreprises ont conclu une entente pour devenir l'utilisateur exclusif de certains équipements de transport. D'autres ont créé leur propre parc de véhicules, formé de tracteurs et de remorques qu'elles ont achetés ou loués.

La location accroît de beaucoup la latitude d'une entreprise en ce qui touche à l'élaboration des calendriers de livraison. Elle peut aussi se révéler avantageuse sur le plan économique. Cependant, à moins de pouvoir tirer pleinement parti du matériel loué en planifiant le transport au retour de produits semi-finis ou finis, la location pourrait coûter plus cher que le recours à un transporteur agréé. De plus, il importe que l'entreprise reconnaisse l'ampleur des dommages et intérêts qu'elle pourrait devoir verser à la suite d'un accident, et qu'elle se protège en conséquence.

Depuis la déréglementation, l'emploi de véhicules privés ou loués constitue une option réalisable, et la décision qui s'y rattache s'apparente à celle de fabriquer ou d'acheter. On a assoupli les règlements qui s'appliquent à l'utilisation d'équipements privés ou loués afin de permettre aux entreprises propriétaires de filiales à part entière d'assurer elles-mêmes le transport des matières entre leurs filiales et d'effectuer le transport de produits au retour, ce qui pourrait rendre cette pratique économiquement rentable.

---

11. Joseph L. CAVINATO (dir.), *Transportation Logistics Dictionary*, 3ᵉ éd., Washington (D.C.), International Thomson Transport Press, 1989, p. 36, 113, 161 et 183.

L'évaluation des transporteurs

L'acheteur n'est plus limité quant au choix des transporteurs ; il peut désormais changer d'entreprise de transport ou répartir le travail à effectuer entre plusieurs concurrents. C'est pourquoi il importe d'élaborer un système d'évaluation méthodique et de l'appliquer à tout le moins aux 20 % des transporteurs sélectionnés grâce auxquels l'acheteur satisfait 80 % de ses besoins en transport. Le tableau 8.2 présente un formulaire simple,

TABLEAU 8.2   Formulaire d'évaluation des transporteurs

Nom du transporteur : _____ Date : _____

Il convient (encercler une seule réponse) :

de réduire   de maintenir   d'accroître

la part des services de transport obtenue de ce transporteur

Aspects évalués par l'usine ou la filiale :
a) repérage et relance (0 à 5) : temps de réaction du transporteur, exactitude des renseignements fournis ;
b) cueillette et livraison (0 à 10) : fiabilité, respect des calendriers, importance accordée au service à la clientèle ;
c) pertes et dommages (0 à 5) : fréquence, promptitude du transporteur à concilier les différences notées, qualité des méthodes de contrôle utilisées ;
d) respect du temps de transit fixé (0 à 10) : rendement en matière de service, satisfaction du client ;
e) état des équipements (0 à 10) : entretien adéquat, disponibilité d'affiches ;
f) services spéciaux et innovations (0 à 10) : repérage des remorques effectué sur demande, disponibilité de parcs de remorques, fourniture de services spéciaux de cueillette et de livraison.

Aspects évalués par le siège social :
a) facturation (0 à 5) : exactitude, présentation de l'original de la facture de transport ;
b) situation financière (0 à 15) : créances exigibles rapidement, valeur nette, ratios d'exploitation, tendances, fusions, propriété ;
c) service (0 à 10) : repérage lors des liaisons avec d'autres transporteurs, relance, coopération générale du transporteur ;
d) indemnités (0 à 15) : proportion de demandes d'indemnité, antécédents relatifs au paiement ou au règlement des demandes d'indemnité, programme de limitation de responsabilité ;
e) demandes d'information (0 à 15) : utilisation de systèmes automatisés, compatibilité des interfaces ;
f) caractère innovateur (0 à 5) : chef de file dans l'industrie, idées nouvelles, activités axées sur la distribution ;
g) détermination des prix (0 à 5) : acceptation de la négociation, actions indépendantes, préavis donné à l'expéditeur.

conçu par une entreprise pour aider le personnel de ses diverses usines et de son siège social à évaluer le rendement de chaque transporteur.

Les répertoires en matière de transport

Du fait que le nombre de transporteurs disponibles a augmenté à la suite de la déréglementation, l'acheteur peut désormais consulter divers répertoires (semblables à ceux qu'il utilise lors de la sélection des fournisseurs ordinaires) pour établir une première liste de possibilités. Citons, à titre d'exemple, le *Inbound Traffic Guide* que contient le *Thomas Register of American Manufacturers*; il s'agit là d'un répertoire annuel d'environ 500 pages qui facilite le repérage des entreprises œuvrant dans le secteur du transport: messageries aériennes rapides de colis, transporteurs aériens locaux et internationaux, installations de transfert des marchandises en vrac, courtiers en douanes, services d'emballage des biens destinés à l'exportation, services de groupement des envois, transitaires de fret aérien au pays et à l'étranger, entreprises de transport fluvial, transporteurs maritimes, ports, entrepôts publics, sociétés ferroviaires, associations d'expéditeurs, transporteurs spécialisés, courtiers en transport et entreprises de camionnage[12]. Chilton publie un répertoire semblable dans sa revue *Distribution*; celui-ci renferme la liste des transporteurs routiers et maritimes, des installations aéroportuaires, des ports nord-américains, des services de messagerie aérienne et de messagerie rapide de petits colis, des entreprises ferroviaires et des entrepôts commerciaux[13].

□ □ □ □ □
8.6 LES TARIFS DE TRANSPORT

Les frais qu'entraîne le déplacement des marchandises dépendent de la catégorie à laquelle appartient l'article transporté et du tarif qui s'y applique. Toute personne intéressée peut obtenir la liste des tarifs demandés par les transporteurs agréés, mais celle-ci est longue et difficile à interpréter, à moins de s'y connaître en analyse des tarifs. Depuis la déréglementation, les tarifs varient plus souvent, et beaucoup de transporteurs établissent leurs propres tarifs. Même les organismes de réglementation éprouvent de la difficulté à se tenir au fait des modifications apportées!

---

12. *1991 Inbound Traffic Guide*, vol. 25, Thomas Register of American Manufacturers, New York, Thomas Publishing Co., 1991.

13. *Distribution*, juillet 1988 et numéros suivants.

Le tarif fondé sur la catégorie détermine les frais de base, bien qu'on puisse négocier un tarif marchandises moins élevé pour certains articles. L'expéditeur avisé et innovateur peut aussi obtenir d'autres ajustements.

Le tarif basé sur la quantité

À l'instar des fournisseurs d'autres types de produits, les transporteurs ferroviaires et routiers offrent un tarif avantageux et accordent une remise lorsqu'un envoi individuel constitue une charge complète. Le tarif au kilogramme alors exigé est beaucoup plus bas que celui en vigueur dans le cas des charges incomplètes ou partielles. Lorsqu'un expéditeur est à même de grouper plusieurs petits envois acheminés vers une même destination, il peut bénéficier d'un tarif moins élevé appelé «tarif de groupage». Dans certains cas, les expéditeurs peuvent se regrouper au sein d'une association dans le but d'obtenir ce type de tarif.

Le tarif direct

Le coût qu'entraîne le transport de marchandises au kilomètre varie essentiellement en fonction de la distance parcourue. Ainsi, il arrive que le tarif en vigueur soit de 1,00 $ du point A au point B et du point B au point C, mais que le tarif exigé pour le transport direct des points A à C s'établisse à seulement 1,80 $. Voici une brève description des trois manières dont un tarif direct peut s'appliquer lors du transport de biens en amont.

Le détournement et la nouvelle mise en consignation   Grâce à ce privilège, l'expéditeur peut modifier la destination d'un wagon ou envoyer des marchandises à un destinataire différent et se prévaloir quand même du tarif de transport à grande distance, à condition d'aviser la société ferroviaire du changement avant que le wagon dépasse un point prédéterminé. Ce service entraîne des frais, mais il arrive que la somme totale à payer soit malgré tout inférieure au montant qu'engendrerait la combinaison de deux tarifs de transport à courte distance. Ainsi, supposons qu'un expéditeur fasse partir une charge complète de pommes de l'État de Washington à destination de Pittsburgh. S'il bénéficie du privilège de détournement, il peut modifier la destination de cet envoi et le diriger vers Atlanta ou Miami, par exemple, et payer tout de même le tarif à grande distance, pourvu qu'il avise la société ferroviaire du changement avant que le wagon dépasse un endroit convenu tel que le fleuve Mississippi. Ce privilège se révèle particulièrement utile lors du transport de denrées périssables ou d'articles qui ne peuvent passer beaucoup de temps en transit, et dont la destination finale n'est pas encore établie.

L'arrêt en cours de route   Ce privilège permet à l'expéditeur d'envoyer une charge complète du point A au point D, au tarif à grande distance, tout en lui faisant effectuer des arrêts aux points intermédiaires B et C afin de réduire ou d'accroître la quantité transportée. On calcule le tarif de transport en fonction du poids de la charge complète, bien qu'une partie seulement de l'envoi arrive au point D. Le montant à payer peut malgré tout être inférieur à celui résultant de l'application des tarifs pour une charge partielle entre les points B, C et D.

La fabrication ou l'entreposage en transit   Dans le cadre d'une entente spéciale conclue avec un transporteur ferroviaire et approuvée par l'organisme de réglementation, un acheteur peut expédier des matières premières du point A au point C, au tarif à grande distance, tout en les faisant transiter au point intermédiaire B, où il dispose d'un certain délai (par exemple 60 jours) pour les transformer et les recharger à bord d'un wagon afin qu'elles repartent vers leur destination finale. En règle générale, le déplacement doit se faire en ligne droite, mais il ne faut pas prendre cette condition au pied de la lettre. Ainsi, un acheteur peut acquérir de l'acier à Chicago, le faire expédier à Milwaukee (c'est-à-dire vers le nord) selon une clause de fabrication en transit, y procéder à sa transformation et le recharger ensuite à bord d'un wagon pour l'envoyer à Lansing au Michigan (plus à l'est), et ce en payant le tarif à grande distance qui s'applique de Chicago à Lansing. On doit verser des frais additionnels pour bénéficier du privilège de fabrication en transit, mais le total à payer reste inférieur à la somme de deux tarifs à courte distance. Une clause semblable permet de décharger les articles en transit et de les entreposer durant plusieurs mois. Les transporteurs routiers offrent également ce genre de privilèges. Du point de vue économique, on en justifie l'existence par le fait que, si on ne l'accordait pas, la fabrication aurait lieu à l'endroit de la production des matières premières ou à celui de leur utilisation finale, et les points intermédiaires (tel Milwaukee, dans l'exemple qui précède) ne pourraient faire concurrence pour qu'on y réalise des fonctions de fabrication ou d'entreposage.

Le tarif de renonciation

Le transporteur agréé assume l'entière responsabilité des dommages causés aux marchandises expédiées, à moins que ceux-ci résultent d'un cas de force majeure ou de la négligence de l'expéditeur. Ce dernier peut toutefois obtenir un tarif de renonciation, lequel est inférieur au tarif normal, s'il accepte que le transporteur ne compense qu'une partie des dommages qui peuvent survenir. L'expéditeur doit faire la part des choses entre ce tarif moins élevé et le risque de dommages. Il peut prendre la décision de souscrire une assurance distincte pour se protéger contre le risque accru de dommages.

□□□□□ 8.7 LE TRANSPORT INTERMODAL

Pour pouvoir concurrencer les autres moyens de transport, les sociétés ferroviaires ont mis au point des équipements et des services particuliers. Parmi les récentes innovations en matière de transport des marchandises, mentionnons le système rail-route, qui permet de charger les remorques sur des wagons spéciaux pour les longs déplacements, et la «conteneurisation», c'est-à-dire le transport des biens dans des conteneurs spécialement conçus pour être acheminés par rail ou par route jusqu'à un quai, où ils sont hissés à bord d'un navire qui les amène à un autre port pour y être déchargés et expédiés à leur destination finale par train ou par camion. Aux États-Unis, l'entrée en vigueur du *Staggers Rail Act* en 1980 a mené à la déréglementation complète des services d'expédition par système rail-route, de sorte qu'on peut fréquemment conclure des accords avantageux en optant pour le transport intermodal. Les services d'expédition par système rail-route ont pris beaucoup d'expansion.

□□□□□ 8.8 LES PETITS ENVOIS

Il existe une concurrence féroce entre les entreprises qui se chargent du transport des petits envois, généralement définis comme étant ceux dont le poids est inférieur à une trentaine de kilos. Les acheteurs peuvent ainsi obtenir de meilleurs tarifs des transporteurs en usant de certaines techniques d'approvisionnement courantes telles que les contrats globaux, la négociation énergique, l'adoption de sources multiples, l'analyse des soumissions, la détermination d'un prix cible et l'évaluation des fournisseurs. Les transporteurs intégrés (c'est-à-dire les entreprises qui possèdent leurs propres avions, telle Federal Express) subissent une concurrence toujours plus forte de la part des sociétés de transport de voyageurs et des entreprises internationales en participation. Ce sont les ristournes offertes, les systèmes de repérage par le moyen de codes barres et les réseaux terrestres qui font toute la différence[14].

---

14. Peter BRADLEY, «Rapid Transition Marks the Industry», *Purchasing*, 19 juillet 1990, p. 71-73.

□□□□□
8.9 LES DOCUMENTS RELATIFS AU TRANSPORT DE MARCHANDISES

Le connaissement est le principal document lié au transport de biens. Le transporteur a la responsabilité d'émettre un connaissement adéquat, bien que l'expéditeur se charge habituellement de le rédiger.

On peut préparer autant de copies du connaissement qu'on en a besoin, mais il doit en exister au moins trois exemplaires.

1. L'original : celui-ci comporte la description des biens expédiés et atteste que le transporteur les a reçus. Signé par le représentant de l'expéditeur et celui du transporteur, il constitue une preuve de l'envoi des marchandises et des droits de propriété s'y appliquant. L'original représente un contrat et définit les responsabilités du transporteur. Généralement, c'est la partie propriétaire des biens en transit qui le conserve, car elle doit fournir ce document à l'appui de toute demande d'indemnité.

2. L'avis d'expédition : le transporteur garde cette copie, laquelle porte les instructions relatives à l'expédition et les données de base servant à établir la facture.

3. L'attestation : cette copie indique simplement qu'on a bel et bien émis un connaissement.

Tout envoi doit s'accompagner d'un connaissement, lequel est un contrat définissant les responsabilités légales de chaque partie. On ne peut modifier l'original du connaissement, à moins que le représentant du transporteur n'en donne l'autorisation écrite sur le document même.

□□□□□
8.10 LA RELANCE ET LE REPÉRAGE DES ENVOIS

Comme dans le cas de l'acquisition de biens et de services, la relance consiste à faire pression sur le transporteur pour l'inciter à effectuer la livraison plus rapidement que d'ordinaire. Souvent, le transporteur peut offrir un service plus rapide dans le but d'aider un expéditeur à satisfaire un besoin urgent, mais il acceptera de le faire à condition qu'on n'abuse pas de sa bonne volonté. Il convient de procéder à la relance par l'intermédiaire du représentant général du transporteur et d'aviser ce dernier le plus tôt possible advenant qu'il faille accélérer l'envoi de biens.

D'autre part, le repérage s'apparente au suivi, puisqu'il a pour but de déterminer l'emplacement des articles qui ont été expédiés mais qui n'ont pas encore été reçus. Comme la relance, le repérage se fait par l'intermédiaire de l'agent du transporteur, bien que l'expéditeur puisse collaborer avec celui-ci pour repérer les biens expédiés. Après le repérage, il faudra procéder à une relance si l'envoi ne peut être livré à la date fixée.

Le repérage donne des résultats différents selon la nature des documents relatifs aux déplacements que conserve le transporteur et le type d'information auquel a accès la personne qui effectue le transport. À mesure que l'informatisation et l'échange de documents informatisés (EDI) deviendront plus répandus, le repérage se fera toujours plus rapidement et avec une précision grandissante. On a établi certaines normes relatives à l'EDI dans l'industrie du rail, et les principaux transporteurs ferroviaires recourent à l'échange de documents informatisés à divers degrés[15]. Ainsi, la personne qui tente de repérer une charge complète expédiée par chemin de fer devrait connaître la date d'expédition de l'envoi, la description des matières, le numéro du wagon, le nom du transporteur, le point de départ de l'envoi, sa destination et l'itinéraire qu'il doit suivre.

8.11 LES DEMANDES D'INDEMNITÉ

Le transporteur assume l'entière responsabilité de tout dommage subi par les biens ou de toute perte survenue alors que les marchandises étaient en sa possession. Pour obtenir la compensation à laquelle il a droit, le propriétaire des biens est tenu de présenter une demande d'indemnité accompagnée des pièces justificatives appropriées. Lorsque des conditions FAB s'appliquent à la livraison, il revient à l'acheteur de faire une demande d'indemnité. Cependant, advenant que les biens aient été livrés franco à bord au point d'arrivée, c'est le vendeur qui devra s'en charger. Toutefois, comme l'acheteur dispose alors de la marchandise, il devra fournir une bonne part des renseignements nécessaires pour justifier cette demande d'indemnité.

La perte ou le dommage manifeste

Lorsqu'il apparaît clairement à l'arrivée d'un envoi que celui-ci a été endommagé ou en partie perdu, il faut l'indiquer sur le récépissé du transporteur et faire signer ce document par l'agent de livraison; sinon, le transporteur pourrait affirmer que le reçu ne mentionnait ni perte ni dommage, et rejeter toute responsabilité. On y gagne à ce que le personnel de la réception prenne des photos instantanées des articles endommagés et les fasse signer par le représentant du transporteur. Il convient ensuite

---

15. John F. DEBORD Jr., «Purchasing Transportation Services Electronically, an Exemple from Santa Fe», *Purchasing Management*, octobre 1988, p. 6-7 et 14-16.

d'aviser par téléphone le représentant local du transporteur et d'exiger un rapport d'inspection. On devrait faire suivre cet appel d'une demande écrite.

Lorsqu'on peut prouver que les pertes ou les dommages sont survenus alors que le transporteur était en possession des biens, et s'il est possible d'en établir les coûts, l'entreprise de transport devrait pouvoir verser rapidement une compensation. Toutefois, en raison de l'arrivée massive de nouveaux transporteurs routiers sur le marché et de la hausse du nombre de faillites, certains expéditeurs éprouvent des difficultés à obtenir les sommes qui leur sont dues. Ce phénomène met en évidence la nécessité, pour l'acheteur, d'analyser avec soin la situation financière des transporteurs routiers avant de procéder à une sélection.

La perte ou le dommage caché

On qualifie de « caché » tout dommage ou perte qu'on ne découvre qu'après avoir ouvert les contenants. Dans ce cas, il faut cesser le déballage et photographier les biens abîmés, puis demander au représentant local du transporteur qu'il examine les articles et prépare un rapport d'inspection.

On éprouve souvent de la difficulté à obtenir une compensation dans le cas de pertes ou de dommages cachés, parce qu'il n'est pas facile de déterminer si les biens ont été perdus ou endommagés pendant qu'ils étaient en la possession du transporteur ou avant qu'ils lui soient confiés.

□ □ □ □ □
8.12 LES FRAIS DE TRANSPORT

Les frais ou les droits de stationnement

Ceux qui expédient ou qui reçoivent des biens doivent souvent acquitter des frais de stationnement. Il s'agit d'une amende à verser pour chaque jour pendant lequel une remorque ou un wagon est retenu à des fins de chargement ou de déchargement au-delà d'une certaine période jugée normale. En règle générale, la période durant laquelle on n'exige aucuns frais de stationnement débute à 7 heures le premier jour ouvrable où le transporteur a indiqué la présence d'une remorque ou d'un wagon prêt à être déchargé; elle est de 24 heures dans le cas des wagons à charger pour le départ, et de 48 heures dans le cas des wagons à décharger à l'arrivée. On accorde une période beaucoup plus courte pour charger ou décharger les remorques des transporteurs routiers sans encourir de frais de stationnement.

Si aucuns frais de stationnement n'étaient exigés, certaines entreprises utiliseraient les équipements du transporteur à la manière d'installations d'entreposage gratuites. Les droits de stationnement quotidiens augmentent à mesure que s'allonge la période durant laquelle on retient un wagon ou une remorque, et ce jusqu'à ce que les coûts deviennent presque prohibitifs. Un expéditeur peut conclure avec le transporteur un accord de répartition stipulant que les déchargements de remorques ou de wagons terminés un jour à l'avance compenseront ceux qui seront effectués avec une journée de retard. En présence d'une telle entente, les frais de stationnement sont calculés sur une base mensuelle. Lorsque les chiffres obtenus indiquent que l'expéditeur est en reste, il doit payer le transporteur. Au contraire, lorsqu'ils révèlent que c'est l'entreprise de transport qui est en reste, celle-ci n'effectue aucun paiement, mais reprend à zéro le compte des remorques ou des wagons déchargés avec du retard ou à l'avance pour le mois suivant. Le service de l'approvisionnement devrait connaître le nombre de wagons ou de remorques qui peuvent être déchargés quotidiennement et s'efforcer d'établir un calendrier de livraison qui permet de décharger les biens au fur et à mesure de leur arrivée pour éviter des frais de stationnement.

La vérification des frais de transport

Vu la complexité des règlements qui s'appliquent aux transporteurs et le nombre accru des possibilités qui s'offrent à l'expéditeur depuis la déréglementation, une vérification minutieuse des frais de transport payés révèle souvent plusieurs cas où une somme excessive a été versée. Étant donné que l'expéditeur dispose de trois ans pour réclamer le remboursement d'une somme payée en trop, on peut effectuer cette vérification annuellement, sans compromettre la capacité de l'entreprise de recouvrer son dû.

Les grandes entreprises disposent souvent des ressources nécessaires pour réaliser elles-mêmes cette vérification. Les entreprises plus petites, quant à elles, devraient recourir aux services d'un consultant en transport, c'est-à-dire d'un vérificateur indépendant spécialisé dans les frais de transport. Celui-ci vérifiera toutes les factures de fret payées, dans le but de mettre au jour les sommes versées en trop en raison d'une mauvaise classification, de l'application d'un tarif inapproprié, d'un double paiement ou d'une erreur de calcul. Chaque fois qu'il découvre un montant versé en trop, cet expert présente une demande d'indemnité au transporteur concerné. Selon l'entente conclue avec l'expéditeur, il ne reçoit pas de compensation s'il ne récupère aucune somme, mais il conserve en général 50 % des sommes recouvrées, bien que certains vérificateurs externes exigent parfois un pourcentage moindre. Étant donné la complexité des acquisitions dans le secteur du transport, il est probable que même les entreprises ayant un personnel bien formé et compétent en la matière versent à l'occasion des sommes excédentaires et pourraient en recouvrer une bonne part si elles se prévalaient des conseils d'un consultant en transport.

□ □ □ □ □
8.13 L'ÉLABORATION D'UNE STRATÉGIE EN MATIÈRE DE TRANSPORT

Le secteur du transport et les possibilités qu'il offre ont beaucoup changé au cours des dernières années. Autrefois banale et routinière, l'acquisition de services de transport figure aujourd'hui au nombre des types d'achats qui peuvent et devraient assurer un approvisionnement efficace. Une bonne stratégie en matière de transport devrait comporter les étapes suivantes.

– Réaliser une analyse de la valeur pour chaque option possible : une analyse de la valeur se rattachant aux besoins en matière de transport permet parfois de trouver une solution de rechange moins dispendieuse et tout aussi adéquate.

– Effectuer une analyse des prix : les tarifs varient substantiellement d'un transporteur à l'autre, et on ne devrait prendre une décision qu'après avoir examiné toutes les possibilités. Il convient d'obtenir des propositions de prix de divers concurrents. On peut aussi négocier le tarif de transport des articles de prix élevé.

– Grouper les envois : l'obtention de ristournes peut se traduire par une réduction considérable des coûts de transport. Il peut également être avantageux de signer un contrat global ou de conclure un marché d'approvisionnement. Lorsqu'on utilise un système de juste-à-temps ou qu'on travaille à sa mise en application, il s'avère parfois rentable de grouper les commandes passées à plusieurs fournisseurs.

– Évaluer les transporteurs : les systèmes de sélection et d'évaluation des transporteurs peuvent fournir des données permettant la prise de meilleures décisions. Les aspects à considérer sont la situation financière, la gestion, les compétences techniques, la stratégie et les relations globales entre le transporteur et l'expéditeur[16].

– Réévaluer la possibilité de recourir à d'autres moyens de transport : parmi les options à considérer figurent l'emploi de camions privés et l'utilisation d'un système intermodal, du type rail-route. On peut souvent réaliser des économies substantielles.

---

16. Joseph L. CAVINATO, « How to Evaluate a New Supplier », *Distribution*, mai 1989, p. 54-56.

- Établir des relations plus étroites avec les transporteurs choisis : il convient de procéder à l'échange des données permettant une meilleure planification des besoins en transport, et ce pour tirer avantage des connaissances spécialisées aussi bien de l'acheteur que du transporteur. On peut aussi envisager de réduire le nombre de transporteurs utilisés et de créer avec eux un partenariat ou une alliance stratégique.

- Analyser et réduire les coûts : plusieurs éléments offrent la possibilité de réduire les coûts, tels les contrats à long terme, le partenariat, le recours à des tierces parties, le groupement des envois, les frais de stationnement, l'emballage ainsi que les besoins en matière de service, de qualité et de livraison.

Questions de révision et de discussion

1. Comment la déréglementation du transport a-t-elle influé sur la manière de se procurer des services de transport ?

2. De quels éléments faut-il tenir compte lorsqu'on sélectionne un transporteur ?

3. Comment les entreprises organisent-elles leur fonction transport ?

4. Comment l'acheteur qui acquiert les services d'un transporteur routier peut-il déterminer s'il est avantageux d'obtenir un tarif de renonciation ?

5. Quels sont les types de dommages pouvant survenir au cours du transport et que doit-on faire en présence de chacun d'eux ?

6. Pourquoi la classification des marchandises a-t-elle autant d'importance lorsqu'on acquiert des services de transport ?

7. À quoi sert le connaissement et quelle est son importance ?

8. Que signifie FAB ? Quelles sont les différentes conditions FAB possibles ?

9. Dans quelles situations un acheteur peut-il utiliser l'une des dispositions se rapportant aux tarifs à grande distance ?

10. Quelles stratégies devrait-on élaborer pour gérer efficacement la fonction transport ?

11. De quelle manière une entente d'achat fondée sur le juste-à-temps influerait-elle sur les décisions relatives au transport ?

Références

ANSARI, A. et Jim HECKEL, «JIT Purchasing: Impact of Freight and Inventory Costs», *Journal of Purchasing and Materials Management*, été 1987.

AUGELLO, William J., *Freight Claims in Plain English*, éd. rév., Huntington (N.Y.), Shippers National Freight Claim Council Inc., 1988.

BOWERSOX, Donald J., «The Strategic Benefits of Logistics Alliances», *Harvard Business Review*, juillet-août 1990.

BRADLEY, Peter, «Rapid Transition Marks the Industry», *Purchasing*, 19 juillet 1990.

CAVINATO, Joseph L., «How to Evaluate a New Supplier», *Distribution*, mai 1989.

GENTRY, Julie J., *Purchasing's Involvement in Transportation Decision Making*, Tempe (AZ), Center for Advanced Purchasing Studies / National Association of Purchasing Management, 1991.

SAMPSON, Roy J., Martin T. FARRIS et David L. SHROCK, *Domestic Transportation: Practice, Theory and Policy*, 6ᵉ éd., Boston, Houghton Mifflin, 1990.

TYWORTH, John E., Joseph L. CAVINATO et C. John LANGLEY Jr., *Traffic Management: Planning, Operations, and Control*, Reading (Mass.), Addison-Wesley, 1987.

WALTERS, Peter J., «The Purchasing Interface with Transportation», *Journal of Purchasing and Materials Management*, hiver 1988.

9 La récupération des sommes investies

Plan

Questions clés du décideur

Devrait-on:
- procéder à un appel d'offres lors du processus de cession des matières?
- centraliser les responsabilités liées à la récupération des sommes investies?
- utiliser les rebuts, les surplus et les matières excédentaires à l'intérieur de l'entreprise?

Comment peut-on:
- améliorer le rendement du processus de récupération des sommes investies?
- réduire la quantité de matières et d'équipements dont il faut se départir?
- se protéger contre les risques liés aux matières dangereuses?

Les gestionnaires se préoccupent de la cession efficace, efficiente et rentable des rebuts, des surplus, des matières désuètes et des déchets produits à l'intérieur de l'entreprise. Au cours des dernières années, les problèmes liés à la cession de ces matières ont gagné en complexité et en importance à mesure que les entreprises sont devenues plus grandes, qu'elles ont diversifié leurs gammes de produits et qu'elles ont adopté un mode de gestion plus décentralisé. Récemment, une nouvelle dimension s'est ajoutée à l'ensemble de ces problèmes, soit la nécessité de mettre au point et d'utiliser de nouvelles méthodes pour éviter la production de déchets solides, et de trouver des moyens plus efficaces pour éliminer les résidus qui, rejetés dans l'atmosphère et les cours d'eau, polluent l'environnement.

Le présent chapitre traite du rôle du service de l'approvisionnement dans l'élimination des surplus et des déchets. Un responsable des achats avisé doit se tenir informé des nouvelles techniques qui ont pour but d'éviter la pollution et d'en éliminer les sources. En effet, on ne peut plus choisir ni employer des matières sans tenir compte de leur caractère recyclable et des possibilités qu'elles engendrent des déchets dangereux[1].

La récupération de matières de toutes sortes rapporte gros. Ainsi, on estime que la vente des rebuts et des déchets rapporte plus de 15 milliards de dollars par année aux États-Unis[2]. En plus de procurer un revenu additionnel à l'entreprise, la vente de rebuts, de surplus et de déchets réalisée adéquatement prévient la pollution et permet de conserver les matières premières de même que les ressources énergétiques. Par exemple, chaque tonne de fer et d'acier recyclée engendre l'économie d'une tonne et demie de minerai de fer, d'une tonne de coke, d'une demi-tonne de calcaire et de l'énergie requise pour transformer ces matières premières en un produit vierge. On évalue que le recyclage des métaux, tels le zinc, le fer, l'acier et l'aluminium, permet des économies d'énergie de l'ordre de 60 % à 95 %, soit 75 % en moyenne.

Au cours de la dernière décennie, la réglementation adoptée en matière de protection de l'environnement est devenue plus complexe et plus stricte. Ce phénomène a contribué à compliquer le processus de récupération des rebuts, et il a augmenté l'ampleur des risques encourus par ceux qui produisent et transforment les rebuts, en raison de leurs responsabilités légales. Le service de l'approvisionnement doit connaître ces

1. INSTITUTE OF SCRAP IRON AND STEEL INC., «Dealing with Potential Hazardous Wastes and Potentially Non-Recyclable Materials», *Kansas City Commerce*, août 1991, p. 17.
2. L'Institute of Scrap Iron and Steel est une association nationale américaine regroupant des entreprises qui œuvrent surtout dans le secteur de la transformation et de la vente de ferraille. Il a publié plusieurs rapports sur l'industrie de la ferraille et fournit beaucoup de données s'y rapportant. L'adresse de cet institut est: 1627 K Street, N.W., Bureau 700, Washington, DC 20006.

risques, car ils influent sur sa capacité à se départir des rebuts et des surplus de façon rentable.

□□□□□
9.1 LES ÉCONOMIES POSSIBLES

Il est étonnant que les entreprises n'accordent pas plus d'attention au problème que pose la cession des rebuts et des surplus. Sans doute existe-t-il plusieurs raisons à ce phénomène. Une des plus importantes est qu'on associe le terme «rebut» à quelque chose qui ne possède aucune valeur et que le marchand de ferraille peut emporter, c'est-à-dire à une chose dont l'entreprise veut se défaire, de sorte qu'elle ira jusqu'à payer quelqu'un pour qu'il l'en débarrasse si elle ne parvient pas à la vendre. Ce phénomène s'explique aussi par le fait que beaucoup d'entreprises ne sont pas suffisamment grandes pour avoir un service chargé de la cession des rebuts et des surplus, la quantité de ces derniers ne semblant pas justifier qu'on leur accorde une attention particulière. Ces articles peuvent néanmoins constituer une source de profits potentiels. Ainsi, depuis 14 ans, la Signetics Company, une entreprise du secteur de l'électronique, augmente son bénéfice net annuel de plus d'un million de dollars en récupérant et en recyclant les métaux précieux, les autres métaux et les alliages à soudure[3].

Lorsqu'il y a une pénurie de matières premières, on peut s'attendre à ce que le prix des rebuts soit élevé. Ainsi, au cours des années 70, en Angleterre, le prix réglementé des chiffons s'établissait à 60 $ la tonne, soit un prix nettement inférieur à celui qui prévalait sur le marché européen, d'où l'exportation massive de cette matière pour laquelle on avait mis sur pied un programme de cueillette dans le but d'encourager la fabrication locale de papier hygiénique. Cette situation engendra une pénurie de matières premières dans les usines textiles britanniques et un manque de papier hygiénique, ce qui rendit nécessaire l'importation de cet article qu'on aurait très bien pu produire localement.

Il faut toujours se départir des rebuts et des surplus de tous genres de façon à réduire au minimum la perte nette enregistrée ou à obtenir un gain maximal lorsque c'est possible. On doit d'abord comparer le rendement net de chacune des méthodes de cession. Par exemple, il arrive fréquemment qu'on puisse transférer les matières excédentaires à une autre usine de l'entreprise; cette solution engendre peu de frais, à l'exception des coûts d'emballage, de manutention et d'expédition. Dans

---

3. Terry SULLIVAN, «Scrap: Victim of Benign Neglect», *Electronic Buyers News*, 25 septembre 1989, p. 16.

d'autres cas, on peut transformer ou conditionner de nouveau les matières de façon à pouvoir les employer à l'intérieur de l'usine; cette solution étant plus coûteuse, il faut donc se demander si les matières, une fois traitées, auront une valeur suffisante (liée à leur usage original ou à un emploi autre) pour justifier cette dépense. Comme la décision de récupérer un lot de matières se fonde essentiellement sur l'étude des coûts de production et de la qualité obtenue, elle devrait relever du service de la production ou du génie, comme c'est généralement le cas, plutôt que du service de l'élimination des rebuts. Le responsable de l'approvisionnement peut, tout au plus, suggérer qu'on envisage un tel traitement avant de se départir des matières d'une autre façon.

Dans certaines entreprises, le service de la fabrication comporte une division de la récupération des sommes investies ou de la «mise en valeur», à laquelle on transmet les questions liées à la récupération possible des matières. De fait, la division chargée de récupérer les sommes investies occupe une place bien établie au sein de nombreuses grandes entreprises. Elle se rattache essentiellement à la fonction fabrication plutôt qu'à la fonction ventes, et elle s'occupe, entre autres, de la mise au point de processus de récupération, du recyclage des déchets, des rebuts et des surplus ainsi que de la réduction à la source du volume de ces matières.

9.2 LES MATIÈRES DONT IL FAUT SE DÉPARTIR

Quelle que soit l'excellence de sa gestion, toute entreprise produit iné-vitablement des déchets, des rebuts, des surplus et des matières désuètes. Elle tente bien sûr d'en réduire le volume au minimum, mais elle n'y parvient jamais tout à fait malgré les efforts qu'elle déploie. L'existence de ces matières s'explique par diverses causes, dont le caractère trop opti-miste des prévisions de ventes, l'apport de modifications au modèle ou aux spécifications, l'évaluation erronée des besoins de l'usine, les pertes qui surviennent inévitablement au cours de la transformation, l'utilisation irrationnelle des matières par le personnel de l'usine et la réalisation d'achats excédentaires en vue de se prémunir contre une hausse de prix possible ou d'obtenir une remise sur quantité.

Il importe de différencier les catégories de matières dont il faut se départir.

Les matières excédentaires ou les surplus

On qualifie de matières excédentaires, ou surplus, la portion d'un stock dont l'entreprise n'a pas besoin. Un surplus apparaît lorsqu'on calcule mal la quantité à acheter ou qu'on ne réalise pas la production prévue. On peut adopter diverses mesures en présence de matières excédentaires. Dans certains cas, il est préférable de conserver les surplus jusqu'à ce qu'on en ait besoin ; il en va ainsi pour les matières non périssables, dont les coûts d'entreposage ne sont pas excessifs et dont on peut raisonnablement s'attendre à avoir un jour besoin. On peut aussi, à l'occasion, substituer les matières excédentaires à d'autres plus souvent utilisées. De plus, advenant que l'entreprise exploite plusieurs usines, elle peut transférer les surplus à l'une d'elles. Cependant, il existe des situations où il convient de procéder assez rapidement à la vente des surplus. C'est le cas, par exemple, des matières périssables ou des matières qui ne serviront plus en raison de la modification du style ou du modèle du produit fabriqué. En outre, les besoins d'un article en surplus sont parfois si minimes ou si rares, qu'il s'écoulera une longue période avant qu'on en utilise une quantité importante ; la solution la plus économique consiste alors à s'en départir pour en racheter ultérieurement.

Beaucoup d'entreprises établissent une règle empirique approximative pour déterminer dans quelles circonstances il faut classer un article en stock parmi les matières en surplus. Voici la méthode adoptée par une entreprise de fabrication :

En règle générale, il faut considérer un horizon de six mois pour reconnaître les surplus. Ainsi, toute quantité en stock qui excède celle dont on a besoin pour une période de six mois représente habituellement un surplus. Il existe cependant des exceptions. Par exemple, certaines matières se détériorent si rapidement qu'il faut considérer comme un surplus tout stock excédentaire à la quantité qui satisfera les besoins pendant deux ou trois mois. Dans les cas où il faut plus de six mois pour acheter de nouvelles matières, il est souvent essentiel d'adopter une plus longue période d'approvisionnement comme critère d'évaluation.

Cette règle donne à penser qu'on devrait regrouper les matières en diverses grandes catégories et établir l'ampleur des besoins normaux ainsi que la fréquence d'approvisionnement pour chacune d'elles. Cependant, il ne suffit pas d'élaborer une classification. Comme c'est le cas pour toutes les catégories de matières, on doit également procéder à un décompte matériel méthodique, revoir constamment les registres des stocks et effectuer un nettoyage occasionnel.

Généralement, on se retrouve aussi en possession d'un surplus après avoir achevé un projet de construction. L'entreprise de fabrication dont il était question plus haut aborde cette situation de la manière suivante :

Toutes les matières neuves commandées mais non utilisées dans le cadre d'un projet de construction constituent un stock et doivent être traitées en conséquence. Sitôt le projet terminé, il convient de les transférer au service de l'entreposage. Il faut aussi porter le coût initial de ces matières au débit de la rubrique « récupération », partie non ventilée du compte « entreposage », de même qu'au crédit de la section « immobilisations ».

Cette entreprise a également pris des dispositions pour assurer l'inscription adéquate, dans les registres comptables, des matières usagées résultant de travaux de démolition effectués dans le cadre d'un projet de construction.

Les matières ou les équipements désuets

Contrairement aux surplus, dont on fera vraisemblablement usage à un moment donné, les matières désuètes ne seront probablement jamais utilisées par l'entreprise qui les a achetées. Par exemple, les stocks de rubans pour les machines à écrire deviennent désuets lorsqu'on remplace ces dernières par des systèmes de traitement de texte. C'est la modification du processus de production ou la substitution d'un meilleur article à celui qu'on utilisait auparavant qui rend les matières désuètes.

Lorsqu'on juge un article désuet, il convient de s'en départir au meilleur prix possible. Ce n'est pas parce que des matières ou des équipements sont désuets pour un utilisateur qu'ils le sont nécessairement pour tous. Ainsi, une société aérienne qui décide de ne plus employer un certain type d'avion considérera comme désuets non seulement cet appareil mais aussi les pièces conservées en stock pour le réparer et l'entretenir; cependant, d'autres entreprises aériennes ou utilisateurs d'avions pourraient accorder beaucoup de valeur aux appareils et aux pièces en cause.

Les produits finis rejetés

Il arrive que le service de gestion de la qualité rejette un certain pourcentage des unités produites en raison du caractère hors contrôle du processus de fabrication ou de la complexité des normes de qualité s'appliquant au produit fini. On peut quelquefois réparer ou réusiner ces produits finis pour qu'ils satisfassent aux normes, mais dans certains cas il n'est pas économique de le faire. L'industrie des semi-conducteurs offre un bon exemple de ce type de situation puisque, en raison de la complexité des techniques de fabrication utilisées, il peut arriver que seulement 70 % des unités produites répondent aux spécifications qui s'appliquent au produit fini.

Il est possible de vendre les produits rejetés à des utilisateurs qui se contentent d'une qualité moindre; il s'agit alors d'articles de deuxième qualité. Toutefois, un problème se pose lorsque le produit rejeté porte un nom ou une marque de commerce, car certains acheteurs sans scrupule peuvent alors mettre les unités acquises sur le marché en affirmant qu'elles satisfont les normes de qualité établies pour l'article original. Afin d'y remédier, on peut inclure dans le contrat de vente une clause stipulant que «l'acheteur s'engage à ne pas revendre le produit sous sa forme actuelle ou aux fins de son utilisation initiale». Advenant que le fabricant juge cette protection insuffisante, il peut détruire les articles rejetés (comme c'est le cas dans l'industrie pharmaceutique), en éliminer la marque de commerce ou le nom, ou alors les faire fondre pour récupérer les métaux précieux qu'ils contiennent, le cas échéant. La Signetics Company détruit ses surplus de stocks de même que ses circuits intégrés périmés, et elle récupère les métaux précieux sur place afin d'éviter que des pièces de qualité inférieure circulent sur le marché gris[4].

Les rebuts

Contrairement aux stocks excédentaires et désuets qui désignent des articles neufs ou inutilisables, le terme «rebuts» désigne les matières ou les équipements qui ne sont plus utilisables et qu'on a mis au rancart. Citons, à titre d'exemple, les machines usées et les vieux outils que l'entreprise a remplacés par du matériel plus moderne et plus productif. Il arrive qu'une machine mise au rancart ou au rebut possède encore une certaine valeur pour un autre fabricant du même secteur ou d'une industrie différente. On peut donc fréquemment vendre cette machine à un prix qui se traduira par un bénéfice. Le remplacement des machines vieilles ou désuètes par des équipements capables de produire une plus grande quantité à un coût égal ou moindre offre une bonne occasion de réaliser des profits.

Une autre catégorie de rebuts englobe les nombreux sous-produits découlant du processus de production, tels les déchets de métaux ferreux et non ferreux produits par les perceuses. Les ajustements de mise en route sont fréquemment à l'origine d'une quantité considérable de rebuts, ce qui explique dans une large mesure le prix sensiblement plus élevé qu'on demande pour les petites commandes spéciales dans beaucoup d'industries, comme celles de la fabrication et de la transformation du papier, de l'imprimerie et de la fabrication des pastilles de polyéthylène. Plus l'équipement employé est rapide et automatisé, plus une part importante de toutes les matières utilisées pour la réalisation d'une petite commande se transformera en rebuts.

---

4. Terry SULLIVAN, «Scrap: Victim of Benign Neglect», *Electronic Buyers News*, 25 septembre 1989, p. 16.

On divise habituellement les vieux métaux en deux catégories, selon qu'ils sont ferreux ou non. Comme leur nom l'indique, les rebuts ferreux contiennent du fer et sont en général attirés par le compteur Geiger (simple aimant) qu'utilise le ferrailleur. Ils comprennent entre autres les rebuts d'acier, de fonte et de fer blanc. Pour leur part, les vieux métaux de type non ferreux se répartissent en quatre grandes catégories, soit: les métaux rouges, à base de cuivre; les métaux blancs, à base d'aluminium, d'étain, de plomb ou de zinc; les alliages de nickel; les métaux précieux, comme l'or, l'argent et le palladium.

Aux États-Unis, il existe quelque 1 000 marchands et courtiers qui participent soit au commerce ou à la transformation des rebuts, soit aux deux, agissant ainsi à titre d'intermédiaire entre le vendeur (en général le service de l'approvisionnement) et l'acheteur final (une aciérie, par exemple). Ces acheteurs de rebuts sont représentés par diverses associations, lesquelles ont élaboré des spécifications détaillées et poussées se rapportant à la classification et à l'expédition des rebuts. Les règles établies fournissent un aperçu de la marche à suivre en ce qui touche, par exemple, à la propreté, aux alliages résiduels, à la présence de matières de qualité inférieure, à l'emballage et à la livraison.

Ce sont principalement les marchands de rebuts industriels qui recourent à ces spécifications pour décrire à un acheteur industriel les lots qu'ils ont à vendre. Le service de l'approvisionnement pourrait aussi les employer lors de la vente des rebuts produits par l'entreprise. Toutefois, advenant la présence d'impuretés (que ne permettent pas les spécifications), on courrait le risque que la transaction conclue soit annulée.

Les déchets

Selon une définition proposée, les déchets représentent l'ensemble des matières ou des fournitures qui ont été transformées lors du processus de production, et qui ne peuvent plus servir ni être récupérées en raison d'une détérioration, d'un bris ou autre attribuable à une négligence, à de mauvaises méthodes de fabrication, à une manutention déficiente ou à d'autres causes. Cette définition laisse cependant à désirer. En effet, il y a des déchets qui ne résultent pas de la désuétude et qui ne peuvent néanmoins être attribués à une négligence ou à une manutention déficiente. Ainsi, l'existence de certains déchets s'explique par le fait que les matières ne répondent pas aux spécifications en raison soit d'un mauvais fonctionnement ou d'une panne des machines, soit d'une réaction chimique imprévue. Dans certains cas, on peut définir les déchets simplement comme les résidus de matières qui sont produits lors du processus de fabrication normal et qui ont une valeur économique (valeur de revente) nulle. Citons, à titre d'exemple, la fumée qui se dégage lorsqu'on brûle du combustible ou qu'on procède à l'extraction par fusion. Toutefois, ce qu'on qualifie actuellement de déchet pourrait acquérir une certaine valeur économique dans le futur. Ainsi, le gaz naturel, qu'on faisait autrefois brûler dans les champs pétrolifères parce qu'il représentait un déchet résultant de l'extraction du pétrole brut, a aujourd'hui une valeur économique substantielle.

Les déchets dangereux

On qualifie de dangereuses les substances toxiques, inflammables, corrosives ou susceptibles d'engendrer des réactions nocives. Aux États-Unis, on produit environ 212 millions de tonnes de déchets dangereux par année[5]. Les efforts déployés pour remédier à ce problème sont de trois types. D'abord, on s'est attaqué aux sources de pollution très manifestes, telles les cheminées d'usines. Ensuite, on s'est préoccupé des accumulations moins visibles et non contrôlées de déchets dangereux (dans les sites d'enfouissement, par exemple). Finalement, on s'efforce maintenant de limiter la production de déchets dangereux par le moyen du recyclage et de mesures de réduction à la source[6].

Étant donné son rôle dans l'acquisition des matières et l'élimination des déchets, le personnel de l'approvisionnement devrait tenir compte du coût total qu'entraînent les déchets dangereux pour l'entreprise. Ce coût englobe les frais directs de nettoyage, les frais d'élimination (qui augmentent rapidement en raison de la pénurie de sites d'enfouissement), les frais administratifs et juridiques ainsi que le coût des nouvelles usines et des nouveaux équipements acquis pour réduire le volume des déchets et traiter les usines contaminées[7].

En théorie, on ne devrait produire aucun déchet. Dans la réalité, toutefois, on ne pourra sans doute jamais éliminer totalement les déchets à l'intérieur de chaque usine. Néanmoins, on devrait tout faire pour en réduire l'ampleur. Divers moyens peuvent être utilisés pour atteindre ce résultat, dont l'implantation de nouveaux processus de fabrication et l'amélioration de l'aménagement des lieux de production.

Il se peut qu'on ne s'entende pas sur la définition exacte des rebuts, des surplus et des déchets. Cependant, du point de vue du responsable de l'approvisionnement qui doit se départir de ces matières, ces différences sont secondaires. L'objectif visé est de tirer le maximum de la cession (disposition) de ces articles.

---

5. Gordon F. BLOOM et Michael S. SCOTT MORTON, «Hazardous Waste Is Every Manager's Problem», *Sloan Management Review*, été 1991, p. 80.

6. *Ibid.*, p. 75.

7. *Ibid.*, p. 79.

☐ ☐ ☐ ☐ ☐
9.3 LA RESPONSABILITÉ DE LA CESSION (DISPOSITION) DES MATIÈRES

Il est plutôt difficile d'établir à qui incombe la responsabilité de gérer la cession des matières au sein d'une entreprise. Les grandes entreprises qui produisent une quantité considérable de rebuts, de matières désuètes, de surplus et de déchets ont raison de créer un service distinct chargé de cette tâche. Le responsable de ce service peut relever du directeur général ou du responsable de la production. Les études de portée limitée effectuées pour savoir quelle composante de l'organisation est responsable de la cession des matières ont révélé que la plupart des entreprises confient à leur service de l'approvisionnement la tâche de vendre les surplus, les rebuts et autres matières.

Il existe des raisons très valables pour lesquelles on rattache la cession des matières à la fonction achat et gestion des matières. Ainsi:

– le personnel de l'approvisionnement connaît la tendance probable des prix;

– ses rapports avec les vendeurs lui permettent d'obtenir des informations sur les utilisateurs possibles des matières en cause;

– les besoins de l'entreprise lui étant familiers, il peut suggérer diverses utilisations et certains transferts possibles des matières à l'intérieur de l'organisation;

– le service de l'approvisionnement représente sans doute le seul choix logique, à moins de mettre sur pied un service distinct pour remplir cette fonction.

☐ ☐ ☐ ☐ ☐
9.4 COMMENT SE DÉPARTIR DES MATIÈRES DE FAÇON RENTABLE

La solution optimale consisterait évidemment à ne produire aucune matière dont il faut se débarrasser. Bien qu'on ne puisse y parvenir totalement, il convient de faire tout ce qui est possible pour réduire au minimum la quantité de ces matières en assurant une bonne planification et en tirant avantage des techniques modernes.

Lorsque l'exploitation de l'entreprise se traduit inévitablement par la production de rebuts, il importe de séparer ces derniers selon leur nature, leur composition, leur qualité, leur taille et leur poids. On devrait procéder à ce triage à l'endroit où les rebuts sont produits. Lorsque deux types de rebuts sont mélangés, tels des déchets d'acier et de cuivre, il faut s'attendre à en obtenir un prix au kilogramme inférieur à celui de la matière la moins coûteuse, parce que tout acheteur devra engager des dépenses pour séparer ces rebuts avant de les transformer.

On doit également faire tout en son pouvoir pour qu'il existe une concurrence maximale entre les acheteurs de rebuts ou de surplus. Il arrive malheureusement qu'une région particulière ne compte qu'un nombre limité d'utilisateurs et d'acheteurs de rebuts, ce qui engendre une situation de non-concurrence en ce qui touche à la cession de ces matières. Le service de l'approvisionnement devrait s'efforcer de trouver de nouveaux acheteurs et les encourager à faire concurrence aux autres en matière de prix et de services offerts.

□□□□□
9.5 LES MOYENS DE SE DÉPARTIR DES REBUTS, DES SURPLUS ET AUTRES MATIÈRES

Il existe plusieurs moyens de se départir des rebuts, des surplus et autres matières. Voici les options qui s'offrent généralement à l'entreprise, par ordre de rendement décroissant.

1. Utiliser les matières «telles quelles» à l'intérieur de l'organisation Il faut tenter d'employer les matières telles quelles, ou après n'y avoir apporté que des modifications économiques, en leur attribuant un usage autre que celui pour lequel on les a achetées. Par exemple, on peut substituer des articles de qualité ou de dimensions semblables, et cisailler ou découper une feuille de métal pour obtenir des bandes plus étroites. Si l'entreprise comporte plusieurs divisions, chacune d'elles devrait périodiquement envoyer aux autres une liste des rebuts, des surplus, des matières et des équipements désuets qu'elle possède. On peut alors prendre des dispositions pour assurer le transfert de certains de ces articles à d'autres usines de l'entreprise.

2. Récupérer les matières pour les utiliser à l'intérieur de l'usine En raison des pénuries de matières ayant marqué le début des années 70 et de la naissance du mouvement écologiste au cours des années 80, beaucoup d'entreprises se sont intéressées au recyclage des matières telles que le papier, le cuivre, le zinc, l'étain, l'aluminium et les métaux précieux. Mis à part les avantages économiques qu'il procure, le recyclage constitue une solution partielle à certains problèmes environnementaux. L'Institute of Scrap Recycling Industries et l'Environmental Protection Agency prévoient que d'ici le milieu des années 90 on recyclera, aux États-Unis, 50 % de l'aluminium, 40 % de l'acier, du cuivre, du laiton, du papier et du carton, 35 % de l'acier inoxydable ainsi que 20 % du bois, du cuir, des textiles et du caoutchouc nécessaires à la fabrication de produits neufs[8]. Un des problèmes qui se posent aux acheteurs est la tendance qu'on a à recouvrir, à coller ou à mélanger les matières d'une façon telle qu'on ne peut plus les recycler par la suite[9].

3. Vendre les matières à une autre entreprise pour qu'elle les utilise telles quelles   Un autre fabricant pourrait utiliser les matières telles quelles ou en y apportant des modifications économiques. Fait à noter, il est souvent possible de vendre ces matières directement à un autre utilisateur qui les emploiera à la place d'une matière première qu'il achète actuellement. Il arrive aussi que les surplus ou l'équipement désuet d'une entreprise répondent tout à fait aux besoins d'une autre. Citons, à titre d'exemple, le marché des avions DC-3, qui existe depuis plusieurs années : les appareils jugés désuets sont achetés par des entreprises qui effectuent des vols irréguliers ou sur de courtes distances. Les organismes publics, quant à eux, vendent leurs surplus, leurs équipements et leurs véhicules désuets aux enchères. Enfin, certaines entreprises permettent à leurs employés d'acquérir des équipements usagés ou des surplus à un prix prédéterminé, dans le cadre de leur programme de relations avec le personnel.

4. Retourner les matières au fournisseur   On peut retourner les matières au fabricant ou au fournisseur duquel on les a obtenues, contre paiement ou contre un crédit s'appliquant à un achat futur. Les entreprises qui achètent beaucoup d'acier revendent une grande quantité de rebuts directement aux aciéries, qui les utilisent comme matière première au cours du processus de fabrication. Généralement, seules les entreprises qui consomment beaucoup d'une matière peuvent se départir ainsi de leurs rebuts. Dans le cas des articles (neufs) en surplus, il arrive que le vendeur initial accepte d'accorder un crédit équivalent au prix total de ceux qu'on retourne.

5. Vendre les matières par l'entremise d'un courtier   Certains courtiers s'occupent de la vente des rebuts. Leur rôle consiste à mettre le vendeur en rapport avec un acheteur, contre quoi ils reçoivent une commission. On se défait d'une bonne part des vieux métaux en recourant à leurs services. D'autres courtiers se chargent de l'achat et de la vente des équipements désuets, excédentaires, usagés et remis à neuf. Ils se spécialisent

---

8. Tom STUNDZA, «Treat Scrap as Trash and You Throw Money Away», *Purchasing*, 18 juillet 1991, p. 66.

9. INSTITUTE OF SCRAP IRON AND STEEL, «Dealing with Potential Hazardous Wastes and Potentially Non-Recyclable Materials», *Kansas City Commerce*, août 1991, p. 17.

normalement dans une industrie donnée (telle la boulangerie) ou dans un type d'équipement particulier (tels les ordinateurs). Ce moyen offre des possibilités intéressantes aux entreprises qui veulent se départir de leurs équipements et aux acheteurs qui veulent en acquérir.

6. Vendre les matières à un marchand local de rebuts ou de surplus Toute ville d'une certaine importance compte au moins un marchand de rebuts. Il faut s'attendre à ce que les matières vendues à ce marchand rapportent peu, et ce pour quatre raisons: il n'existe parfois qu'un seul marchand, c'est-à-dire un acheteur unique œuvrant sur un marché non concurrentiel; le marchand court le risque d'investir et de garder les matières en stock pour tenter de leur trouver un acheteur; la vente entraîne des frais additionnels de manutention et de transport; le marchand de rebuts ou de surplus est un spécialiste du marché des rebuts. Toutefois, un marchand de rebuts industriels peut offrir des services intéressants; il peut, entre autres, formuler des recommandations relatives à la manutention, au triage et aux méthodes de transformation, fournir des contenants spéciaux pour la cueillette et venir chercher les matières.

7. Mettre au rebut, détruire ou donner les matières Lorsqu'elle ne peut trouver un acheteur ou un utilisateur pour les matières à éliminer, l'entreprise n'a parfois d'autre choix que de les détruire ou de les enfouir. Or, cette solution peut se révéler très coûteuse en raison du manque de sites d'enfouissement aux États-Unis et dans certaines régions du Canada (comme celles de Montréal, de Toronto et de Vancouver) et des responsabilités légales liées à la dégradation de l'environnement. Il faut prendre les mesures nécessaires pour protéger l'environnement et s'assurer que les méthodes utilisées pour éliminer les matières dangereuses ne menacent pas la sécurité publique[10]. Dans certains cas, une entreprise peut faire don de ses équipements usagés à une maison d'enseignement ou à un organisme de bienfaisance pour ensuite réclamer une déduction fiscale. Les conséquences fiscales d'un tel don étant complexes, on devrait obtenir l'avis d'un spécialiste en la matière avant de prendre une décision. Certains organismes à but non lucratif se chargent de distribuer les biens reçus à des écoles et à des organismes de bienfaisance.

□ □ □ □ □
9.6 LES PROCÉDURES DE CESSION

Lorsqu'on procède à la vente de rebuts, il faut accorder une attention particulière au choix de l'acheteur et à la marche à suivre. Pour connaître

---

10. Bill PAUL, «Garage Sales Go Corporate; Old Supplies Bring a Bundle», *The Wall Street Journal*, 27 septembre 1989, p. B1.

le nom des marchands qui achètent les rebuts et les déchets, on peut consulter les pages jaunes de l'annuaire du téléphone. Le quotidien *American Metal Market* contient par ailleurs de l'information relative au prix de la plupart des types de rebuts et de déchets sur les principaux marchés américains, et la publication hebdomadaire *Iron Age* fournit également certains cours actuels.

Il convient d'élaborer un système pour la vente et la livraison des matières, lequel devra être appliqué de manière uniforme et protéger l'entreprise contre toute perte possible attribuable soit à la négligence ou aux pratiques irrégulières de l'acheteur, soit à la malhonnêteté de son personnel.

Il peut être avantageux d'obtenir une clause d'indexation, car le prix du marché de nombreuses catégories de rebuts peut enregistrer des variations importantes sur une période relativement courte. Ainsi, en l'espace d'un an, la valeur de rebut de l'acier lourd de catégorie 1 est passée de 71 $ à 80 $ la tonne, soit une hausse de 13 % ; celle du vieux zinc est montée de 0,15 $ à 0,20 $ la livre sur le marché de l'est des États-Unis, ce qui constitue une hausse de 33 % ; celle des solides de plomb propres est passée de 0,108 $ à 0,215 $ la livre sur ce même marché, soit une augmentation de 99 % ; enfin, la valeur du carton ondulé a grimpé de 12 $ à 40 $ la tonne, ce qui représente un bond de 233 %. Le cours des rebuts varie tout autant à la baisse durant certaines périodes.

Tout contrat relatif à la vente de rebuts doit inclure le prix et la méthode utilisée pour l'établir, les quantités en cause (au total ou en pourcentage), la date de livraison, le point FAB, les privilèges d'annulation, la méthode de détermination des poids et les conditions de paiement.

Le problème de la cession des matières découle encore de l'attitude des gestionnaires, puisqu'on peut se débarrasser de la plupart des articles d'une manière rentable, en faisant preuve d'imagination. Les exemples qui suivent se rapportent à une importante société du domaine des produits forestiers, laquelle se porta acquéreur d'une entreprise acculée à la faillite, spécialisée dans l'abattage et la production de bois de charpente, de contre-plaqué et de lattes à parquet. Le nouveau directeur de l'entreprise convia tout le personnel salarié à une réunion au cours de laquelle il fit deux déclarations importantes, soit:

1. « Nous n'avons aucun problème ; nous bénéficions simplement de la possibilité de surmonter quelques difficultés. »

2. « Les rebuts et les déchets n'existent pas, car tout peut se vendre lorsqu'on demande à l'acheteur un prix approprié. »

Le directeur conclut en annonçant aux employés qu'il s'attendait à obtenir d'eux le moyen de se débarrasser de tous les sous-produits de l'entreprise de façon rentable, et ce dans un délai de deux mois. Voici quelques-unes des mesures adoptées au cours des trois mois qui suivirent cette réunion.

– Deux ans avant que l'entreprise change de propriétaire, le ministère des Terres et Forêts avait décrété que certaines régions devraient faire l'objet d'une coupe à blanc et être reboisées de bouleaux. Depuis, on laissait les épinettes et les sapins baumiers abattus pourrir sur place. Un fabricant de papier journal offrit de payer 26 $ la corde pour ce bois à pâte si on le livrait à son usine. On engagea donc des entrepreneurs pour le couper et le livrer. Leurs services coûtant 22 $ la corde, l'entreprise put réaliser un profit de 4 $ la corde, en plus d'économiser la totalité du coût qu'elle assumait auparavant pour l'abattage des épinettes et des sapins baumiers.

– L'entreprise embaucha un camionneur pour la débarrasser des panneaux non utilisés servant à former la couche centrale des feuilles de contre-plaqué. On installa une scie alternative à plusieurs lames pour tailler ces panneaux et ainsi obtenir des planches de la longueur voulue pour mettre les feuilles de contre-plaqué en caisse, ce qui permit à l'usine de contre-plaqué d'économiser le coût des matériaux d'emballage qu'elle achetait auparavant du moulin à scie. Les panneaux en surplus furent transformés en poteaux de clôture décoratifs, qu'on vendit 1 $ l'unité.

– La visite des installations d'un fabricant de papier fin déboucha sur une offre de 28 $ la tonne pour les copeaux de bois dur produits par les usines de contre-plaqué et de lattes à parquet. On put ainsi vendre ces matières, qu'on se contentait auparavant de jeter dans la fosse à sciure.

– On commença à expédier les bouts de planche produits par l'usine de lattes à parquet à un fabricant de carreaux à plancher en bois dur établi à une certaine distance. Ce dernier avait accepté de verser 40 $ la tonne (tout compris) pour ces matières, qu'on jetait auparavant dans la fosse à sciure.

– On renonça à déchiqueter les dosses (premières et dernières planches sciées dans un tronc) produites au moulin à scie et à les jeter dans la fosse à sciure, et on se mit plutôt à les couper en morceaux pour les vendre à un distributeur. Après les avoir entreposées pendant un an (pour les faire sécher à l'air), ce dernier les revendit à des campeurs comme bois à brûler, dans un rayon de 80 kilomètres. Le distributeur payait 4 $ pour chaque corde approximative de ce bois, et il enregistrait des profits substantiels en le revendant environ 32 $ la corde. Il entreprit des négociations pour obtenir les déchets d'abattage au même prix et dans le même but, ce qui lui permettrait de réaliser des profits purs et réduirait le volume des débris laissés dans les régions de coupe.

Questions de révision et de discussion

1. Pourquoi le service de l'approvisionnement a-t-il souvent la responsabilité de débarrasser l'entreprise de ses rebuts ?

2. Comment une entreprise peut-elle se départir de façon rentable des matières inutiles ?

3. Quelles procédures particulières le service de l'approvisionnement devrait-il adopter lorsqu'il se départit des matières inutiles ?

4. Par quels moyens peut-on se départir des matières inutiles ? Quels sont les avantages de chacun d'eux ?

5. Quelle différence existe-t-il entre les surplus, les matières désuètes, les produits rejetés, les rebuts et les déchets ?

6. Quelles sont les quatre catégories de vieux métaux ? Nommez un article appartenant à chacune d'elles. Quelles spécifications établies peut-on utiliser lors de l'achat et de la vente de ces métaux ?

7. Comment les préoccupations environnementales influent-elles sur la cession des rebuts, des surplus et des matières désuètes ?

Références

AVERY, Susan, « Buyers Master the Three R's », *Purchasing*, 21 novembre 1991.

BLOOM, Gordon F. et Michael S. SCOTT MORTON, « Hazardous Waste Is Every Manager's Problem », *Sloan Management Review*, été 1991.

FEARON, Harold E., Donald W. DOBLER et Kenneth KILLEN, « Investment Recovery », *The Purchasing Handbook*, 5ᶜ éd., New York, McGraw-Hill, 1993.

INSTITUTE OF SCRAP IRON AND STEEL, « Dealing with Potential Hazardous Wastes and Potentially Non-Recyclable Materials », *Kansas City Commerce*, août 1991.

STUNDZA, Tom, « Treat Scrap as Trash and You Throw Money Away », *Purchasing*, 18 juillet 1991.

10 Les aspects juridiques de l'approvisionnement

Plan

Questions clés du décideur

Devrait-on:

- établir tout accord d'achat par écrit?

- inspecter les biens avant de les payer?

- ajouter une clause d'arbitrage commercial à tout contrat d'achat lorsque la somme en jeu est élevée?

Comment peut-on:

- se protéger contre les fluctuations de prix lors de la signature de contrats à long terme?

- réduire au minimum la responsabilité personnelle en ce qui touche aux achats?

- éviter tout litige avec les fournisseurs?

L'acheteur professionnel compétent, sans posséder la même formation qu'un avocat, devrait connaître les principes élémentaires du droit commercial. Leur bonne compréhension devrait lui permettre de reconnaître les problèmes et les situations où il faut consulter un professionnel du domaine juridique, et lui fournir les connaissances requises pour éviter les problèmes de droit commercial dans le cadre de ses activités courantes.

Il est rare qu'un acheteur ou un vendeur fasse appel aux tribunaux pour obtenir l'exécution d'un contrat d'achat ou la détermination de dommages et intérêts. Dans les situations exceptionnelles où on n'a d'autre choix que d'engager des poursuites, les frais juridiques à verser peuvent être élevés et l'issue des démarches entreprises demeure incertaine. L'acheteur compétent désire éviter ce genre de situations et n'intente une action en justice qu'en dernier recours. Une bonne connaissance de la législation s'appliquant aux contrats s'avérera utile à l'acheteur pour éviter les complications et permettre à son entreprise de sortir gagnante de toute poursuite engagée par elle ou contre elle.

□ □ □ □ □
10.1 LES POUVOIRS DU DIRECTEUR DE L'APPROVISIONNEMENT

Quel est le mandat du responsable de l'approvisionnement au regard de la loi? Brièvement, celui-ci a le pouvoir de réaliser des achats en se conformant aux instructions fournies par son employeur. Ces instructions présentent le plus souvent un caractère général; c'est pourquoi il convient d'établir avec précision ce qu'on attend du responsable de l'approvisionnement, comme on le fait au sein de toutes les entreprises progressistes. Généralement, une description de poste permet d'atteindre cet objectif. Nous avons déjà mentionné qu'une entreprise ne peut adopter une politique avisée sans établir une définition précise des tâches. Aussi importantes qu'elles soient à d'autres points de vue, les raisons qui motivent cette définition de tâches ont encore plus de poids du fait que la loi suppose que l'étendue des pouvoirs accordés à un mandataire ont fait l'objet d'une entente entre celui-ci et son employeur.

Le responsable des achats s'acquitte vraisemblablement du mieux qu'il le peut des tâches qui lui sont attribuées. Autrement dit, il est en droit de s'attendre à ce que son employeur lui explique clairement les fonctions et les responsabilités qui lui sont dévolues. On exige en contrepartie qu'il accomplisse ces tâches en faisant preuve de loyauté, d'honnêteté et de minutie. Tant qu'il agit de la sorte, le responsable de l'approvisionnement remplit ses obligations légales envers son employeur.

Lorsqu'on accepte de travailler pour une entreprise, on ne s'engage pas implicitement à ne commettre aucune faute, car personne n'est à l'abri d'une erreur occasionnelle, quelle que soit sa profession. Il arrive que le directeur de l'approvisionnement assume la responsabilité des erreurs commises en toute bonne foi, bien que ce soit rare. Néanmoins, lorsqu'une personne accepte d'agir à titre de mandataire, on tient pour acquis qu'elle possède les compétences requises pour accomplir cette tâche. Le niveau de compétence requis est parfois très élevé, et toute personne qui accepte un poste en pareille situation laisse sous-entendre qu'elle répond à cette exigence. Il existe évidemment de nombreuses variantes possibles de cet énoncé général. Le responsable de l'approvisionnement peut être tenu d'indemniser son employeur pour tout dommage attribuable à une action fautive ou à une négligence de sa part. Bien qu'il soit difficile de définir la négligence, on peut l'envisager, de façon générale, comme le fait de ne pas prendre toutes les précautions requises dans une situation donnée.

L'acheteur a également l'obligation, envers son employeur, de rendre compte de ses faits et gestes dans le cadre de ses fonctions, et de lui faire connaître les résultats qui en découlent. En outre, il doit conserver certains documents et rendre compte de tout bien ou somme d'argent qui lui passe entre les mains. Lorsqu'un acheteur manque à ces obligations, son employeur peut engager une poursuite en dommages et intérêts contre lui[1].

Comme il agit à titre de mandataire, le responsable de l'approvisionnement peut prendre certains engagements au nom de l'entreprise qu'il représente. Dans la réalité, le pouvoir du mandataire de s'engager au nom de son mandant peut s'étendre bien au-delà du droit qu'on lui accorde. En effet, l'autorisation donnée fixe des limites à ce droit, alors que le pouvoir de s'engager au nom du mandant varie selon l'étendue apparente de l'autorité du mandataire, laquelle est plutôt grande pour la plupart des responsables de l'approvisionnement. De plus, pour éviter toute responsabilité personnelle, l'acheteur doit indiquer clairement à la personne avec laquelle il traite qu'il agit à titre de mandataire. Plus encore, au regard de la loi, il faut aussi que cette personne accepte de tenir le mandant responsable de toute faute, même si elle ignore encore son identité.

Dans les faits, l'autorité d'un mandataire ne s'arrête pas aux seuls gestes qu'il est autorisé, de façon explicite et directe, à poser. En effet, qu'elle soit générale ou particulière, l'autorisation réelle qu'on lui accorde englobe implicitement toutes les actions qui sont nécessaires, habituelles ou appropriées pour accomplir sa principale tâche. On doit examiner la

---

1. Russell DECKER, «It's Your Duty to Be a "Company" Man or Woman», *Purchasing*, 8 mai 1986, p. 63-64.

nature des transactions à réaliser pour déterminer la portée de l'autorité implicite du mandataire. Lorsque ce dernier joue le rôle d'agent ou de directeur général, il dispose de pouvoirs étendus. Il revient à la tierce personne qui traite avec le mandataire d'évaluer l'ampleur de son autorité, car elle ne peut se fier aux déclarations de ce dernier à cet égard. Toute limite des pouvoirs du mandataire qui est connue de la tierce partie impose à cette dernière des obligations légales.

🞏 🞏 🞏 🞏 🞏
10.2 LA RESPONSABILITÉ PERSONNELLE DU DIRECTEUR DE L'APPROVISIONNEMENT

Dans certains cas, le directeur de l'approvisionnement peut être tenu personnellement responsable des conséquences d'un contrat qu'il signe. Il en va ainsi, par exemple :

– lorsqu'il fait une fausse déclaration concernant ses pouvoirs, laquelle a pour but de tromper l'autre partie ou aura pour conséquence probable et naturelle de l'induire en erreur ;

– lorsqu'il pose un geste préjudiciable en croyant à tort avoir l'autorité pour le faire ;

– lorsqu'il pose un geste illégal, même avec l'autorisation de son employeur ;

– lorsqu'une action délibérée de sa part nuit à une personne quelconque ;

– lorsqu'il pose un geste préjudiciable sans en avoir l'autorisation, bien qu'il agisse dans le but de rendre service à son employeur.

Dans chacune de ces situations, le fournisseur ne peut en général s'en prendre à l'entreprise qui emploie le mandataire, puisque aucun contrat valable ne lie cette dernière au vendeur. En l'absence d'un tel contrat, le fournisseur n'a généralement d'autre choix que de poursuivre le mandataire personnellement.

Dans le cas où le mandataire avait l'autorité apparente, mais non les pouvoirs réels, de conclure un contrat, il est possible que le mandant soit tenu responsable des préjudices subis. En pareil cas, le mandataire se trouve probablement dans son tort, et il doit rendre des comptes au mandant. Il arrive également que l'acheteur soit responsable des préjudices subis par le vendeur, du fait qu'il a usé de tromperie, qu'il est considéré comme la partie ayant effectivement conclu l'entente ou qu'il a abusé de ses pouvoirs en affirmant posséder l'autorisation de signer le contrat au nom du mandant.

Certains vendeurs ont aussi engagé des poursuites contre le responsable de l'approvisionnement après avoir découvert que le mandant de ce dernier ne pouvait régler le montant dû. Une telle situation se présente, entre autres :

– lorsque l'employeur devient insolvable ou déclare faillite ;

– lorsqu'il tente d'échapper à son obligation d'accepter et de payer les biens acquis par le responsable de l'approvisionnement ;

– lorsque les deux parties s'affrontent dans une bataille juridique et que les avocats du vendeur décident de recouvrer le montant du contrat en le réclamant au responsable de l'approvisionnement à titre personnel.

Un gestionnaire de l'approvisionnement ne devrait jamais essayer d'accomplir la tâche d'un avocat compétent. Cependant, tout acheteur ou responsable de l'approvisionnement avisé devrait se tenir informé des décisions rendues par les tribunaux et des modifications apportées aux lois qui s'appliquent à la fonction achat. Les revues spécialisées en approvisionnement fournissent généralement ces informations.

Comme nous l'avons déjà mentionné, le directeur de l'approvisionnement est tenu personnellement responsable de toute infraction à la loi, et ce même s'il a posé un geste qu'il croyait légal et se conformait aux directives de son employeur. Il est peu probable qu'un acheteur commette délibérément un acte illégal. Toutefois, lorsqu'il subit la pression d'une forte concurrence et qu'il tente d'obtenir les meilleures conditions possible pour son entreprise, il arrive qu'un acheteur contrevienne à la loi par inadvertance. Il faut se rappeler que la nouvelle *Loi sur la concurrence* s'applique autant aux acheteurs qu'aux vendeurs.

10.3 LE BON DE COMMANDE EN TANT QUE CONTRAT

Au Canada, il n'existe pas de code uniforme pour l'ensemble du pays en matière de droit commercial. En effet, chaque province a élaboré sa propre législation régissant la propriété et les droits civils sur son territoire, ce qui engendre des différences considérables d'une province à l'autre.

La validité d'un contrat repose sur quatre éléments, soit :

– la compétence des parties, c'est-à-dire des mandants ou de leurs représentants autorisés ;

– la prestation ou l'objet de l'entente ;

– la formulation d'une offre et son acceptation ;

– la rétribution.

On considère généralement que le bon de commande présente l'offre de l'acheteur et devient un contrat légal lorsque le fournisseur en accepte le contenu. Les bons de commande comportent fréquemment une copie au moyen de laquelle le fournisseur doit accepter la commande ou en accuser réception. L'unanimité n'a jamais été faite sur le degré de précision que devraient comporter les conditions apparaissant sur le bon de commande. Ainsi, certaines entreprises font imprimer au verso de leurs formulaires le détail de toutes les conditions s'appliquant à une transaction. D'autres préfèrent joindre à leur bon de commande une feuille qui explique par le menu les conditions liées à la transaction. D'autres encore ne fournissent que le minimum de précisions requis pour que l'offre soit valable. Le responsable de l'approvisionnement devrait s'en remettre au conseiller juridique de l'entreprise concernant la politique à adopter.

Une offre verbale ou écrite soumise par un vendeur se transforme également en un contrat légal sitôt que l'acheteur l'accepte. Qu'elle ait été formulée par l'acheteur ou le vendeur, toute offre peut être modifiée ou retirée avant son acceptation. Cependant, une offre écrite qui comporte la garantie d'un prix ferme pour un temps déterminé ne peut être annulée avant l'expiration de cette période. Tout vendeur qui accorde un prix ferme doit l'offrir pour une durée « raisonnable », soit généralement trois mois, sauf s'il fixe une période de validité plus courte au moment où il présente son offre[2]. Les annonces publicitaires et les barèmes de prix ne représentent pas une offre du point de vue de la loi, à moins qu'ils soient destinés à un acheteur précis ou qu'ils soient à l'origine d'une commande expressément acceptée par le fournisseur.

L'acceptation des offres

Étant donné que le bon de commande ou le contrat de vente a pour but d'établir toutes les conditions essentielles s'appliquant à la transaction, il est d'usage qu'il comporte un énoncé du type « l'acceptation de cette offre implique celle de toutes les conditions stipulées ». On ajoute une telle clause afin que le vendeur soit légalement tenu de respecter toutes les conditions définies et qu'il ne puisse se défendre en soutenant qu'il ignorait l'existence de certaines d'entre elles. Presque tous les accords d'achat renferment un énoncé de ce genre, lequel a pour but d'indiquer que certaines conditions s'appliquent et apparaissent au recto ou au verso du contrat.

Après avoir passé une commande à un fournisseur, le responsable de l'approvisionnement doit s'assurer qu'elle est acceptée. Pour ce faire, il exige en général que le fournisseur en accuse expressément réception, le

2. AMERICAN LAW INSTITUTE AND NATIONAL CONFERENCE OF COMMIS-SIONERS ON UNIFORM STATE LAWS, *Uniform Commercial Code*, texte officiel de 1990, Philadelphie (Penn.), West Publishing Co., 1991, p. 2-205.

plus souvent par écrit. Il est fréquent d'inclure dans le contrat une clause stipulant que le fournisseur doit signifier son acceptation d'une manière précise, auquel cas le bon de commande s'accompagne d'un formulaire et porte la mention suivante: «Le vendeur doit accuser réception de cette commande en utilisant le formulaire ci-inclus».

On peut se demander à quel moment une offre de vente ou d'achat est acceptée. Selon la loi, la personne qui formule une offre peut exiger, entre autres conditions, que l'autre partie fasse connaître son acceptation d'une manière déterminée. Généralement, cependant, celui qui présente une offre demande expressément ou tacitement à celui qui la reçoit de lui envoyer une réponse écrite par la poste ou par télécopieur. L'envoi de cette réponse indique qu'il y a acceptation de l'offre, et le contrat devient valable dès ce moment. La règle stipulant qu'une offre reçue par la poste doit être acceptée par le retour du courrier ne s'applique plus. Ainsi, toute forme d'acceptation se révèle satisfaisante, à moins que la partie ayant formulé l'offre indique clairement qu'elle doit être d'une nature particulière. On peut communiquer son acceptation «de n'importe quelle manière et par n'importe quel moyen jugés raisonnables dans les circonstances»[3]. Ainsi, il est possible de recourir à de nouveaux moyens de communication ou d'utiliser plus fréquemment ceux qui sont en usage de nos jours.

À l'occasion, les fournisseurs utilisent leur propre formulaire d'accusé de réception, lequel peut aller à l'encontre de certaines conditions indiquées sur le bon de commande. En pareille situation, il est essentiel de comparer avec soin **toutes** les conditions stipulées sur le bon de commande avec **toutes** celles qui apparaissent sur le formulaire d'acceptation. Afin d'éviter tout litige sur ce point, le bon de commande doit comporter une mention du type: «Il est formellement interdit de déroger aux conditions stipulées par la présente».

Les commandes verbales

La plupart des acheteurs professionnels passent certaines commandes par téléphone ou de vive voix. Toutefois, selon le *Uniform Commercial Code* (*UCC*) en vigueur aux États-Unis, on doit normalement rédiger un écrit lorsque la valeur des biens vendus atteint ou dépasse 500 $; de plus, advenant que l'écrit présenté par le vendeur ne soit pas conforme à la commande passée verbalement par l'acheteur, ce dernier doit signifier son

---

3. AMERICAN LAW INSTITUTE AND NATIONAL CONFERENCE OF COMMIS-SIONERS ON UNIFORM STATE LAWS, *Uniform Commercial Code*, texte officiel de 1990, Philadelphie (Penn.), West Publishing Co., 1991, p. 2-206 (traduction libre).

opposition au fournisseur dans les 10 jours suivant la réception de ce document afin de conserver ses droits[4].

☐☐☐☐☐
10.4 LES POUVOIRS DU REPRÉSENTANT D'UN FOURNISSEUR

Un autre point important à considérer est l'étendue des pouvoirs du vendeur qui représente une entreprise avec laquelle traite le responsable de l'approvisionnement. Sauf dans les nombreux cas d'exception attribuables à diverses circonstances, les tribunaux ont toujours maintenu que, bien qu'un employeur soit responsable de tous les gestes que posent ses représentants sans dépasser les limites de leur mandat, un vendeur n'a ordinairement que le pouvoir de solliciter des commandes et de les transmettre à son employeur pour qu'il les ratifie et les accepte. De ce fait, il incombe au responsable de l'approvisionnement de vérifier si un vendeur possède l'autorité nécessaire pour passer un contrat sans consulter l'entreprise qu'il représente.

Même lorsqu'un fournisseur n'autorise pas ses vendeurs à le lier par un contrat et ne fait rien pour donner l'impression qu'il en va autrement, on peut s'attendre à ce que toute entente conclue par un de ses représentants soit jugée valable, à moins que le fournisseur avertisse l'acheteur dans un délai raisonnable que le vendeur a outrepassé ses pouvoirs. En d'autres mots, l'employeur se trouve lié par l'accord passé du fait qu'on interprète sa conduite comme une forme d'acceptation. Pour s'assurer qu'un vendeur a bel et bien le pouvoir de s'engager par contrat au nom du fournisseur, le responsable de l'approvisionnement n'a qu'à lui demander une lettre signée par un cadre de son entreprise indiquant qu'il agit à titre de représentant autorisé.

Advenant que le fournisseur ou l'un de ses représentants fasse une fausse déclaration au sujet de la nature des biens achetés, l'autre partie à la possibilité d'annuler le contrat. Il faut noter que ce droit « incontestable » de s'en remettre aux déclarations du fournisseur fait au mieux l'objet de nombreuses réserves, sa valeur variant selon les circonstances dans lesquelles on a conclu la transaction. Cependant, abstraction faite de tout élément juridique à considérer dans une situation normale, on peut s'attendre à ce que le fournisseur attache suffisamment d'importance à sa réputation et à son achalandage pour accorder des concessions de taille.

---

4. AMERICAN LAW INSTITUTE AND NATIONAL CONFERENCE OF COMMISSIONERS ON UNIFORM STATE LAWS, *Uniform Commercial Code*, texte officiel de 1990, Philadelphie (Penn.), West Publishing Co., 1991, p. 2-201.

☐ ☐ ☐ ☐ ☐
10.5 L'INSPECTION DE LA MARCHANDISE

Un des droits fondamentaux de l'acheteur est d'inspecter les biens avant de les accepter. La loi lui accorde ce droit pour qu'il puisse déterminer si les articles offerts répondent à la description présentée dans le contrat. L'acheteur qui inspecte la marchandise avant de passer un contrat de vente doit se méfier et faire preuve de jugement en ce qui a trait à la qualité, à la quantité et aux autres caractéristiques des biens en cause.

Si une entreprise accepte les articles après en avoir vérifié la qualité ou la quantité, l'acheteur ne pourra par la suite soulever des objections concernant l'un ou l'autre de ces aspects. De plus, le vendeur ne peut être tenu responsable du fait qu'un bien ou un équipement ne remplit pas la fonction prévue par l'acheteur si ce dernier a simplement transmis au fournisseur les spécifications physiques de ces articles sans lui indiquer l'utilisation qu'il comptait en faire. Certains contrats stipulent que l'acheteur doit payer les biens acquis avant de pouvoir les inspecter (avant que le fournisseur les lui envoie, par exemple). En pareil cas, le fait de verser le montant exigé ne signifie pas qu'on accepte la marchandise. Un paiement ne limite en rien le droit de l'acheteur d'inspecter les biens reçus, ni les divers recours qui s'offrent à lui advenant une rupture de contrat[5]. S'il n'inspecte pas les biens acquis en raison d'une entente fondée sur le juste-à-temps ou sur la livraison directe au lieu d'entreposage, l'acheteur doit indiquer sur le contrat écrit le délai dont il dispose pour aviser le fournisseur de la présence d'articles défectueux.

Si l'acheteur ne possède pas l'expérience nécessaire pour juger adéquatement les biens inspectés ou s'il réalise une transaction sur la foi d'une déclaration frauduleuse d'un vendeur, il peut résilier le contrat et engager une poursuite en dommages et intérêts contre le vendeur.

☐ ☐ ☐ ☐ ☐
10.6 L'ANNULATION DE COMMANDES ET LA RUPTURE DE CONTRAT

Habituellement, les deux parties concernées respectent l'entente conclue. Il arrive cependant que l'une ou l'autre tente de faire annuler le contrat après sa signature. Ce problème se pose plus fréquemment au vendeur qu'à l'acheteur, bien qu'un fournisseur désire parfois se soustraire à une

5. AMERICAN LAW INSTITUTE AND NATIONAL CONFERENCE OF COMMISSIONERS ON UNIFORM STATE LAWS, *Uniform Commercial Code*, texte officiel de 1990, Philadelphie (Penn.), West Publishing Co., 1991, p. 2-512.

entente, auquel cas il refuse tout simplement de produire les biens en cause ou en retarde la livraison jusqu'à l'expiration du délai indiqué sur le contrat. Les droits de l'acheteur en pareilles circonstances varient selon les conditions qui s'appliquent à la transaction. Il est probable que le vendeur ne sera pas tenu responsable d'un retard de livraison si l'acheteur a fait apporter à l'entente originale une modification susceptible d'obliger le fournisseur à reporter la livraison des biens.

Advenant que le fournisseur ne livre pas les articles dans le délai convenu, l'acheteur peut en refuser la livraison à une date ultérieure sans obligation de sa part. Toutefois, il éprouvera vraisemblablement de la difficulté à obtenir des dommages et intérêts par suite de la rupture du contrat de vente. En effet, les tribunaux ont beaucoup de difficulté à établir des règles qui permettent à un jury d'évaluer l'ampleur des dommages et intérêts auxquels un acheteur a droit en compensation d'une perte financière attribuable au non-respect d'un contrat par un fournisseur. Dans la mesure où il existe une règle générale, l'indemnité accordée lorsqu'un vendeur ne livre pas les biens comme convenu représente la différence entre le prix initialement fixé et la valeur marchande des articles en cause au moment où l'acheteur a découvert qu'il y a eu rupture de contrat et à l'endroit où les biens devaient être livrés; s'y ajoute un montant en réparation de tout dommage accessoire ou indirect[6].

Il arrive que l'acheteur tente de résilier un accord. C'est pourquoi le fournisseur indique souvent sur le contrat de vente que celui-ci ne peut être annulé. L'inclusion d'une telle clause a peu d'effet dans la réalité, sinon de prévenir l'acheteur que toute tentative d'annulation donnera lieu à une action en justice pour rupture de contrat.

Lorsque le marché est fortement à la hausse et qu'il y a rupture de contrat parce que le fournisseur ne livre pas les biens à la date fixée ou ne respecte pas le prix convenu, l'acheteur n'a presque aucun recours. En effet, il a besoin des articles en cause et se trouve peut-être dans l'impossibilité de les obtenir à temps ou à un meilleur prix d'un autre fournisseur. Le fait qu'une clause permette à l'acheteur d'annuler le contrat ne règle rien, car ce sont les biens commandés que veut l'acheteur, et non des dommages et intérêts ou un droit d'annulation. Comme il a peu de chances de les obtenir aussi rapidement d'une autre source, il fera sans doute tout son possible pour s'entendre avec le fournisseur initialement choisi, à condition bien sûr que ce dernier fasse preuve de bonne foi en ce qui touche au prix ou à la livraison.

---

6. AMERICAN LAW INSTITUTE AND NATIONAL CONFERENCE OF COMMIS-SIONERS ON UNIFORM STATE LAWS, *Uniform Commercial Code*, texte officiel de 1990, Philadelphie (Penn.), West Publishing Co., 1991, p. 2-713.

◻◻◻◻◻
10.7 LES GARANTIES

Les règles s'appliquant aux ententes passées entre l'acheteur et le fournisseur en matière de garantie ont évolué au fil du temps. Alors que l'acheteur devait autrefois procéder avec méfiance (*caveat emptor*), on reconnaît aujourd'hui trois types de garanties, soit:

– la garantie explicite;
– la garantie implicite selon laquelle l'article est vendable;
– la garantie implicite de convenance à un usage particulier.

La garantie explicite englobe essentiellement les promesses, les spécifications, les échantillons et les descriptions qui se rapportent aux biens dont on négocie la vente ou l'achat. Quant à la première garantie implicite, elle se rattache à la qualité que doit présenter un article pour qu'on puisse le vendre. On détermine si un bien est vendable en tenant compte des normes de qualité établies, de la convenance aux usages prévus et de la conformité aux promesses ou aux indications particulières inscrites sur le contenant ou l'étiquette. Enfin, la garantie implicite de convenance à un usage particulier résulte en général du fait qu'un acheteur demande des matières ou des équipements devant satisfaire un besoin donné ou accomplir une fonction précise. Lorsque l'acheteur fournit les spécifications détaillées de l'article qu'il recherche, le vendeur n'a plus à garantir que son produit convient à un usage particulier.

◻◻◻◻◻
10.8 L'ACCEPTATION OU LE REFUS DES BIENS

En acceptant les biens livrés par le fournisseur, l'acheteur consent à en devenir propriétaire. Il n'a aucune formalité particulière à remplir pour faire savoir qu'il accepte les articles reçus. Tout geste ou parole qui témoigne de son intention d'en assumer la propriété se révèle suffisant. Ainsi, lorsqu'une entreprise conserve les biens livrés et exerce un droit de propriété à leur égard, il y a eu acceptation de ces articles, et ce même si l'acheteur a indiqué expressément qu'il les refusait. Si les biens offerts ne satisfont pas aux conditions du contrat de vente, l'acheteur n'est nullement tenu de les accepter. S'il le fait néanmoins, il ne renonce pas à son droit de poursuivre le fournisseur en dommages et intérêts pour rupture de contrat. Lorsque l'acheteur accepte des biens non conformes à la description établie dans l'accord de vente, il doit avertir le fournisseur de cette rupture de contrat dans un délai raisonnable.

Si la livraison ou les biens reçus ne sont pas conformes aux conditions du contrat de quelque façon que ce soit, l'acheteur peut refuser l'ensemble de l'envoi, accepter toute la marchandise ou accepter une partie seulement de l'envoi. S'il décide de refuser les biens, il doit évidemment le faire dans un délai raisonnable, en aviser promptement le fournisseur et garder les articles dans des conditions adéquates jusqu'à ce qu'on vienne les reprendre. Il existe diverses raisons pour refuser les biens livrés. Par exemple, il se peut que les articles arrivent en retard, qu'ils ne soient pas conformes aux spécifications ou que la quantité reçue ne soit pas adéquate. Ce qu'il faut se rappeler, c'est que l'acheteur veut obtenir les biens commandés. Or, une action en justice présente une issue incertaine et s'avère parfois coûteuse, sans compter qu'elle exige beaucoup de temps et qu'elle peut faire perdre à l'entreprise un fournisseur avenant. C'est pourquoi le responsable de l'approvisionnement s'efforce en général de trouver un autre moyen de remédier à la situation.

Plusieurs options s'offrent à lui, selon la gravité de la rupture de contrat. Si cette dernière n'est pas trop sérieuse, un simple avertissement au fournisseur sera adéquat. Si des mesures un peu plus sévères s'imposent et que les biens reçus peuvent servir à un usage quelconque même s'ils ne répondent pas tout à fait aux spécifications, il est souvent possible de négocier un ajustement de prix à la satisfaction des deux parties. Dans les cas où on ne peut utiliser les articles livrés dans leur forme actuelle, une seconde transformation ou un autre traitement réalisé par l'acheteur ou par le fournisseur, aux frais de ce dernier, les rendra parfois utilisables. Advenant que les articles acquis soient des composants, l'acheteur pourra exiger que le fournisseur les remplace. S'il s'agit d'équipements ou de matières transformées qui ne peuvent être employés efficacement dans leur forme actuelle, il est possible d'amener le fournisseur à en corriger les défauts à l'usine de l'utilisateur. En dernier recours, l'acheteur peut refuser les biens livrés et les retourner au fournisseur, en général aux frais de ce dernier.

La protection contre les fluctuations de prix

Parfois, l'annulation d'un contrat résulte directement d'une action de l'acheteur. Ainsi, il arrive qu'un acheteur annule un contrat pour la simple raison qu'il perdrait de l'argent s'il le respectait. Il se peut également que les conditions aient changé ou que les ventes de l'entreprise aient baissé depuis le moment de la signature de l'entente, de sorte que l'acheteur ne veut plus les biens commandés. Il est aussi possible que l'acheteur soit en mesure d'obtenir ces biens à un coût moindre en raison d'une baisse de prix sur le marché. Dans l'un ou l'autre cas, l'acheteur cherche un moyen de résilier l'accord passé. Il devient alors très pointilleux sur la livraison, refusant tout envoi qui arrive ne serait-ce qu'avec un jour de retard. En outre, il procède à une inspection plus rigoureuse, et la non-conformité au moindre petit détail des spécifications lui sert de prétexte pour refuser les biens reçus. Un bon responsable de l'approvisionnement ne devrait jamais recourir à de telles mesures.

On peut cependant annuler un contrat, d'une manière tout à fait légale et conforme aux règles éthiques, en invoquant une clause qu'on retrouve quelquefois dans les contrats d'achat pour se prémunir contre une baisse de prix qui pourrait survenir après que le contrat ait été signé pour un prix supérieur. Lorsqu'il se procure des biens dont le prix fluctue, l'acheteur y gagne également à se protéger contre toute hausse de prix excessive. Certains contrats à long terme stipulent que le prix exact des articles ne sera déterminé qu'au moment de la livraison. Pour bénéficier d'une protection de ce genre, on peut inclure dans le contrat d'achat une clause semblable à celle-ci:

> Le vendeur garantit que le prix indiqué dans le présent contrat est aussi bas que le prix net qu'il offre à l'un ou l'autre de ses clients pour des matières semblables. De plus, advenant qu'il propose ou accorde un prix inférieur pour la vente d'articles semblables à des conditions similaires au cours de la durée de l'entente, le vendeur s'engage à substituer ce prix à celui qui est indiqué dans le présent contrat.

Une telle disposition n'apparaît pas que dans les ententes d'achat. Ainsi, dans certaines circonstances, il arrive que le vendeur prenne l'initiative de permettre à l'acheteur de profiter d'une baisse du prix. Voici un exemple du type de clause qu'il utilise à cette fin:

> Advenant que, au moment de la livraison résultant du présent contrat, l'acheteur se voit proposer un meilleur prix pour une même quantité de biens d'une qualité identique par un fabricant réputé et apporte une preuve satisfaisante de cette offre au vendeur, ce dernier lui fournira la quantité en cause au même bas prix ou lui permettra de l'acquérir d'une autre source et la déduira de la quantité totale indiquée sur le présent contrat. De plus, advenant que le vendeur baisse ses prix au cours de la période d'application du présent contrat, il fera profiter l'acheteur de cette réduction.

Les clauses de ce genre sont exécutoires et favorisent souvent l'acheteur. Cependant, on doit surmonter des problèmes administratifs de taille pour s'assurer qu'elles soient respectées. Nul doute qu'elles ont un effet plus grand sur le plan moral que juridique.

Le titre de propriété des biens achetés

L'acheteur professionnel devrait savoir exactement à quel moment son entreprise obtient le titre de propriété des biens acquis. En règle générale, l'entreprise qui achète s'entend avec le fournisseur sur le point où s'applique la condition FAB (franco à bord), et c'est à cet endroit qu'elle devient propriétaire des articles en cause (*voir le chapitre 13 pour les transactions effectuées au pays et le chapitre 12 pour les transactions réalisées à l'étranger*).

Lorsque l'acheteur stipule quel transporteur devra effectuer la livraison des biens, cette mention devient partie intégrante de l'entente contractuelle, et le fournisseur est tenu de recourir à l'entreprise de transport indiquée à moins que celle-ci ne puisse offrir un service adéquat. Bien sûr, le fournisseur doit aviser l'acheteur sans délai de toute substitution de transporteur. Si l'acheteur n'indique pas le nom d'un transporteur, le fournisseur peut alors prendre des mesures raisonnables pour assurer le transport des biens et choisir lui-même le transporteur ainsi que l'itinéraire. Qu'il revienne ou non à l'acheteur d'assumer le coût du transport selon la condition FAB choisie, le fournisseur doit, le cas échéant, assurer la réfrigération des denrées périssables, l'approvisionnement en eau du bétail, la protection des marchandises contre le froid et sélectionner les wagons spécialisés qui conviennent.

Dans certains cas, l'acheteur prend possession des biens avant d'en obtenir le titre de propriété. Le contrat de vente passé est alors conditionnel, et l'entreprise qui achète ne devient véritablement propriétaire des articles qu'au moment où elle en acquitte le paiement final. Ce type de contrat permet à l'acheteur d'obtenir immédiatement les matières ou les équipements dont il a besoin et de les payer plus tard.

□ □ □ □ □
10.9 LES BREVETS D'INVENTION ET LES RESPONSABILITÉS RATTACHÉES AU PRODUIT

On accorde un brevet pour garantir à l'inventeur ou au concepteur d'un produit le droit exclusif de le fabriquer, de l'utiliser et de le vendre, et pour empêcher toute autre personne de l'imiter à moins qu'il décide de vendre les droits rattachés au brevet.

En l'absence de toute entente signifiant le contraire, le fournisseur qui offre une gamme particulière de produits de façon régulière garantit implicitement à l'acheteur que les biens livrés ne violent en aucune façon les droits de propriété industrielle d'une tierce partie. Toutefois, si l'acheteur commande des biens qui doivent être assemblés, préparés ou fabriqués selon ses spécifications et qu'il porte ainsi atteinte aux droits ou à la marque de commerce d'un tiers, il peut faire l'objet d'une poursuite judiciaire. En pareil cas, il doit aviser le fournisseur sans délai pour être à même de se défendre contre cette accusation ou d'en arriver à un règlement le plus rapidement possible. D'autre part, si le fournisseur essaie d'inclure dans le contrat de vente une clause le dégageant de toute responsabilité en matière de contrefaçon, l'acheteur doit réfléchir longuement avant de l'accepter, car il pourrait devoir assumer des frais juridiques élevés advenant qu'il y ait eu violation des droits conférés par un brevet.

La situation est encore plus délicate lorsque l'acheteur demande au fournisseur de fabriquer un article selon ses spécifications, lesquelles comportent une idée, un processus ou un produit nouveau ne bénéficiant pas encore de la protection d'un brevet. Il en va fréquemment ainsi dans les secteurs de haute technologie. L'acheteur désire conserver le droit d'exploiter ces nouvelles réalisations et profiter des gains financiers susceptibles d'en découler. À cette fin, il devrait s'assurer que le contrat d'achat renferme une clause de protection adéquate rédigée avec l'aide d'un conseiller juridique.

La sûreté des produits et les responsabilités se rattachant à ces derniers ont acquis beaucoup plus d'importance au cours des 20 dernières années en raison du resserrement de la réglementation gouvernementale et de l'application plus fréquente des lois en vigueur par les tribunaux. Ainsi, la participation et les responsabilités des gestionnaires de l'approvisionnement s'accroissent à mesure que les entreprises tentent de réduire les risques financiers qu'engendrent les problèmes liés aux responsabilités en ce qui touche aux produits.

Le concept de la responsabilité au sens strict repose sur l'idée que les fabricants garantissent le caractère raisonnablement sûr de leurs produits et qu'ils sont responsables de tout préjudice subi à la suite de leur utilisation advenant qu'ils se révèlent excessivement dangereux. Toutefois, depuis les années 60, on a plutôt tendance à appliquer le concept selon lequel le fabricant ou le vendeur porte la responsabilité absolue de tous les accidents découlant de l'utilisation de tels produits. Les tribunaux affirment que le fabricant ou le vendeur a une responsabilité envers les consommateurs lorsqu'il met sur le marché un produit qui peut causer des dommages matériels, et qu'il revient au fabricant d'assumer le fardeau financier de ces préjudices accidentels, qui représentent un coût de production. Le requérant (c'est-à-dire la partie lésée) n'a même pas à prouver que le produit en cause était excessivement dangereux. En effet, la question clé est de savoir si le fabricant aurait dû prévoir une utilisation abusive ou anormale de son produit, auquel cas il est responsable du préjudice causé.

Le service de l'approvisionnement doit s'assurer que les articles potentiellement dangereux, acquis dans le but de les incorporer à un produit fini ou d'offrir un service, fassent l'objet d'une inspection adéquate. Il importe en effet que ces articles ne présentent aucun défaut.

□ □ □ □ □
10.10 L'ARBITRAGE COMMERCIAL

Quel que soit le type de contrat établi, des désaccords peuvent toujours survenir, et il arrive qu'on ne puisse aboutir à un compromis. Pour être en mesure de remédier à pareille situation sans recourir aux tribunaux, on inclut fréquemment une clause d'arbitrage dans les contrats commerciaux, qui stipule qu'en cas de litige un arbitre ou un comité d'arbitrage impartial prendra connaissance des faits et rendra un verdict sans appel que les deux parties devront accepter. Cette manière de procéder demande beaucoup moins de temps et d'argent qu'une poursuite judiciaire.

Toutefois, la simple mention d'une clause d'arbitrage n'assure pas toujours au responsable de l'approvisionnement une protection complète. Néanmoins, l'inclusion d'une telle clause constitue une mesure raisonnable permettant d'éviter des poursuites coûteuses. Pour bénéficier de cette protection, il faut se poser les questions suivantes au sujet de toute clause d'arbitrage contenue dans un accord commercial.

– La formulation de cette clause est-elle conforme aux dispositions des lois sur l'arbitrage qui s'y appliquent?

– Cette clause exprime-t-elle clairement la volonté des deux parties ou est-elle ambiguë?

– Cette clause garantit-elle la nomination d'arbitres impartiaux?

– Selon les règles établies par une association professionnelle ou autre, cette clause décrit-elle adéquatement la marche à suivre pour nommer les arbitres, de façon à éviter toute impasse et tout manquement lors des procédures?

Questions de révision et de discussion

1. Dans quelles circonstances valables un acheteur peut-il annuler un contrat? Dans quelles situations un vendeur peut-il faire de même?

2. Le fournisseur doit-il nécessairement accepter le bon de commande comme il a été émis par l'acheteur pour qu'il en résulte un contrat ayant force de loi? Justifiez votre réponse.

3. Dans quelle mesure un acheteur devrait-il connaître les aspects légaux de l'approvisionnement?

4. Qu'est-ce que l'arbitrage commercial? Dans quelles circonstances et de quelle manière devrait-on y avoir recours?

5. Du point de vue légal, les pouvoirs d'un vendeur s'apparentent-ils fondamentalement à ceux d'un acheteur? Sinon, expliquez en quoi ils diffèrent.

6. De quels droits légaux un acheteur peut-il se prévaloir si les biens livrés par un fournisseur ne sont pas conformes aux spécifications?

7. Dans quelles circonstances un agent d'approvisionnement peut-il être tenu personnellement responsable des contrats qu'il passe?

8. Une entente verbale est-elle valable? Si oui, dans quelles circonstances?

9. De quels pouvoirs un acheteur dispose-t-il pour prendre des décisions qui engagent son mandant? Dans quelle mesure un acheteur assume-t-il la responsabilité de ses décisions?

10. Quelles mesures un acheteur peut-il prendre afin de protéger les droits de propriété industrielle et d'éviter toute action pour contrefaçon?

11. De quelle façon les tendances observées en matière de responsabilité juridique relative aux produits influeront-elles sur les décisions futures en approvisionnement?

Références

ADAMS, Ronald J. et John M. BROWNING, «Purchasing and Product Liability», *Journal of Purchasing and Materials Management*, été 1989.

AMERICAN LAW INSTITUTE AND NATIONAL CONFERENCE OF COMMISSIONERS ON UNIFORM STATE LAWS, *Uniform Commercial Code, 1990 Official Text*, Philadelphie (Penn.), West Publishing Co., 1991.

BOYD, Richard J., «Why Negotiate/What Do All of Those Terms Mean and Why Are They Important?», *Guide to Purchasing*, Tempe (AZ), National Association of Purchasing Management, 1988.

DECKER, Russell, «It's Your Duty to Be a "Company" Man or Woman», *Purchasing*, 8 mai 1986.

DOWST, Somerby (dir.), *A Guide to Purchasing Law*, Newton (Mass.), Purchasing Magazine, 1989.

HANCOCK, William A. (dir.), *The Law of Purchasing*, 2ᵉ éd., vol. 1-3, Chesterland (Ohio), Business Laws Inc., 1991.

MURRAY, John D. Jr., *Purchasing and the Law* et *Purchasing and the Law II*, Purchasing World Reprint Library, Solon (Ohio), International Thomson Industrial Press Inc., 1987.

NATIONAL ASSOCIATION OF PURCHASING MANAGEMENT, *Product Liability Reform*, Tempe (AZ), National Association of Purchasing Management, 1991.

RITTERSKAMP, James J. Jr., *Purchasing Manager's Desk Book of Purchasing Law*, Englewood Cliffs (N.J.), Prentice Hall, 1987 et 1990 (supplément).

11 La recherche, la préparation des budgets, la présentation de rapports et l'évaluation

Plan

Questions clés du décideur

Devrait-on:

• faire de la recherche en approvisionnement une activité structurée?

• préparer un budget annuel pour le coût des matières?

• élaborer un système cohérent et structuré pour évaluer le rendement du service de l'approvisionnement?

Comment peut-on:

• établir la répartition appropriée des ressources rares dont on dispose au chapitre de la recherche en approvisionnement?

• utiliser l'étalonnage pour évaluer le rendement du service de l'approvisionnement?

• réaliser le processus de planification de manière à produire des budgets plus précis?

□□□□□
11.1 LA RECHERCHE EN APPROVISIONNEMENT

Dans le secteur de l'approvisionnement, la recherche se définit comme la cueillette, le classement et l'analyse méthodiques des données en vue de prendre de meilleures décisions (*la figure 11.1 énumère les éléments nécessaires à la prise de décisions efficaces en matière d'achat*). On a accordé beaucoup d'attention à une activité semblable se rattachant à la fonction marketing. Ainsi, toutes les entreprises de moyenne et de grande taille reconnaissent généralement que la recherche en marketing doit faire partie intégrante du processus décisionnel. Les entreprises qui procèdent à ce genre de recherche de façon systématique en ont d'ailleurs tiré des avantages.

Lorsqu'on y recourt d'une manière structurée, la recherche en approvisionnement peut aussi donner lieu à une amélioration considérable de la

FIGURE 11.1 Éléments à considérer pour prendre de bonnes décisions en matière d'achats

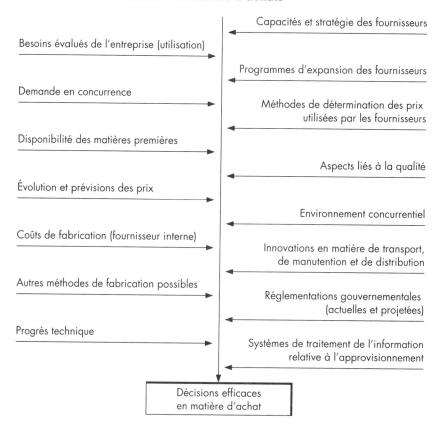

prise de décisions en matière d'achat. Malgré cela, beaucoup d'entreprises ont négligé ce genre de recherche par le passé.

L'organisation des activités de recherche

Deux options s'offrent à l'entreprise qui veut faire de la recherche en approvisionnement, soit affecter du personnel à temps plein à cette tâche ou la confier à des acheteurs et à des gestionnaires à titre de responsabilité secondaire. Plusieurs facteurs militent en faveur de l'établissement d'un poste à temps plein pour la recherche en approvisionnement.

Le temps   Il faut beaucoup de temps pour procéder à la cueillette et à l'analyse minutieuses des données. Or, dans beaucoup de services de l'approvisionnement, le temps manque aux acheteurs et aux gestionnaires, car ces derniers doivent consacrer leurs énergies à chercher des solutions pratiques aux problèmes immédiats.

Les compétences particulières   Dans de nombreux secteurs de l'approvisionnement, la personne qui effectue des recherches doit posséder une connaissance approfondie des techniques utilisées à cette fin. Or, un acheteur typique ne possède pas cette compétence, puisqu'une formation en recherche ne constitue pas un préalable pour exercer la fonction d'acheteur.

La perspective   Le chercheur en approvisionnement doit fréquemment avoir une vision stratégique des conséquences des décisions d'achat sur les résultats d'exploitation. Or, il arrive que l'acheteur se concentre tellement sur sa sphère de responsabilités, qu'il ne pense pas à considérer la situation d'ensemble.

Les connaissances immédiates   L'acheteur connaît très bien les articles qu'il acquiert. Par contre, un membre du personnel de soutien ne possède pas cette connaissance approfondie; de ce fait, il néglige parfois des données importantes. Un système qui oblige cette personne à passer beaucoup de temps auprès des acheteurs et des gestionnaires pour obtenir de l'information peut donc se révéler inefficace.

La responsabilité de la prise de décisions   Au bout du compte, c'est l'acheteur ou le gestionnaire qui prend les décisions en matière d'approvisionnement; l'employé de soutien se contente de lui présenter des données et de lui offrir des conseils. Dans certains cas, l'employé de soutien et le décideur entrent en conflit. Il se peut alors qu'on n'accorde pas l'importance voulue aux recommandations du chercheur et qu'on nie la valeur de ses efforts.

Les coûts   Le salaire d'un employé de soutien à temps plein ainsi que les charges liées à son maintien en poste s'ajoutent aux frais de gestion du service de l'approvisionnement. Si les analyses effectuées par cette personne ne contribuent pas sensiblement à l'amélioration des décisions relatives aux achats, rien ne justifie ces dépenses.

Une des possibilités qui s'offrent à l'entreprise pour éviter ces inconvénients consiste à mettre sur pied un comité chargé de réaliser divers projets. Cette manière de procéder soulève toutefois un problème: il est difficile de savoir exactement qui blâmer ou féliciter pour les résultats obtenus lorsque plusieurs personnes en assument conjointement la responsabilité. Ce comité peut néanmoins remplir sa tâche de manière satisfaisante à condition:

- que les membres soient choisis avec soin pour que chacun apporte sa contribution;
- que le comité soit bien dirigé, généralement par un membre du personnel rattaché à la fonction gestion des matières;
- qu'une liste précise des objectifs et des résultats attendus soit dressée, puis soumise à chaque membre et à l'ensemble du comité;
- que les tâches habituelles des membres du comité soient modifiées de façon que chacun dispose du temps et des ressources nécessaires pour assurer la réalisation des objectifs établis.

Advenant que l'une ou l'autre de ces conditions ne soit pas satisfaite, il sera presque impossible d'atteindre les résultats optimaux.

Si on embauche un chercheur ou un analyste à temps plein pour réaliser la plus grande part des travaux de recherche en approvisionnement, celui-ci présentera des résultats à la fois meilleurs et plus fréquents. Cet employé aura en effet pour tâche première d'effectuer des recherches, et il y consacrera presque tout son temps. De plus, comme il aura vraisemblablement été choisi en fonction de ses capacités de recherche et de sa volonté de travailler dans ce domaine, on peut s'attendre à ce qu'il fournisse des résultats de meilleure qualité.

Le tableau 11.1 donne une description sommaire du poste de responsable de la recherche en approvisionnement au sein d'une grande entreprise dont le personnel de recherche se compose de trois spécialistes en la matière.

Puisque beaucoup de données influent sur les décisions relatives aux achats et qu'on se procure de nombreux articles différents, il existe un

TABLEAU 11.1   Définition du poste de responsable de la recherche en approvisionnement

Nature des tâches à accomplir
1. Étudier, mettre en application et parfois même élaborer des programmes et des méthodes ayant trait à la réduction des coûts des biens et des services acquis, à l'entreposage, à la gestion comptable et à la distribution des stocks.
2. Élaborer, recommander et instaurer des mesures de réduction des coûts d'exploitation du service de l'approvisionnement.
3. Élaborer, recommander et instaurer des programmes de développement et de formation destinés au personnel de l'approvisionnement.
4. Se renseigner sur les tendances en approvisionnement, recueillir des données statistiques et transmettre ces informations.
5. Diriger certains projets spéciaux.

Sphère d'activité
Le responsable de la recherche en approvisionnement dirige, coordonne et gère les travaux qui, par leur nature, s'avèrent trop coûteux et trop spécialisés pour être confiés aux gestionnaires de l'approvisionnement, aux acheteurs ou à tout autre cadre ayant déjà une tâche première. Les préoccupations et les activités du groupe de recherche en approvisionnement se rattachent à cinq éléments, soit:
– le programme d'examen des matières;
– les politiques et les procédures d'achat liées à l'application du programme d'examen des matières;
– les rapports et les résumés d'information à préparer;
– la formation et la mise en situation du personnel du service de l'approvisionnement;
– les projets spéciaux.

Dans le cadre de ses activités, le personnel de recherche procède, entre autres, à l'analyse des marchés, des prix et des coûts, de même qu'à l'étude des possibilités de fabriquer ou d'acheter, des méthodes d'approvisionnement et des aspects économiques de la standardisation.

Le responsable de la recherche participe à la gestion des programmes de planification à brève et à longue échéance du service de l'approvisionnement. De plus, il examine les procédures d'achat et formule des recommandations sur les changements à y apporter. Il s'occupe, en outre, d'effectuer et de gérer ces modifications, lesquelles ont pour but d'améliorer le contrôle de gestion des activités d'approvisionnement, de fournir un meilleur contrôle, d'assurer une information plus complète, de simplifier les procédures d'achat, de rendre les ententes d'approvisionnement et les négociations de contrat plus efficaces et de réduire les coûts rattachés à l'approvisionnement par le moyen d'applications liées au traitement des données.

Le principal défi que doit relever le directeur de la recherche en approvisionnement consiste à étudier, à élaborer, à mettre en application et à coordonner divers programmes et méthodes ayant pour but de réduire le coût des biens et des services acquis.

nombre presque illimité de projets de recherche possibles en approvisionnement. Voici une liste des critères sur lesquels se basent les entreprises pour décider dans quels secteurs elles concentreront leurs efforts de recherche. Notons que les éléments énumérés n'apparaissent pas en ordre d'importance, bien que la valeur soit de loin le critère le plus utilisé :

– la valeur du produit ou du service ;

– la rentabilité du produit ;

– les caractéristiques liées au prix et au coût ;

– la disponibilité ;

– la qualité ;

– la circulation des données pertinentes.

La recherche sur les matières, les produits ou les services acquis (analyse de la valeur)

Dans ce secteur, les travaux de recherche portent essentiellement sur les produits particuliers qu'on achète. Lawrence D. Miles, du service de l'approvisionnement de General Electric, a élaboré la méthode de l'analyse de la valeur. Cette technique fut très populaire dans l'industrie américaine, puis elle fut exportée au Japon où on la considère comme la pierre angulaire du système manufacturier de ce pays.

Lorsqu'on procède à une analyse de la valeur, on compare la fonction et le coût d'un article acheté dans le but de trouver une solution de rechange moins coûteuse. Dans plusieurs cas, en effet, on se procure un article dont le prix est trop élevé parce qu'on dispose souvent d'un temps très limité pour prendre une décision d'achat, et que les techniques ainsi que les méthodes de fabrication évoluent assez rapidement. Certaines personnes établissent une distinction entre l'analyse de la valeur et l'ingénierie de la valeur. Ainsi, on procède à une analyse de la valeur pour les articles qu'on acquiert, afin de les utiliser lors du processus de fabrication en cours, alors qu'on emploie l'ingénierie de la valeur pour examiner les possibilités d'économies au moment de la conception, avant de réaliser des achats en vue de la production. Il est évidemment plus efficace de procéder à cette analyse durant la phase de conception, pour élaborer le modèle du produit et les spécifications des articles qui rempliront adéquatement la fonction voulue au moindre coût. Malheureusement, on omet souvent cette étape par manque de temps. Une analyse de la valeur permettra donc de réduire le coût des achats. Dans le cadre d'une telle analyse, on peut examiner divers aspects, dont ceux énumérés ci-après.

– La décision de louer ou d'acheter : on recueille de l'information sur les avantages et les inconvénients de chaque possibilité de manière à pouvoir déterminer celle qui s'avérera le plus profitable.

– La décision de fabriquer ou d'acheter : on compare les résultats économiques de ces deux possibilités et les conséquences que chacune entraînerait sur le plan de la gestion pour être en mesure de faire un choix éclairé.

- L'emballage : on examine les procédés et les matériaux d'emballage pour établir quelle méthode permet de satisfaire les besoins au coût le plus bas.

- La récupération des sommes investies : on procède à une étude des méthodes (dont le recyclage), des moyens et des techniques disponibles pour se départir des rebuts, des surplus et autres, afin de reconnaître ceux qui entraîneront le meilleur rendement net pour l'entreprise.

- Les spécifications : on analyse les spécifications actuelles pour s'assurer qu'elles conviennent au niveau de rendement voulu, qu'elles n'engendrent pas l'acquisition d'articles inutiles ou un rendement trop élevé et qu'elles permettent la réalisation des achats dans un contexte concurrentiel.

- La standardisation : on passe en revue l'utilisation faite de certains produits, et on examine la possibilité de ne recourir qu'à un seul article pour combler les besoins qu'on satisfait à l'heure actuelle en achetant plusieurs biens différents.

- La substitution : on examine les conséquences techniques et économiques qu'entraînerait l'utilisation d'un article différent de celui qu'on achète présentement.

- Le transport : on étudie les besoins en déplacement et les diverses méthodes de transport possibles ainsi que leur coût.

La façon habituelle de procéder à une analyse de la valeur consiste à formuler diverses questions au sujet de l'article qu'on achète actuellement, puis d'y répondre de façon détaillée. Le tableau 11.2 décrit cette méthode plus en détail et présente la liste des questions qu'on se pose généralement lors d'une telle analyse.

Le concept de l'analyse de la valeur a été créé dans les années 50 et il a servi de point de départ à la recherche moderne en approvisionnement. Malgré cela, il demeure tout aussi applicable de nos jours qu'au moment de son élaboration.

Les études relatives à une matière

Les études concernant une matière ont pour but d'établir des prévisions ou de répondre à certaines questions relatives au contexte dans lequel on se procurera un bien d'importance à court et à long terme.

TABLEAU 11.2   Méthode de l'analyse de la valeur: comparaison
de la fonction et du coût

1. Sélectionner un article dont la quantité acquise ou le coût est assez élevé. Il peut s'agir d'une pièce, d'une matière ou d'un service. Choisir un article qui coûte plus cher qu'il le devrait.

2. Déterminer tout ce qu'on fait avec cet article et tout ce qu'on en attend, c'est-à-dire ses fonctions.

3. Se poser les questions suivantes:
   - Cet article contribue-t-il à la valeur?
   - Son coût est-il proportionnel à son utilité?
   - Peut-on lui reconnaître des fonctions premières et secondaires?
   - Les besoins fonctionnels qu'il doit satisfaire ont-ils évolué avec le temps?
   - A-t-on besoin de toutes les caractéristiques qu'il présente?
   - Existe-t-il un autre article mieux adapté à l'usage auquel on le destine?
   - Les spécifications établies à l'origine sont-elles réalistes dans le contexte actuel?
   - Peut-on se passer de cet article?
   - S'il n'est pas standard, peut-on le remplacer par un article qui le serait?
   - S'il s'agit d'un article standard, convient-il exactement à l'usage qu'on en fait ou est-il mal adapté?
   - Présente-t-il une capacité plus grande que celle dont on a besoin?
   - Possède-t-on en stock un article semblable qui pourrait le remplacer?
   - Peut-on réduire le poids de cet article?
   - A-t-on mis au point de nouvelles matières ou de nouveaux modèles qui influeraient sur le rendement du produit?
   - La marge de tolérance est-elle plus faible que nécessaire?
   - L'article en cause fait-il l'objet d'un façonnage inutile?
   - Exige-t-on inutilement une finition trop soignée?
   - Demande-t-on un niveau de qualité commercial?
   - Pourrait-on fabriquer soi-même cet article à un coût moindre?
   - Advenant qu'on le fabrique à l'heure actuelle, pourrait-on l'acheter à un coût moindre?
   - A-t-on bien classé l'article aux fins d'expédition?
   - Peut-on en réduire le coût d'emballage?
   - L'entreprise demande-t-elle à ses fournisseurs de lui faire des suggestions pour réduire le coût de cet article?
   - Son coût total représente-t-il le coût des matières auquel s'ajoutent des coûts directs de main-d'œuvre, des frais généraux et un profit raisonnables?
   - Un autre fournisseur offrirait-il le même article à un coût moindre?
   - Existe-t-il une entreprise qui le paie moins cher?

4. Pour terminer:
   - Obtenir un échantillon des articles proposés lorsqu'il est possible de le faire.
   - Retenir les meilleures possibilités et proposer des modifications.

En règle générale, les études de ce genre traitent d'une matière ou d'un bien dont l'achat absorbe une part considérable du budget d'approvisionnement. Il arrive toutefois qu'elles portent sur un article à l'acquisition duquel on consacre moins d'argent, mais qu'on juge très difficile à obtenir en raison d'une pénurie. Habituellement, ces études portent donc sur les principales matières premières, comme l'acier, le cuivre ou le zinc; elles peuvent également s'appliquer à certains articles fabriqués, tels les moteurs ou les semi-conducteurs. Cette sphère de recherche est probablement celle qui pose les plus grandes difficultés et qui exige les compétences les plus spécialisées.

Pour être complète, une étude relative à un article doit considérer les principaux aspects suivants:

– la position actuelle de l'entreprise en tant qu'acheteur de ce bien;
– les divers procédés permettant de le fabriquer;
– les utilisations de cet article;
– sa demande;
– son offre;
– son prix;
– la stratégie à adopter pour en réduire le coût ou en obtenir un approvisionnement garanti, ou les deux.

Le tableau 11.3 présente un ensemble de règles à suivre pour réaliser une étude portant sur un article ou une matière.

Certaines entreprises effectuent des études très poussées sur les matières et s'en servent pour élaborer un plan stratégique d'achat bien documenté. La plupart des entreprises optent pour un horizon de planification de 5 à 10 ans, mais certaines réalisent des prévisions qui s'étendent sur une période de 15 ans et qui font l'objet d'un examen annuel. Voici les cinq éléments particuliers qui se rattachent à cette sphère de recherche.

La prévision de la demande   On examine la demande de l'entreprise pour l'article étudié en tenant compte de la demande courante et projetée, de l'état des stocks et des délais d'obtention. On se penche également sur les demandes en concurrence (courantes et projetées) selon l'industrie et l'utilisation faite du produit fini.

La prévision de l'offre   On amasse des données relatives aux producteurs et aux fournisseurs actuels, à l'offre globale courante et projetée de même qu'aux tendances techniques et politiques susceptibles d'influer sur l'offre.

La prévision des prix   À l'aide des informations recueillies sur l'offre et la demande, lesquelles ont fait l'objet d'une analyse, on prédit le niveau des prix à court et à long terme en plus d'indiquer les raisons fondamentales expliquant ces tendances.

TABLEAU 11.3　Règles à suivre pour effectuer une étude relative à une matière ou à un article

L'information issue d'une étude relative à un article particulier devrait:
— fournir les éléments de base nécessaires à la prise de bonnes décisions en matière d'approvisionnement;
— renseigner les gestionnaires de l'approvisionnement et la direction générale sur l'offre et le prix futurs de cet article.

Une étude complète devrait soit fournir des données sur chacun des points suivants, soit répondre aux questions qui s'y rattachent, ou les deux. (Il ne faut pas se contenter d'examiner les seuls éléments énumérés ici, car, selon la nature de l'article en cause, il se peut que d'autres éléments soient très pertinents et que certains de ceux qui figurent ci-après se révèlent sans importance.)

1. La situation actuelle: celle-ci inclut la description de l'article, son utilisation, les besoins qu'il doit combler, la liste de ses fournisseurs, son prix, les conditions liées à son achat, le montant annuel consacré à son acquisition, son mode de transport et les contrats actuels qui s'y rattachent.
2. Le procédé de production: on s'intéresse, entre autres, à la manière de fabriquer cet article, aux matières utilisées pour le produire, au prix et à l'offre de ces matières, à la main-d'œuvre requise, à la situation actuelle et future de cette main-d'œuvre sur le marché, aux autres procédés de production existants et aux éléments liés à la possibilité de fabriquer l'article soi-même (c'est-à-dire les coûts, le temps requis et les difficultés à surmonter).
3. Les utilisations de l'article: il s'agit de déterminer les utilisations premières et secondaires de l'article, d'en reconnaître les substituts possibles et d'examiner l'aspect économique de toute substitution.
4. La demande: on considère les besoins actuels et futurs de l'entreprise, l'ampleur des stocks détenus, les sources d'information relative aux prévisions et aux délais d'approvisionnement ainsi que les demandes en concurrence (actuelles et projetées) en fonction de l'industrie, des produits finis que l'article sert à fabriquer et de chaque entreprise.
5. L'offre: on doit considérer les producteurs actuels (c'est-à-dire leur emplacement, leur fiabilité, la qualité qu'ils offrent, leur situation au chapitre de la main-d'œuvre, leur capacité, leur réseau de distribution ainsi que leurs faiblesses et leurs forces individuelles), la situation de l'offre globale (actuelle et projetée) de même que certains éléments externes tels que les questions liées aux importations, les réglementations gouvernementales, l'évolution prévue des techniques ainsi que les tendances et les problèmes politiques et économiques.
6. Le prix: cet aspect englobe la structure économique de l'industrie productrice, l'évolution antérieure et attendue du prix, les éléments qui déterminent le prix, le coût de production et de livraison, les tarifs douaniers et les règlements en matière d'importation, les effets des variations du niveau de la qualité et du cycle économique sur le prix, la marge bénéficiaire évaluée de chaque fournisseur, les objectifs des fournisseurs en matière de prix, le prix le plus bas possible et les écarts de prix observés entre les industries utilisatrices.
7. La stratégie de réduction du coût: il faut choisir le plan à adopter pour réduire le coût de l'article étudié en tenant compte de l'offre prévue, de l'utilisation, du prix et de la rentabilité de ce bien, des forces et des faiblesses des fournisseurs ainsi que de la position de l'entreprise sur le marché. On doit déterminer s'il faut fabriquer l'article à l'interne, signer un contrat à court ou à long terme, acquérir un producteur ou le mettre en valeur, trouver un produit substitut, importer le bien en cause, procéder à des opérations de couverture ou effectuer une analyse des coûts et de la valeur.
8. Autres éléments: cette rubrique englobe certaines informations générales se rapportant, entre autres, aux spécifications, aux normes de qualité et aux méthodes utilisées pour en assurer le respect, aux tarifs et aux coûts de transport, à l'entreposage et à la manutention, de même qu'aux réserves de matières premières. S'y rattachent également des statistiques relatives, par exemple, aux tendances des prix, de la production et des achats.

L'acquisition d'une source d'approvisionnement On étudie les conséquences économiques et juridiques qu'entraînerait l'acquisition d'une source d'approvisionnement, dans le but de garantir l'approvisionnement ou de protéger les coûts, ou les deux.

Les fluctuations des taux de change On examine diverses méthodes permettant de prédire les variations des taux de change lorsqu'on s'approvisionne auprès de sources étrangères, et d'élaborer des stratégies pour garantir l'entreprise contre des fluctuations importantes enregistrées sur le marché des changes.

La recherche se rapportant aux fournisseurs

Alors que les deux champs d'étude décrits précédemment concernent surtout l'article qu'on achète, les travaux se rapportant aux fournisseurs traitent avant tout de la source de laquelle on acquiert un bien. Cette sphère de recherche englobe les éléments suivants.

L'analyse de la capacité financière On examine la situation financière des fournisseurs actuels et potentiels afin d'évaluer le risque de difficultés financières et de déterminer leurs conséquences pour l'entreprise qui achète.

L'étude des installations de production On recueille des données relatives aux installations matérielles du fournisseur en portant une attention spéciale à leurs capacités et à leurs limites.

La recherche de nouvelles sources d'approvisionnement On effectue des recherches pour trouver de nouveaux fournisseurs à même de satisfaire les besoins de l'entreprise. Au cours des périodes de pénurie de matières observées durant les années 70, les chercheurs en approvisionnement ont consacré une part importante de leur temps à ce type de recherche, car la situation avait pris beaucoup d'entreprises au dépourvu.

L'évaluation des coûts de distribution On analyse les diverses étapes du processus de déplacement des articles de leur source à l'endroit où l'entreprise en prend possession, et on calcule les coûts qu'il devrait engendrer si le fournisseur est raisonnablement efficace.

L'évaluation des coûts de fabrication On détermine ce qu'il devrait en coûter à un fournisseur efficace pour fabriquer un article donné; pour ce faire, on considère les coûts directs des matières et de la main-d'œuvre, les dépenses liées au génie et à l'outillage, les frais généraux de production, les frais généraux et les charges administratives de même que la marge bénéficiaire. Les données ainsi obtenues permettent d'établir un prix cible au moment où on planifie les négociations. Ce type de travaux est le plus courant en ce qui touche aux recherches se rapportant aux fournisseurs, sans doute parce qu'il engendre des économies immédiates et considérables.

L'étude du recours à une source d'approvisionnement unique   On effectue une analyse de la gestion et des capacités du fournisseur, sur laquelle l'entreprise s'appuiera pour négocier une entente contractuelle complète parant à toute éventualité.

L'assurance de la qualité des matières acquises   En collaboration avec les fournisseurs, on élabore un système qui permettra de s'entendre sur les normes de qualité à respecter, d'atteindre le niveau de qualité visé, de définir les besoins en formation du personnel de production et de gestion de la qualité chez les fournisseurs, d'établir une méthode pour que chaque partie suive l'évolution du rendement de l'autre en matière de qualité et de déterminer les mesures correctives à apporter.

Les sondages d'opinion réalisés auprès des fournisseurs   En appliquant des méthodes de sondage systématiques, on détermine ce que les fournisseurs pensent réellement de l'entreprise qui achète et de ses pratiques en matière d'approvisionnement.

L'évaluation du rendement d'un fournisseur   Après avoir recueilli certaines données, on les analyse afin d'établir jusqu'à quel point un fournisseur particulier remplit bien son rôle. On se fonde ensuite sur ces renseignements pour prendre de meilleures décisions relatives aux sources d'approvisionnement où on effectuera des achats répétitifs, et pour conseiller les fournisseurs actuels lorsque des améliorations s'imposent.

L'examen de la stratégie de vente d'un fournisseur   On réalise ce genre d'étude pour mieux comprendre les objectifs que vise un fournisseur, et connaître les moyens qu'il emploie pour les atteindre.

L'étude relative au commerce de contrepartie   Il s'agit de trouver des fournisseurs à l'étranger, d'analyser leurs capacités et de négocier ensuite des accords d'achats réciproques avec eux. Beaucoup de pays manquent de devises fortes; c'est le cas, en particulier, de la République populaire de Chine et des pays d'Europe de l'Est. De ce fait, lorsqu'ils acquièrent des biens d'entreprises occidentales, ils insistent pour payer une partie ou la totalité de leurs achats sous forme de matières premières ou de produits finis d'origine locale.

La recherche sur le système d'approvisionnement

Il importe de bien connaître les articles à acquérir et le fournisseur chez qui on s'approvisionnera, de façon à tirer le maximum de chaque dollar consacré aux achats. Une connaissance adéquate de ces éléments ne peut toutefois à elle seule garantir une exécution efficace de la fonction achat. En effet, la manière de réaliser les achats s'avère tout aussi importante. Des procédures de gestion efficaces aident à réduire les dépenses d'exploitation du service de l'approvisionnement et à prendre de sages décisions en ce qui a trait aux articles acquis et à leur source. Les travaux de recherche portant sur le système d'approvisionnement ont pour but d'en améliorer la gestion. Voici quelques-uns des éléments particuliers à considérer.

Les marchés d'approvisionnement   On examine les diverses manières d'utiliser les contrats se rapportant à des livraisons multiples, de façon à accroître l'influence du service de l'approvisionnement et à réduire ses frais de gestion. Il peut se révéler particulièrement intéressant d'offrir un accord à long terme à titre de mesure d'encouragement pour garantir un approvisionnement constant.

L'indice des prix   On conçoit une méthode permettant d'établir un ou plusieurs indices qui mettront en évidence la combinaison des prix payés pour les articles achetés, ou une combinaison des prix du marché qu'on pourra comparer aux prix effectivement payés. Ces indices comptent au nombre des éléments qui servent à évaluer le rendement du service des achats. Généralement, on calcule plus d'un indice, de façon à pouvoir examiner séparément le prix des matières premières, des composants et des fournitures d'entretien, de réparation et d'opérations (ERO).

Les remises et les escomptes   On élabore un modèle informatique qui permettra de décider plus facilement dans quelles situations il est avantageux de se prévaloir des remises sur quantité et des escomptes au comptant offerts.

Les propositions de prix   On met au point un programme informatique capable d'analyser le prix proposé par plusieurs fournisseurs pour chaque article d'une longue liste, et d'établir les combinaisons dont le coût total sera le plus faible pour l'entreprise qui achète.

La planification des besoins–matières (PBM)　Il s'agit de planifier et de mettre en application un système de PBM, lequel exige la préparation informatisée de nomenclatures, l'établissement de fichiers d'inventaire et le recours à la logique de PBM lors de l'élaboration des calendriers.

La courbe d'apprentissage　On se fonde sur cette courbe de réduction du temps pour déterminer le prix cible qu'on tentera d'obtenir par la négociation.

Le coût total de possession　On élabore un système et une méthode permettant de reconnaître tous les éléments liés à la possession d'un bien.

Les méthodes de paiement　On examine et on améliore le système adopté pour régler les comptes fournisseurs et se prévaloir des escomptes au comptant lorsqu'il est avantageux de le faire.

Les systèmes de suivi　On met sur pied un système qui permet d'obtenir régulièrement, de la part des fournisseurs, des renseignements sur l'état actuel des matières ou des travaux qui leur ont été commandés.

Les systèmes de réception　On tente de simplifier le système de réception des biens en examinant les méthodes utilisées actuellement pour vérifier la quantité livrée par les fournisseurs à des fins de règlement. Dans le cas des articles non maintenus en stock dont la valeur ne dépasse pas un montant donné (200 $ par exemple), certaines entreprises paient le fournisseur après avoir comparé sa facture à la copie du bon de commande qu'elles gardent dans leurs dossiers.

Les méthodes de traitement des commandes urgentes ou de faible valeur　On doit concevoir des méthodes innovatrices qui permettent de traiter les commandes urgentes ou de faible valeur de manière à satisfaire les besoins de l'entreprise et de réduire au minimum les frais de gestion.

Les achats par contrat global　Après avoir étudié la situation, on prend des dispositions avec une seule source d'approvisionnement ou un petit nombre de fournisseurs auprès desquels l'entreprise qui achète satisfera tous ses besoins annuels en ce qui touche à un groupe d'articles particulier, comme les fournitures ERO. Il est même possible que le fournisseur conserve un stock de biens chez l'acheteur.

Le partage de l'information avec les fournisseurs   On établit les domaines où il serait avantageux, pour le fournisseur et l'acheteur, de partager certaines informations relatives à l'utilisation des articles, aux besoins prévus, aux taux de production, à la révision des calendriers, aux propositions de prix et aux stocks disponibles.

L'évaluation du rendement des acheteurs   On élabore une méthode grâce à laquelle on peut mesurer le rendement des acheteurs.

L'évaluation du rendement du service de l'approvisionnement   On établit un système qui permet de comparer le rendement réel de l'ensemble des efforts en matière d'approvisionnement à certains critères prédéterminés.

L'évaluation du rendement des fournisseurs   On établit un système pour déterminer dans quelle mesure les fournisseurs répondent aux besoins définis dans les bons de commande et les contrats qu'ils reçoivent.

Les applications informatiques   On détermine les domaines où l'emploi d'un système informatique assurerait un traitement plus précis et plus opportun des données ainsi qu'une meilleure prise de décisions en matière d'approvisionnement. Il arrive qu'on élabore un logiciel dans le cadre d'une telle étude. Toutefois, les chercheurs en approvisionnement s'intéressent plutôt aux applications qu'on devrait faire de l'ordinateur, et ils s'en remettent le plus souvent aux spécialistes de l'informatique ou des systèmes de gestion de l'information pour concevoir les logiciels requis.

Certains groupes de recherche en approvisionnement travaillent aussi à l'étude et à l'élaboration de modèles de prise de décisions informatisés. Les systèmes informatiques d'aide à la décision traitent les données à partir desquelles les gestionnaires sélectionnent l'une ou l'autre des diverses possibilités. En règle générale, ces systèmes utilisent des outils tels que les relations mathématiques, les simulations ou d'autres algorithmes pour choisir une des options considérées. Ils arrivent à des résultats définitifs qu'ils présentent sous forme déterministe ou probabiliste. Les modèles informatiques d'aide à la décision actuellement conçus se rattachent à l'analyse des escomptes et des remises, à la simulation des activités à l'usine pour déterminer leur influence sur l'utilisation des matières, à la préparation du budget des achats de matières, à l'analyse des propositions de prix, au processus de négociation ainsi qu'aux achats et autres transactions à terme.

L'évaluation des résultats de la recherche

Les gestionnaires qui ont recours à la recherche en approvisionnement déclarent avec satisfaction qu'elle est profitable pour leur entreprise. Ceux qui tirent avantage d'activités structurées en la matière affirment que leur service de l'approvisionnement ne pourrait maintenir sa contribution actuelle au succès et aux bénéfices de l'entreprise sans un programme de recherche dynamique. La recherche en approvisionnement est implantée dans certaines entreprises, mais la plupart des gestionnaires soutiennent qu'en fait, on n'a exploité qu'une partie de son potentiel.

11.2 LA PLANIFICATION DES ACHATS

Le processus de planification débute par la mise en commun d'informations tirées des prévisions annuelles relatives aux ventes, à la production et aux conditions économiques générales. Les prévisions de ventes permettent de connaître l'ampleur totale des besoins en matières, en produits et en services que devra combler le personnel des achats. Quant aux prévisions relatives à la production, elles fournissent des renseignements sur l'endroit où on aura besoin des matières, des produits et des services. Enfin, les prévisions économiques apportent une information qui aide à déterminer la tendance générale des prix, des salaires et des autres coûts.

Dans la plupart des entreprises, moins de 20 % des articles acquis engloutissent plus de 80 % des sommes consacrées aux achats. Lorsqu'on décompose les prévisions globales pour dresser des plans précis, l'étape suivante consiste à établir des prévisions relatives au prix et à la disponibilité de chacun de ces articles importants.

On divise la consommation évaluée de chaque matière ou article pour la calculer sur une base mensuelle et trimestrielle. Ensuite, on compare les quantités obtenues aux données fournies par le système de gestion des stocks, lesquelles tiennent compte des délais d'obtention et du niveau des stocks de sécurité. Puis, on fait le lien entre ces évaluations et les prévisions relatives à la tendance du prix et à la disponibilité de la matière en cause, après quoi on élabore un plan d'achat. Si les prévisions laissent entrevoir une offre élevée de l'article étudié et une baisse possible de son prix, on décidera probablement d'en réduire le stock autant qu'on le peut du point de vue économique. Par contre, si on prévoit une offre insuffisante de cet article et une montée de son prix, il sera plus prudent d'adopter une politique d'achat qui assurera la détention d'un stock adéquat ou la signature de contrats garantissant son obtention. Il faudra aussi envisager la possibilité d'achats à terme.

Il est possible de répartir en divers groupes de produits apparentés les 80 % des articles pour l'acquisition desquels on dépense 20 % des sommes attribuées à une fonction achat moyenne. On peut ensuite appliquer à ces groupes de produits les modèles d'analyse servant à produire des prévisions pour les articles de première importance.

Une fois qu'on a présenté les quantités unitaires mensuelle et trimestrielle ainsi que le coût évalué de chaque article ou groupe de produits apparentés sous la forme de tableaux, on élabore un plan d'achat à partir duquel on apporte certaines modifications. Ensuite, chaque acheteur procède à une analyse des articles dont il est responsable pour déterminer s'il convient d'en modifier davantage le prix, compte tenu des objectifs qu'il a établis, dans le but de guider ses activités au cours de la période à laquelle s'appliquent les prévisions.

Il arrive que les projets spéciaux (telle la construction de nouvelles installations ou la planification des activités en vue de fabriquer un nouveau produit) créent des incertitudes quant à la période où on aura besoin de nouveaux équipements ou produits, ce qui rend la planification difficile.

11.3 LES BUDGETS D'APPROVISIONNEMENT

Lorsque le responsable de l'approvisionnement prépare un budget, il remplit une des principales fonctions liées à la gestion, soit la planification. Au moment d'établir un budget, on devrait tout d'abord revoir les objectifs et les buts fixés en matière d'approvisionnement, prévoir ensuite les moyens et les ressources nécessaires pour atteindre ces buts et, enfin, préparer un plan ou un budget. Il existe des liens étroits entre l'élaboration d'un budget et la recherche en approvisionnement, puisque le gestionnaire doit envisager l'avenir pour ensuite sélectionner l'option (plan ou budget) qui permettra de réaliser les objectifs visés de la manière la plus efficace. Il convient d'établir quatre budgets différents.

Le budget des achats de matières

La première étape pour dresser un budget des achats de matières consiste à évaluer la production à partir des prévisions de ventes et des calendriers établis. On prépare un plan où figurent les quantités à acheter en se rapportant au calendrier de production, lequel indique le nombre d'unités à compléter au cours d'une période donnée.

Ce processus de planification budgétaire a pour principal avantage de mettre les problèmes en évidence bien avant qu'ils se manifestent, et de fournir au service de l'approvisionnement l'occasion d'explorer ou de concevoir d'autres possibilités. On peut ainsi remédier, entre autres, au problème qu'engendre un coût total des matières se traduisant par un coût des biens vendus si élevé, qu'il ferait baisser les profits à un niveau inacceptable. En règle générale, on adopte un horizon de planification ne dépassant pas un an pour établir le budget des achats de matières, sauf dans le cas des produits dispendieux et complexes faisant l'objet d'un long cycle de production, tels les avions et les centrales énergétiques. Les produits de ce type nécessitent en effet un budget s'étendant sur plusieurs années.

Le budget des achats de fournitures ERO

On élabore un plan d'achat, qui s'applique généralement à une période de 12 mois, pour toutes les fournitures d'entretien, de réparation et d'opérations dont on aura besoin. Étant donné que le nombre d'articles distincts sera probablement trop élevé pour qu'on puisse budgétiser séparément les dépenses consacrées à chacun d'eux, on établit en général ce plan d'achat à l'aide de certains ratios antérieurs, tel le coût des fournitures ERO, qu'on ajuste en fonction des variations prévues des stocks et du niveau général des prix.

Le budget des immobilisations ou des dépenses en capital

Le calendrier des dépenses en capital s'étend fréquemment sur une période de plusieurs années et repose sur le plan stratégique adopté par l'entreprise en ce qui touche à ses gammes de produits, à sa part du marché et aux projets risqués dans lesquels elle compte se lancer. On peut prendre des décisions à l'égard des immobilisations projetées en considérant les besoins liés à la production, la désuétude de l'équipement actuel, les besoins en matériel de remplacement et les programmes d'expansion.

Le budget d'administration de l'approvisionnement

Il convient d'établir un budget annuel pour toutes les dépenses résultant des activités de la fonction approvisionnement, et ce en se fondant sur les charges de travail prévues. Les dépenses qui doivent y figurer englobent les salaires et les charges sociales, les frais pour les locaux (dont le coût du chauffage et de l'énergie), le coût des équipements (bureaux, machines et classeurs), les charges attribuables au traitement des données (tels les frais d'utilisation simple ou en temps partagé du matériel informatique), les frais de déplacement et de représentation, les dépenses de formation encourues pour les employés qui participent à des séminaires ou à des rencontres professionnelles, les frais de poste, de téléphone et de télécopie, le coût des fournitures de bureau, les frais d'abonnement à des revues spécialisées et le coût d'acquisition des volumes de référence du service de l'approvisionnement.

□□□□□ 11.4 LES RAPPORTS D'ACTIVITÉ

La nature des informations que devrait fournir le rapport d'activité varie selon le type d'industrie. Trop de responsables de l'approvisionnement se contentent de n'inclure dans leurs rapports que des tableaux numériques indiquant:

- la valeur totale des achats;
- la somme totale consacrée aux dépenses d'exploitation du service;
- le nombre total des bons de commande émis.

Dans certains cas, on établit des liens entre ces chiffres en calculant des moyennes ou des pourcentages de façon à mettre en évidence:

- le coût moyen des bons de commande rédigés, qu'on calcule en divisant les coûts d'exploitation du service par le nombre de bons de commande émis;
- les coûts d'exploitation en proportion de la valeur totale des achats;
- les coûts d'exploitation en proportion de la valeur totale des ventes.

En comparant les chiffres et les ratios définis ci-dessus à ceux obtenus pour des périodes antérieures, on peut se faire une idée de ce qui se passe au sein de la fonction approvisionnement. Toutefois, ces données se révèlent peu utiles pour évaluer l'efficacité avec laquelle la fonction approvisionnement fournit les matières et les équipements requis au plus bas coût possible, en tenant compte de la qualité et du service exigés ainsi que des besoins de l'utilisateur. Fait à noter: le prix le moins élevé ne se traduit pas nécessairement par le plus bas coût possible.

Les rapports d'activité en approvisionnement qu'on prépare de façon régulière (rapports mensuels, trimestriels, semestriels ou annuels) comportent en général quatre rubriques où figurent les éléments suivants.

1. Les conditions du marché, la situation économique et l'évolution des prix:
   - tendances et variations du prix des principaux articles et matières achetés; comparaisons entre ces données et un ou plusieurs des éléments qui suivent: les coûts standard, lorsqu'on utilise cette méthode comptable, les cours du marché et les coûts cibles, déterminés par une analyse des coûts[1];
   - variations des conditions de l'offre et de la demande des principaux articles acquis; effets des grèves ou des conflits de travail possibles;
   - attente pour l'obtention des articles de première importance.

2. Les variations des sommes investies dans les stocks:
   - montant total investi dans les stocks, classés par groupes de matières principales;
   - durée, en jours ou en mois, de la quantité en stock et de la quantité commandée des principales matières;
   - rapport entre les sommes investies dans les stocks et la valeur totale des ventes;
   - taux de rotation des stocks des articles d'importance.

3. Les activités et l'efficacité du service de l'approvisionnement:
   - réductions de coûts attribuables à la recherche en approvisionnement et aux travaux d'analyse de la valeur;
   - taux de rejet des articles importants pour cause de mauvaise qualité;
   - proportion des livraisons faites à temps;
   - nombre de ruptures de stock ayant entraîné une interruption des activités de production prévues;
   - nombre de rectifications apportées aux commandes, selon leur cause;
   - nombre de demandes d'achat reçues et traitées;
   - nombre de bons de commande émis;
   - charge de travail et productivité des employés;
   - coûts de transport.

4. Les éléments qui influent sur les activités administratives et financières:
   - comparaison des coûts d'exploitation réels et prévus du service;
   - ampleur des escomptes au comptant obtenus et perdus;

---

1. Un moyen utile pour déterminer si les prix qu'on paie sont raisonnables consiste à comparer tout prix effectivement versé à un indice des prix du marché. On peut ainsi établir d'une façon valable si les prix payés par le service de l'approvisionnement démontrent une tendance à évoluer d'une manière plus ou moins favorable que ceux de l'ensemble du marché.

- engagements d'achat pris selon le type de contrat en cause et les bons de commande et selon la date de livraison prévue des biens acquis;
- modifications des escomptes au comptant accordés par les fournisseurs.

Un rapport d'activité atteint son but s'il est rédigé en tenant compte des personnes qui en prendront connaissance. Un bon rapport doit nécessairement être clair, concis et précis. Quel que soit le système adopté, il faut prendre des mesures pour s'assurer que les rapports préparés seront utiles. Tout rapport devrait comporter:

- un titre qui en indique clairement la nature;
- un bref résumé des principales informations contenues dans le document;
- une liste de conclusions placée au début du document;
- une liste de recommandations présentée à la fin du document;
- de courts tableaux statistiques ou des graphiques circulaires, des diagrammes à bâtons ou d'autres types de graphiques insérés dans le corps du document;
- de longs tableaux statistiques présentés en annexe, mais analysés dans le corps du document.

11.5 L'ÉVALUATION DU RENDEMENT DU SERVICE DE L'APPROVISIONNEMENT

Peu d'organisations ont atteint un niveau d'efficacité maximal. Les dirigeants dont l'entreprise se révèle prospère à long terme ont conscience de cette réalité et s'efforcent constamment d'améliorer tous les aspects de l'exploitation de leur organisation. Dans un environnement où la concurrence est forte, seules les entreprises efficaces survivent.

Les raisons pour procéder à une évaluation

Une évaluation minutieuse du rendement du service de l'approvisionnement s'avère profitable à plusieurs égards.

1. Elle attire l'attention sur les aspects prioritaires, rendant ainsi la réalisation des objectifs plus probable.
2. Elle fournit des données qui permettent de prendre, au besoin, des mesures correctives pour améliorer le rendement du service.

3. Elle contribue vraisemblablement à l'établissement de meilleures relations avec les autres secteurs fonctionnels de l'entreprise, en indiquant les domaines où on éprouve des difficultés.

4. Elle met en évidence les besoins en formation du personnel.

5. Le cas échéant, elle apporte la preuve de la nécessité d'obtenir des ressources additionnelles, comme du personnel ou du matériel informatique de soutien.

6. Elle informe la direction générale des progrès réalisés en matière d'approvisionnement.

7. Elle fait ressortir les modifications à apporter pour améliorer la structure organisationnelle.

8. Elle permet de reconnaître et de récompenser les employés dont le rendement est supérieur, ce qui stimule davantage le personnel du service.

De plus en plus de gestionnaires reconnaissent qu'une fonction approvisionnement organisée de manière adéquate et accomplie par des employés compétents peut contribuer grandement au succès de l'entreprise.

Les problèmes liés à l'évaluation du rendement

Les recherches effectuées sur la théorie de l'organisation et le comportement des humains à l'intérieur d'ensembles structurés ont permis d'en apprendre davantage sur la manière de structurer une organisation pour qu'elle s'avère efficace. On reconnaît aujourd'hui l'importance de définir clairement les buts ou les objectifs à atteindre grâce à une fonction et aux employés qui s'y rattachent. Un problème de taille observé au sein de nombreuses entreprises est l'absence d'objectifs précis en ce qui touche le service de l'approvisionnement et son personnel. Or, si on ne peut déterminer ce qu'il faut mesurer, rien ne sert de se demander comment procéder à une évaluation.

Les objectifs en matière d'approvisionnement

Il revient essentiellement au responsable de l'approvisionnement ou de la gestion des matières d'établir les objectifs généraux de la fonction achat et de les coordonner avec les objectifs stratégiques de l'entreprise dans son ensemble. Il transmet ensuite ces objectifs globaux au personnel subordonné, non pas sous forme de directives mais plutôt de lignes de conduite générales, pour aider ceux qui ont un pouvoir décisionnel à définir les objectifs qui régiront leurs activités pendant une certaine période. Des objectifs personnels bien gérés fournissent une motivation à l'individu en donnant une orientation à son travail et, par la suite, ils servent de base à une évaluation de son rendement. Plus un employé participe à l'établissement et à la mise en application d'objectifs, plus il est stimulé, et plus grand est son sentiment d'avoir réalisé sa tâche et atteint son but.

Les manières de procéder à une évaluation

Il existe deux manières d'évaluer le rendement de la fonction approvisionnement, soit:

- en procédant à une évaluation continue où on compare les résultats d'exploitation au plan, au budget et aux objectifs établis pour le service de l'approvisionnement et son personnel;
- en faisant appel à un vérificateur d'un autre service ou de l'extérieur.

En collaborant avec le responsable et le personnel de l'approvisionnement, le vérificateur interne ou externe peut aider à évaluer le niveau de réalisation des objectifs liés à des éléments tels que:

- la répartition de la charge de travail;
- les relations entre le service de l'approvisionnement et les autres services de l'entreprise ainsi que les domaines où il existe des problèmes;
- les relations entretenues avec les fournisseurs et l'attitude de ces derniers envers l'entreprise et ses acheteurs;
- le respect des politiques et des méthodes exposées en détail par le biais d'énoncés et de manuels.

La procédure à suivre lorsqu'on recourt à un vérificateur

Lorsqu'on retient les services d'un vérificateur interne ou externe à des fins d'évaluation, on doit se renseigner sur ce dernier de manière à être sûr qu'il possède les compétences particulières et l'expérience requises pour effectuer ce travail. Après l'avoir sélectionné, il faut organiser une réunion à laquelle participeront le vérificateur, le responsable de l'approvisionnement et le directeur du service de l'approvisionnement. Les personnes présentes devraient alors s'entendre sur une définition générale des aspects à examiner.

La prise de contact avec la direction générale   La première tâche du vérificateur, au moment d'entreprendre une évaluation, consiste bien sûr à rencontrer le représentant de la direction générale, c'est-à-dire le président ou le directeur général de l'entreprise; par la suite, il s'entretiendra avec les autres cadres supérieurs. En plus de s'assurer l'entière coopération du président, le vérificateur doit obtenir dès le début la réponse à diverses questions:

1. Quelles sont les sphères d'activité et les responsabilités du service de l'approvisionnement selon le président de l'entreprise?

2. À qui revient-il d'établir la politique d'achat?

3. Quelle est la contribution des cadres du service de l'approvisionnement lorsqu'ils prennent part aux réunions de la direction? Comprennent-ils bien les problèmes liés aux affaires, font-ils preuve d'un jugement réfléchi lorsqu'on le leur demande et inspirent-ils le respect aux autres cadres supérieurs?

4. Advenant que le responsable de l'approvisionnement ne soit pas un cadre supérieur, dans quelles circonstances lui demande-t-on son avis? Donne-t-il alors de précieux conseils?

5. L'entreprise compte-t-elle plus d'un service de l'approvisionnement? Si oui, quelles sont les responsabilités de chacun d'eux?

6. Le président se tient-il au fait de la politique d'achat et de sa gestion? Si oui, dans quelle mesure?

Les réponses données par le président (ou d'autres membres de la direction générale) permettent au vérificateur de se faire une idée de l'importance qu'on attribue au service de l'approvisionnement et de la confiance qu'on accorde à l'organisation chargée des achats et à son personnel. En plus de cette information tirée d'un mélange de faits et d'impressions, l'entrevue réalisée fournira de précieux indices quant aux avenues à explorer à mesure que l'évaluation progressera.

L'entrevue avec le responsable de l'approvisionnement   La deuxième étape du processus consiste à s'entretenir avec le responsable du service de l'approvisionnement, afin de lui expliquer le but de l'évaluation et d'établir avec lui une relation constructive fondée sur la coopération et l'entraide.

Le but de cette entrevue consiste surtout à se faire une opinion initiale sur le caractère et les capacités du responsable de la politique, du personnel, de l'organisation et des méthodes du service. De quel genre de personne s'agit-il? Est-elle tout à fait familiarisée avec les matières et les processus de fabrication ainsi qu'avec les problèmes liés aux affaires et les pratiques commerciales qui ne touchent pas directement aux matières? S'applique-t-elle à en apprendre davantage à leur sujet? Gère-t-elle le service par elle-même ou délègue-t-elle une partie de ses pouvoirs chaque fois qu'elle le peut? Fait-elle preuve de tact tout en étant capable de prendre une décision avec fermeté? Démontre-t-elle un esprit ouvert, une capacité à recueillir de l'information et à distinguer les renseignements utiles de ceux qui ne le sont pas? Fait-elle partie d'une association professionnelle? Quels périodiques spécialisés, publications générales du domaine des affaires ou revues culturelles lit-elle? Consulte-t-elle ces publications de façon régulière ou occasionnelle? Donne-t-elle l'impression d'être honnête, juste, énergique et aimable?

Le vérificateur doit prendre garde de ne pas se faire une opinion trop hâtive et de disposer d'une information adéquate. Il doit considérer ses impressions initiales comme étant préliminaires, et les vérifier plus d'une fois subséquemment. On ne peut trop insister sur l'importance de ce qui précède. Les qualifications du responsable du service de l'approvisionnement constituent en effet le principal élément à analyser, mises à part, peut-être, celles du président de l'entreprise.

Les autres étapes de l'évaluation L'ordre des étapes subséquentes du processus d'évaluation n'a aucune importance. On devrait choisir la prochaine étape à réaliser en fonction de ce qu'on a appris au cours de la dernière. La chose à retenir est qu'il convient de vérifier un large éventail d'éléments, quel que soit l'ordre dans lequel on procède. Tôt ou tard, en effet, on devra porter un jugement sur plusieurs points.

Les points à considérer pour porter un jugement

A-t-on établi des objectifs appropriés? Existe-t-il une politique rédigée avec soin, qui présente les buts et les objectifs visés par ordre d'importance et qu'on peut mettre à contribution pour diriger les efforts du personnel du service de l'approvisionnement? Si oui, les buts définis sont-ils en accord avec les objectifs d'ensemble de l'entreprise?

La structure organisationnelle du service repose-t-elle sur des principes solides? Le service est-il réellement organisé de la manière décrite? Un des principaux éléments à considérer sont les tâches qui accaparent le personnel de l'approvisionnement dans les faits; s'occupe-t-il de gérer la fonction ou doit-il consacrer trop de temps à la relance et aux travaux d'écriture? La politique d'achat est-elle raisonnablement bien définie? Existe-t-il des politiques d'achat qui ont reçu l'approbation du président ainsi que d'autres cadres supérieurs et qu'on applique dans les faits?

Les politiques se révèlent souvent très difficiles à définir et encore plus à respecter. En outre, elles font inévitablement l'objet de modifications occasionnelles. On ne peut néanmoins citer ces raisons pour excuser le fait que le service ne possède aucune politique établie. Il faut consigner l'énoncé de politique par écrit, le distribuer en grand nombre et le mettre à la disposition des employés du service, du personnel de l'entreprise et même des fournisseurs. Le fait de mettre par écrit les politiques et les procédures de l'entreprise constitue un excellent moyen de s'assurer que le responsable du service examine de près, avec un esprit critique et constructif, les politiques et les objectifs adoptés ainsi que les problèmes de gestion qui se posent à l'organisation.

Les procédures établies sont-elles raisonnables? On peut citer deux raisons valables justifiant qu'on accorde une certaine attention aux procédures: la première est qu'on doit pouvoir déterminer si elles présentent un caractère adéquat, la seconde est qu'un examen minutieux des procédures fournit des indices pour reconnaître les problèmes du service.

Le nombre des petites commandes et le volume des commandes urgentes représentent des données révélatrices. D'autre part, on peut établir si les demandes d'achat sont complètes et évaluer l'indépendance dont fait preuve le personnel de l'approvisionnement lors du passage des commandes, en analysant les bons de commande et en les comparant aux demandes auxquelles ils se rattachent. Il est aussi intéressant de se renseigner sur la proportion des commandes en charge complète et partielle, sur leur répartition entre des fournisseurs de la région et de l'extérieur, sur l'importance accordée aux maisons de distribution par rapport aux fabricants ainsi que sur le nombre total de sources d'approvisionnement utilisées. Conclut-on des marchés d'approvisionnement? Existe-t-il un système permettant le contrôle des appels de livraison émis dans le cadre de ces marchés? Combien de temps faut-il pour trouver un document et pour répondre aux questions posées par des membres du service ou des personnes de l'extérieur? Dans quelle mesure utilise-t-on les documents que l'on conserve?

Les locaux du service sont-ils bien aménagés? A-t-on aménagé les bureaux de manière à assurer la réalisation efficiente des tâches? Possède-t-on l'espace et les installations nécessaires pour recevoir les vendeurs et les autres visiteurs? Les acheteurs disposent-ils d'un endroit où ils peuvent s'entretenir avec un vendeur sans être dérangés? Des bureaux bien aménagés contribuent non seulement à hausser le moral des employés, mais aussi à mettre les visiteurs dans les meilleures dispositions possible.

Quels résultats le service a-t-il obtenus en matière de prix payés et de livraison? Une vérification au hasard permet de déterminer si les prix payés se maintiennent à un niveau égal, inférieur ou supérieur à ceux du marché, surtout dans le cas des matières coûteuses. Met-on les besoins en commun pour exercer un certain pouvoir d'achat? Dans quelle mesure le service est-il parvenu à obtenir la livraison des articles à temps?

Comment gère-t-on les stocks?   Advenant que le service assume la responsabilité de la gestion des stocks, remarque-t-on certains faits qui dénotent l'existence de stocks désuets? Les services de production ont-ils subi les conséquences négatives d'un manque de matières par la faute du service de l'approvisionnement?

Quelle est l'attitude du personnel des autres services?   Quelle opinion le personnel des autres services de l'entreprise a-t-il du service de l'approvisionnement et de son efficacité? Les membres de ce service ont-ils la réputation d'être compétents, obligeants et à l'affût des occasions qui se présentent? Il est souvent plus facile pour un spécialiste indépendant que pour un membre du personnel d'obtenir ces informations.

Quelle est l'attitude des fournisseurs?   On devrait accorder une attention particulière non seulement à ce qui dénote le maintien de bonnes relations avec les autres services, mais aussi à ce qui témoigne de l'excellence des rapports entretenus avec les fournisseurs. Bien qu'il soit difficile de mesurer ces éléments par des méthodes statistiques, une personne intelligente et sensible aux réactions des autres peut réussir à s'en faire une idée.

★ ★ ★ ★

Une vérification occasionnelle du service de l'approvisionnement effectuée par un intervenant de l'extérieur permet d'envisager les choses d'un point de vue qu'une personne œuvrant pour ce service peut très difficilement adopter. C'est pourquoi la direction générale lui accorde de la valeur tout comme le responsable du service des achats auquel elle s'avère utile, parce qu'un critique indépendant est plus en mesure d'évaluer le niveau de coopération et la confiance que manifestent le personnel d'autres secteurs de l'entreprise à l'égard du service de l'approvisionnement.

Une analyse de ce genre peut permettre d'améliorer le rendement de n'importe quel service. Toutefois, elle s'applique particulièrement bien au service de l'approvisionnement dont l'efficience s'avère difficile à mesurer et dont la fonction réelle n'est pas toujours bien comprise. La direction devrait se prévaloir de toute aide qu'elle peut obtenir pour mieux définir ce qu'elle attend de ce service.

L'examen de la politique de gestion du personnel

Il convient d'entreprendre l'étude du programme de gestion du personnel en procédant à une analyse des tâches à effectuer, dans le cadre de laquelle on déterminera l'ampleur de la charge totale de travail et la manière dont

on peut combiner diverses tâches présentant des caractéristiques similaires. À partir de cette analyse, on pourra évaluer le nombre d'employés
requis et définir la formation scolaire ainsi que l'expérience que ces personnes devraient posséder.

La sélection du personnel   Il importe d'examiner les qualifications des
employés en poste et la méthode de sélection utilisée. Existe-t-il une
entente relativement claire en ce qui a trait aux qualifications? Quelles
sont les qualités personnelles recherchées? Quelle est la formation scolaire
requise? Quelle expérience exige-t-on? Par quels moyens recrute-t-on les
nouveaux employés?

La planification du personnel   Trop souvent, les employés du service
de l'approvisionnement ne sont pas répartis d'une façon acceptable entre
les divers groupes d'âge. En effet, la plupart des acheteurs ont atteint un
certain âge et prendront leur retraite à peu près au même moment, sans
qu'on dispose d'autres employés ayant la formation nécessaire pour les
remplacer. Dans les entreprises bien gérées, on a conscience de ce problème. Afin d'y remédier ou de l'éviter, on a élaboré un programme précis
définissant l'ordre de succession de même que les besoins en formation
et en perfectionnement des employés en poste.

La formation interne   La formation après l'embauchage constitue un
aspect important du programme de gestion du personnel. Les employés
récemment affectés au service ont en effet beaucoup à apprendre en
matière d'approvisionnement, surtout du fait que ce champ d'activité
exige une formation spécialisée. Or, il ne faut pas s'en remettre à l'expérience pratique ou aux bons soins des collègues de bureau pour assurer
l'apprentissage requis. Le responsable du service devrait encourager activement la formation des nouveaux employés et s'y intéresser d'une
manière continue. On peut assurer l'acquisition des compétences requises
par le biais d'un programme de formation interne, de cours du soir ou
de brefs séminaires organisés par de nombreux collèges et universités ainsi
que par diverses associations professionnelles œuvrant dans le secteur de
l'approvisionnement. De nos jours, presque tout le monde peut accéder
facilement à ces moyens de perfectionnement (par exemple, l'ACGA
compte 8 districts au Québec et plus de 50 au Canada).

Il est possible d'élaborer un programme de formation en cours d'emploi en se basant sur le manuel des politiques et des procédures. Ce programme devrait inclure l'étude des principaux articles achetés; à cette fin,
les vidéocassettes représentent un outil pédagogique valable. L'examen
des produits fabriqués par l'entreprise et des processus qu'elle utilise est
également approprié. De même, les lectures dirigées, les vidéocassettes,

les rapports écrits, les discussions de groupe et les conférences données par des personnes de l'extérieur contribuent à maintenir l'intérêt des participants et à leur fournir des occasions d'apprendre.

On devrait également rappeler aux employés en poste depuis un certain temps que le perfectionnement est un processus continu et que l'expérience ne constitue pas le seul moyen d'apprendre.

Le régime de rémunération Un programme de gestion du personnel ne doit pas traiter seulement de la sélection et de la formation. Il doit aussi établir un régime de rémunération. Les employés reçoivent-ils un salaire adéquat? Existe-t-il un système particulier pour l'octroi de promotions? Plus précisément, quelles chances y a-t-il pour qu'un jeune employé accède à un poste plus élevé et se voie confier de plus grandes responsabilités?

Les critères actuels d'évaluation du rendement

Au cours des années 80, on a réalisé diverses études afin d'analyser les critères choisis pour évaluer le rendement du service de l'approvisionnement. Les critères auxquels les entreprises accordaient le plus d'importance se rattachaient principalement aux coûts, aux prix et à la qualité des biens ou des services obtenus de même qu'au respect des délais de livraison par les fournisseurs. Selon une étude effectuée en 1988, les 10 critères les plus appropriés pour mesurer le rendement d'un acheteur sont[2]:

- la livraison en temps opportun des articles qu'il acquiert;
- l'acceptation des biens qu'il achète après leur inspection à l'arrivée par le service d'assurance de la qualité;
- le respect des objectifs de coûts établis;
- la connaissance des articles qu'il a la responsabilité de se procurer;
- la capacité de contrôler le cycle des bons de commande;
- l'aptitude à entretenir de bonnes relations avec des fournisseurs qualifiés;
- la capacité d'accomplir son travail en effectuant peu d'erreurs;
- l'habileté à déterminer le prix le plus bas qu'acceptera un fournisseur;
- le degré de complexité des achats d'articles et de matières dont il assume la responsabilité;

---

2. Thomas E. HENDRICK et William A. RUCH, «Determining Performance Appraisal Criteria for Buyers», *Journal of Purchasing and Materials Management*, été 1988, p. 25.

– la capacité de répondre rapidement aux questions posées par un fournisseur ou un client interne.

Les diverses mesures du rendement, telles que la qualité des biens acquis et leur coût de livraison, attirent l'attention de l'acheteur sur certains critères particuliers et sur les effets des décisions qu'il prend. Un article publié en 1991[3] décrit quatre types de systèmes de mesure du rendement : le premier est axé sur l'efficience, le deuxième sur l'efficacité, le troisième sur des objectifs multiples, alors que le quatrième présente un caractère plus subjectif. Les systèmes du premier type mettent l'accent sur les coûts et l'exploitation efficiente du service, que traduisent, par exemple, les coûts d'exploitation en approvisionnement et le temps de traitement des commandes. Pour leur part, les systèmes axés sur l'efficacité permettent d'évaluer la contribution du service aux profits de l'entreprise, la qualité des relations entretenues avec les fournisseurs et le niveau de satisfaction des clients. Les systèmes axés sur des objectifs multiples tiennent compte de mesures liées aussi bien à l'efficience qu'à l'efficacité. Quant aux systèmes subjectifs, ils ne fixent aucun objectif ni critère ; il suffit de dire aux acheteurs qu'on procédera à une évaluation de leur rendement.

En 1986, on réalisa une étude sur la base d'entrevues avec le chef de la direction et le responsable de l'approvisionnement de plus de 50 entreprises et d'un sondage auprès de leurs homologues de quelque 200 autres organisations. Cette étude révéla que les systèmes d'information traditionnels structurés, qui reposent sur des données factuelles, ne remplissent pas toujours leur fonction, dans la mesure où ils n'indiquent pas réellement ce que le service de l'approvisionnement a accompli et ne modifient pas l'idée que les gestionnaires des autres secteurs se font de ce service. Il ressort de cette même étude que cinq éléments clés influent sur la manière dont les gestionnaires des autres services perçoivent le service de l'approvisionnement et déterminent ainsi, dans une large mesure, l'image qu'il projette. En voici la liste.

1. La production du service : les employés des autres secteurs de l'entreprise évaluent cet élément en fonction des occasions où ils ont concrètement fait l'expérience des services habituels ou spéciaux qu'offre le personnel de l'approvisionnement.

2. Les rapports entretenus avec le personnel du service : axé sur la dimension humaine, cet élément englobe les différents rôles attribués à chacun et les conflits qui en découlent, de même que le caractère des employés de l'approvisionnement et l'impression qu'ils donnent.

---

3. Ellen J. DUMOND, «Performance Measurement and Decision Making in a Purchasing Environment», *International Journal of Purchasing and Materials Management*, printemps 1991, p. 22-23.

3. Les observations sur le personnel de l'approvisionnement : ces observations incluent les résultats de l'évaluation effectuée par le vérificateur et la manière dont on perçoit le comportement éthique du personnel de l'approvisionnement.

4. La réputation du service : celle-ci reflète la valeur que les membres des autres secteurs de l'entreprise attribuent au service de l'approvisionnement en fonction de perceptions objectives et subjectives.

5. Les attentes envers le service : ces attentes reposent sur l'idée que se font les gestionnaires des autres secteurs de la participation actuelle du service des achats à la réalisation des objectifs de l'entreprise et à l'élaboration des budgets, de même que des efforts déployés par son personnel pour acquérir des compétences en approvisionnement qui aideront à soutenir les activités des composantes de l'organisation[4].

Cette étude démontre une fois de plus que les activités d'évaluation et de communication relatives aux achats présentent une nature complexe et se révèlent importantes afin d'assurer au service de l'approvisionnement le statut dont il a besoin pour contribuer efficacement à la réalisation des objectifs globaux de l'entreprise.

11.6 L'UTILISATION DE L'ÉTALONNAGE POUR ÉVALUER LE RENDEMENT EN APPROVISIONNEMENT

L'évaluation ou la mesure du rendement pose depuis toujours un problème ennuyeux aux professionnels de l'approvisionnement. Les entreprises s'appliquent traditionnellement à analyser les tendances démontrées au sein de leur propre organisation en comparant le rendement actuel et antérieur de leur personnel de l'approvisionnement afin de déterminer s'il y a eu amélioration, et dans quelle mesure. Bien que ce type d'évaluation soit certainement valable, il ne permet pas à une entreprise de savoir où se classe son rendement par rapport à celui de ses concurrents. En période de mondialisation de la concurrence, il est important de tenir compte de ce que font les concurrents de l'entreprise.

Grâce aux rapports financiers rendus publics, on peut depuis longtemps établir des normes en ce qui a trait au rendement global de toute entreprise d'une industrie (sur le plan des bénéfices, du chiffre d'affaires et du rendement de l'actif, par exemple). Toutefois, les entreprises ne divulguent

---

4. Joseph L. CAVINATO, « Purchasing Performance : What Makes the Magic ? », *Journal of Purchasing and Materials Management*, automne 1987, p. 10-16.

pas les données relatives au rendement de leur fonction approvisionnement, du fait de leur nature confidentielle. Pour des raisons évidentes, elles ne veulent pas que leurs concurrents puissent connaître leurs activités et les résultats qui en découlent.

Dans le but de remédier à ce manque d'information, le Center for Advanced Purchasing Studies (CAPS) a entrepris, à la fin de 1989, de recueillir des données auprès des entreprises pour établir un ensemble de normes permettant d'apprécier la qualité ou la valeur au chapitre de l'approvisionnement. Ces éléments de référence fournissent aux professionnels de l'approvisionnement les points de repère dont ils ont besoin pour estimer le rendement de leur entreprise. Pour tout critère d'évaluation, le CAPS ne fournit qu'une moyenne et des valeurs limites calculées à partir des données obtenues sur le rendement des 10 ou 20 plus grandes entreprises d'une industrie particulière. Ainsi, selon l'étude réalisée en 1991 pour l'industrie alimentaire américaine, les 14 plus grandes entreprises de ce secteur assumaient un coût moyen de 0,47 $ pour dépenser un dollar, les frais encourus variant de 0,17 $ à 1,26 $[5].

Le recours à de tels points de repère permet à une entreprise de déterminer comment elle se classe par rapport à ses concurrents, puisqu'il fournit des valeurs moyennes et limites pour divers critères d'évaluation du rendement du service de l'approvisionnement. Il devrait amener l'entreprise à modifier ses pratiques pour qu'elles soient mieux adaptées à l'industrie, ce qui entraînera une amélioration de son rendement.

Questions de révision et de discussion

1. En quoi l'analyse de la valeur se distingue-t-elle de l'ingénierie de la valeur? Quelles sont les étapes à réaliser pour effectuer une analyse de la valeur lors de l'achat d'un article?

2. Quelles sont les diverses sphères de recherche en approvisionnement? Laquelle s'avérerait la plus productive:
   a) à court terme?
   b) à long terme?

3. De quelles manières une entreprise peut-elle organiser ses activités de recherche? Quels sont les avantages et les inconvénients

5. *Purchasing Performance Benchmarks for the U.S. Food Manufacturing Industry*, Tempe (AZ), Center for Advanced Purchasing Studies / National Association of Purchasing Management, juillet 1991.

de chacune de ces approches? Laquelle recommanderiez-vous à une entreprise :

a) de petite taille?

b) de taille moyenne?

c) de grande taille?

4. Quels critères une entreprise peut-elle adopter pour déterminer sur quoi concentrer ses efforts de recherche en approvisionnement?

5. Quelles questions faut-il se poser dans le cadre d'une étude relative à une matière? Où peut-on obtenir la réponse à ces questions?

6. Quelle est la différence entre un plan d'approvisionnement et un budget des achats? Pour quelles catégories de biens ou de services doit-on établir un budget des achats? Comment élabore-t-on chacun des budgets?

7. Pourquoi n'existe-t-il pas une méthode standard pour évaluer le rendement du service de l'approvisionnement de tous les types d'entreprises et d'organisations à but non lucratif? Quelle serait l'ampleur des difficultés inhérentes à la conception d'un système normalisé?

8. Quels types d'informations le service de l'approvisionnement devrait-il conserver au sujet de son rendement? De quelle manière peut-on utiliser ces renseignements?

9. Quelles sont les principales mesures du rendement en matière d'approvisionnement? Que peut apprendre le responsable de l'approvisionnement en examinant chacune de ces mesures?

10. Les coûts standard et les budgets présentent-ils une quelconque utilité au cours du processus d'évaluation? Si oui, dans quelles circonstances?

11. Pourquoi une entreprise utiliserait-elle l'étalonnage pour sa fonction approvisionnement? Comment s'y prendrait-elle pour y parvenir?

Références

ADAMS, Fred P. et Robert E. NIEBUHR, «Improving Individual Productivity in Purchasing», *Journal of Purchasing and Materials Management*, hiver 1985.

CAVINATO, Joseph L., «Purchasing Performance: What Makes the Magic?», *Journal of Purchasing and Materials Management*, automne 1987.

DUMOND, Ellen J., «Performance Measurement and Decision Making in a Purchasing Environment», *International Journal of Purchasing and Materials Management*, printemps 1991.

FEARON, Harold E., *Purchasing Research: Concepts and Current Practice*, New York, AMA-COM, 1976.

HENDRICK, Thomas E. et William A. RUCH, «Determining Performance Appraisal Criteria for Buyers», *Journal of Purchasing and Materials Management*, été 1988.

LUMPKIN, James R. et R. Keith TUDOR, «Effect of Pay Differential on Job Satisfaction: A Study of the Gender Gap», *Journal of Purchasing and Materials Management*, été 1990.

MILES, L.D., *Techniques of Value Analysis and Engineering*, 2ᶜ éd., New York, McGraw-Hill, 1972.

MILLEN, Anne, «How Effective Is Purchasing?», *Purchasing*, 25 octobre 1990.

PRESUTTI, William D. Jr., «Purchasing Management Practices of Small Manufacturers», *Journal of Purchasing and Materials Management*, hiver 1988.

Purchasing Performance Benchmarks for the U.S. Food Manufacturing Industry, Tempe (AZ), Center for Advanced Purchasing Studies / National Association of Purchasing Management, juillet 1991.

12 L'approvisionnement international

Plan

Questions clés du décideur

Devrait-on:

- faire preuve de plus de dynamisme en matière d'approvisionnement international?
- jouer un rôle plus actif en proposant des ententes de commerce de contrepartie?
- considérer les possibilités d'établir une *maquiladora*?

Comment peut-on:

- trouver des fournisseurs étrangers?
- organiser les activités d'approvisionnement international pour qu'elles soient le plus efficaces possible?
- remédier aux problèmes susceptibles de se poser lorsqu'on achète de fournisseurs internationaux?

Il n'y a pas longtemps que les acheteurs industriels nord-américains acceptent de traiter avec des fournisseurs étrangers pour des raisons autres qu'une pénurie de matières dans leur pays d'origine. Depuis la fin de la Seconde Guerre mondiale, toutefois, nombre de forces et d'événements divers ont entraîné des mesures ayant pour but de réduire les barrières commerciales entre les pays et d'accroître le volume des échanges internationaux. On est encore loin d'avoir résolu les problèmes liés au protectionnisme que démontrent les pays en adoptant certaines mesures tarifaires et non tarifaires (tels le contingentement des importations, les contrats de licence et les embargos). Le volume des échanges internationaux et des achats effectués à l'étranger a néanmoins augmenté de façon importante au cours des 40 dernières années. Ainsi, acheter à l'étranger représente une option que doit considérer tout professionnel avisé du service de l'approvisionnement.

□ □ □ □ □
12.1 L'INTÉRÊT POUR L'APPROVISIONNEMENT INTERNATIONAL

Plusieurs éléments ont amené les acheteurs à envisager la possibilité de s'approvisionner à l'étranger. Un des plus importants est que les moyens de transport et de communication, toujours plus rapides, ont permis en quelque sorte de rapprocher les divers points du globe au cours des 40 dernières années. La société A.T. Kearney rapporte que 80 % des 1 000 entreprises qui figurent sur la liste de la revue *Fortune* ont aujourd'hui recours à des sources étrangères pour s'approvisionner en composants, ce qui représente une augmentation de 50 % par rapport aux données publiées cinq ans plus tôt. Par ailleurs, 32 % de ces entreprises possèdent des installations de fabrication à l'étranger, tandis que 14 % d'entre elles projettent de prendre de l'expansion outre-frontière d'ici deux ans[1].

Les changements de l'offre

À la suite d'importantes pénuries de matières qui ont marqué les années 70 et qui résultaient en partie de l'embargo pétrolier décrété par les pays arabes en 1973, les producteurs occidentaux ont pris conscience que d'autres pénuries pourraient survenir à long terme et qu'ils devaient trouver de nouveaux fournisseurs internationaux en raison de l'épuisement de leurs sources d'approvisionnement traditionnelles. En plus d'avoir importé pour 44 milliards de dollars de combustibles minéraux en 1988,

---

1. A.T. KEARNEY INC., *Boardroom Reports*, 15 juin 1990, p. 5.

les États-Unis achètent de sources étrangères une partie, ou même la totalité, de plus de 20 des 80 minéraux essentiels à la défense nationale[2].

Les pressions exercées par l'État et le marché

Les entreprises nord-américaines produisent beaucoup de biens qu'elles vendent (exportent) à travers le monde. La valeur des exportations américaines atteignait 322 milliards de dollars en 1988, contre 16 milliards en 1953, alors que celle des biens exportés par le Canada s'établissait à 138 milliards de dollars (canadiens) en 1988, comparativement à 4 milliards en 1953[3]. Or, il est logique de traiter avec les fournisseurs des pays qui achètent ce qu'on vend. De plus, beaucoup d'entreprises multinationales reconnaissent qu'elles ont entre autres responsabilités sociales de s'approvisionner auprès des fournisseurs établis dans les pays où elles exploitent des usines, et ce afin d'aider au développement de ces nations. D'autre part, nombre de pays n'acceptent d'acheter un produit (tel un avion) que si le vendeur de ce dernier s'engage à acheter pour une valeur donnée des biens qu'ils ont à offrir.

Les éléments liés aux coûts

La pression de la concurrence s'est accrue au cours des 10 dernières années, ce qui a amené les entreprises nord-américaines à chercher et à évaluer diverses manières de réduire leurs coûts. Comme le fait remarquer le vice-président chargé des opérations d'une société américaine, « tant que nos concurrents peuvent réaliser les mêmes économies que nous en achetant à l'étranger, nous devons continuer à obtenir de plus en plus de nos produits périphériques de fournisseurs de l'extérieur ». Par ailleurs, un vice-président responsable de l'approvisionnement et du transport déclare que son entreprise « subit une pression toujours plus grande en ce qui touche au coût de nombreux produits. Or, ce phénomène, ainsi que la nécessité de demeurer concurrentiels sur le marché mondial, nous oblige à prendre l'engagement ferme de nous approvisionner là où nous devons le faire à travers le monde pour satisfaire aux exigences changeantes de nos clients ». Un directeur de l'approvisionnement affirme pour sa part que « notre responsabilité consiste à acheter le meilleur produit au meilleur prix. De ce fait, nous devons nous approvisionner sur le marché mondial, et les four-

---

2. Harry F. YOUNG, *Atlas of United States Foreign Relations*, Washington (D.C.), United States Department of State, Bureau of Public Affairs, Office of Public Communication, décembre 1988, p. 61.

3. *1988 International Trade Statistics Yearbook, Trade by Country*, vol. 1, New York, Nations Unies, 1988, p. 139 et 931.

nisseurs américains doivent être prêts à faire concurrence aux autres producteurs»[4]. Comme l'indique un responsable de l'approvisionnement international et des matières stratégiques, «notre entreprise est à caractère multinational et nous envisageons l'ensemble du monde comme notre supermarché. [...] Nous avons besoin de fournisseurs de calibre mondial pour nous aider à prendre de l'expansion et à répondre aux exigences de nos clients. Notre but est d'atteindre le zéro-défaut, tout en réduisant le temps cyclique, et d'amener notre coût total de possession au plus bas niveau possible»[5]. Bref, la pression qu'exercent les coûts et la concurrence oblige beaucoup d'entreprises à s'approvisionner à l'étranger pour survivre.

□ □ □ □ □
12.2 LES RAISONS POUR ACHETER À L'ÉTRANGER

Les raisons pour lesquelles on s'approvisionne à l'étranger sont nombreuses et varient selon la matière ou l'article à acheter. Cependant, la raison fondamentale est qu'on croit pouvoir obtenir une meilleure valeur en recourant à un fournisseur étranger plutôt qu'à une source du pays.

Selon un sondage[6] réalisé auprès de 1 000 acheteurs, les raisons de s'approvisionner à l'étranger sont, dans l'ordre: un prix plus bas (74 %), une meilleure qualité (46 %), une source unique (41 %), un savoir technique plus avancé (23 %), une attitude plus cohérente (12 %), une plus grande coopération en ce qui touche à la livraison (9 %) et les exigences en matière de commerce de contrepartie (5 %). Une autre étude[7] révèle elle aussi qu'un prix moins élevé représente la principale raison d'acheter à l'étranger. Viennent ensuite, par ordre d'importance, le fait que les entreprises internationales sont implantées à travers le monde et ont une vision globale des choses, la disponibilité des produits d'origine étrangère, l'amélioration de la qualité de ces produits, les techniques dont disposent les sources d'approvisionnement outre-frontière, la nécessité de répondre à certaines exigences en ce qui touche au commerce de contrepartie, à la compensation ou à la réalisation d'une part des achats sur place,

---

4. Somerby DOWST, «International Buying – The Facts and Foolishness», *Purchasing*, 25 juin 1987, p. 53 (traduction libre).

5. John S. CHESTER Jr., «TI to Open IPO in Mexico City», *Electronic Buyers' News*, 12 mars 1990 (traduction libre).

6. Somerby DOWST, «International Buying – The Facts and Foolishness», *Purchasing*, 25 juin 1987, p. 54.

7. Robert M. MONCZKA et Larry C. GIUNIPERO, «International Purchasing: Characteristics and Implementation», *Journal of Purchasing and Materials Management*, automne 1984, p. 4.

l'accroissement de la concurrence à l'échelle mondiale et l'amélioration du système de livraison des produits étrangers.

On reconnaît néanmoins neuf raisons particulières qui incitent une entreprise à choisir un fournisseur de l'étranger comme source d'approvisionnement privilégiée.

Le prix

La plupart des études révèlent que la capacité d'un fournisseur étranger de livrer un bien au Canada ou aux États-Unis à un coût total moindre que celui des producteurs du pays constitue l'une des principales raisons pour lesquelles on s'approvisionne outre-frontière. Il peut sembler étonnant qu'un fournisseur étranger soit en mesure de fabriquer un article et de l'expédier à plusieurs milliers de kilomètres de distance tout en assumant un coût moindre qu'un producteur local. Toutefois, on peut expliquer ce fait de plusieurs façons.

- Les coûts de main-d'œuvre sont souvent beaucoup moins élevés dans le pays où se trouve le producteur qu'en Amérique du Nord.
- Les taux de change favorisent parfois la réalisation d'achats à l'étranger.
- Il arrive que le fournisseur étranger utilise des équipements et des processus plus efficaces que ceux employés par les sources d'approvisionnement du pays.
- Il est possible que le fournisseur étranger concentre ses efforts sur la production de certains articles et fixe le prix de ses produits d'exportation à un niveau particulièrement attrayant pour accroître le volume de ses ventes.

La qualité

Bien que la qualité des produits obtenus de sources étrangères ne dépasse généralement pas celle des biens fabriqués au pays, elle se maintient à un niveau plus constant dans le cas de certains articles, tels les tuyaux d'acier utilisés dans l'industrie pétrolière. Ce fait s'explique par divers phénomènes, dont l'emploi d'équipements supérieurs et plus récents, l'implantation de meilleurs systèmes de gestion de la qualité et l'application du concept zéro-défaut, qui consiste, pour les travailleurs, à bien faire les choses du premier coup. Certaines entreprises nord-américaines, d'autre part, effectuent des achats à l'étranger pour compléter leur gamme de produits. Elles se procurent les articles haut de gamme de sources locales et traitent avec des fournisseurs étrangers pour combler certains besoins en produits de moindre qualité.

La non-disponibilité des articles au pays

Il existe certaines matières premières, tel le minerai de chrome, qu'on ne peut généralement obtenir que de sources étrangères. De plus, à mesure que les avantages économiques comparatifs changent, certains produits manufacturés ne deviennent eux aussi disponibles qu'auprès de fabricants étrangers. C'est le cas, entre autres, du matériel vidéo et de certaines pièces d'équipement pour le bureau, telles les machines à écrire et les imprimantes d'ordinateur.

La rapidité de livraison et l'approvisionnement continu

En raison de la quantité limitée des équipements disponibles et à cause des goulots d'étranglement qui retardent la production, une source d'approvisionnement étrangère peut parfois livrer un article plus rapidement qu'un fournisseur du pays. Il arrive même que ce fournisseur étranger conserve en Amérique du Nord un stock de produits prêts à être expédiés.

Une meilleure assistance technique

Lorsque le fournisseur étranger possède un réseau de distribution bien organisé en Amérique du Nord, il offre parfois un approvisionnement de pièces, un service après-vente inclus dans la garantie et des conseils techniques supérieurs à ceux qu'on obtient des sources du pays.

Le savoir technique

À mesure que les entreprises du pays et de l'étranger se spécialisent, leur savoir technique varie de plus en plus dans certains domaines. Il arrive, particulièrement dans le cas des équipements utilisés dans l'industrie des métaux primaires (acier et aluminium), que les fournisseurs étrangers possèdent un savoir-faire technique beaucoup plus avancé que celui de leurs homologues nord-américains.

Un instrument de marketing

Pour être en mesure de vendre ses produits sur un marché étranger, une entreprise devra accepter de réaliser des achats auprès des fournisseurs du pays en cause. Il en va tout particulièrement ainsi dans le cas des entreprises qui vendent des avions à des sociétés aériennes étrangères de propriété publique. Nous traiterons, à la section 12.7, du commerce de contrepartie.

Les rapports avec les filiales étrangères

Beaucoup d'entreprises nord-américaines exploitent des installations de fabrication et de distribution à l'étranger. Or, il arrive qu'elles prennent la décision de soutenir l'économie intérieure des pays étrangers où elles œuvrent, surtout lorsque ces derniers sont en voie de développement. Pour ce faire, elles y achètent des produits qu'elles exportent ensuite en Amérique du Nord.

La concurrence

La concurrence incite les sources d'approvisionnement locales à devenir plus efficaces, ce qui profite aux fournisseurs et aux acheteurs à long terme. Les acheteurs importent un article ou menacent de le faire afin d'exercer une pression sur les fournisseurs du pays pour qu'ils leur accordent des concessions. Une acheteuse d'acier fit ainsi remarquer qu'elle n'obtiendrait pas une ristourne de 50 $ ou plus la tonne si la situation actuelle en matière d'importations était différente.

☐☐☐☐☐
12.3 LES PROBLÈMES LIÉS À L'APPROVISIONNEMENT INTERNATIONAL

Les principes à la base d'un approvisionnement efficace, décrits ailleurs dans le présent manuel, s'appliquent aussi aux achats effectués à l'étranger, mais certains problèmes particuliers surviennent lorsqu'on réalise des transactions outre-frontière. Nous examinerons ici 14 éléments susceptibles d'engendrer des difficultés. Tout acheteur avisé doit considérer le coût total de possession, et non seulement le prix d'achat initial, lorsqu'il évalue une source d'approvisionnement internationale.

Le repérage et l'évaluation des fournisseurs

Pour s'approvisionner de manière efficace, on doit évidemment choisir des fournisseurs responsables et ouverts aux demandes de l'entreprise. Or, ce n'est pas toujours facile, car il faut beaucoup de temps et d'argent pour obtenir les données nécessaires à leur évaluation, à plus forte raison lorsque les fournisseurs potentiels se trouvent à plusieurs milliers de kilomètres de l'entreprise qui achète. Néanmoins, les méthodes servant à recueillir de l'information sur un fournisseur étranger sont essentiellement les mêmes que celles utilisées pour se renseigner sur une source locale (*voir le chapitre 6*). Lorsque les sommes en jeu et les risques sont élevés, on se doit de visiter les installations du fournisseur.

Le délai d'approvisionnement et de livraison

Dans le cas des articles volumineux et lourds de faible valeur, tel l'acier, les entreprises doivent planifier leurs achats à très long terme (ce que la plupart d'entre elles peuvent faire) et aviser rapidement leurs fournisseurs étrangers de toute modification apportée à leur calendrier. Elles doivent également choisir le transporteur avec soin. Afin de compenser les incertitudes liées au transport, un acheteur peut exiger que le fournisseur conserve un stock de sécurité en Amérique du Nord. Il arrive aussi qu'il demande une certaine forme de garantie ou de caution de bonne exécution.

Le délai d'obtention d'un article acheté à l'étranger diminue actuellement grâce à l'implantation récente et à la popularité croissante des systèmes de transmission de l'information en direct. Ces systèmes, ou tableaux d'affichage électronique, énumèrent les possibilités d'achat et de vente à l'étranger, présentent certaines données clés relatives à la situation financière des fournisseurs et procurent un service peu coûteux de transmission des messages à des fins de suivi. Certains systèmes informatisés offrent un service de traduction en anglais assistée par ordinateur, de même que des services de télécommunications multilingues à l'échelle de la planète[8].

La relance

En raison de la distance, il est plus difficile de relancer une entreprise étrangère pour qu'elle accélère la production et l'expédition d'un article. De ce fait, on y gagne tout particulièrement à connaître le personnel d'un fournisseur et à s'assurer qu'il prêtera une oreille attentive aux demandes de l'acheteur. Certaines entreprises signent également un contrat avec un agent de relance établi dans le pays étranger, ou obtiennent l'aide de certains employés d'une filiale située à une distance moindre du fournisseur pour résoudre les problèmes liés à la relance.

8. Elliot KING, «World Trade Goes On-Line», *Global Trade*, février 1990, p. 30.

Les problèmes politiques et les difficultés liées à la main-d'œuvre

Selon le pays où se trouve un fournisseur, il peut y avoir un risque relativement élevé que des problèmes d'ordre politique (tels un changement de gouvernement ou une grève) engendrent une interruption de l'approvisionnement. L'acheteur doit évaluer ce risque et, s'il est élevé, il doit établir un système lui permettant de suivre le cours des événements afin de prévoir les problèmes imminents et d'élaborer une solution de rechange.

Les fluctuations du taux de change

Une entreprise devrait-elle payer les biens acquis en utilisant sa propre monnaie ou celle du pays où elle a réalisé un achat? Il existe plusieurs manières de procéder. Par exemple, l'acheteur peut établir le prix à verser en monnaie du pays où se trouve le fournisseur étranger, tout en fixant une limite contractuelle aux fluctuations permises du taux de change à la hausse ou à la baisse. L'acheteur très bien informé peut aussi se prémunir contre une variation défavorable du taux de change en faisant le commerce des options sur devises (une activité qui a vu le jour en 1983)[9].

Le mode de paiement

Le mode de paiement varie considérablement selon qu'on effectue un achat à l'étranger ou au pays. Dans certains cas, il arrive que le fournisseur étranger exige d'être payé en espèces au moment du passage de la commande ou avant qu'il n'expédie les biens. Un fournisseur avec lequel l'acheteur entretient des relations de longue date peut accepter de livrer les biens en imputant leur prix à un compte ouvert, mais il insiste parfois pour conserver le titre de propriété de ces articles jusqu'à ce qu'ils soient payés. En pareil cas, on recourt à une lettre de change (traite) tirée par l'acheteur au bénéfice du vendeur, lequel y joint le document d'expédition pour ensuite l'envoyer à sa banque afin de l'encaisser. Cette dernière transmet ensuite les documents à une banque établie dans le pays de l'acheteur, en lui indiquant à quel moment elle doit les remettre à ce dernier (en général sur présentation). Il s'agit ainsi d'une traite à vue. Le fournisseur a aussi la possibilité d'exiger une lettre de crédit émise par la banque de l'acheteur à la demande de ce dernier. Cette lettre garantit que l'institution

---

9. «A Safer Hedge in Currencies», *Business Week*, 17 janvier 1983, p. 102.

bancaire versera le montant convenu lorsque les conditions indiquées (la livraison, par exemple) auront été satisfaites.

La qualité

Il est extrêmement important que l'acheteur et le vendeur s'entendent clairement sur les normes de qualité à respecter. En effet, tout malentendu peut se révéler très coûteux en raison de la distance qui sépare les deux parties.

Les articles refusés

Advenant le rejet de certains articles pour des raisons ayant trait à la qualité, quelles seront les responsabilités de chacune des parties? Étant donné la distance parcourue par les biens, le retour et le remplacement de ces articles engendrent des complications et demandent beaucoup de temps.

Les tarifs et les droits de douane

On appelle tarif douanier un tableau indiquant les droits (somme d'argent) à payer en fonction de la valeur d'un bien lors de son importation (ou de son exportation dans certains cas). Bien que tous les pays travaillent, en théorie, à éliminer les tarifs par le biais de l'Accord général sur les tarifs douaniers et le commerce (GATT), ceux-ci existent encore. L'acheteur doit ainsi connaître les tarifs qui s'appliquent et savoir comment calculer les droits à verser. En outre, le contrat établi doit indiquer clairement qui, de l'acheteur ou du vendeur, acquittera ces droits.

Les coûts liés à la paperasserie

En collaboration avec le U.S. Department of Transportation, le National Committee on International Trade Documentation a réalisé une étude à l'échelle mondiale pour déterminer le volume de documents engendré par les transactions internationales. Cette étude révèle jusqu'à quel point la paperasserie est devenue envahissante. Ainsi, pour toute transaction à l'étranger, une entreprise américaine doit traiter en moyenne 46 documents distincts, dont la requête, la facture, la facture de transport, le certificat d'origine, la licence d'importation et le connaissement. De plus, on prépare 360 copies de ces documents. Compte tenu du volume actuel des échanges internationaux, on produit au total plus de 7 milliards d'exemplaires de ces documents par année aux États-Unis. En outre, un envoi moyen qui arrive aux États-Unis nécessite 27 heures-personnes de travaux d'écriture, au coût total de 320 $.

Les travaux d'écriture liés aux achats à l'étranger soulèvent donc un problème de taille en raison de leur coût, en plus d'être une source de frustration et de ralentir le processus. Simplifier l'expédition des biens acquis constitue peut-être l'une des tâches les plus difficiles à accomplir lorsqu'on s'approvisionne auprès d'une source étrangère. Le National Committee on International Trade Documentation recommande donc[10] :

– d'**éliminer** les documents dont on peut se passer;
– de **simplifier** les documents essentiels;
– de **standardiser** ces derniers;
– de procéder à l'**informatisation**.

L'étude mentionnée remonte à une dizaine d'années, mais la situation ne s'est guère améliorée depuis, malgré le recours à l'informatique.

Les difficultés d'ordre juridique

Les achats réalisés au pays entraînent parfois des difficultés d'ordre juridique, qui peuvent se révéler beaucoup plus grandes lorsqu'on s'approvisionne à l'étranger. Pour cette raison, si le délai de livraison a une importance primordiale, il peut être avantageux d'obtenir une clause pénale stipulant que tout retard de livraison entraînera le versement d'une amende ou d'un montant en dommages et intérêts. On peut également exiger une garantie de bonne exécution ou le dépôt d'une caution qui sera remise à l'acheteur si le fournisseur manque à certaines obligations. Comme toute action en justice demande beaucoup de temps et d'argent, les accords précisent de plus en plus que tout litige lié au commerce international fera l'objet d'un arbitrage international.

Le transport

Les conditions et les responsabilités se rattachant au transport s'avèrent plus complexes lorsqu'on s'approvisionne à l'étranger plutôt qu'au pays. Elles sont régies par une convention appelée parfois *Incoterms*, dont font mention presque tous les accords de vente ou d'achat à l'étranger. Révisée en 1990 par la Chambre de commerce internationale, cette convention

---

10. «The Documentation Dilemma: Paperwork v. International Trade», *Inbound Traffic Guide*, juillet-août 1983, p. 50-55.

aide, dans une large mesure, à standardiser et à simplifier les pratiques commerciales lorsqu'on achète à l'étranger. Elle définit 13 conditions regroupées en 4 catégories[11]:

Groupe E – Départ

1. Départ de l'usine – EXW (Ex Works);

Groupe F – Port principal non payé

2. Franco à quai (FAQ) – FAS (Free Alongside Ship);
3. Franco transporteur (au lieu convenu) – FCA (Free Carrier at Named Point);
4. Franco à bord (FAB) – FOB (Free on Board);

Groupe C – Port principal payé par le vendeur

5. Coût et fret (CF) – CFR (Cost and Freight);
6. Coût, assurance et fret (CAF) – CIF (Cost, Insurance and Freight);
7. Port et assurance payés – CIP (Carriage and Insurance Paid);
8. Port payé jusqu'à – CPT (Carriage Paid To);

Groupe D – Arrivée

9. Rendu frontière (livraison à la frontière) – DAF (Delivered at Frontier);
10. Rendu droits acquittés – DDP (Delivered Duty Paid);
11. Rendu droits non acquittés – DDU (Delivered Duty Unpaid);
12. Rendu à quai – DEQ (Delivered Ex Quay);
13. Rendu *ex ship* – DES (Delivered Ex Ship).

Certaines des conditions définies ne s'appliquent qu'au transport maritime. Il s'agit de franco à quai (FAQ), franco à bord (FAB), coût et fret (CF), coût, assurance et fret (CAF), rendu *ex ship* et rendu à quai. Les autres peuvent être adoptées pour tout mode de transport. Chacune des 13 conditions énumérées peut en outre inclure jusqu'à 20 sous-conditions qui précisent les responsabilités de l'acheteur, du vendeur et du transporteur. De ce fait, l'acheteur qui organise le transport de biens importés doit être familier avec ces conditions (ou obtenir de bons conseils) avant de conclure un accord. Les décisions relatives à l'emballage et aux assurances présentent également un caractère beaucoup plus complexe lorsqu'on s'approvisionne à l'étranger plutôt qu'au pays.

Selon une étude réalisée en 1990 par la revue *Distribution*, on recourt le plus souvent à un courtier en douanes (81,4 %), à un transitaire de fret

---

11. *Incoterms 1990*, Haluch & Associates, Trumbull (Conn.), 1991; Jan RAMBERG, *Guide des incoterms 1990*, Paris, ICC Publishing S.A., 1991.

aérien (46 %) ou à un groupeur international (31,9 %) pour assurer l'importation de biens. On considère de plus en plus cette tierce partie comme un partenaire stratégique sur la scène internationale, où la logistique présente une importance capitale[12].

La langue

En vue d'éliminer les barrières linguistiques, certaines entreprises insistent pour que le gestionnaire de l'approvisionnement, qui devra traiter à maintes reprises avec des fournisseurs parlant une langue autre que la sienne, suive un cours de langue intensif dans le but de se préparer à cette situation. L'acheteur aura encore besoin des services d'un interprète, mais il sera un peu plus à l'aise lors des discussions.

Les habitudes culturelles

Même à l'intérieur de l'Amérique du Nord, les usages en affaires varient d'une région à l'autre. Généralement, on devrait observer les règles de conduite suivantes[13].

1. S'abstenir d'utiliser toute expression populaire ou régionale ainsi que tout jargon lorsqu'on parle sa langue maternelle.

2. Garder une attitude assez sérieuse et respecter les convenances.

3. Ne pas essayer de conclure une transaction durant la période de célébration d'une fête importante dans la région ou le pays visité.

4. Se rappeler que les gestes n'ont pas toujours la même signification d'un pays à un autre et qu'on doit se renseigner pour savoir lesquels sont inconvenants.

5. Éviter d'appeler une personne par son prénom à moins d'être invité à le faire.

Voici quelques exemples de différences culturelles observées à travers le monde.

En Asie. Sur ce continent, l'ordre des noms que porte une personne (nom de famille et prénoms) varie d'un pays à l'autre. Il faut donc se renseigner et ne pas se tromper lorsqu'on nomme quelqu'un ou qu'on s'adresse à lui. Il est préférable d'adopter une attitude plutôt cérémonieuse et de ne jamais utiliser le prénom d'une personne, même lorsqu'on le connaît.

---

12. Joseph V. BARKS, «Bulging in the Middle», *Distribution*, mai 1990, p. 78.
13. Dale H. MARCO, «It's a Small World, but with Big Differences», *Electronic Buyers' News: Purchasing Issues*, 7 octobre 1991, p. 10-14.

Au Moyen-Orient. Il arrive que les gens d'affaires arabes interrompent un entretien à maintes reprises pour parler à des individus qui entrent dans la pièce et n'y demeurent qu'un bref instant. Ce comportement n'est pas jugé impoli, reflétant plutôt l'approche collective qu'adoptent les Arabes lorsqu'ils traitent des affaires.

En Amérique latine. Les habitants de cette région portent souvent le nom de famille de leurs deux parents; le nom de leur père est celui qu'on doit utiliser dans une conversation. Les Latino-Américains ont besoin de moins d'espace autour d'eux que la plupart des Nord-Américains. Par conséquent, ils s'approchent très près de la personne à laquelle ils parlent pour établir un climat d'intensité et d'intimité.

En Europe. Les Européens se montrent plus cérémonieux que les Nord-Américains et n'appellent donc jamais quelqu'un par son prénom sans y avoir été invités. Une tenue soignée classique est de rigueur lorsqu'on traite avec des gens d'affaires européens.

☐ ☐ ☐ ☐ ☐
12.4 LE REPÉRAGE ET L'ÉVALUATION DES FOURNISSEURS INTERNATIONAUX

Compte tenu des distances, il est beaucoup plus difficile de repérer les fournisseurs potentiels lorsqu'on procède à la sélection d'une source d'approvisionnement à l'étranger plutôt qu'au pays. L'acheteur dispose néanmoins de sources d'information semblables dans les deux cas, à quelques différences près.

1. Le ministère des Affaires extérieures et du Commerce extérieur peut transmettre à tout acheteur une liste à jour indiquant le nom et l'adresse des fournisseurs étrangers classés selon les grandes catégories de produits qu'ils offrent.

2. Les chambres de commerce établies dans la plupart des grandes villes au Canada et à travers le monde peuvent aider les acheteurs canadiens à trouver des sources d'approvisionnement.

3. La Chambre de commerce internationale entretient de nombreuses relations à travers le monde par l'entremise de ses organismes nationaux affiliés, et elle peut mettre un acheteur sur la piste de sources d'approvisionnement potentielles[14].

---

14. L'adresse de la Chambre de commerce internationale est: 38, cours Albert 1er, 75008 Paris, France. On peut également communiquer avec cet organisme par téléphone au (1) 49532828, par télex au 650770 ou par télécopieur au (1) 42253281.

4. Presque tous les pays du monde ont une ambassade à Ottawa, où on peut également obtenir de l'aide.

5. En règle générale, le personnel de l'approvisionnement d'une entreprise ayant déjà réalisé des achats à l'étranger accepte de partager l'information qu'il possède avec d'autres acheteurs, dans la mesure où ces derniers ne lui font pas directement concurrence. Les sections locales de l'Association canadienne de gestion des achats (ACGA) et de la National Association of Purchasing Management (NAPM) peuvent souvent faciliter un tel échange d'informations.

6. Les fournisseurs avec lesquels un acheteur traite déjà au pays sont souvent à même de le renseigner sur les sources étrangères qui ne leur font pas concurrence ou de l'aider à les repérer.

7. Les importateurs et les courtiers en commerce international se tiennent continuellement informés des changements concernant les fournisseurs potentiels des pays étrangers où ils traitent des affaires, et ils peuvent donner à l'acheteur beaucoup de renseignements utiles.

8. Presque toutes les banques d'importance ont un service qui s'occupe des transactions commerciales internationales. Celui-ci offre de l'information sur la monnaie, les méthodes de paiement, les documents requis et les procédures d'approbation gouvernementales; il peut aussi aider à trouver des sources d'approvisionnement potentielles.

9. Dans tous les grands pays industrialisés, il existe au moins un répertoire de fournisseurs semblable au *Thomas Register of American Manufacturers* qu'on utilise couramment.

10. La Fédération internationale de l'approvisionnement et des achats[15] (IFPMM), composée d'associations nationales membres, tient une liste où figure le nom de correspondants de divers pays. Il s'agit en fait d'acheteurs et de responsables de l'approvisionnement qui acceptent de renseigner leurs homologues étrangers sur les fournisseurs de leur pays.

11. La firme Dun and Bradstreet possède des bureaux dans plusieurs pays étrangers et peut rédiger un rapport D & B sur nombre d'entreprises.

Vu la disponibilité de ces sources d'information, le repérage des fournisseurs étrangers ne pose aucun problème véritable. Il est cependant un peu plus difficile d'évaluer leurs capacités.

---

15. L'ACGA et la NAPM se sont toutes deux retirées de l'IFPMM en juin 1989, mais des pourparlers se tenaient en 1992 au sujet d'un retour possible de ces deux associations au sein de la Fédération internationale.

☐ ☐ ☐ ☐ ☐
12.5 L'ORGANISATION DES ACTIVITÉS D'APPROVISIONNEMENT À L'ÉTRANGER

Devrait-on acheter directement du fournisseur ou recourir à un intermédiaire? La réponse à cette question varie en fonction de certains éléments tels que l'étendue des connaissances spécialisées du personnel de l'approvisionnement au chapitre des transactions à l'étranger ainsi que le volume et la fréquence des achats qu'on s'attend à réaliser outre-frontière.

Le courtier ou l'agent en importations

Le courtier ou l'agent aide à trouver des fournisseurs et à rédiger les documents requis contre rétribution (la somme exigée varie généralement selon la valeur des achats et peut atteindre jusqu'à 25 %). L'entreprise qui achète devient directement propriétaire des biens acquis. L'acheteur doit évidemment s'assurer que les honoraires demandés sont raisonnables compte tenu des services offerts.

Le négociant en importations

Le négociant en importations établit un contrat avec l'acheteur. Ensuite, il acquiert le produit requis d'un fournisseur étranger, en obtient le titre de propriété à son nom, livre ce bien à l'endroit déterminé avec l'acheteur et fait parvenir à ce dernier une facture au montant convenu. Bien sûr, l'acheteur paie une certaine commission (incluse dans le prix versé) pour les services d'achat fournis.

La maison de commerce

Il s'agit le plus souvent d'une grande entreprise qui s'occupe en général d'une vaste gamme de produits en provenance d'un seul ou de plusieurs pays. Les entreprises japonaises ont fréquemment recours à des maisons de commerce pour vendre leurs produits en Amérique du Nord. En traitant avec ce type d'intermédiaire, l'acheteur bénéficie de certains avantages, soit: un service pratique et efficace, une baisse fréquente des coûts attribuable au volume d'achat, une réduction des délais d'approvisionnement du fait que la maison de commerce garde souvent un stock en Amérique du Nord, et une assurance accrue que le bien acquis répond aux normes de qualité, puisque la maison de commerce l'inspecte avant qu'il soit expédié de son pays d'origine.

L'affectation du personnel

Lorsque les achats à l'étranger présentent un faible volume au total, on peut en confier la réalisation à un acheteur qui traite surtout avec des fournisseurs du pays. Toutefois, si leur volume est plus important, il sera avantageux de former ou d'embaucher un ou plusieurs acheteurs spécialisés qui seront en mesure d'acquérir des connaissances au sujet des marchés et des fournisseurs étrangers, des documents nécessaires à l'importation, des méthodes de paiement et des fluctuations du taux de change.

Le bureau d'achat à l'étranger

Beaucoup de grandes entreprises nord-américaines ont établi un bureau d'achat distinct à l'étranger, qui relève du service de l'approvisionnement de leur siège social. Ce bureau se charge d'obtenir directement des fournisseurs étrangers tous les articles que l'entreprise doit acquérir outre-frontière pour assurer l'ensemble de ses opérations.

Autrefois, il était pratique courante d'affecter un gestionnaire du service de l'approvisionnement nord-américain à la direction de ce bureau d'achat à l'étranger. Aujourd'hui, cependant, on a plutôt tendance à choisir un citoyen du pays où se trouve ce bureau et à le faire venir en Amérique du Nord pour lui offrir une formation.

12.6 LES EXIGENCES DES ACHETEURS SELON LEUR PAYS D'ORIGINE

En 1992, des chercheurs de la London Business School ont réalisé une étude sur les exigences des acheteurs dans 40 entreprises européennes de 4 industries différentes[16]. Selon cette étude, on considère:

- que les Allemands sont les plus difficiles à satisfaire au chapitre de la qualité, des innovations et du service, mais qu'ils sont les moins exigeants en ce qui a trait au prix;
- que les Britanniques et les Italiens sont les plus exigeants à l'égard du prix (ce qui s'explique, dans le premier cas, par l'importance que les Britanniques attachent au court terme, et, dans le second, par l'habileté et la patience dont les Italiens font preuve lors des négociations);

---

16. «Germans Precise, French Nationalistic, but British are the Least Demanding Buyers in Europe», *Procurement Weekly*, Royaume-Uni, 24 janvier 1992, p. 1.

– que les Français sont les plus fidèles à leurs fournisseurs, mais qu'ils démontrent aussi la plus forte tendance à choisir des sources d'approvisionnement de leur pays plutôt que de l'étranger.

La principale raison justifiant l'exploration des marchés outre-frontière est qu'ils contribuent à l'établissement de relations plus étroites et à plus long terme entre les acheteurs et les fournisseurs. Par expérience, les acheteurs favorisent certains pays comme sources d'approvisionnement à l'étranger, ce qui est tout à fait légitime. Il faut cependant admettre que ces préférences seront appelées à changer dans l'avenir, à mesure que la pression exercée par la concurrence incitera les entreprises à améliorer leur rendement.

□ □ □ □ □
12.7 LE COMMERCE DE CONTREPARTIE

L'expression «commerce de contrepartie» n'est en fait qu'un terme élégant pour désigner un accord de troc, lequel présente toutefois certains éléments nouveaux. Le troc existe depuis très longtemps et consiste à obtenir un bien en échange d'un autre bien plutôt qu'une somme d'argent. En période de pénurie, les entreprises nord-américaines procèdent souvent à des opérations de troc. Ainsi, il arrive qu'une entreprise de services publics fournisse du mazout à une autre entreprise en échange de fil de cuivre.

Le troc ou l'échange

Le troc représente l'échange de biens d'une même valeur. On l'observe le plus souvent lorsqu'une nation qui manque de devises fortes, telle la République populaire de Chine, accepte de céder un bien qu'elle produit contre un bien d'un autre pays, obtenant ainsi de l'acier inoxydable contre du tungstène, par exemple. La transaction conclue s'avère en général relativement simple puisque les entreprises (pays) en cause échangent tout au plus des biens d'une valeur équivalente. On parle d'un accord d'échange plutôt que de troc lorsque deux parties se transfèrent des biens de même nature, comme du matériel agricole ou des produits chimiques, à seule fin d'économiser les coûts de transport.

Selon un accord de troc mixte, le vendeur livre un produit d'une valeur donnée (comme des moteurs) et reçoit en contrepartie un montant d'argent déterminé de même qu'une certaine quantité d'un bien, tel du blé. Il revient alors au service de l'approvisionnement de revendre ce bien pour obtenir une somme d'argent ou de l'échanger contre un autre bien.

Les ententes de compensation

Les ententes de compensation se distinguent par une clause qui stipule qu'une portion du commerce de contrepartie doit se traduire par l'achat de biens d'exportation destinés à des fins militaires. Dans le cadre d'une telle entente, l'entreprise qui vend accepte de consacrer un pourcentage du montant qu'elle obtient à la réalisation d'achats dans le pays avec lequel elle traite. En règle générale, on entreprend les pourparlers sur la base d'une proportion de 50 %, qu'on négocie ensuite à la hausse ou à la baisse.

Les pays étrangers qui achètent des biens produits en Amérique du Nord déploient souvent des efforts considérables pour signer une entente de compensation. Cet état de choses s'explique par des raisons d'ordre:

- **technique**, pour conserver la capacité de fabrication et le savoir-faire;
- **économique**, pour obtenir des dollars américains ou pour accroître le niveau d'emploi;
- **politique**, pour protéger les producteurs et les emplois tout en aidant le gouvernement en place à se maintenir au pouvoir[17].

L'achat en retour

Un accord d'achat en retour oblige l'exportateur premier à acquérir de l'importateur, au cours d'une période donnée, des biens atteignant une certaine valeur (laquelle correspond souvent à un pourcentage de la valeur des produits initialement exportés) ou à trouver quelqu'un qui le fera à sa place.

Le rachat

Dans le cadre d'une entente de rachat, l'entreprise qui vend s'engage à établir une usine de fabrication dans le pays acheteur, ou à lui vendre de l'équipement ou des connaissances techniques. Le vendeur initial accepte également d'acheter une certaine quantité des biens produits grâce à l'usine, à l'équipement ou au savoir technique en cause. Les ententes de rachat peuvent s'appliquer sur une période de 10 ans ou plus.

---

17. «Offset: International Negotiating Game», *Practical Purchasing Management*, Barrington (Ill.), Purchasing World, 1984, p. 142.

La transaction tripartite

Lors d'une transaction tripartite, un tiers utilise ses « crédits » dans le cadre d'une entente de compensation bilatérale afin d'acheter des biens ou des services, ou les deux, du pays ou de l'entreprise déficitaire. Un courtier ou une maison de commerce se charge ordinairement de réaliser la transaction.

Un pays utilise le commerce de contrepartie surtout lorsqu'il manque de devises étrangères ou ne dispose pas d'un crédit suffisant pour financer les échanges commerciaux qu'il désire effectuer. Advenant qu'un pays souhaite accroître ses exportations ou mettre en valeur des marchés étrangers pour ses nouveaux produits, il arrive que le commerce de contrepartie lui fournisse le moyen d'y parvenir.

Au moins 61 pays, dont le Canada, la Suisse et Israël, exigent que les entreprises qui souhaitent vendre des biens ou des services sur leur territoire signent une entente de commerce de contrepartie. À l'échelle mondiale, le commerce de contrepartie engendre approximativement 150 milliards de dollars par année, soit environ 8 % du total des échanges internationaux[18].

On observe très fréquemment un commerce de contrepartie lors de la vente de matériel militaire à l'étranger par des entreprises américaines. Ainsi, la société Boeing n'a pu vendre des avions AWACS au Royaume-Uni qu'en acceptant des ententes de compensation dont la valeur atteignait environ 130 % de celle de la transaction réalisée, laquelle s'établissait à 1,85 milliard de dollars. De même, pour vendre des avions de chasse F-16 à la Turquie, General Dynamics dut s'engager à y investir 800 millions de dollars, entre autres dans une centrale électrique, quatre hôtels et une entreprise d'exportation de fruits[19].

Dans beaucoup de cas, les ententes de commerce de contrepartie peuvent engendrer des problèmes pour le service de l'approvisionnement de l'entreprise qui vend, lequel doit s'acquitter des obligations prises. Toutefois, il arrive également qu'elles lui fournissent la possibilité de mettre en valeur des sources d'approvisionnement moins coûteuses sur le marché mondial. Les ententes de ce genre étant devenues chose courante pour nombre de professionnels de l'approvisionnement, on suggère:

---

18. Warren E. NORQUIST, «Countertrade: Another Horizon for Purchasing», *Journal of Purchasing and Materials Management*, été 1987, p. 3.

19. Eileen WHITE, «Tool of Trade: As Arms Makers Offer Foreign Buyers More, Opposition Is Growing», *The Wall Street Journal*, 10 septembre 1987, p. 1.

- d'évaluer si le commerce de contrepartie représente une option viable, car une entreprise qui ne dispose pas des ressources nécessaires pour s'approvisionner à l'échelle internationale devrait refuser d'y participer;
- d'ajouter au prix de vente le coût qu'entraîne le commerce de contrepartie;
- de se renseigner sur le pays avec lequel on traite (son gouvernement, ses politiques et ses réglementations);
- de se familiariser avec les produits en cause et de savoir ce qui est disponible;
- de bien connaître le processus de négociation en matière de commerce de contrepartie (pourcentage de la compensation, amendes et période d'application)[20].

Les coopératives de commerce de contrepartie

Aux États-Unis, le *Trade Act* de 1982 permet aux entreprises de former une coopérative pour s'acquitter en commun des obligations en matière de commerce de contrepartie concernant les ventes à l'étranger. Lorsqu'une PME devient membre d'une telle coopérative, souvent dirigée par une grande entreprise, il devient plus facile pour elle de prendre les dispositions nécessaires pour conclure une transaction bipartite ou tripartite.

☐ ☐ ☐ ☐ ☐
12.8 LES ZONES FRANCHES

Une zone franche se définit comme une région isolée et surveillée qui se trouve à l'intérieur du périmètre d'un port d'entrée ou à la limite de celui-ci, qui est exploitée à la manière d'un service public et qui offre toutes les installations nécessaires au chargement, au déchargement, à la manutention, au triage, à la manipulation, à la fabrication et à l'étalage des biens ainsi qu'à leur réexpédition par voie terrestre, maritime ou aérienne. Tout bien d'origine intérieure ou étrangère peut entrer dans une telle zone (à l'exception de ceux que la loi interdit et de ceux que les autorités excluent parce qu'ils nuisent à l'intérêt, à la santé ou à la sécurité du public), et ce sans être soumis aux lois douanières. On peut ensuite exporter ce bien, le détruire ou l'envoyer ailleurs au pays, hors de la zone franche, qu'il soit dans son emballage original ou non. Il faut verser des droits de douane sur les articles qui sortent de la zone franche lorsqu'ils

---

20. David B. YOFFIE, «Profiting from Countertrade», *Harvard Business Review*, mai-juin 1984, p. 8-16.

demeurent sur le territoire national, mais non lorsqu'ils sont réexpédiés à l'étranger[21].

La valeur des biens qui sont passés en transit dans les zones franches américaines en 1986 s'établissait à 39 milliards de dollars. Beaucoup de grandes entreprises, dont les trois principaux constructeurs d'automobiles américains, tirent profit de ces zones[22].

Les activités à l'intérieur d'une zone franche

Chaque zone franche présente un caractère distinct, déterminé par les fonctions qu'elle doit remplir dans le contexte des échanges commerciaux propre à la région où elle se trouve. Voici une brève description des principales activités qui peuvent se dérouler à l'intérieur d'une telle zone.

Le transbordement   On peut entreposer, réemballer, assembler ou manipuler de toute autre façon les biens qui seront subséquemment expédiés vers un autre port, et ce sans avoir à payer des droits de douane ni à verser une caution.

L'entreposage   On peut entreposer une partie ou la totalité des biens à l'intérieur d'une zone franche pour une période indéfinie. Cette possibilité s'avère tout particulièrement importante dans le cas des biens qui sont gardés en attendant que les autorités établissent de nouveaux quotas d'importation ou que la demande et le prix augmentent.

La manipulation   Il est possible de manipuler les biens importés et de les combiner à des produits d'origine locale, pour ensuite les faire entrer au pays ou les réexporter. On n'acquitte alors des droits de douane que sur les articles importés.

Le remboursement des droits de douane et des taxes   Lorsqu'on réexpédie dans la zone franche un bien ayant passé la douane, son propriétaire peut obtenir aussitôt le remboursement de 99 % des droits versés.

L'étalage et l'exposition des biens   Les utilisateurs d'une zone franche peuvent montrer leurs produits à leurs clients sans devoir verser une

---

21. *Code of Federal Regulations*, intitulé 15, 1981.
22. Ken SLOCUM, «Import Battle: Foreign Trade Zones Aid Many Companies but Stir Up Criticism», *The Wall Street Journal*, 30 septembre 1987, p. 1.

caution ni acquitter des droits de douane. Ils sont en mesure de proposer un prix ferme (car ils peuvent déterminer à l'avance le taux des droits et des taxes à payer) et de livrer immédiatement les biens vendus. Seuls les articles expédiés ailleurs au pays, hors de la zone franche, sont assujettis aux droits et aux taxes.

La fabrication   Il est possible, à l'intérieur d'une zone franche, de fabriquer des articles dont la production nécessite des biens de l'étranger. On peut combiner ces derniers à des articles obtenus au pays ; dans ce cas, les droits de douane à payer lorsqu'on importe le produit fabriqué ne s'appliquent qu'à la portion d'origine étrangère.

La distinction entre les zones franches et les entrepôts de douane

La mise sous douane a pour but d'exonérer de droits les biens d'origine étrangère qui seront réexportés. Elle permet au propriétaire de ces articles de n'acquitter les droits s'y rapportant qu'au moment où il les expédie à l'intérieur du pays hôte. Les biens peuvent demeurer sous douane jusqu'à trois ans. Si les droits n'ont pas été versés à la fin de cette période, les autorités vendent aux enchères publiques les articles entreposés.

Lorsqu'on exporte des biens à partir d'un entrepôt de douane, il faut toujours les expédier dans leur emballage original, à moins d'avoir obtenu une autorisation spéciale de l'administration des douanes. De même, toute activité de fabrication fait l'objet d'une surveillance étroite, et les articles produits doivent nécessairement être réexportés.

Les *maquiladoras*

Les *maquiladoras*, qui sont des parcs industriels créés au Mexique il y a 25 ans, représentent une application fructueuse du concept de la zone franche. Les usines (*maquilas*) établies dans ces parcs peuvent appartenir à des intérêts étrangers. Les pièces et autres fournitures qu'elles importent entrent au pays en franchise, et les produits qu'elles exportent (en particulier aux États-Unis) ne font l'objet que d'une taxe sur la valeur ajoutée au Mexique. Les *maquiladoras* sont à l'origine de presque tous les nouveaux emplois créés au Mexique depuis 10 ans. En outre, elles produisent 80 % de tous les biens manufacturés qu'exporte ce pays, 40 % des exportations destinées aux États-Unis et la plus grande part des revenus provenant du commerce international[23].

Questions de révision et de discussion

1. Quels sont les éléments ou les forces qui ont suscité une augmentation du volume des échanges internationaux? Quelle croissance enregistrera-t-on à ce chapitre d'ici la fin du siècle?

2. Pourquoi les entreprises nord-américaines participent-elles activement aux activités d'achat à l'étranger?

3. Quels sont les principaux avantages de s'approvisionner à l'échelle internationale?

4. Comment une entreprise peut-elle réduire l'ampleur des problèmes liés aux achats à l'étranger? Quels aspects de l'approvisionnement international entraînent les problèmes les plus sérieux?

5. Par quels moyens peut-on obtenir une liste de fournisseurs potentiels à l'échelle internationale? Comment peut-on évaluer ces fournisseurs?

6. Quels sont les avantages et les inconvénients à effectuer des achats par le biais d'un intermédiaire?

7. Quelles sont les formes de commerce de contrepartie et quels problèmes engendrent-elles pour l'acheteur? Comment peut-on tirer avantage du commerce de contrepartie?

8. Comment un acheteur peut-il profiter pleinement d'une zone franche?

Références

CADDICK, J.R. et B.G. DALE, «Sourcing from Less Developed Countries: A Case Study», *Journal of Purchasing and Materials Management*, automne 1987.

CARBONE, James, «IPO's: Buyers' Windows on a Global Market», *Electronic Purchasing*, février 1990.

---

23. Peter F. DRUCKER, «Mexico's Ugly Duckling – The Maquiladora», *The Wall Street Journal*, 4 octobre 1990, p. A20.

CARTER, Joseph R. et James GAGNE, «The Do's and Don'ts of International Counter-trade», *Sloan Management Review*, printemps 1988.

DOWST, Somerby, «International Buying – The Facts and Foolishness», *Purchasing*, 25 juin 1987.

ELDERKIN, Kenton W. et Warren E. NORQUIST, *Creative Countertrade*, Cambridge (Mass.), Ballinger, 1987.

FAGAN, Mark L., «A Guide to Global Sourcing», *The Journal of Business Strategy*, mars-avril 1991.

FERGUSON, Wade, «Foreign Trade Zones: A Resource for Materials Managers», *Journal of Purchasing and Materials Management*, hiver 1985.

Foreign Commerce Handbook, Washington (D.C.), Chamber of Commerce of the United States, publication annuelle.

FORKER, Laura B., *Countertrade: Purchasing's Perceptions and Involvement*, Tempe (AZ), Center for Advanced Purchasing Studies / National Association of Purchasing Management, 1991.

MONCZKA, Robert M. et Larry C. GIUNIPERO, *Purchasing Internationally: Concepts and Principles*, Chelsea (Mich.), Book Crafters, 1990.

POOLER, Victor H., *Global Purchasing: Reaching for the World*, New York, Van Nostrand Reinhold, 1992.

SCHAFFER, Matt, «Countertrade as an Export Strategy», *The Journal of Business Strategy*, mai-juin 1990.

SPECKMAN, Robert E., *U.S. Buyers' Relationships with Pacific Rim Suppliers*, Tempe (AZ), Center for Advanced Purchasing Studies / National Association of Purchasing Management, 1989.

YOFFIE, David B., «Profiting from Countertrade», *Harvard Business Review*, mai-juin 1984.

13 L'approvisionnement dans le secteur public

Plan

Questions clés du décideur

Devrait-on:

- considérer qu'un organisme public se distingue d'une entreprise privée en matière d'approvisionnement?
- recourir aux appels d'offres pour choisir les fournisseurs et déterminer les prix à verser?
- accorder un traitement de faveur aux fournisseurs locaux ou de petite taille?

Comment peut-on:

- améliorer le processus d'approvisionnement?
- réagir aux pressions exercées par les contribuables?
- exercer une plus grande influence sur les fournisseurs?

Lorsqu'on étudie le domaine de l'approvisionnement, on doit accorder une attention particulière aux problèmes que suscitent les achats dans le secteur public (gouvernements fédéral, provinciaux et municipaux, commissions scolaires, bibliothèques publiques, établissements publics d'enseignement post-secondaire et tout autre organisme public). Les fonds dépensés par les gestionnaires de l'approvisionnement dans le secteur public méritent en effet un examen aussi attentif que les sommes consacrées aux achats dans l'industrie, puisqu'ils proviennent des contribuables. Ainsi, une utilisation efficace de cet argent profitera à tous ceux qui paient pour les services fournis par l'État et à tous ceux qui s'en prévalent.

Supposons une entité gouvernementale dont le budget annuel total découlant des impôts s'élève à 2 milliards de dollars. On peut s'attendre à ce que cet organisme dépense environ 500 millions de dollars pour obtenir des fournitures, des matières, des services et des immeubles, d'où un rapport achats–revenus nettement inférieur à celui d'une entreprise privée moyenne, du fait que les activités de l'État nécessitent surtout de la main-d'œuvre. Toutefois, si on parvient à réduire les coûts d'achat de 10 % grâce à une meilleure gestion de la fonction approvisionnement, les contribuables économiseront quelque 50 millions de dollars, ce qui n'est pas à négliger (c'est le moins qu'on puisse dire). Il en résultera une hausse des services ou une baisse des taux d'imposition, ou les deux.

Le point le plus important à retenir dans ce chapitre est que **l'approvisionnement demeure essentiellement le même dans le secteur public que dans l'entreprise privée**. Ainsi, les principes examinés dans les chapitres précédents permettent également la réalisation de bons achats dans le secteur public et devraient y être appliqués pour tirer le maximum des sommes dépensées. Les objectifs visés en matière d'achats sont fondamentalement les mêmes. Ainsi, on veut:

- s'assurer un approvisionnement continu pour être en mesure de satisfaire les besoins en services;
- éviter le double emploi inutile et le gaspillage, par le moyen de la standardisation;
- faire en sorte que les biens acquis et les services offerts répondent aux normes de qualité établies;
- créer un climat de coopération entre le service de l'approvisionnement et les ministères ou organismes qu'il dessert;
- réaliser un maximum d'économies en faisant preuve d'innovation et en utilisant les techniques d'analyse de la valeur;
- gérer la fonction approvisionnement d'une manière efficiente à l'interne;
- payer le plus bas prix possible, compte tenu de la qualité, du rendement et des délais de livraison exigés.

Le présent chapitre a surtout pour but de mettre en évidence les 12 éléments ou pratiques liés aux achats dans le secteur public, lesquels peuvent se distinguer (au moins en partie) de ceux qui sont appliqués à l'approvisionnement en milieu industriel. Dans la plupart des cas, les différences observées concernent l'importance de ces éléments et résultent souvent des lois qui régissent l'approvisionnement dans le secteur public. Cependant, elles n'entrent pas en conflit direct avec les pratiques courantes en milieu industriel[1]. Le gestionnaire de l'approvisionnement qui œuvre dans le secteur public et qui connaît ces différences s'efforce d'en tirer avantage afin de maximiser le rendement des achats publics.

□ □ □ □ □
13.1 LES CARACTÉRISTIQUES DE L'APPROVISIONNEMENT DANS LE SECTEUR PUBLIC

L'autorité des acheteurs

C'est par le moyen d'une loi, d'une réglementation ou d'autres règles de droit qu'on définit l'autorité d'un acheteur dans le secteur public. L'acheteur doit observer les lois qui s'appliquent aux activités d'approvisionnement et, en dernière instance, il doit rendre des comptes à un corps législatif ainsi qu'aux électeurs qui en ont choisi les membres. Par opposition, un acheteur industriel relève d'un supérieur hiérarchique et il est tenu ultimement responsable de ses actions par les propriétaires de l'entreprise.

Lorsqu'on s'interroge sur l'autorité d'un acheteur dans le secteur public ou sur l'interprétation à donner aux exigences légales à respecter, on se réfère au conseiller juridique de l'organisme en cause. Advenant qu'une modification de la loi s'impose pour permettre à l'acheteur d'accomplir sa tâche d'une manière plus efficace, il faut également demander l'avis de ce même conseiller. Bien qu'il soit difficile de faire amender une loi et qu'il faille, dans certains cas, beaucoup de temps pour y parvenir, tout acheteur du secteur public doit sans cesse évaluer la situation et militer en faveur des modifications requises.

Les restrictions budgétaires

À l'instar de tout instrument de planification, un budget doit être modifié lorsque le contexte ou les hypothèses qui s'y rattachent changent. Le budget d'approvisionnement final doit souvent recevoir l'approbation d'un corps législatif qui en examine chaque élément et qui doit aussi autoriser toute modification à l'un d'eux avant qu'on n'effectue les dépenses en cause.

De ce fait, lorsque les sommes requises ne figurent pas au budget, l'acheteur peut être incapable de profiter d'un prix particulièrement avan-

---

1. Ron C. GAUTHIER, «Purchasing in the Fishbowl», *NAPM Insights*, mars 1990, p. 21-22.

tageux en acquérant au comptant une plus grande quantité de certaines matières. La planification et l'établissement de budgets à long terme revêtent donc une importance toute spéciale dans le secteur public, afin de prévoir les besoins et les possibilités à venir; de plus, il faut souvent planifier les achats au moins 18 mois à l'avance. Il importe aussi de planifier l'approvisionnement avec soin pour éviter de réaliser des achats de dernière minute souvent mal avisés, dans le seul but d'affecter les sommes inscrites au budget à un usage précis avant la fin de l'exercice financier.

Les pressions des contribuables

L'acheteur qui œuvre dans le secteur public sait qu'il utilise l'argent des contribuables et que ces derniers peuvent faire beaucoup de bruit lorsqu'ils ne sont pas d'accord avec la manière de dépenser cet argent et avec le choix des fournisseurs. Ainsi, il n'est pas rare qu'un fournisseur tente d'exercer une influence sur l'octroi des contrats d'achat importants par le biais du système politique. En un sens, on peut envisager cela comme une forme de réciprocité, le fournisseur soutenant que, puisqu'il verse les impôts qui permettent la réalisation d'achats publics, l'État devrait traiter avec lui pour acquérir les biens ou les services dont il a besoin. Presque tous les acheteurs du secteur public reçoivent de temps à autre un appel téléphonique d'un contribuable qui utilise une entrée en matière du genre: « Vous savez que notre entreprise paie beaucoup d'impôt. Nous croyons que nous devrions être mieux traités, c'est-à-dire recevoir une plus grande part de vos contrats d'achat. »

Le soutien aux programmes gouvernementaux

Depuis une dizaine d'années, les gens insistent beaucoup pour que l'État fournisse une aide plus substantielle à certains groupes sociaux. De ce fait, on a utilisé le pouvoir législatif pour faire adopter des lois devant amener la réparation d'injustices passées, et le secteur des achats compte parmi ceux où on peut tout naturellement assurer l'octroi de sommes additionnelles à ces groupes particuliers. Citons, à titre d'exemple, le programme ayant pour but de favoriser la sélection de petites entreprises lors de l'attribution des contrats d'achat.

Il se peut qu'à long terme la société bénéficie de ces mesures. Cependant, à court terme, l'acheteur du secteur gouvernemental peut être contraint de recourir à des fournisseurs qui répondent aux exigences du public sur le plan social, mais qui exigent un prix plus élevé pour les articles acquis. L'acheteur qui œuvre dans le secteur public doit s'assurer que le corps législatif ou administratif, chargé d'établir les objectifs à atteindre, reconnaît ces coûts additionnels à court terme et les accepte.

L'absence de frais d'intérêt

Un des principaux éléments que doit considérer une entreprise industrielle lorsqu'elle détermine le niveau des stocks à maintenir sont les frais d'intérêt, ou coût de renonciation, qu'entraînent les montants consacrés aux stocks. Plusieurs affirment que les organismes publics n'ont pas à se préoccuper du loyer de l'argent lorsqu'ils prennent une décision, du fait que les sommes qu'ils dépensent proviennent des impôts perçus par le gouvernement. Ce raisonnement ne tient toutefois pas, et ce pour deux raisons. D'une part, les organismes gouvernementaux doivent aujourd'hui assumer le fardeau d'une dette plus ou moins lourde à court ou à long terme, de sorte que les frais d'intérêt représentent un coût de fonctionnement tout à fait réel. D'autre part, lorsqu'on utilise des fonds publics pour accumuler un stock acheté, on ne peut faire un autre usage productif de ces fonds, ce qui veut dire que les sommes investies dans les stocks impliquent effectivement un coût de renonciation.

L'absence d'inspection

Beaucoup d'organismes gouvernementaux (excepté les forces armées) ne comptent aucun employé spécialisé en inspection. Pourtant, nombre des articles qu'ils achètent devraient faire l'objet d'une inspection à l'arrivée. Des mesures s'imposent pour s'assurer que les biens livrés par les fournisseurs sont conformes aux spécifications indiquées sur le bon de commande. C'est pourquoi il convient de prendre des dispositions particulières afin de procéder à l'inspection requise. Il existe plusieurs solutions, qui varient selon la nature de l'article acheté. En voici quelques-unes.

1. On peut demander à l'utilisateur de vérifier les articles dès leur réception et de signaler tout écart par rapport aux normes de qualité établies.
2. L'acheteur peut faire analyser les matières acquises ou un échantillon de celles-ci par un laboratoire indépendant.
3. L'acheteur peut réaliser des essais simples pour vérifier des articles choisis.

Le manque de connaissances en matière de transport

À cause de son manque de connaissances en matière de transport, l'acheteur du secteur public opte en général pour des conditions de livraison

FAB au point d'arrivée. Or, cette solution n'est pas toujours la plus économique.

Le fait d'engager une personne ayant une formation en transport permettrait de réaliser des économies plusieurs fois supérieures à son salaire et aux frais généraux qu'elle entraînerait, tout en apportant une contribution importante dans certains domaines tels que la classification des envois et le choix des itinéraires, la sélection des transporteurs, la détermination des frais de transport et la présentation des demandes d'indemnité.

La modification de l'organisation

Il faut souvent beaucoup plus de temps dans le secteur public que dans l'industrie privée pour transformer la structure organisationnelle en matière d'approvisionnement, qu'il s'agisse d'ajouter ou de supprimer un poste, de modifier l'organigramme, de redéfinir les responsabilités et les devoirs associés à chaque poste, ou autre. En effet, ces modifications nécessitent généralement la tenue d'une audience publique et ne peuvent normalement se faire sans la réalisation d'une enquête par un employé de la division du personnel. Il arrive également qu'on doive obtenir l'approbation finale d'un corps législatif, tel un gouvernement provincial ou un conseil municipal, ce qui peut demander plusieurs mois.

Le niveau des salaires

Le salaire versé aux acheteurs est le même dans le secteur public que dans le secteur privé, tout au moins dans le cas des échelons inférieurs et intermédiaires. Ainsi, la rémunération offerte ne constitue pas un désavantage pour le service de l'approvisionnement d'un organisme public lorsqu'il recherche du personnel, et elle permet d'attirer de bons candidats. Aux échelons supérieurs, par contre, les salaires versés sont beaucoup moins élevés dans le secteur public que dans les entreprises privées. Ainsi, le vice-président chargé de l'approvisionnement d'une importante entreprise de fabrication peut recevoir un salaire annuel qui atteint ou même dépasse largement 100 000 $, mais il est rare que le responsable ou le directeur du service de l'approvisionnement d'un organisme public gagne plus de 70 000 $[2]. Il y a également un écart au Canada, bien que les montants puissent différer légèrement. Heureusement, les corps législatifs qui établissent les salaires du personnel des achats dans le secteur public

---

2. «Result of the 1989 Procurement Survey», Falls Church (Va.), National Institute of Governmental Purchasing, 1989.

commencent à reconnaître la nécessité d'offrir des salaires plus réalistes pour attirer de bons gestionnaires.

La divulgation de l'information

L'acheteur qui œuvre dans le secteur public ne peut conserver aucun secret, car il est tenu de transmettre au contribuable qui en fait la demande toute information relative aux soumissions présentées par les fournisseurs et au prix payé. Le public peut en outre prendre connaissance de toute entente spéciale intervenue entre l'acheteur et le fournisseur sélectionné ainsi que du contrat d'achat final. Comme ils savent que leurs concurrents peuvent obtenir toutes les données, les fournisseurs hésitent tout naturellement à offrir des conditions spéciales à un acheteur du secteur public pour décrocher un contrat, parce que les autres clients ne tarderaient pas à l'apprendre et à exiger le même traitement. De ce fait, le prix moyen obtenu par un acheteur sera probablement plus élevé dans le secteur public que dans le secteur privé.

Il est vrai qu'un acheteur y gagne à pouvoir comparer le prix qu'il verse à celui que paient certains de ses collègues. Or, selon la loi, rien ne l'en empêche dans le secteur public, car il est parfaitement libre d'échanger de l'information au sujet des fournisseurs et des prix payés avec d'autres acheteurs œuvrant au sein d'organismes publics. Pour cette raison, aucun acheteur du secteur public n'accepte un prix plus élevé que celui payé par ses homologues d'autres organismes. Tout bien pesé, cependant, cette situation joue contre l'acheteur à long terme. En effet, aucun fournisseur n'offrira un prix avantageux à un acheteur du secteur public en sachant qu'il sera immédiatement transmis à d'autres, qui exigeront alors le même traitement.

L'importance des spécifications

Comme les acheteurs du secteur public procèdent dans une large mesure par appel d'offres, il importe de définir les spécifications des articles requis avec clarté et précision, de manière que le plus grand nombre possible de fournisseurs puissent se faire concurrence pour l'obtention du contrat. On peut établir ces spécifications au moyen d'une description écrite, de plans, de dessins industriels, de normes de rendement, de normes de l'industrie ou d'une marque de commerce.

L'établissement de spécifications rigoureuses exige beaucoup de temps et d'efforts. C'est pourquoi nombre d'organismes gouvernementaux d'approvisionnement comptent des employés à temps plein qui ne travaillent qu'à préparer et à améliorer les spécifications. Il doit nécessairement exister une bonne communication entre le personnel de l'approvisionnement et l'utilisateur pour pouvoir définir des spécifications claires, et il peut être très avantageux de standardiser les achats à réaliser pour divers organismes utilisateurs.

Le processus d'appel d'offres

Étant donné que l'acheteur du secteur public dépense des fonds provenant du régime fiscal, la loi stipule que les contrats d'achat doivent être accordés à partir d'appels d'offres publics. Cette disposition permet à tous les fournisseurs qualifiés qui versent des impôts ou emploient des contribuables d'avoir une chance égale de décrocher un contrat pour la vente de biens ou de services requis par l'État. Comme le public a le droit d'examiner les soumissions reçues, l'acheteur peut difficilement faire preuve de favoritisme en choisissant un fournisseur. Toutefois, ce système tend à conférer beaucoup d'importance au prix en tant que critère de sélection ; il peut donc être difficile de justifier l'octroi d'un contrat à un fournisseur n'ayant pas soumis le plus bas prix. L'acheteur pourrait choisir de traiter avec un fournisseur dont le rendement est supérieur, même si son prix n'est pas le plus bas ; cependant, le rendement étant difficile à quantifier, il serait malaisé pour l'acheteur de motiver une telle décision.

Un appel d'offres demande beaucoup de temps et entraîne une certaine quantité de « paperasse ». C'est pourquoi les règles de droit qui régissent le fonctionnement d'un gouvernement permettent souvent de recourir à un appel d'offres informel pour octroyer une commande dont la valeur ne dépasse pas un certain montant, par exemple 1 000 $. Il est également permis de procéder par voie de négociations dans le cas des articles qu'on ne peut obtenir que d'une seule source. Cependant, on doit éviter une telle situation si possible, car on se trouve alors dans une position difficile qui entraîne des coûts de gestion considérables.

La liste de soumissionnaires   Il convient d'établir une liste de soumissionnaires potentiels dans le cas des articles qu'on devra vraisemblablement se procurer à maintes reprises. À cette fin, l'acheteur doit indiquer les caractéristiques que devrait présenter l'entreprise de tout fournisseur qualifié en ce qui touche, entre autres, à la taille (laquelle traduit la capacité de produire les quantités requises), à la stabilité financière, aux méthodes de gestion de la qualité, au niveau des stocks de produits finis (qui peut déterminer le temps nécessaire pour obtenir un article), à la politique en matière de garantie, à la disponibilité des pièces de rechange et du personnel d'entretien et de réparation, et au matériel de transport disponible. Le service de l'approvisionnement effectue ensuite une enquête pour s'assurer qu'un fournisseur donné peut offrir le minimum exigé pour chaque caractéristique importante. Si cette vérification laisse apparaître qu'un fournisseur ne satisfait pas aux exigences, il convient de l'en avertir pour qu'il sache quels types de modifications il doit apporter afin de pouvoir soumissionner pour des contrats futurs. On doit rayer de la liste tout fournisseur qui ne respecte pas les conditions de l'entente d'achat après avoir décroché un contrat.

Généralement, l'acheteur du secteur public doit considérer la candidature de tout fournisseur qui demande à être inscrit sur la liste et qui a fait l'objet d'une enquête. Toutefois, il doit continuer de chercher de nouvelles sources d'approvisionnement, d'une manière tout aussi dynamique que ses collègues de l'industrie privée.

La publicité   Une liste de fournisseurs établie et tenue à jour de manière appropriée présente habituellement un nombre suffisant de sources qualifiées pour que l'acheteur puisse réaliser un appel d'offres dans des conditions de concurrence. Toutefois, beaucoup d'organismes d'approvisionnement du secteur public font aussi connaître leurs besoins par le biais des journaux locaux ou d'une publication plus répandue (le plus souvent hebdomadaire), soit parce qu'ils ont adopté cette manière de procéder ou parce qu'une loi ou une réglementation les oblige à le faire. Cette publicité constitue simplement un moyen de faire savoir à tous qu'on procédera à un achat. Dans la plupart des cas, elle ne donne pas lieu à la découverte de nouveaux fournisseurs, mais elle permet de faire connaître ouvertement les activités d'approvisionnement du secteur public.

La procédure d'appel d'offres   Généralement, lorsqu'on procède à un appel d'offres dans les formes, on envoie à tout soumissionnaire: 1. une liste complète des spécifications de l'article requis (dans le cas d'un produit complexe, cette liste peut compter plusieurs pages, ou même plusieurs centaines de pages, et doit expliquer en détail les méthodes de contrôle de la qualité qu'utilisera l'acheteur pour s'assurer que les biens livrés respectent les normes établies); 2. une liste d'instructions qui indique avec précision où, quand et comment présenter une soumission et ce qu'elle doit contenir; 3. une liste des conditions légales, générales et particulières, auxquelles sera soumise l'entreprise qui obtiendra le contrat; 4. un formulaire de soumission sur lequel le fournisseur doit inscrire le prix, les remises et escomptes ainsi que les autres informations requises.

Le fournisseur doit habituellement présenter sa soumission au plus tard à une date et à une heure précises (par exemple, au plus tard le 16 mars à 13 heures). On n'accepte aucune soumission passée cette limite; toute offre reçue en retard sera retournée au fournisseur sans avoir été ouverte. De plus, on interdit normalement l'apport de modifications aux offres présentées, bien que certains organismes acceptent de remplacer une soumission originale non décachetée par une autre, à condition de recevoir cette dernière avant la date d'ouverture des soumissions. Il importe d'indiquer où on doit faire parvenir la soumission (c'est-à-dire, en général, au service de l'approvisionnement). Beaucoup de services de l'approvisionnement du secteur public utilisent une boîte verrouillée pour y conserver les soumissions cachetées jusqu'à la date et à l'heure de leur ouverture.

La caution de soumission   Lors d'un appel d'offres, on exige souvent que tout fournisseur joigne à sa proposition une caution de soumission. Certains services de l'approvisionnement du secteur public demandent, quant à eux, que toute soumission s'accompagne d'un chèque visé ou d'un mandat dont le montant correspond à un certain pourcentage du prix proposé. Advenant que le soumissionnaire choisi refuse de signer le contrat d'achat final ou ne respecte pas les conditions de son offre, le service de l'approvisionnement garde le montant de ce chèque ou mandat à titre de dommages et intérêts pour non-exécution. Il est évident qu'on exige une caution ou un dépôt de ce genre pour décourager les fournisseurs irresponsables de présenter une soumission. Toute caution de soumission engendre une dépense que le fournisseur fait assumer à l'acheteur d'une manière ou d'une autre, mais ce coût additionnel se justifie dans les situations où le niveau de risque est élevé. On peut cependant remettre en cause l'utilité d'une telle caution lors de l'achat d'articles standard qu'on maintient en stock et qu'il est possible d'obtenir de plusieurs sources.

Le soumissionnaire obtient une caution en versant une prime à une compagnie d'assurances, lui transférant ainsi une partie du risque. Techniquement parlant, il existe trois grands types de cautions disponibles.

1. La caution de soumission garantit que le fournisseur acceptera le contrat d'achat si on lui accorde la commande. S'il le refuse, l'assureur remboursera à l'acheteur les coûts additionnels résultant de l'utilisation d'une autre source d'approvisionnement.

2. La caution de bonne exécution garantit que le travail sera effectué conformément aux spécifications et dans le délai indiqué. Si l'acheteur est obligé de retenir les services d'un autre fournisseur pour qu'il réusine les articles livrés ou qu'il complète la commande, il sera indemnisé pour ces coûts additionnels.

3. La caution de paiement protège l'acheteur contre tout privilège qu'on pourrait accorder aux fournisseurs de matières ou de main-d'œuvre du soumissionnaire advenant que ce dernier ne leur verse pas les sommes qu'il leur doit.

L'ouverture et l'évaluation des soumissions   À l'heure et à la date indiquées sur le feuillet d'instructions, l'acheteur ouvrira toutes les soumissions reçues et en inscrira les données sur un tableau. Tout citoyen qui le désire peut en général assister à l'ouverture des soumissions et examiner l'une ou l'autre des offres reçues. L'ouverture des soumissions se fait souvent en présence des fournisseurs qui ont présenté une offre et de ceux qui ne l'ont pas fait mais qui veulent savoir ce que d'autres ont proposé. Une fois qu'on a enregistré les soumissions reçues, on doit en conserver l'original pendant une période donnée (souvent 12 mois) afin que toute personne intéressée puisse les examiner ultérieurement.

L'acheteur doit ensuite choisir le fournisseur qui obtiendra le contrat sur la base de la soumission la plus avantageuse. Advenant que plusieurs fournisseurs qualifiés offrent un produit conforme aux spécifications et remplissent toutes les conditions indiquées, on choisira évidemment le soumissionnaire dont le prix est le plus bas. Autrement, le processus d'appel d'offres n'aura servi à rien. Si l'acheteur sélectionne un fournisseur autre que celui ou ceux dont la soumission est la plus basse, il doit prendre grand soin de conserver les documents à l'appui de sa décision, car cette dernière pourrait subséquemment être remise en cause devant les tribunaux.

Les soumissions erronées   Il arrive que le soumissionnaire dont le prix est le plus bas ait commis une erreur en préparant son offre. Advenant qu'il en avise l'acheteur après avoir envoyé sa soumission mais avant qu'on ne procède à l'octroi de la commande, il reçoit habituellement la permission de retirer son offre. L'acheteur prendra cependant note de ce fait, car il fournit une indication sur le niveau de responsabilité du soumissionnaire.

Un problème beaucoup plus sérieux se pose lorsqu'un fournisseur prétexte une erreur et tente de retirer sa soumission après avoir été choisi pour remplir la commande. C'est d'ailleurs pour protéger l'acheteur contre un tel problème qu'on demande une caution de soumission.

L'adjudication du contrat   Lorsque deux soumissions identiques se révèlent les plus basses et qu'aucun fait ou indication ne donne à penser qu'il y a eu une entente illicite ou toute autre irrégularité, on peut résoudre ce problème de manière satisfaisante en procédant à un choix au hasard en public. Si l'acheteur soupçonne une collusion, il doit rejeter toutes les soumissions et procéder à un nouvel appel d'offres.

Dans le secteur public, l'acheteur n'est nullement tenu d'aviser les fournisseurs non choisis de l'adjudication du contrat, puisque l'ouverture des soumissions se fait publiquement et que tout individu qui le désire peut examiner les soumissions et les documents relatifs à l'octroi de la commande, lesquels sont conservés par le service de l'approvisionnement.

☐ ☐ ☐ ☐ ☐
13.2 LES TYPES DE CONTRATS POSSIBLES

Dans cette section, nous examinerons quelques-uns des types de contrats qu'on peut utiliser dans le secteur public.

Le contrat forfaitaire ou à prix fixe

Aux termes d'un contrat de ce genre, le prix ne peut faire l'objet d'aucune modification, quelles que soient les circonstances. Cependant, lorsque la livraison ne doit se faire qu'au bout de plusieurs mois ou même de quelques années et qu'il existe une forte probabilité que les prix montent, un fournisseur peut juger qu'il court un trop grand risque d'enregistrer une perte en acceptant un contrat à forfait.

Le contrat à prix coûtant majoré d'un montant forfaitaire

On peut recourir à ce type de contrat lorsqu'on ne peut obtenir d'un fournisseur un prix fixe ferme. Une telle situation peut survenir lorsqu'on se procure un article expérimental dont les spécifications ne sont pas définitivement établies ou si on ne peut prévoir l'ampleur des coûts futurs. Selon les termes d'un contrat à prix coûtant majoré d'un montant forfaitaire, l'acheteur promet de rembourser au fournisseur tous les coûts engagés pour effectuer le travail requis ou fabriquer l'article demandé (un ensemble de règles précises permet de déterminer ce qui est «raisonnable») et de lui verser en plus une somme donnée à titre de profit. Il arrive qu'on fixe une limite aux coûts acceptés. Ce genre de marché s'avère bien supérieur aux contrats à prix coûtant majoré d'un certain pourcentage qu'on utilisait autrefois, lesquels incitaient les fournisseurs à grossir leurs coûts le plus possible pour accroître le montant à partir duquel on calculait le profit versé. Lorsqu'il accepte un contrat à prix coûtant majoré d'un montant forfaitaire, le fournisseur court peu de risques puisque ses coûts lui seront remboursés; mais le fait que sa marge bénéficiaire diminue à mesure que ses frais augmentent l'amène à mieux contrôler ces derniers.

Le contrat à prix coûtant

Si l'acheteur parvient à convaincre un fournisseur de l'importance des bénéfices accessoires que lui procurerait la réalisation d'un certain travail, il se peut que ce dernier accepte de l'effectuer à la seule condition d'obtenir le remboursement de ses coûts. Il arrive qu'un fournisseur soit disposé à faire des recherches et à fabriquer un nouveau produit contre le seul remboursement de ses coûts, parce qu'il peut ainsi acquérir de nouvelles connaissances, techniques ou autres, susceptibles de lui rapporter gros.

Le contrat à prix coûtant majoré d'une prime d'encouragement

Dans le cadre de ce type de contrat, l'acheteur et le fournisseur s'entendent pour établir un coût total cible, une prime et une formule de partage de tout écart, en plus ou en moins, entre le coût réel et celui qu'ils visent. Supposons, par exemple, un coût cible de 100 000 $, une prime de 10 000 $ et une formule de partage moitié-moitié. Si les coûts atteignent 120 000 $ dans les faits, l'acheteur et le fournisseur assumeront chacun une part égale du dépassement de 20 000 $, et le profit du fournisseur baissera alors de 10 000 $ pour devenir nul. Par contre, advenant que le coût total ne soit que de 90 000 $, le fournisseur recevra 5 000 $ du surplus non dépensé des 10 000 $, et ses profits augmenteront alors d'autant pour s'élever à 15 000 $. Ce type de contrat incite le fournisseur à se montrer le plus efficient possible en lui accordant une part des bénéfices (ou en lui faisant porter une part du fardeau pour tout manque d'efficience) selon la formule de partage retenue.

13.3 LES ACHATS RÉALISÉS PAR LES GOUVERNEMENTS PROVINCIAUX ET LOCAUX

Bien que toutes les règles de base en matière d'approvisionnement dans le secteur public tendent à s'appliquer aux achats réalisés par les provinces, les MRC, les municipalités et les autres organismes de même envergure, certains aspects particuliers méritent qu'on s'y attarde brièvement.

Les méthodes d'approvisionnement coopératif

Depuis une dizaine d'années, on s'intéresse beaucoup à l'approche coopérative en matière d'approvisionnement et on y a souvent recours dans le secteur public. Il s'agit essentiellement, pour deux ou plusieurs services de l'approvisionnement du secteur public ou d'organismes à but non lucratif, de mettre leurs besoins en commun pour pouvoir discuter avec les fournisseurs d'une quantité beaucoup plus grande que celle dont aurait besoin l'un ou l'autre des acheteurs séparément. Des municipalités, des commissions scolaires et des hôpitaux utilisent avec succès la méthode d'approvisionnement coopératif, laquelle profite avant tout à la plus petite des organisations concernées. La coopération en matière d'approvisionnement permet de réaliser des économies considérables.

Il existe essentiellement deux façons de coopérer en matière d'approvisionnement. La première consiste à grouper les achats d'un article particulier. Deux ou plusieurs services de l'approvisionnement mettent alors leurs besoins en commun et laissent à l'un d'entre eux le soin d'acquérir d'un fournisseur l'ensemble de la quantité requise. La seconde façon de procéder est de signer un contrat par lequel plusieurs services de l'approvisionnement s'entendent pour mettre sur pied et financer une coopérative distincte qui sera chargée de réaliser leurs achats. Ainsi, plusieurs hôpitaux établis dans une même région pourraient mettre en commun la quantité requise de certains articles essentiels, pour ensuite embaucher à temps plein un acheteur (gestionnaire) au service d'une coopérative d'achat dans le domaine de la santé. Les hôpitaux membres partageraient les coûts de gestion de cet organisme en fonction, par exemple, de leur taille ou du montant qu'ils dépenseraient par l'entremise du groupe d'achat.

Selon une étude[3], les achats effectués en coopération peuvent procurer certains avantages, soit:

- une baisse des prix;
- une meilleure qualité résultant d'une amélioration des essais et de la sélection des fournisseurs;
- une réduction des coûts de gestion;
- une standardisation des biens acquis;
- une plus grande exactitude des registres comptables;
- un accroissement de la concurrence.

Il arrive par contre que la méthode coopérative engendre des problèmes, tels:

- l'obtention de produits de qualité inférieure;
- le prolongement des délais de livraison;
- la disponibilité d'un nombre limité d'articles;
- l'accroissement du volume de documents administratifs;
- l'impossibilité, pour les petits fournisseurs, de demeurer concurrentiels en raison des fortes quantités requises.

---

3. Richard E. MUNSTERMAN, *Purchasing and Supply Management Handbook for School Business Officials*, bulletin de recherche n° 22, Chicago, Association of School Business Officials of the United States and Canada, 1978, p. 176-177.

La préférence pour les soumissionnaires locaux

Dans plusieurs territoires soumis à une autorité gouvernementale, la loi ou les règlements en vigueur stipulent que, toutes choses étant égales, on doit accorder aux fournisseurs locaux un certain avantage quant au prix lorsqu'ils soumissionnent contre des entreprises de l'extérieur. Par exemple, si un fournisseur local offre un prix ne dépassant pas 5 % du prix des soumissionnaires de l'extérieur, il recevra la commande si tous les autres éléments sont identiques. Il s'agit là d'une forme de protectionnisme. On milite en sa faveur en soutenant que les fournisseurs locaux ont des employés établis dans la région et qu'en leur accordant des commandes on soutient l'économie locale.

La plupart des professionnels de l'approvisionnement s'opposent toutefois à cette pratique parce qu'elle va à l'encontre de la concurrence, ce qui veut dire qu'il faut payer un prix plus élevé que nécessaire pour les biens acquis. En appliquant une telle politique, on nie les avantages de la spécialisation économique, et les fournisseurs locaux, sachant qu'on leur accorde la préférence, tendent à offrir en soumission un prix plus élevé qu'ils ne le feraient autrement.

Les innovations en matière d'achats gouvernementaux

La plus grande partie des gens d'affaires et du public en général croient que les méthodes et les systèmes d'approvisionnement gouvernementaux sont beaucoup moins efficaces et engendrent beaucoup plus de complications que les pratiques adoptées dans l'industrie privée. Peut-être ont-ils raison, mais rien n'exige qu'il en soit ainsi. En effet, une saine gestion de l'approvisionnement et des matières dans le secteur gouvernemental peut donner lieu à des innovations permettant de réduire les coûts. Ainsi, le Service de gestion des matières du comté de Maricopa en Arizona (lequel est le plus important de cet État au chapitre de la population et de l'industrie car il englobe la région métropolitaine de Phoenix) a mis sur pied un système de bons de commande accompagnés d'un chèque en blanc (*voir le chapitre 3*) afin de réduire les coûts de gestion liés au paiement et l'exaspération qu'entraînent les commandes en souffrance.

Questions de révision et de discussion

1. Quelles modifications devrait-on apporter à l'approvisionnement dans le secteur public pour le rendre plus efficace?

2. Existe-t-il certaines différences entre les achats réalisés par le gouvernement fédéral, d'une part, et ceux qu'effectuent les provinces ainsi que les municipalités, d'autre part? Justifiez votre réponse.

3. En quoi les objectifs d'approvisionnement dans le secteur public se distinguent-ils de ceux qu'on vise dans l'industrie?

4. Quels sont les avantages et les inconvénients des lois qui obligent les acheteurs d'un gouvernement provincial ou municipal à accorder la préférence aux soumissionnaires locaux?

5. Qu'est-ce qu'une caution de soumission et pourquoi l'exige-t-on?

6. En quoi un appel d'offres dans le secteur public diffère-t-il d'un appel d'offres dans le secteur privé?

7. Quelles sont les principales différences en matière d'approvisionnement entre les secteurs privé et public? Dans quel secteur est-il le plus facile de réaliser des achats?

8. Dans quelles circonstances devrait-on recourir à chacun des quatre types de contrats le plus souvent utilisés dans le secteur public?

9. Comment les acheteurs industriels peuvent-ils tirer avantage des spécifications établies par les approvisionneurs du gouvernement fédéral?

10. L'obligation d'acheter des biens et des services du pays favorise-t-elle un approvisionnement efficace? Avancez des arguments en faveur de son maintien ou de son abolition.

11. Existe-t-il des différences majeures entre un organisme du domaine de la santé et une entreprise de fabrication au chapitre de l'approvisionnement? Quelles modifications devrait-on apporter à l'approvisionnement dans le secteur de la santé?

Références

COOK, Curtis R., «Spare Parts Procurement within the Department of Defense: Separating Fact from Fiction», *National Contract Management Journal*, vol. 23, nº 2, 1990.

CROSSAN, Merhel, *The Procurers: Assessing Canada's #1 Market*, Toronto, Ontario, McGraw-Hill Ryerson, 1991.

HEISTAND, O.S., «A New Era in Government Procurement: For Better or Worse?», *Contract Management*, 8 février 1989.

MEHLING, Mark A., «Success with Commercial Product Procurement», *Contract Management*, août 1990.

The Model Procurement Code for State and Local Governments, Washington (D.C.), American Bar Association, février 1979.

The Model Procurement Code for State and Local Governments: Recommended Regulations, Washington (D.C.), American Bar Association, août 1980.

The Model Procurement Ordinance for Local Governments, Washington (D.C.), American Bar Association, août 1982.

SHERMAN, Stanley N., *Government Procurement Management*, 3c éd., Gaithersburg (Md.), Wordcrafters Publications, 1991.

SHERMAN, Stanley N., *Contract Management: Post Award*, Gaithersburg (Md.), Wordcrafters Publications, 1987.

State and Local Government Purchasing, 3c éd., Lexington (Ky.), Council of State Governments, 1988.

14 □□□ L'acquisition de biens immobilisés

Plan

Questions clés du décideur

Devrait-on:
- acheter ou louer les équipements neufs?
- acquérir des équipements usagés?
- modifier la façon d'acquérir des services de construction?

Comment peut-on:
- se départir des équipements remplacés ou désuets?
- améliorer la mise au point de nouveaux équipements?
- distinguer les acquisitions de nature habituelle des acquisitions de nature stratégique, dans le cas des biens immobilisés?

L'acquisition de biens immobilisés constitue parfois un geste stratégique important, à même d'influer sur l'avantage concurrentiel d'une entreprise durant plusieurs années. Par contre, il arrive qu'elle ne représente qu'une action habituelle n'entraînant aucune conséquence sérieuse. L'acquisition de biens immobilisés (c'est-à-dire d'équipements et d'immeubles) soulève néanmoins certaines difficultés particulières.

◻ ◻ ◻ ◻ ◻
14.1 LES ÉQUIPEMENTS NEUFS ET LES NOUVELLES TECHNOLOGIES

Selon le professeur Michael Porter, l'avantage concurrentiel d'une entreprise résulte soit de la différenciation de ses biens ou de ses services, soit du faible niveau de ses coûts de production. Or, l'utilisation de nouvelles technologies permet souvent à une entreprise d'obtenir un avantage sur ces deux tableaux, c'est-à-dire de produire des biens ou des services différents à un coût sensiblement plus bas. La plupart des entreprises s'intéressent donc beaucoup au savoir technique à cause de son importance stratégique, et l'application de nouvelles technologies engendre presque toujours l'adoption d'un équipement et de processus nouveaux. Les professionnels de l'approvisionnement ont traditionnellement négligé l'aspect stratégique de l'acquisition de nouveaux équipements. Toutefois, on compte aujourd'hui au nombre des préoccupations premières des entreprises : les droits de propriété industrielle, le temps nécessaire à l'acquisition, à l'installation et au rodage des machines, l'aide constante qu'offre le fournisseur pour assurer un fonctionnement conforme aux normes et améliorer le matériel, ainsi que la mise au point des prochaines améliorations techniques.

Dans l'industrie des semi-conducteurs, par exemple, les biens immobilisés représentent normalement la catégorie de produits ou de services à l'acquisition desquels on consacre la portion la plus importante du budget des achats. Chez Intel, on s'efforce d'établir des contrats en fonction du rendement pour l'acquisition et l'entretien des équipements. Ainsi, on paie tout fournisseur pour le temps de fonctionnement du matériel et la production de biens de qualité ; plus la période de fonctionnement dépasse les objectifs de production acceptés, plus on verse une récompense élevée au fournisseur. Les plans dressés pour l'avenir reposent sur la nécessité de diminuer sans cesse le coût unitaire des puces et d'augmenter le nombre d'unités produites par année par machine. Lorsque la société Intel planifie son évolution technique à plus long terme, c'est-à-dire pour les cinq prochaines années, elle n'inclut dans ses plans qu'un petit nombre de fournisseurs clés avec lesquels elle a formé un partenariat. Les décisions relatives aux technologies futures se fondent sur le coût total de possession plutôt que sur le seul coût des équipements. Il faut évidemment adopter une approche de groupe pour gérer ce processus, et des individus aux capacités exceptionnelles doivent représenter le service de l'approvisionnement au sein de l'équipe de gestion. Les équipements acquis ne sont pas tous aussi perfectionnés que ceux dont il vient d'être question. Il existe toutefois certains éléments fondamentaux à considérer, quel que soit l'équipement neuf qu'on doit se procurer.

L'acquisition d'équipements neufs

Il est utile de classer les équipements selon qu'ils présentent une seule ou plusieurs utilisations possibles. Les équipements à usages multiples peuvent servir à diverses fins ou dans plusieurs types d'industries, ont une durabilité accrue et leur valeur de rebut est parfois élevée. Citons, à titre d'exemple représentatif, les chariots élévateurs, certains types d'ordinateurs et les tours standard. Les équipements à usage unique, quant à eux, ont été conçus pour accomplir une ou plusieurs opérations beaucoup mieux que ne pourrait le faire une machine à usages multiples. Leur nature spécifique limite toutefois les utilisations possibles, et leur utilité est étroitement liée au besoin de réaliser les opérations qu'ils effectuent. Le matériel de ce type ne peut généralement servir que dans une seule industrie ou même à une seule entreprise. Les spécifications de ces équipements revêtent beaucoup d'importance et doivent faire l'objet d'une consultation poussée entre le personnel technique de l'acheteur et du fournisseur. Les équipements spéciaux peuvent avoir une faible valeur de rebut, et leur principal inconvénient est qu'on cesse de les utiliser avant que l'usure les rende hors d'usage. En règle générale, les équipements mineurs ou accessoires ne remplissent qu'un rôle auxiliaire et ont une valeur beaucoup moins élevée. Il arrive même que leur coût ne soit pas capitalisé, et ce dernier tend à être normalisé en grande partie. Les petits blocs d'alimentation et les moteurs constituent deux exemples typiques de biens de ce genre.

Les problèmes liés à l'achat d'équipements

L'acquisition d'équipements engendre certains problèmes particuliers.

1. L'entreprise accorde parfois une telle importance stratégique à l'équipement à acheter que certains éléments, comme le maintien du secret et la capacité d'être les premiers à mettre sur le marché les produits fabriqués grâce aux machines en cause, exercent une influence déterminante sur le choix. De plus, les risques d'échec, sur le plan technologique ou autre, sont parfois très élevés. En pareilles circonstances, le choix des fournisseurs représente une décision stratégique pour l'entreprise.

2. L'achat d'équipements se traduit en général par une dépense considérable. La somme en cause est parfois si élevée qu'on doit recourir à un mode de financement spécial tel que l'émission d'obligations, le crédit-bail ou le paiement par versements.

3. Il faut s'attendre à acheter des équipements moins souvent que d'autres types de biens en raison de leur durabilité relativement longue.

4. Il est plus difficile de déterminer avec précision le coût final d'un équipement que celui d'une matière première, par exemple. Le coût

initial d'un équipement ne représente en effet qu'une partie de son coût total, lequel englobe aussi un ensemble de coûts évalués attribuables aux effets des temps morts, de la désuétude, de l'entretien et des réparations, des déplacements de la main-d'œuvre et même d'éléments liés directement aux opérations. Il se peut qu'on ne parvienne jamais à établir avec exactitude certains de ces coûts, même après avoir acquis une expérience de la machine en cause. On doit en outre assumer plusieurs de ces coûts, comme ceux liés aux assurances, aux intérêts et à la désuétude, qu'on utilise ou non l'équipement en cause. D'autre part, la détermination du revenu engendré par ce dernier pose aussi certains problèmes, de sorte que même si on parvient à obtenir une approximation des coûts, il est souvent difficile d'établir combien de temps il faudra pour les récupérer.

5. La tendance actuelle des prix influe souvent moins sur les achats d'équipements que sur ceux de matières premières, par exemple. En effet, plus que toute autre catégorie de biens industriels, les équipements présentent une demande de type dérivé. Il est donc particulièrement difficile de déterminer le meilleur moment pour acheter un tel bien en fonction du prix. Ce n'est qu'après avoir établi la nécessité d'obtenir un équipement et justifié son achat qu'on peut en retarder ou en hâter l'acquisition pour des raisons liées au prix. Comme on ne se procure de l'équipement que lorsqu'on en a besoin, il est rare d'en acheter en période de récession, bien que le prix des machines soit alors généralement peu élevé et qu'il existe plusieurs arguments valables en faveur de leur acquisition à ce moment. On observe la situation contraire en période de prospérité.

6. L'achat d'un nouvel équipement engendre souvent des problèmes concernant la façon de se départir du bien remplacé et ses effets sur l'environnement.

7. Il arrive de plus en plus que certaines considérations liées à l'environnement influent sur le choix de l'équipement acquis. En plus de la manière de s'en départir, les matières qu'il traite et celles qui sont nécessaires à son utilisation et à son entretien peuvent avoir un effet dommageable sur l'environnement.

8. Les prévisions relatives au progrès technique sont décisives lors du processus d'acquisition des équipements neufs. Dans combien de temps un équipement donné sera-t-il désuet? Pourra-t-on le modifier ultérieurement? Quel genre de technologie le remplacera? Devrait-on l'acheter immédiatement ou attendre? Peut-on utiliser le matériel actuel un peu plus longtemps?

9. Les équipements, surtout lorsqu'ils sont d'envergure, nécessitent parfois une longue période de mise en route durant laquelle le service de l'approvisionnement devra fournir une aide additionnelle pour remédier à divers problèmes urgents. Il se peut très bien que le

matériel choisi contraigne l'entreprise à accepter plusieurs décisions à caractère permanent concernant, entre autres, le type de produits qu'elle fabriquera, l'aménagement de son espace, la méthode de production qu'elle utilisera et ses coûts d'exploitation.

10. Il faut examiner non seulement l'équipement qu'on se propose d'acheter mais aussi certains éléments tels que l'aménagement de l'usine, les sources d'énergie utilisées et le type de machines employées pour effectuer d'autres opérations.

L'acquisition d'équipements fait intervenir des éléments liés au génie et à la production ainsi que d'autres qui débordent largement le cadre de ces fonctions. Du point de vue du génie et de la production, on reconnaît couramment six raisons qui motivent un achat, soit: 1. la réduction des coûts de fonctionnement et d'entretien, 2. l'accroissement de la productivité, 3. l'amélioration de la qualité, 4. la fiabilité, 5. l'économie de temps ou la baisse des coûts de main-d'œuvre et 6. la durabilité. On devrait y ajouter la sécurité, la réduction de la pollution et la protection contre les imprévus.

En plus de ces aspects techniques, il existe des questions auxquelles seuls peuvent répondre les services du marketing, de l'approvisionnement ou des finances, ou même la direction générale. L'achat envisagé représente-t-il un engagement stratégique? Est-il essentiel ou même souhaitable de modifier le style ou tout autre aspect du produit fabriqué actuellement? Le marché reste-t-il stable, diminue-t-il ou prend-il de l'expansion? L'entreprise a-t-elle les capitaux nécessaires pour acquérir la machine qui représente le meilleur choix en théorie, ou devra-t-elle, pour des raisons financières, se contenter d'un équipement moins efficace dont le coût initial est plus faible? Que fera-t-on si l'équipement qui convient le mieux du point de vue technique ne peut être obtenu que d'un fournisseur qui n'est pas pleinement digne de confiance ou qui se trouve au bord de la faillite? Devrait-on être les premiers ou les derniers à se procurer l'équipement en cause? La réponse à ces questions influe tout autant sur la décision finale que les considérations qui relèvent davantage du génie. De ce fait, on y gagne à mettre sur pied une équipe formée de spécialistes du génie, des services utilisateurs, des finances, du marketing et de l'approvisionnement, pour qu'ils travaillent ensemble à l'achat des équipements de grande valeur.

L'importance des éléments liés aux coûts

Une fois qu'on a établi la nécessité d'acquérir un nouvel équipement, le premier élément à considérer est le coût. Cette machine doit-elle simplement en remplacer une autre ou accroître la capacité de l'usine? Quel en sera le coût en incluant les frais d'installation? À combien s'élèveront les frais de mise en route? Son installation créera-t-elle des problèmes quant à l'aménagement de l'usine? Quels seront les coûts d'entretien et de réparation? Qui fournira les pièces de rechange nécessaires et à quel prix? Cette machine a-t-elle besoin d'accessoires, et, si oui, combien coûteront-ils? Quels seront les frais d'utilisation de cet équipement, en tenant compte des coûts de l'énergie et de la main-d'œuvre? Pendant combien d'heures-machine l'emploiera-t-on? Peut-on fabriquer cet équipement ou doit-on l'acquérir de l'extérieur? Quel en sera le taux d'amortissement? Quels seront les coûts de financement de cet achat? S'il s'agit d'un bien de production, comme c'est normalement le cas, combien en coûte-t-il actuellement pour fabriquer l'article en cause au lieu de l'obtenir d'un fournisseur de l'extérieur, et combien en coûterait-il pour le produire à l'aide de la nouvelle machine?

Le coût selon le cycle de vie ou le coût total de possession

Aux États-Unis, le U.S. Department of Defense encourage activement la prise de décisions relatives aux dépenses en capital en fonction du coût selon le cycle de vie. Le même concept existe dans l'industrie, où on lui donne le nom de coût total de possession. Il découle d'une philosophie relativement simple. Le coût total d'une pièce d'équipement englobe bien plus que le seul prix d'achat ou même le coût incluant l'installation. Ce qui importe vraiment est ce qu'il en coûte au total pour que la machine accomplisse la fonction voulue tout au long de sa durée de vie ou de la période durant laquelle on doit réaliser la tâche en cause. Ainsi, un bas prix d'achat initial masque parfois un coût d'utilisation plus élevé, lequel peut résulter d'un entretien et de temps morts plus coûteux, de l'emploi d'une main-d'œuvre spécialisée plus nombreuse, d'une production accrue de déchets, d'une consommation plus grande d'énergie ou de frais plus élevés pour le traitement des déchets. La soumission d'un prix faible se traduisant par un faible coût initial, il arrive qu'un fournisseur jouisse d'un avantage déloyal, car son équipement présente peut-être le coût total de possession le plus élevé. Nombre des coûts à considérer sont à venir, et ils peuvent se manifester dans 10 ou 15 ans! Comme ils sont également de nature très incertaine, les doutes exprimés quant à l'exactitude du calcul du coût total de possession sont fondés.

On peut heureusement effectuer ce calcul à l'aide de divers logiciels qui vont des simples programmes de comptabilité servant à établir les coûts pour la durée de vie d'un projet aux logiciels qui utilisent la méthode Monte Carlo afin de simuler le cycle de vie d'un équipement, de sa conception à sa cession. L'ordinateur permet de vérifier le niveau de sensibilité des coûts et de modifier facilement les intrants au besoin. Une approche fondée sur le coût total de possession représente donc une option intéressante et préférable à la pratique normale (surtout dans le cas des achats gouvernementaux), qui consiste à rechercher la soumission la plus basse. L'expérience démontre que dans un nombre surprenant de cas, le prix d'achat initial d'un équipement ne correspond qu'à un pourcentage relativement faible de son coût selon le cycle de vie. Le prix d'achat d'un ordinateur, par exemple, dépasse rarement 50 % de son coût total de possession, et celui de la plupart des équipements industriels représente de 20 % à 60 % de leur coût selon le cycle de vie.

Dans le cadre d'une étude sur le coût total de possession d'un équipement valant plusieurs millions de dollars, on mit en évidence 139 éléments de coût distincts dont il fallait tenir compte lors de la simulation du processus par ordinateur.

Le problème de l'assistance technique

La plupart des fournisseurs de matériel de grande valeur continuent à s'intéresser de près à tout équipement qu'ils ont vendu et installé. L'apport d'une assistance technique soulève deux questions clés: pourquoi un tel service est-il offert et accepté, et quel en est le coût?

Le service avant la vente   L'assistance technique offerte par un fournisseur à un acheteur futur ou potentiel a pour but de déterminer le modèle et les spécifications de l'équipement qui conviendra le mieux aux besoins particuliers du client et de faire en sorte que le matériel acquis fonctionne adéquatement. Cette assistance se rattache presque toujours aux problèmes d'achat particuliers de l'utilisateur. Cependant, il arrive qu'un acheteur demande et reçoive beaucoup d'aide et de conseils techniques sans avoir vraiment l'intention d'acquérir quoi que ce soit, ou tout en sachant fort bien que l'entreprise qui lui fournit ce service n'a aucune chance d'obtenir une commande. Cette manière de procéder contrevient à l'éthique, et tout acheteur qui l'adopte découvrira tôt ou tard qu'elle a grandement terni la réputation d'équité de son entreprise.

Le service après-vente   Parfois, l'équipement vendu s'accompagne d'une garantie de bon fonctionnement, ce qui constitue une raison additionnelle d'en surveiller l'installation et le fonctionnement. Même après cette période initiale, il arrive que le fournisseur procède à une inspection régulière pour s'assurer que la machine fonctionne adéquatement. Les principaux cas d'abus en matière de service après-vente sont attribuables aux entreprises qui insistent pour fournir ce service à l'acheteur et le lui faire payer, même si ce dernier ne le croit pas nécessaire.

La sélection de la source d'approvisionnement

Il faut accorder une attention particulière au choix de la source d'approvisionnement lors d'un achat d'équipement de grande valeur. La fiabilité du fournisseur et le niveau raisonnable du prix s'avèrent bien sûr importants, quel que soit le bien qu'on achète. Toutefois, un autre élément occupe aussi une place prépondérante lorsqu'on acquiert un équipement plutôt qu'une matière première: il s'agit de la coopération que démontre le fournisseur pour assurer le choix du bon type de matériel, l'installation adéquate et le fonctionnement efficace recherché par les deux parties; bref, il s'agit de l'intérêt qu'il continue de porter à son produit longtemps après l'avoir vendu. La possibilité d'obtenir des pièces de rechange et de bénéficier d'un service de réparation tout au long de la durée de vie de la machine revêt également de l'importance. En outre, des rapports antérieurs satisfaisants influent grandement sur la décision d'accorder de nouvelles commandes à un fournisseur d'équipements. Le personnel des opérations ou du génie s'intéresse aux équipements à un point tel qu'il a habituellement une préférence marquée pour certains fournisseurs. Les grandes entreprises ont toujours eu la possibilité de construire elles-mêmes leurs machines dans leurs propres ateliers. Certaines possèdent même des filiales qui se spécialisent dans la conception et la fabrication d'équipements.

Les considérations liées à la conception, à la recherche et au développement

Lorsqu'un acheteur a besoin d'une nouvelle pièce d'équipement qu'il ne peut obtenir sur le marché, il doit se pencher sur la question de sa conception et de sa mise au point. Advenant qu'il destine ce bien à une utilisation si particulière que lui seul pourra en faire usage, il est normal qu'on lui demande d'assumer le plein coût de sa conception et de sa mise au point. Il en va souvent ainsi dans le cas du matériel militaire. Toutefois, la situation se complique lorsque la conception de cet équipement peut profiter au fournisseur en lui procurant des connaissances additionnelles qu'il pourra mettre à profit pour vendre d'autres produits ou services ou pour offrir à d'autres clients du matériel semblable. En pareil cas, qui doit payer pour la conception et la mise au point de l'équipement? Quelle que soit la situation, deux questions se posent lorsqu'on doit acquérir un équipement: 1. Qui assumera le coût de sa conception et de sa mise au point, et de quelle manière? 2. Comment l'acheteur et le fournisseur partageront-ils les risques d'échec? La solution adoptée varie selon l'industrie et les circonstances.

Les considérations d'ordre juridique

Il faut également examiner les questions juridiques que soulève l'achat d'équipements, dont le risque d'être poursuivi pour contrefaçon et l'étendue de la responsabilité qu'on doit assumer pour tout accident survenu à un employé. En outre, les contrats de vente et d'achat de matériel se révèlent souvent longs et compliqués, offrant ainsi de nombreuses possibilités de litige. De plus, on a recours à divers types de contrats d'assurances qui font souvent l'objet d'interprétations différentes. Toute machine acquise doit par ailleurs être conforme à la réglementation en matière de sécurité qui s'applique dans la province ou le pays où elle sera utilisée; or, cette réglementation diffère substantiellement d'un endroit à un autre. Le problème des dommages indirects s'avère tout particulièrement délicat. Ainsi, le vendeur d'un équipement sera-t-il tenu responsable des ventes non réalisées et du manque à gagner si cette machine tombe en panne en raison d'un défaut de conception ou de fabrication? Les pertes de ce genre subies par l'acheteur peuvent être considérables. Par exemple, une entreprise peut enregistrer des pertes de 1 million de dollars par jour en revenu brut durant six mois à cause de la défaillance d'un nouvel équipement qui a coûté 800 000 $!

Les dispositions budgétaires spéciales

Lorsqu'on établit le budget, il est d'usage de prendre des dispositions pour permettre deux types de dépenses en capital. Le premier englobe les dépenses probables qu'on peut imputer à un compte de capital mais dont l'ampleur n'est pas suffisante pour qu'il faille les signaler à l'attention du comité des finances ou du contrôleur. D'ordinaire, on limite ces dépenses à un montant situé entre 2 000 $ et 10 000 $, par exemple. La seconde catégorie regroupe les dépenses plus importantes. En règle générale, son inscription au budget ne signifie pas qu'on accorde l'autorisation de dépenser les sommes en cause ou qu'on approuve l'achat d'un certain équipement. Ainsi, toute dépense particulière qu'on souhaite réaliser subséquemment nécessite l'autorisation des cadres concernés, lesquels ne l'approuveront qu'après avoir étudié avec soin une analyse préliminaire du projet. Il faut donc présenter une demande d'autorisation en bonne et due forme en y incluant la description détaillée de ce qu'on veut acheter et en y indiquant l'évaluation des coûts en cause, les économies que devrait entraîner cet équipement, les raisons pour lesquelles on en a besoin, l'effet de son acquisition sur l'ensemble de l'entreprise et toute autre information jugée pertinente. À la lumière de ces faits et de certaines données relatives à la situation et aux autres besoins financiers de l'entreprise, on pourra décider s'il convient d'autoriser la dépense à l'étude.

La cession des équipements désuets ou remplacés

Que faire d'un équipement désuet ou remplacé? Voilà une question intéressante. Une solution possible consiste à le céder au fournisseur lorsqu'on en acquiert un neuf. Le fournisseur réduit alors le prix d'une certaine valeur de reprise, et il lui revient de se départir de la machine usagée. En l'absence d'autres éléments à considérer, c'est le coût net qui détermine, dans une large mesure, si on procédera ou non à un achat avec reprise, la solution retenue étant celle qui coûte le moins cher. Comme la valeur de reprise accordée représente une forme de concession en matière de prix, il arrive qu'elle ne reflète pas fidèlement la valeur marchande actuelle des équipements usagés. Dans certaines industries, les équipements désuets sont souvent en parfait état de marche et leur cession peut très bien donner lieu à une concurrence non désirée. Il arrive également que le matériel remplacé présente un risque pour la santé ou l'environnement, ou qu'il comporte des caractéristiques particulières qu'on veut tenir secrètes. Détruire les biens remplacés peut constituer une solution raisonnable dans l'un ou l'autre cas. D'autre part, lorsqu'on gère un parc d'automobiles, il faut accorder une attention spéciale au choix du moment où il convient de remplacer un véhicule. Au nombre des innovations intéressantes observées en matière de gestion des parcs d'automobiles figurent le recours à des options d'achat offertes au conducteur ainsi que l'acquisition de véhicules d'une entreprise de location (ces automobiles ayant un kilométrage relativement faible, mais un prix sensiblement moins élevé que celui d'un véhicule neuf du fait de la dépréciation).

Par ailleurs, au sein d'une grande entreprise, il arrive que l'équipement remplacé dans une certaine région puisse servir ailleurs à l'intérieur de l'organisation. Ainsi, il est d'usage pour le service de l'approvisionnement de faire circuler la liste des équipements disponibles à l'intérieur de l'entreprise avant de chercher un autre moyen de s'en départir. Une autre solution consiste à vendre le matériel désuet à un marchand d'équipements usagés. On peut aussi trouver directement un acheteur pour ces biens ou les vendre à la casse. Une dernière possibilité est de les détruire pour s'assurer que personne d'autre ne pourra les utiliser.

14.2 L'ACQUISITION D'ÉQUIPEMENTS USAGÉS

Jusqu'à présent, nous avons supposé que l'acheteur désirait acquérir de l'équipement neuf. Il peut cependant choisir d'acheter du matériel usagé, ce qui pose certaines difficultés. Que les biens soient neufs ou usagés, on applique généralement les mêmes règles d'évaluation. Toutefois, lorsqu'on achète de l'équipement usagé, on ne peut habituellement pas bénéficier des services et des garanties du fabricant.

Les raisons d'acheter des équipements usagés

Voici quelques-unes des situations où il est raisonnable de considérer l'achat d'équipements usagés :

– lorsque l'écart entre le prix d'une machine neuve et celui d'une machine usagée est substantiel ou lorsque l'acheteur a peu de capitaux ;

– lorsque l'équipement en cause servira dans une usine pilote ou expérimentale ;

– lorsque le matériel acquis sera utilisé pour remplir un contrat spécial d'une durée limitée, au cours de laquelle il faudra amortir le coût de cet équipement ;

– lorsque la machine en cause demeurera inutilisée pendant de longues périodes ;

– lorsque cet équipement sera utilisé par des apprentis ;

– lorsque le matériel acquis est destiné au service de l'entretien plutôt qu'au service de la production ;

– lorsqu'on veut obtenir une livraison plus rapide parce que le délai d'obtention a une importance capitale ;

– lorsqu'on peut facilement moderniser une machine usagée à peu de frais ou lorsque l'équipement offert est d'un modèle très récent.

Les conditions de l'accord de vente

Les conditions qui s'appliquent à la vente d'équipements usagés peuvent varier.

1. Il arrive qu'on vende l'équipement «tel quel», ce qui indique que le contrat n'offre aucune garantie, expresse ou implicite, quant à l'état de l'article vendu. Dans certains cas, l'acheteur doit aussi accepter l'équipement là où il se trouve.

2. Le vendeur peut aussi fournir certaines garanties particulières qu'il est préférable d'obtenir par écrit. Les vendeurs d'équipements usagés adoptent en général cette pratique, bien qu'ils offrent quelquefois certains articles «tels quels».

3. Il se peut que l'équipement vendu soit garanti et ait été remis à neuf. On le facture alors en conséquence. Ce bien a fait l'objet d'une vérification et s'accompagne d'une garantie de bon fonctionnement d'une durée minimale de 30 jours à partir de la date d'expédition.

□ □ □ □ □
14.3 LA LOCATION D'ÉQUIPEMENTS

Nombreux sont les fabricants d'équipements qui louent leurs produits en plus de les vendre. Les partisans de la location font remarquer que l'entreprise qui loue un bien paie pour obtenir le droit de l'utiliser plutôt que le privilège de le posséder. La location à court terme est bien connue de tous. Elle est tout indiquée lorsqu'on prévoit faire un usage limité d'un certain équipement et que celui-ci engendre un coût en capital ou des frais d'entretien élevés, ou les deux. En outre, on peut souvent louer les services d'un opérateur en même temps que la machine. L'industrie de la construction offre un bon exemple d'un secteur d'activité où l'on opte fréquemment pour la location à court terme. On peut inclure dans la plupart des contrats de location une clause offrant la possibilité d'acquérir le bien loué au bout d'une période donnée.

Le crédit-bail

Notons que, pour retirer tous les avantages possibles d'un programme de location d'équipements, une entreprise doit pouvoir traiter ses paiements de crédit-bail comme une dépense aux fins du calcul de l'impôt. Le crédit-bail donne lieu à certaines pratiques dans le cas des grandes organisations, aussi bien publiques que privées. En effet, comme on impute normalement les charges locatives au budget d'exploitation plutôt qu'au budget de capital, les chefs de service tentent parfois d'obtenir de l'équipement par la voie détournée du crédit-bail lorsque le budget de capital ne leur permet pas de l'acheter. Cette pratique peut facilement donner lieu à des abus et à des frais de location très élevés. Ainsi, pour louer du matériel d'enregistrement, un organisme dépensera en six mois une somme égale au coût d'achat de cet équipement. Les acheteurs doivent avoir conscience de ce phénomène et demeurer vigilants pour détecter tout subterfuge en matière de crédit-bail.

Les avantages et les inconvénients du crédit-bail

Voici les avantages qu'on retire du crédit-bail :
- l'inclusion des charges locatives dans les dépenses de l'entreprise aux fins du calcul de l'impôt (dans la plupart des cas) ;
- la nécessité d'une faible dépense initiale (le coût total pouvant même être moins élevé) ;
- la possibilité d'obtenir un service spécialisé ;
- la réduction du risque de désuétude ;

– la capacité de s'adapter aux exigences de contrats spéciaux et aux variations saisonnières;

– la possibilité d'essayer un équipement pendant un certain temps avant de l'acheter;

– le transfert du fardeau de l'investissement au fournisseur.

Les gestionnaires de parcs d'automobiles optent souvent pour le crédit-bail lorsque leurs véhicules sont répartis à travers le pays et que l'entreprise de location a une grande influence en tant qu'acheteur et peut mieux se départir des véhicules usagés. Le crédit-bail présente cependant des inconvénients tout aussi manifestes:

– il peut engendrer un coût final élevé;

– il implique une surveillance de la part du bailleur ou du loueur;

– il laisse moins de latitude à l'entreprise quant à l'utilisation de l'équipement.

Beaucoup de contrats de location doivent faire l'objet d'un examen minutieux parce qu'ils sont souvent inéquitables, leurs conditions faisant porter presque tous les risques par le preneur. Quelles sont, par exemple, les dispositions qui s'appliquent au remplacement du matériel lorsqu'il devient désuet ou qu'il n'est plus en état de fonctionner? Le preneur peut-il acheter d'une autre source les fournitures requises tel que le papier dans le cas d'une photocopieuse? Les frais réels sont-ils plus élevés qu'il n'y paraît?

Les types de contrats de location

Il existe deux grandes catégories de contrats de location, soit les baux financiers et les contrats de location-exploitation. Un bail financier peut entraîner la remise totale ou partielle des coûts. Dans le premier cas, le preneur effectue des versements réguliers pour payer la totalité du prix d'achat de l'équipement et les intérêts courus ainsi que les frais d'entretien, de service, de tenue des registres et d'assurance lorsqu'ils s'appliquent. Si le bail ne prévoit qu'une remise partielle, l'équipement présentera une valeur résiduelle à la fin de la période de location. Le preneur verse alors la différence entre le coût initial du matériel et la valeur résiduelle, en plus des intérêts et des frais. On détermine le coût d'un bail financier à partir des honoraires du bailleur, du taux d'intérêt et du taux d'amortissement de l'équipement. Le contrat de location-exploitation se distingue du bail financier par le service, le bailleur assumant la pleine responsabilité de l'entretien, de la désuétude, de l'assurance, du versement des taxes, de l'achat et de la revente de l'équipement.

Les types d'entreprises de location

Selon J.P. Matthews[1], il existe quatre types de relations possibles en matière de crédit-bail, chacune entraînant des conséquences particulières (*voir la figure 14.1*).

Le bailleur offrant un service complet   Les bailleurs offrant un service complet œuvrent surtout dans le domaine des véhicules automobiles, du matériel de bureau et des équipements industriels. Ils fournissent tous les services requis, acquièrent l'équipement conforme aux spécifications de l'acheteur et ont leur propre source de financement. En règle générale, ils obtiennent certains escomptes ou remises des fabricants de matériel, mais

FIGURE 14.1   Types de relations possibles en matière de crédit-bail

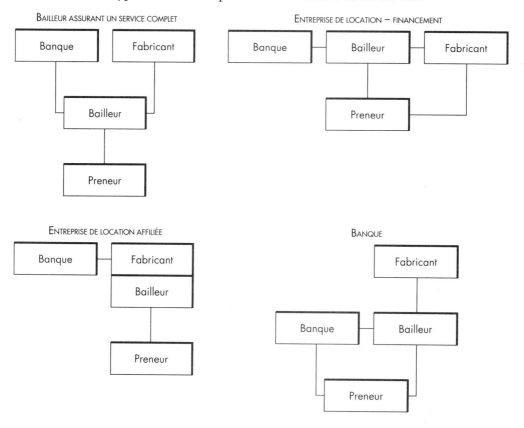

1. J.P. MATTHEWS, «Equipment Leasing: Before the Cash-Flow Analysis, What Else?», *Journal of Purchasing*, février 1974, p. 5-11.

n'en divulguent pas la teneur au preneur. Les bailleurs enregistrent également un profit sur les frais d'entretien et de service qu'ils incluent dans les charges locatives.

L'entreprise de location-financement Ce type de bailleur ne s'occupe ni de l'achat ni de l'entretien des équipements, de sorte que le preneur traite directement avec le fabricant. Toutefois, les bailleurs de ce genre peuvent souvent obtenir des capitaux à un taux préférentiel, ce qui leur permet de réaliser un profit en accordant des prêts à un taux d'intérêt plus élevé.

L'entreprise de location affiliée Une entreprise de location affiliée a pour objectif principal d'encourager la vente et l'utilisation de l'équipement fabriqué par son siège social. Plusieurs raisons motivent un fabricant d'équipements à choisir de louer les biens qu'il produit au lieu de les vendre. Il peut vouloir :

– étendre la distribution de ses produits ou accroître sa marge bénéficiaire ;
– réduire l'ampleur des risques liés au crédit ;
– offrir une gamme complète de produits ou accroître le volume de ses ventes de fournitures ;
– dominer le marché de l'équipement usagé ;
– stabiliser le rythme de croissance de son entreprise en assurant la distribution de ses produits en période de récession, lorsqu'il est plus difficile de réaliser des ventes, surtout dans le cas de l'équipement neuf ;
– avoir la mainmise sur le service ;
– protéger la position que lui confère un brevet d'invention.

La participation bancaire La participation d'une banque offre certains avantages lorsque le preneur possède une bonne cote de crédit. L'institution bancaire peut accepter de financer une partie des charges locatives à un taux ne dépassant guère son taux préférentiel si le contrat de location en cause présente un faible risque et entraîne peu de désagréments. Le bailleur s'occupe d'acheter l'équipement requis, de l'entretenir et de le céder ultérieurement, déchargeant ainsi la banque des tâches pour lesquelles son personnel est généralement peu qualifié.

L'évaluation du bailleur

En plus de comparer les avantages et les inconvénients d'un contrat de location particulier et d'en examiner les conditions, toute personne qui songe à louer de l'équipement doit faire preuve de la plus grande prudence lorsqu'elle évalue le bailleur.

1. Le bailleur se montre-t-il raisonnable et juste lorsqu'il traite avec ses clients?

2. Consacre-t-il autant d'efforts et d'argent à la recherche qu'il le prétend?

3. Présente-t-il une bonne situation financière?

4. S'il constitue la seule source d'approvisionnement existante, a-t-il tendance à adopter une attitude arbitraire lorsqu'il procède à l'ajustement périodique des frais de location et autres?

☐☐☐☐☐
14.4 L'ACQUISITION DE SERVICES DE CONSTRUCTION

Les immeubles qu'on fait construire représentent une catégorie spéciale de biens immobilisés. Dans un premier temps, il faut disposer du terrain ou de l'espace nécessaire pour réaliser un projet de construction. Par conséquent, il faut envisager l'acquisition d'un terrain en tenant compte des problèmes liés au choix de l'emplacement du bureau ou de l'usine en cause, ce qui nécessite l'examen des actes notariés, de l'accessibilité, des règlements de zonage, des taxes et de la disponibilité des services tels que l'alimentation en eau et en électricité, le téléphone et l'enlèvement des déchets. Parmi les autres éléments à considérer figurent la distance par rapport aux clients, aux fournisseurs et à la main-d'œuvre ainsi que les moyens de transport disponibles et les frais qu'ils entraînent. Certaines des questions qui se posent relèvent manifestement d'autres fonctions au sein de l'entreprise.

Les organisations qui prennent rapidement de l'expansion, telles les entreprises de restauration rapide à succursales multiples et celles qui possèdent d'importants avoirs fonciers, comptent parfois un service distinct de l'immobilier ou de la gestion des installations, qui s'occupe d'acquérir les biens immobiliers et d'en assurer l'entretien. Toutefois, même ces entreprises ont la possibilité de construire ou d'acheter. Lorsqu'on décide de construire un immeuble destiné à abriter des bureaux, des installations de production, un entrepôt, un magasin, un restaurant, des équipements d'entretien, un hôtel, une école ou un centre de recherche, l'usage auquel on le destine revêt une importance primordiale au moment de sa conception. Les grandes entreprises sont en mesure d'avoir à leur service des architectes, des ingénieurs-constructeurs ainsi que des ingénieurs spécialisés en plomberie, en climatisation et en électricité. Lorsque la demande est à son maximum ou que la situation exige des connaissances particulières, ces entreprises peuvent faire appel à des experts-conseils indépendants pour aider le groupe de spécialistes qu'elles emploient. Si on doit construire des installations dans plusieurs régions du pays ou à l'étranger, il sera parfois essentiel d'obtenir l'aide d'experts locaux qui connaissent bien les conditions climatiques, les codes du bâtiment et les entrepreneurs de construction de l'endroit.

Dans beaucoup de cas, il est normal que le coût de conception d'un projet de construction ne représente qu'une portion relativement faible de son coût total, laquelle se situe le plus souvent entre 7 % et 12 %. Les plans adoptés influeront dans une large mesure sur le coût final du projet. C'est pourquoi il importe de considérer l'acquisition ou la gestion des plans selon un ensemble de critères qui englobe bien plus que le seul coût de la phase de conception.

L'approche traditionnelle en matière de construction et ses embûches

Lorsqu'on adopte l'approche traditionnelle, dont les étapes sont, dans l'ordre : l'ébauche du projet, la demande de capitaux, la conception, la tenue d'un appel d'offres, la sélection de l'entrepreneur et la construction en tant que telle, on rencontre nombre d'embûches qui peuvent s'avérer très coûteuses. Ainsi, l'apport de modifications au cours de la phase de construction nécessite presque toujours beaucoup de temps et d'argent. Par ailleurs, le processus d'approbation d'une dépense en capital se révèle souvent très long, de sorte qu'après avoir reçu les crédits demandés on ne dispose que d'un temps limité pour procéder à la conception du projet, à l'appel d'offres et aux travaux de construction. Or, lorsqu'on se hâte pour réaliser ces phases, il en résulte des coûts additionnels et une plus grande tendance à commettre des erreurs. Il arrive également que l'évaluation initiale des coûts ne soit pas réaliste parce qu'on ne connaissait pas encore tous les détails des plans, parce que les conditions du marché de la construction ou de la main-d'œuvre ont changé ou parce que le projet a évolué vers un concept différent. De plus, advenant que le prix sur toutes les soumissions reçues dépasse le montant total initialement demandé et approuvé, on devra choisir entre réduire les coûts ou tenter d'obtenir des crédits supplémentaires, souvent en vain.

Ce qui précède n'a pas pour but de démontrer qu'un projet de construction est toujours compliqué et engendre inévitablement de nombreux problèmes. Au contraire, l'existence de toutes les embûches mentionnées donne à penser qu'on peut améliorer la situation et s'éviter des ennuis grâce à une saine gestion des projets. En outre, comme nombre des coûts et des problèmes se rattachent à la nécessité de faire appel à des experts et à des entrepreneurs de l'extérieur, on se doit de bien gérer l'approvisionnement pour réaliser un projet de construction avec succès.

La gestion d'un projet de construction

Il n'y a rien d'étonnant à ce qu'on ait élaboré diverses façons d'aborder les principaux aspects d'un projet de construction susceptibles d'engendrer des problèmes. La plupart des méthodes de gestion de projets ont pour but d'assurer la livraison à temps d'un bien de la qualité voulue et le contrôle des coûts. Il est clair que même si on adopte l'approche traditionnelle au cours de toutes les phases du projet, on peut accroître ses chances de réussite en sélectionnant des experts-conseils, des architectes, des entrepreneurs et des ouvriers spécialisés compétents, en coordonnant bien l'ensemble de leurs activités et en leur accordant un délai approprié pour effectuer leur travail. Les techniques de gestion de projets, telles la méthode de programmation optimale (PERT) et la méthode du chemin critique, peuvent offrir une aide précieuse. En effet, elles permettent l'analyse et la planification adéquates des activités de même que leur surveillance en attirant l'attention sur les tâches qui forment le chemin critique ou qui se trouvent à proximité de celui-ci. Les délais d'approvisionnement relatifs aux diverses phases du projet ont bien sûr une importance capitale. La possibilité de puiser dans un fonds de prévoyance, afin de remédier à tout problème imprévu dès qu'il se manifeste, aide également à éviter tout retard. Les clauses qui accordent une prime à l'entrepreneur s'il termine les travaux à la date prévue ou avant celle-ci, ou qui l'obligent à verser une amende dans le cas contraire, peuvent aussi contribuer au respect des échéanciers.

Dans le secteur public, on recourt aux cautions de soumission et aux garanties de bonne exécution pour s'assurer que les entrepreneurs remplissent leurs engagements et offrent le rendement attendu. Il existe, en matière de construction, certaines options intéressantes qui s'écartent de la manière traditionnelle de procéder. Ainsi, un des principaux éléments à considérer est le choix du maître d'œuvre; on peut assurer soi-même la direction des travaux ou la confier à un entrepreneur de l'extérieur. Cependant, la question ne devrait même pas se poser dans les entreprises qui ne possèdent pas le personnel qualifié requis. Une autre possibilité consiste à établir un contrat de construction clés en main. L'acheteur définit alors ses besoins particuliers (le plus souvent en dressant une liste des spécifications en matière de rendement), et un entrepreneur qualifié ou une firme d'experts-conseils se charge de toutes les phases subséquentes du projet. Une telle approche fait manifestement porter à l'une des parties en cause l'entière responsabilité des exigences en matière de qualité, de livraison, de coût et de rendement. Par contre, elle lui permet aussi d'agir à sa guise pour résoudre les difficultés particulières liées à la conception et à la construction. On peut également procéder par voie de concours, au lieu de demander à un architecte ou à un ingénieur-concepteur de produire un plan. Ainsi, on permet aux entrepreneurs de suggérer un plan de même que des matériaux et des méthodes de construction spécialement adaptés à leurs compétences et aux circonstances, ce qui permettra de réduire les coûts.

Il est possible et souhaitable de recourir aux techniques d'analyse des coûts et de la valeur au cours de l'élaboration et de la conception d'un projet, afin de s'assurer qu'on opte pour la solution la plus avantageuse. On peut aussi sélectionner un entrepreneur lors de l'ébauche du projet et recourir à ses services pour dessiner et construire les installations requises en se conformant à certains objectifs précis en matière de rendement, de coût et de livraison. En choisissant l'entrepreneur qui convient dès le début d'un projet, on réalise parfois des économies substantielles de temps et d'argent. Grâce à cette méthode, le nouvel immeuble de l'École de gestion de Rotterdam de l'Université Erasmus a pu être construit deux fois plus rapidement et à un coût moitié moins élevé que si on avait adopté l'approche traditionnelle. L'entrepreneur choisi venait de terminer un imposant immeuble d'habitation et a été en mesure d'utiliser le même coffrage et les mêmes ouvriers ainsi que des matières semblables pour bâtir la nouvelle école.

Les éléments à considérer sur le chantier

Lorsque la construction doit se faire sur un terrain que possède et exploite l'entreprise qui achète, on peut devoir inclure au contrat des dispositions particulières relatives à certains éléments tels que les mesures d'identification et de surveillance, les heures d'ouverture du chantier, les règlements en matière de bruit, de tenue vestimentaire et de sécurité, l'accès aux services de restauration, les bureaux et les installations de détente, de production et autres, les livraisons ainsi que la conduite et la propreté exigées.

La participation du service de l'approvisionnement aux projets de construction

Dans beaucoup d'entreprises, les projets de construction relèvent essentiellement du génie, et le service de l'approvisionnement s'occupe ou non de procéder à l'appel d'offres. Pour être en mesure d'apporter une contribution valable, le personnel de l'approvisionnement doit posséder certaines connaissances en matière de construction. De plus, comme c'est le cas pour la réalisation de tout genre d'achats, le service de l'approvisionnement doit absolument participer au projet dès le début s'il faut recourir à l'analyse de la valeur, à un concours ou à d'autres techniques innovatrices. Comme plusieurs autres fonctions, à l'instar de l'approvisionnement et du génie, devraient contribuer à un projet de construction dès les premières étapes de sa planification, l'idée de former un groupe de travail ou une équipe chargée du projet offre beaucoup d'attraits. La fonction approvisionnement doit donc être représentée au sein d'une telle équipe.

Questions de révision et de discussion

1. En quoi l'acquisition d'équipements présente-t-elle une importance stratégique?

2. Comment peut-on attribuer une valeur raisonnable à l'assistance technique offerte par un fournisseur potentiel d'équipements?

3. Quels sont les problèmes qu'entraînent généralement les projets de construction?

4. Pour quelles raisons préfère-t-on parfois acquérir un équipement usagé?

5. Quels avantages peut-on retirer d'un contrat d'achat clés en main?

6. Comment peut-on se départir d'un bien immobilisé?

7. Pour quelles raisons choisit-on d'acheter un bien plutôt que de le louer?

8. En quoi l'acquisition de biens immobilisés se distingue-t-elle de l'achat de matières premières?

9. Quels sont les problèmes liés à l'utilisation du coût total de possession, ou coût selon le cycle de vie?

10. Quels sont les avantages de recourir à un bailleur qui assure un service complet?

Références

GOLDENBERG, Charles B. et Donald H. TURNER, «Cost of Ownership: As Easy as ABC?», *NAPM Insights*, septembre 1991.

HAMEL, Henry G., *Leasing in Industry*, New York, National Industrial Conference Board, 1984.

IBBS, C. William Jr., «"Or Equal" Clause in Procurement in Engineering Construction», *Journal of Purchasing and Materials Management*, automne 1982.

MORGAN, James P., «When Capital Equipment Drives a Buying Strategy», *Purchasing*, 20 juin 1991.

RUSHFORD CARTER, Kathe, «Michigan: First in Leasing», *NAPM Insights*, septembre 1991.

SCHONBERGER, Richard J. et Edward M. KNOD Jr., *Operations Management*, Homewood (Ill.), Richard D. Irwin, 1991.

15 L'acquisition de services

Plan

Questions clés du décideur

Devrait-on:
- améliorer la manière d'évaluer les fournisseurs de services?
- choisir des fournisseurs qui offrent des services de qualité supérieure?
- collaborer plus étroitement avec les requérants de services?

Comment peut-on:
- décider s'il est préférable d'assurer soi-même un service ou de l'acquérir de l'extérieur?
- modifier le système d'assurance de la qualité des services?
- obtenir davantage de chaque dollar consacré aux services?

15.1 LES SERVICES

L'acquisition efficace de services pose un défi de taille. Jusqu'ici, dans le présent manuel, nous avons traité surtout de l'acquisition de produits, de matières premières, de pièces achetées, d'équipements et de fournitures ERO. Or, lorsqu'on se procure ces divers types de biens, on reconnaît habituellement que le service compte parmi les éléments à évaluer pour déterminer le meilleur achat. Dans ce contexte, le service englobe entre autres l'installation, la formation des acheteurs, des opérateurs ou du personnel de soutien, l'assistance technique, l'entretien, l'apport d'une capacité ou d'un personnel de soutien, le dépannage, la fourniture de documents explicatifs, la participation à la gestion de la qualité, l'inspection et la traduction. En pareille situation, toutefois, on décide presque toujours de l'achat à effectuer en tenant surtout compte du produit, le service ne représentant qu'un aspect secondaire. Couramment acquis, les services de transport constituent bien sûr une exception notable à cette règle (*voir le chapitre 8*). Il existe une multitude de services divers que peut devoir se procurer une organisation; en voici quelques-uns.

Aide temporaire	Entretien
Aménagement de l'espace intérieur	Formation
	Programmation informatique
Aménagement paysager	Protection et sécurité
Arbitrage	Publicité
Art	Publipostage
Assurance	Recherche
Cession des surplus et des articles désuets	Rémunération
	Réparations
Communications	Reproduction
Conception (produits, usines et équipements, papeterie)	Services bancaires
	Services d'alimentation et d'hôtellerie
Conception technique	Services d'experts-conseils
Conciergerie	Services juridiques
Conditionnement physique	Services médicaux
Courtage en douanes	Services publics
Décoration intérieure	Services téléphoniques
Déménagement de ménages	Traduction
Déplacements du personnel	Transport
Enlèvement de la neige	Vérification
Enlèvement des déchets	
Entreposage	

Le présent chapitre fournit certaines règles de base à appliquer pour obtenir des services dans le contexte traditionnel aussi bien que dans les situations où l'on vise principalement à acquérir un service. Les deux premières sections ont pour but d'amener le lecteur à mieux comprendre les services. Vient ensuite une description du processus d'acquisition d'un service.

Une des principales caractéristiques particulières des services est l'impossibilité de les entreposer, ce qui s'explique par le fait que de nombreux services constituent un processus (associé ou non à un produit). En raison de cette particularité, il faut qu'un service soit fourni au moment précis où l'acheteur en a besoin, car tout écart peut entraîner des conséquences graves. Les fournisseurs qui tentent d'offrir des services à une variété de clients doivent s'assurer de posséder une capacité suffisante pour répondre aux besoins de chacun d'eux.

Le fait qu'on ne puisse entreposer les services crée également des difficultés en matière d'assurance de la qualité. En effet, il peut s'avérer impossible d'inspecter un service avant sa prestation et, à ce moment, il est parfois trop tard pour remédier à un manque. Quiconque a déjà assisté à une conférence ennuyeuse ou voyagé par avion dans de mauvaises conditions peut en témoigner.

On peut éprouver beaucoup de difficulté à décrire et à mesurer la qualité d'un service. Ce phénomène s'explique par le fait qu'un service présente souvent deux aspects, l'un tangible et l'autre intangible. Dans le contexte de la restauration, la composante intangible est l'atmosphère agréable que crée le personnel chargé du service lorsqu'il s'intéresse sincèrement aux clients. Les employés témoignent cet intérêt en se montrant aimables, courtois et enthousiastes, en laissant voir qu'ils apprécient la clientèle des gens qu'ils servent, en connaissant les produits qu'ils offrent, en utilisant les techniques de vente avec délicatesse et efficacité et en s'efforçant de répondre aux attentes de chaque client en ce qui a trait à la qualité du service. Bref, pour établir un climat agréable, le personnel chargé du service doit posséder de l'entregent.

Un bon jugement représente bien sûr un autre élément essentiel. Il permet au personnel de faire face aux situations inhabituelles, de répondre aux demandes spéciales et de s'adapter aux circonstances à mesure qu'elles changent.

□□□□□ 15.2 UN CADRE D'ANALYSE DES SERVICES

Il importe de reconnaître que les services ne sont pas tous pareils, car les différences observées peuvent influer sur le processus d'acquisition. Divers auteurs ont proposé une variété d'éléments à inclure dans un cadre d'analyse (typologie). Du point de vue de l'approvisionnement, il faut considérer : la valeur d'un service, son degré de répétition et de tangibilité, son orientation, sa production, la nature de sa demande, son lieu de prestation, son degré d'adaptation aux besoins du client et les compétences requises pour l'offrir. Nous examinerons plus loin chacun de ces éléments à tour de rôle.

On y gagne à reconnaître qu'au bout du compte l'acquisition efficace de services assure l'obtention de la meilleure valeur. De ce point de vue, il n'existe aucune différence entre l'acquisition de services et l'achat de biens. Lorsqu'on se procure un service, on réalise le meilleur achat en effectuant l'arbitrage approprié entre la qualité, le mode de prestation, la quantité, le coût, la continuité, la flexibilité et les autres éléments pertinents. Les difficultés véritables que soulève le processus d'acquisition d'un service se rattachent à la détermination du besoin et à la capacité d'évaluer ce qu'il faut envisager comme le meilleur achat.

La valeur d'un service

Il est possible de classer les services d'une manière très générale, selon qu'ils présentent une valeur élevée, moyenne ou faible. Pour ce faire, on pourrait appliquer une méthode semblable à celle de l'analyse ABC typique. Du point de vue économique, on doit bien sûr accorder plus d'attention aux services de grande valeur. Dans ce contexte, on peut sans doute définir la valeur comme le montant qu'on dépense pour un service chaque fois qu'on doit l'obtenir ou tout au long d'une période donnée (un an, par exemple). Il faut aussi prendre immédiatement conscience que certains services devront peut-être faire l'objet d'un processus d'acquisition minutieux en raison de l'effet qu'ils pourraient avoir sur l'entreprise dans son ensemble. Ainsi, la contribution d'un expert-conseil à la planification stratégique à long terme peut influer sur l'avenir de l'entreprise pendant très longtemps.

Le degré de répétition

Il est possible d'élaborer un système pour obtenir les services qu'on doit se procurer à maintes reprises et de faire en sorte que certains employés de l'entreprise possèdent les compétences requises pour les fournir. Ainsi, pour un grand nombre d'entreprises, il est tout indiqué d'avoir des acheteurs spécialisés dans l'acquisition des services d'entretien et de sécurité. Par contre, lorsqu'il faut répondre à des besoins qui ne se manifesteront qu'une seule fois, il est préférable de recourir à une aide extérieure et d'acquérir les services requis par voie de projets.

Le degré de tangibilité

Par définition, tout service présente une dimension intangible telle que le climat agréable qui règne dans un restaurant ou un hôtel. Malgré cela, on peut dire que certains services sont plus tangibles que d'autres. Ainsi, un architecte produit un dessin ou un plan, qui donnera lieu à la construction d'une structure matérielle. Bien qu'on puisse étudier les caractéristiques structurales du bâtiment représenté, il s'avère beaucoup plus difficile d'en évaluer les qualités esthétiques, lesquelles peuvent engendrer tout un éventail de réactions. Par opposition, les conseils obtenus d'un expert en marketing pour élaborer une nouvelle stratégie peuvent être de nature presque totalement intangible.

Il est manifestement difficile d'établir des normes s'appliquant aux services dans le cadre d'un contrat. On peut quelquefois éviter cette tâche ardue en leur substituant les manifestations de satisfaction ou d'insatisfaction de divers utilisateurs ou experts. Par exemple, combien de plaintes reçoit-on au sujet du manque de propreté d'un immeuble, ou combien de spécialistes croient que le logiciel est acceptable? On doit reconnaître que la sélection des experts ou des évaluateurs soulève en elle-même un problème d'échantillonnage statistique.

Il est possible d'effectuer l'acquisition d'un service intangible en s'intéressant non pas aux caractéristiques de ce dernier mais plutôt à la crédibilité de la personne ou aux caractéristiques de l'équipement qui le fournit. Ainsi, dans le cas d'une personne, on dénombrera à l'avance les employés de l'entreprise qui possèdent une formation pertinente, et, dans le cas d'un équipement, on établira la capacité de ses diverses pièces. De même, il arrive qu'on puisse interroger un certain nombre de clients de l'entreprise pour déterminer jusqu'à quel point ils sont satisfaits du fournisseur en cause. Le taux de rotation de la main-d'œuvre est malheureusement élevé dans plusieurs industries de services, et la perte ou l'ajout de quelques personnes clés peut exercer une influence sensible sur le rendement de toute entreprise. Il existe néanmoins de nombreux domaines où le taux de rotation est faible, comme celui des services professionnels. D'autres secteurs, dont celui des services d'alimentation et de conciergerie, présentent quant à eux une nature telle qu'on planifie en fonction du renouvellement de la main-d'œuvre.

L'orientation d'un service

Les services comportent une orientation, car ils peuvent être axés ou non sur la personne. Ainsi, les services alimentaires s'adressent aux personnes, alors que les services d'entretien s'appliquent à un immeuble ou à un équipement. Lorsqu'un service s'adresse à des personnes, il est très important de reconnaître les besoins particuliers des principaux bénéficiaires. L'utilisateur final contribuera sans doute grandement à la définition des besoins ainsi qu'à l'évaluation de la qualité du service obtenu. L'évaluation d'un service qui s'adresse aux personnes et qui comporte une dimension hautement intangible nécessite parfois la mise en contact des employés du fournisseur et de l'acheteur durant un certain temps afin de pouvoir établir s'il y a compatibilité. Dans le domaine du gardiennage par exemple, qui procède à la sélection? Les parents, les enfants ou les deux?

La production d'un service

La production d'un service nécessite de la main-d'œuvre ou de l'équipement, ou les deux. Les services qui exigent peu de main-d'œuvre requièrent parfois un capital ou un actif considérable. Citons, entre autres exemples typiques, l'immobilier et la location d'équipements, le traitement informatique, le transport et les communications ainsi que les activités de transformation sur commande à forte prédominance de machines. Lorsqu'on décrit le service à obtenir, il importe de connaître la technologie ou le capital essentiels à sa production. Au cours de la phase d'acquisition, on peut évaluer les fournisseurs potentiels en tenant compte des équipements dont ils disposent ainsi que de leur capacité et de leur degré d'innovation. La prestation des services de ce genre se fait le plus souvent là où se trouve le fournisseur ou son équipement, bien qu'il existe parfois une liaison directe établie chez l'acheteur. On peut surveiller et évaluer la qualité de ces services en examinant leur processus de production et surtout le rendement des biens qui servent à les produire.

Parmi les services qui nécessitent beaucoup de main-d'œuvre, on trouve la récolte manuelle de produits agricoles, l'installation et l'entretien de matériel, l'éducation, les soins de santé de soutien, la sécurité, de même qu'un large éventail d'activités exercées, entre autres, par les experts-conseils, les ingénieurs, les comptables, les médecins et les architectes. Pour ce type de services, on se préoccupe avant tout de la qualité de la composante « humaine ».

Lorsque la prestation d'un service exige une main-d'œuvre peu ou moyennement spécialisée, la réduction des coûts au plus bas niveau possible et l'efficacité retiennent davantage l'attention. Dans le cas des services qui nécessitent un personnel hautement spécialisé, l'acheteur doit établir le niveau de compétence requis et entretenir des liens étroits avec le requérant tout au long du processus d'acquisition.

La nature de la demande

La demande d'un service particulier peut être de nature continue, périodique ou discrète. Une police d'assurance ou un service de sécurité offert 24 heures par jour répondent ainsi à une demande continue. Un décorateur chargé de proposer un nouvel agencement de couleurs pour un édifice à bureaux offre, quant à lui, un service à demande discrète, ou non répétée.

Lorsque la demande est continue, on peut surveiller les progrès réalisés et apporter des ajustements à mesure qu'on obtient de l'information sur la qualité du service fourni. Par contre, dans le cas d'une demande discrète, on doit plutôt surveiller les différentes phases de la prestation du service, lorsqu'il est possible de le faire. Malheureusement, il arrive qu'au moment où un service est fourni il soit déjà trop tard pour y apporter des modifications importantes. Les services périodiques peuvent être obtenus de façon régulière, soit hebdomadairement, mensuellement ou autre (c'est le cas de certaines inspections), ou sur demande, tels les services de réparation.

Le lieu de prestation

L'endroit où est fourni un service peut avoir des conséquences importantes au chapitre de l'approvisionnement. De même, lorsque la prestation du service doit se faire sur le lieu même des installations de l'acheteur, le contrat devra inclure un certain nombre de dispositions particulières. Dans le cas des services de construction ou d'installation, par exemple, l'entente signée doit traiter de tous les aspects suivants: la sécurité, l'accessibilité, la tenue vestimentaire, le respect des divers règlements qui s'appliquent en matière de sécurité et de santé, l'horaire de travail (jours et heures) de même que la nature de l'équipement et des matières que devra fournir chaque partie.

Par contre, lorsque la prestation du service se fait sur les lieux de travail du fournisseur ou ailleurs, il arrive qu'on n'ait pas à se préoccuper de plusieurs de ces éléments, sauf si le service en cause est destiné au personnel de l'entreprise qui achète.

Le niveau de standardisation

La situation se révèle très différente selon que le service à obtenir est de nature standard ou doit être adapté aux besoins particuliers de l'acheteur. En règle générale, plus le service s'avère standard, moins il y aura de contacts entre le personnel du fournisseur et le client et moins les aspects intangibles seront importants. Il est sans doute plus facile de décrire les services de ce genre, étant donné leur caractère standard et leur nature courante. Lorsqu'il y a beaucoup d'acheteurs sur le marché, on peut vraisemblablement obtenir des spécifications standard. Advenant qu'on se trouve en présence de nombreux fournisseurs, il peut être possible de procéder à un appel d'offres, de bénéficier d'une remise sur quantité et d'utiliser une méthode relativement courante pour évaluer les sources d'approvisionnement.

Dans les cas des services qui doivent être adaptés aux besoins de l'acheteur, il est parfois beaucoup plus difficile d'établir la liste des spécifications et de comprendre les options possibles. Il devient alors important de faire participer les utilisateurs finals au processus de description. Avant de s'entendre sur une description définitive, on doit explorer les arbitrages possibles en ce qui touche à diverses options de la zone grise. En outre, il arrive que le processus d'acquisition présente un caractère plus équivoque parce que divers fournisseurs peuvent offrir des options très différentes. Lorsque l'acheteur évalue le rendement d'un fournisseur, il doit reconnaître qu'il est lui-même en partie responsable de la qualité de la production du service.

Les compétences requises pour fournir un service

La prestation d'un service nécessite une main-d'œuvre dont le niveau de compétence requis peut aller de l'absence de toute qualification particulière à une spécialisation poussée. Dans le cas des services qui exigent une main-d'œuvre peu spécialisée, comme la tonte des pelouses et d'autres travaux d'entretien simples, on accordera beaucoup d'importance au prix. En outre, il peut être très facile de s'établir sur le marché (ou de le quitter). Par opposition, lorsqu'on acquiert des services hautement spécialisés, on se préoccupe davantage des qualifications du personnel, des gens qui accompliront le travail et des recommandations formulées par d'autres individus compétents et par les utilisateurs. Le coût d'un service hautement spécialisé est souvent peu élevé si on le compare aux bénéfices escomptés. Ainsi, un produit bien conçu engendrera une augmentation substantielle des ventes, un bon architecte dessinera une structure peu coûteuse et efficace, et un expert-conseil avisé remettra une entreprise sur la bonne voie. Il est souvent difficile de faire la part des choses entre le coût évalué d'un travail et les bénéfices qu'on prévoit en retirer.

□□□□□
15.3 LE PROCESSUS D'ACQUISITION DE SERVICES

Les deux premières sections de ce chapitre visaient surtout à faire comprendre la nature du service à obtenir. Dans les pages qui suivent, nous examinerons le processus d'acquisition pour mettre en évidence plusieurs éléments qui ne se manifestent que lors de l'achat de services. Notre étude portera sur quatre aspects du processus d'acquisition, soit: 1. la reconnaissance du besoin et la description du service, 2. l'analyse des possibilités en matière d'approvisionnement, 3. l'entente d'achat et ses dispositions spéciales et 4. la gestion du contrat.

La reconnaissance du besoin et la description du service

Le personnel de l'approvisionnement doit se poser certaines questions fondamentales au sujet de tout service: Pourquoi a-t-on besoin de ce service? Qu'est-ce qui rend ce service important? Qu'est-ce qui représente une bonne valeur? Comment peut-on définir la qualité de ce service? De quelle manière produit-on ce service? Comment peut-on s'assurer de recevoir le service qu'on prévoyait obtenir?

On peut comparer les caractéristiques du service requis à celles qui ont été mentionnées plus tôt dans le présent chapitre, afin d'établir un ordre de priorité et de reconnaître les aspects dont il faut se préoccuper davantage. Dans beaucoup de cas, on doit faire participer l'utilisateur à la reconnaissance et à la définition du besoin, en raison des contacts utilisateur-fournisseur qu'engendrent la plupart des services et de l'importance des éléments intangibles. Une méthode d'approvisionnement efficace repose sur la documentation minutieuse des besoins à satisfaire, incluant les éléments intangibles du service requis. Cette procédure facilitera la recherche et la sélection des fournisseurs, la rédaction et la gestion des contrats de même que le contrôle de la qualité. Lorsque c'est possible, il faut reconnaître et quantifier les caractéristiques ou les actions mesurables qui doivent faire partie du service à obtenir. De plus, si on peut décrire le service en une suite d'étapes chronologiques, il sera profitable d'établir un échéancier.

Dans nombre de cas, il faut élaborer une double définition du besoin à combler et du service à acquérir. En effet, l'acheteur doit déterminer exactement ce qu'il obtiendra du fournisseur, mais il doit aussi établir ce qu'il peut faire pour aider ce dernier à offrir le rendement voulu. Il est possible et souhaitable de recourir aux techniques d'analyse de la valeur lors de la définition d'un besoin en service. Le service de l'approvisionnement et les utilisateurs doivent collaborer dès les premières étapes de la reconnaissance et de la définition du besoin pour pouvoir rechercher efficacement la meilleure valeur.

L'analyse des possibilités en matière d'approvisionnement

Lors de l'acquisition d'un service, l'analyse des possibilités en matière d'approvisionnement englobe le choix des sources, la détermination du prix, l'examen des options proposées par les fournisseurs ainsi que la décision d'assurer soi-même ou non le service requis (choix entre l'achat et la fabrication).

Le choix des sources   Au moment de choisir une source d'approvisionnement, il faut considérer le fait que beaucoup d'entreprises de services sont relativement petites. Les références obtenues d'autres utilisateurs se révèlent tout particulièrement utiles et devraient faire l'objet d'une vérification minutieuse; elles s'apparentent au bouche à oreille qui permet, par exemple, de se faire une opinion sur un restaurant dans le secteur de la consommation. Les critères typiques qui peuvent servir à évaluer un expert-conseil potentiel comprennent sa réputation, son expérience pertinente, son intégrité, la taille de son cabinet, ses honoraires, sa disponibilité, la qualité de son personnel, son calendrier pour la réalisation du travail, sa méthode de consultation, sa capacité à former les gens et à communiquer avec eux ainsi que ses affinités avec les autres intervenants. Il faut pondérer chacun de ces critères et noter chaque expert en conséquence.

La détermination du prix   Le prix d'un service peut être fixe ou variable, établi selon un tarif forfaitaire, horaire, quotidien ou hebdomadaire. On peut obtenir des propositions de prix par le moyen d'un appel d'offres si l'importance du contrat le justifie, s'il existe un nombre suffisant de fournisseurs en concurrence et s'il est possible de décrire le service recherché.

La négociation représente une autre méthode couramment utilisée pour établir le prix. Parfois, elle constitue d'ailleurs la seule option offerte à l'acheteur lorsqu'il n'existe qu'une source d'approvisionnement possible.

Dans le secteur des services, le pouvoir des clients compte pour beaucoup et l'acheteur avisé peut en tirer efficacement avantage. On y gagne à bien comprendre la structure des coûts du service recherché, car cela aide à découvrir les possibilités au chapitre de la négociation. Dans certains cas, il peut se révéler difficile d'évaluer le temps nécessaire à la réalisation d'une tâche. C'est pourquoi les experts se contentent souvent de donner une approximation du temps qu'il leur faudra pour mener un projet à terme, sans rien promettre, bien que la plupart des acheteurs préféreraient signer un contrat où on fixe une limite à la durée du travail. Certains professionnels, tels les architectes, demandent parfois des honoraires équivalents à un pourcentage du coût total du projet. Cependant, du point de vue de l'acheteur, cette manière de procéder fait en sorte que plus rien n'incite le professionnel à rechercher la meilleure valeur pour l'ensemble du travail.

Les options proposées par les fournisseurs   Il est courant qu'un acheteur demande des soumissions pour une variété de services lorsqu'il croit que les fournisseurs, en raison de leur ingéniosité ou de leurs compétences, seront à même de lui proposer des options auxquelles il n'avait pas pensé. L'acheteur doit alors donner des instructions appropriées aux soumissionnaires pour que chacun d'eux sache exactement quel est le besoin à combler. Si les offres reçues s'avèrent très différentes les unes des autres, il sera difficile de déterminer laquelle est la meilleure. En outre, il arrive que la préparation d'une soumission coûte cher et que l'acheteur doive assumer ce coût pour garantir une concurrence adéquate et des offres de qualité.

La décision d'assurer soi-même un service ou de l'obtenir de l'extérieur Il faut presque toujours se demander si on doit assurer soi-même un service ou l'obtenir de l'extérieur. Actuellement, la tendance des entreprises est de recourir à la sous-traitance pour les services qu'elles assuraient autrefois elles-mêmes, tels la sécurité, les services alimentaires, l'entretien, les services juridiques, le génie, l'élaboration de programmes informatiques et la conception. Il est en outre courant, surtout dans le cas des services, d'effectuer soi-même une partie du travail et de confier l'autre partie à des fournisseurs de l'extérieur. Dans le domaine de la vérification, par exemple, on peut laisser à des comptables de l'entreprise ou à des comptables indépendants le soin de préparer les feuilles de travail. De même, un décorateur choisira les couleurs et l'ameublement, tandis que le service de l'approvisionnement s'occupera d'acheter le matériel nécessaire et que le service de l'entretien effectuera les travaux de peinture et d'installation. On pourrait également choisir de confier la totalité du travail en signant un contrat clés en main. Une entreprise peut aussi procéder elle-même à la réparation, au démontage, au nettoyage et au remontage d'une machine, tout en faisant roder ou calibrer les pièces maîtresses par un fournisseur de l'extérieur. Un acheteur vigilant doit toujours rechercher les possibilités de substituer des services internes peu coûteux aux services dispendieux obtenus de l'extérieur.

L'entente d'achat

Une entente pour l'acquisition de services porte en général le nom de «contrat de service». Elle peut s'appliquer à court ou à long terme et prendre la forme d'un contrat standard ou adapté aux circonstances particulières.

Il existe tout un éventail de contrats qu'on peut signer pour l'obtention de services. Citons, entre autres, les marchés à forfait, à prix unitaire, à prix coûtant majoré d'un pourcentage donné, à prix coûtant majoré d'un montant forfaitaire, à prix coûtant calculé en proportion du coût total du projet et à prix coûtant majoré d'une prime d'encouragement. Beaucoup de fournisseurs de services professionnels tentent d'utiliser un contrat type mis de l'avant par leur association. Il arrive même fréquemment que les associations professionnelles indiquent à leurs membres comment structurer leurs honoraires et quel genre de contrat offrir pour certains types de travaux. Cependant, un acheteur ne devrait jamais se sentir obligé d'accepter intégralement un contrat de ce genre.

Avec le temps, la plupart des entreprises en viennent à élaborer certaines formulations leur permettant de rédiger des contrats qui répondent à leurs propres besoins et qui conviennent aux services particuliers à obtenir. De ce fait, il existe tout un éventail de contrats différents rédigés chacun en des termes qui s'appliquent spécifiquement au service en cause. Les fournisseurs de toute industrie de services s'empressent de suggérer l'utilisation de leur propre contrat. Dans le cas d'un service de faible valeur, l'adoption d'un contrat type peut représenter la solution la plus simple et la moins coûteuse.

La gestion du contrat

La gestion d'un contrat d'acquisition de services englobe le suivi, le contrôle de la qualité et l'évaluation du fournisseur, le mode de paiement, la conservation des documents et les modifications apportées au contrat.

Le suivi Dans le cas des services, le suivi et la relance peuvent nécessiter une vérification auprès des utilisateurs aussi bien que du fournisseur. Il est donc justifié de confier au service utilisateur le suivi des fournisseurs pour que ces derniers respectent leurs engagements antérieurs et les dates limites fixées, et de s'en remettre au service de l'approvisionnement et au fournisseur pour qu'ils assurent le suivi des engagements internes. Ces contacts fréquents entre l'utilisateur et le personnel du fournisseur durant la prestation du service, et même souvent avant celle-ci, influent sur les autres aspects de la gestion du contrat.

Le contrôle de la qualité et l'évaluation du fournisseur Dans le cas d'un service très tangible, tels des travaux de construction, il est possible d'axer le contrôle de la qualité sur la mesure des éléments tangibles par des moyens semblables aux méthodes standard d'assurance et de contrôle de la qualité. Les éléments intangibles d'un service et l'impossibilité de maintenir ce dernier en stock peuvent cependant créer des difficultés particulières lorsqu'il faut déterminer la qualité. Ainsi, la dimension intangible d'un service rend plus difficile l'établissement du niveau de qualité recherché. Les employés du fournisseur se sont-ils montrés suffisamment courtois envers ceux de l'acheteur? On peut évaluer cet aspect en réalisant un sondage ou en analysant les plaintes reçues, mais il importe de reconnaître que toute norme demeurera imprécise.

Comme le mode de prestation de nombreux services empêche leur entreposage, il tend à être de nature instantanée. Autrement dit, on doit procéder au contrôle de la qualité durant la prestation du service ou après celle-ci. En outre, il s'avère parfois difficile d'interrompre le processus, même lorsqu'il est possible d'effectuer un contrôle simultané de la qualité. Par conséquent, l'acquisition de services peut comporter une plus grande part de risques, en matière de qualité, que l'achat de produits.

Un processus d'acquisition efficace comporte une évaluation après la fourniture du service. Dans le cas d'un expert-conseil, par exemple, on utilisera les mêmes critères qu'au moment de la sélection. Il faut se poser au moins deux questions, soit:

1. Le problème a-t-il été résolu de manière satisfaisante?
2. Si un autre problème survenait, utiliserait-on de nouveau les services de ce même expert-conseil?

Bien sûr, on doit également se demander si cet expert-conseil a répondu aux attentes en ce qui a trait à la qualité, à la pertinence de son intervention et au coût. Les commentaires formulés au sujet du professionnalisme de ses employés et de l'orientation de son service présentent aussi leur utilité. On peut éviter les risques liés à la qualité en continuant de traiter avec les fournisseurs de services qui ont donné satisfaction par le passé, en renonçant à utiliser de nouveau ceux qui ne l'ont pas fait, en prenant soin de se renseigner au préalable sur les fournisseurs auprès d'autres utilisateurs qui ont des besoins semblables et en établissant une bonne communication entre le fournisseur et les utilisateurs avant la prestation du service pour s'assurer que tous partagent la même définition des besoins et des attentes.

Lorsqu'un service ne présente pas la qualité voulue, il est parfois impossible d'obtenir un plein remboursement.

Le mode de paiement   Le mode de paiement d'un service se distingue parfois de celui d'un bien. Certains fournisseurs de services demandent à être réglés d'avance; c'est le cas, par exemple, d'un éminent conférencier. D'autres exigent d'être payés au moment de la prestation du service, comme dans le secteur de la restauration et de l'hôtellerie; d'autres encore permettent de retarder le règlement de la facture. Les petits fournisseurs éprouvent parfois de la difficulté à accorder un long délai de paiement, et la promesse d'un règlement hâtif peut donc les inciter à accepter certaines concessions en matière de prix ou autre.

On accepte en général d'effectuer des paiements au prorata des travaux dans le cas des contrats importants de longue durée. Par ailleurs, des versements périodiques représentent un mode de paiement approprié pour les services fournis de manière continue, tels l'entretien des bâtiments et les services alimentaires.

TABLEAU 15.1   Caractéristiques des services et conséquences sur le processus d'acquisition

Caractéristiques des services	Processus d'acquisition	Reconnaissance du besoin, description	Choix des sources, détermination du prix, analyse	Nature de l'entente, dispositions du contrat	Gestion du contrat, suivi, contrôle de la qualité, paiement et conservation de documents
Valeur	Élevée	Grande attention requise	Étude minutieuse requise Variation possible du prix Décision d'assurer soi-même le service ou non	Négociation probable	Grande attention requise
	Faible	Moindre attention requise	Faible coût d'acquisition Source locale	Contrat type si possible	Faible attention requise
Degré de répétition	Élevé	Établissement de normes	Essais	Contrat type à plus long terme	Standardisation
	Faible	Consultation d'experts	Consultation d'experts	Entente adaptée aux besoins ou non répétitive	Adaptation aux besoins
Degré de tangibilité	Élevé	Importance des spécifications	Essais préliminaires, échantillons	Contrat semblable aux ententes d'achat de produits	Vérification des caractéristiques matérielles
	Faible	Références Participation des utilisateurs	Importance de la personnalité des intervenants	Identification des intervenants	Participation importante de l'utilisateur
Orientation	Axée sur l'équipement	Familiarisation avec l'équipement	Familiarisation avec l'équipement	Indication du rendement de l'équipement	Contrôle de la qualité du processus
	Axée sur les personnes	Participation importante de l'utilisateur	Participation importante de l'utilisateur	Importance des aptitudes pour les contacts interpersonnels	Contrôle de la qualité au point de contact avec l'utilisateur

	Axée sur l'équipement	Indication de la capacité de l'équipement	Indication de la capacité de l'équipement / Contrôle de la qualité	Indication du rendement de l'équipement	Conditionnelle à l'utilisation de l'équipement
Production	Réalisée par des personnes	Indication de la capacité de la main-d'œuvre	Inquiétudes au sujet de la capacité	Indication de la disponibilité	Contrôle de la qualité assuré par l'utilisateur
Demande	Continue	Continuité	Fiabilité et continuité	Protection complète	Contrôle de la qualité par échantillonnage
	Discrète	Disponibilité sur demande	Disponibilité sur demande	Dispositions relatives à la prestation	Contrôle de la qualité au moment de la prestation
Prestation	Chez l'acheteur	Importance des rapports avec l'utilisateur	Importance des rapports avec l'utilisateur	Clauses relatives à l'accessibilité	Contrôle interne de la qualité
	Chez le vendeur	Description appropriée	Lieu	Accessibilité à l'acheteur et rapports périodiques exigés	Préoccupation d'obtenir un service complet
Niveau d'adaptation aux besoins	Élevé	Description établie par l'utilisateur	Capacité d'adaptation	Contrat spécial	Contrôle très particulier de la qualité et possibilité de non-versement d'un pourcentage élevé de la somme demandée
	Faible	Spécifications standard	Tenue d'un appel d'offres	Contrat type	Contrôle standard de la qualité
Niveau de spécialisation	Élevé	Description établie par l'utilisateur	Identification des intervenants	Disponibilité des individus	Normes professionnelles, réglementation, participation de l'utilisateur
	Faible	Spécifications standard	Tenue d'un appel d'offres	Contrat type	Réduction au minimum des tracas de l'utilisateur

La conservation des documents Il n'est guère besoin d'insister sur le fait qu'on doit conserver les documents appropriés au moment de l'acquisition d'un service, comme lors de tout achat. Les difficultés qui se posent résultent sans doute en partie de la boucle de rétroaction entre l'utilisateur et le service de l'approvisionnement, ainsi que de la possibilité de récupérer ou non l'information relative au service fourni. Si on ne prend pas grand soin de conserver cette information, il sera impossible de s'y reporter et de l'étudier ultérieurement.

Les modifications apportées au contrat Lorsqu'on gère un contrat de service, il est presque inévitable d'apporter des modifications à l'entente signée. En effet, on peut avoir besoin de revoir, entre autres, les dates de prestation, la nature ou la qualité du service et l'endroit où il sera fourni. Une modification qui semble banale aux yeux de l'acheteur se révèle parfois difficile à apporter ou coûteuse pour le fournisseur. Ainsi, le report de la prestation d'une semaine peut imposer des contraintes importantes au fournisseur en ce qui concerne sa capacité de production. Il s'agit là d'une des raisons pour lesquelles on planifie toujours les grands mariages longtemps à l'avance. L'inverse peut aussi se produire. En effet, un changement demandé par le fournisseur crée parfois beaucoup de complications à l'acheteur. L'existence de mécanismes adéquats et d'une communication appropriée entre les représentants du fournisseur et ceux de l'acheteur s'avère donc essentielle pour assurer le traitement des modifications.

Tout changement au contrat peut se révéler coûteux et influer sur la position budgétaire de même que sur plusieurs autres éléments. C'est pourquoi, avant de l'approuver, l'acheteur et le fournisseur doivent tous deux en évaluer les effets sur leur propre entreprise et examiner les modifications contractuelles qui en résulteraient en matière de prix, entre autres. Manifestement, si on prévoit avant même de signer le contrat que la flexibilité sera essentielle, il convient de l'indiquer dans la description initiale du besoin. La flexibilité devient alors une exigence contractuelle et un critère de première importance pour la sélection d'un fournisseur adéquat.

15.4 CONCLUSION

On peut évidemment dresser un tableau des divers éléments à considérer lors de l'acquisition de services. Le tableau 15.1 donne un aperçu simplifié de la matière présentée et fait ressortir quelques points importants au sujet de la nature et de l'acquisition des services. D'autre part, comme les autres produits qu'on acquiert, chaque service tend à présenter des éléments distincts (nomenclature, langage, tradition, pratiques courantes, techniques et autres) avec lesquels tout acheteur doit se familiariser.

Ceux qui envisagent la fonction approvisionnement comme un service assuré à l'intérieur même de l'entreprise peuvent considérer les autres secteurs de l'organisation comme les requérants de ce service. En quoi le comportement du personnel des achats serait-il différent si les autres services de l'entreprise devaient payer pour bénéficier de son aide? Au sein de beaucoup d'organisations, et en particulier des grandes entreprises privées et des organismes publics d'envergure fonctionnant sur une base décentralisée, il n'est pas rare d'imputer le coût des activités centrales d'approvisionnement au budget de certains services ou divisions. De ce fait, ces clients internes se plaignent souvent de la nature et de l'ampleur des charges qu'on leur débite.

Pour acquérir un service, il faut obtenir beaucoup d'informations de l'utilisateur ou du requérant et bénéficier de son entière coopération. L'idée de procéder à l'achat de services en équipe devrait se présenter tout naturellement. De fait, on peut s'attendre à ce que nombre d'utilisateurs remettent en cause l'utilité de toute intervention du service de l'approvisionnement et préfèrent choisir eux-mêmes leurs fournisseurs de services. Il en va ainsi, entre autres, lorsqu'il faut retenir les services d'experts-conseils en génie, en marketing, en finance, en traitement des données, en personnel et en stratégie organisationnelle. En pareilles circonstances, la participation du service de l'approvisionnement se limite parfois à l'envoi d'une commande de confirmation. Pourtant, il ne fait aucun doute que l'acheteur bien préparé peut apporter une aide précieuse à l'utilisateur en appliquant une solide théorie et des principes d'approvisionnement valables à l'acquisition de services.

Questions de révision et de discussion

1. Quelle contribution le service de l'approvisionnement peut-il apporter lors de l'acquisition de services?

2. En quoi un service qui s'adresse à des personnes plutôt que de s'appliquer à un équipement influe-t-il sur le processus d'acquisition?

3. Quelles sont les difficultés typiques qu'engendre l'acquisition de services en matière de contrôle de la qualité?

4. En quoi l'acquisition d'un service se distingue-t-elle de l'achat de fournitures de bureau?

5. Donnez un exemple de service qui présente une dimension fortement intangible et expliquez comment ces composantes intangibles influent sur le processus d'acquisition.

6. En quoi l'acquisition de fournitures d'opérations s'apparente-t-elle à l'achat de fournitures d'entretien?

7. Comment peut-on déterminer ce qui représente un bon achat lors de l'acquisition d'un service?

8. Qu'implique l'acquisition de services en matière de gestion des contrats?

9. Pourquoi les entreprises se procurent-elles plus de services de l'extérieur?

10. La décision d'assurer soi-même un service ou de l'acquérir de l'extérieur représente-t-elle une option valable? Si oui, pourquoi et de quelle manière?

Références

MARTIN, William B., *Quality Service: The Restaurant Manager's Bible*, Ithaca (NY), School of Hotel Administration, Cornell University, 1986.

NOLLET, Jean et John HAYWOOD-FARMER, *Les entreprises de services*, Boucherville, Gaëtan Morin Éditeur, 1992.

ROWE, Kenneth M., «Purchasing Services: An Issue of Intangibles», *NAPM Insights*, août 1991.

SCHONBERGER, Richard J., «Purchasing Intangibles», *Journal of Purchasing and Materials Management*, automne 1980.

Services Challenge: Integrating for Competitive Advantage, Chicago (Ill.), American Marketing Association, 1987.

WANTUCK, Ken, «Criteria for Choosing a Consultant», *P & M Reviews* accompagnant le *APICS News*, novembre 1990.

16 La stratégie en approvisionnement

Plan

Questions clés du décideur

Devrait-on:

- élaborer un plan stratégique d'approvisionnement?

- consacrer plus de temps aux questions stratégiques plutôt qu'à celles qui se rapportent au fonctionnement du service?

- faire du processus d'approvisionnement un des éléments de la stratégie globale de l'entreprise?

Comment peut-on:

- prévoir les changements qui surviendront au cours des 10 prochaines années?

- obtenir l'appui de la direction générale pour faire de l'approvisionnement un aspect de la stratégie globale de l'entreprise?

- apporter l'information nécessaire à la planification stratégique?

Depuis une vingtaine d'années, on s'intéresse beaucoup à la planification stratégique, à sa contribution au succès et à la survie à long terme d'une entreprise, aux outils disponibles pour établir un plan stratégique de même qu'aux sous-stratégies à adopter. Il ne fait aucun doute que la fonction approvisionnement doit jouer un rôle clé dans l'élaboration d'une stratégie globale, étant donné son pouvoir décisionnel quant à la répartition des ressources de la plupart des organisations. La première question à se poser est: de quelle manière la fonction approvisionnement peut-elle contribuer efficacement à la réalisation des objectifs et à la stratégie de l'entreprise? À cette question s'en ajoute une autre: comment les objectifs et la stratégie de l'entreprise peuvent-ils refléter adéquatement la contribution de cette fonction et les possibilités qui s'offrent dans le domaine de l'approvisionnement?

16.1 LA DÉFINITION DE LA PLANIFICATION STRATÉGIQUE

Il existe plusieurs définitions de la planification stratégique. Peter F. Drucker, qui fut un des premiers à élaborer cette approche, la définit comme «le processus continu par lequel on prend les décisions entrepreneuriales actuelles (et donc risquées) d'une manière ordonnée et avec la meilleure connaissance possible de leurs conséquences futures, par lequel on organise méthodiquement les efforts requis pour mettre ces décisions à exécution et par lequel on compare les résultats ainsi obtenus aux attentes, grâce à une rétroaction organisée systématique»[1]. Il indique également que la principale question à se poser lors du processus de planification stratégique est la suivante: «Que doit-on faire dès à présent pour réaliser demain les objectifs fixés?»[2].

Une stratégie représente donc un plan d'action conçu de manière à atteindre certains buts et objectifs particuliers à long terme. Elle met l'accent sur les éléments clés nécessaires à la réussite et sur les principaux gestes qu'il convient de poser dès maintenant pour assurer l'avenir. Lorsqu'on élabore et qu'on applique une stratégie, on définit la relation entre l'entreprise et son environnement, on fixe des objectifs à long terme, puis on établit les rapports recherchés par le moyen d'une répartition efficace et efficiente des ressources.

---

1. Peter F. DRUCKER, *Management: Tasks, Responsibilities, Practices*, New York, Harper & Row, 1974, p. 125 (traduction libre).
2. *Ibid.*, p. 126 (traduction libre).

☐☐☐☐☐
16.2 LES NIVEAUX DE PLANIFICATION STRATÉGIQUE

Pour connaître le succès, une entreprise doit aborder la planification stratégique à trois niveaux différents.

1. L'entreprise : on s'intéresse ici aux décisions et aux plans qui définissent le champ d'activité de l'entreprise et la manière dont elle répartira ses ressources. Une société ferroviaire, par exemple, a-t-elle pour but de faire circuler des trains ou d'assurer le déplacement de voyageurs et de marchandises (créant ainsi du temps et de l'espace utiles) ?

2. L'unité : les décisions prises à ce niveau donnent forme aux plans qu'une unité particulière de l'entreprise doit appliquer pour contribuer à la stratégie globale de l'organisation.

3. La fonction : les plans établis à ce niveau entraînent la répartition des ressources internes et décrivent la manière dont chaque secteur fonctionnel contribuera à la stratégie de l'entreprise.

☐☐☐☐☐
16.3 LA CONTRIBUTION DE L'APPROVISIONNEMENT À LA STRATÉGIE DE L'ENTREPRISE

L'apparition des gestionnaires de l'approvisionnement sur la scène stratégique est relativement récente. Elle s'explique par les problèmes survenus à l'échelle mondiale dans le secteur de l'approvisionnement au cours des 20 dernières années (*voir le chapitre 1*) et par le fait que les cadres supérieurs reconnaissent de plus en plus les possibilités d'accroître l'effet de levier des achats sur les résultats d'exploitation. Une étude effectuée par la revue *Purchasing* a révélé qu'au début des années 80, environ le tiers des services de l'approvisionnement se mirent à prendre part aux efforts de planification stratégique[3]. De plus, selon un rapport publié en 1988 par le Center for Advanced Purchasing Studies, la planification stratégique est le principal champ d'activité où le service de l'approvisionnement assume un rôle ou des responsabilités accrus depuis 1980 (43 % des entreprises interrogées en ayant fait mention), et cette participation deviendra encore plus grande au cours des années 90[4].

Comme nous l'avons déjà mentionné, la principale question à se poser est : de quelle manière la fonction approvisionnement peut-elle contribuer

---

3. « 1980s Bring More Duties to Purchasing Department », *Purchasing*, 14 avril 1983, p. 14.

4. Harold E. FEARON, *Purchasing Organizational Relationships*, Tempe (AZ), Center for Advanced Purchasing Studies / National Association of Purchasing Management, 1988, p. 16.

FIGURE 16.1   Interprétation de la stratégie en approvisionnement
dans le cadre de la stratégie de l'entreprise

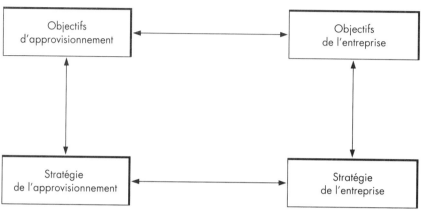

efficacement aux objectifs et aux stratégies de l'entreprise? Ici, tout repose
sur le terme «efficacement». Celui-ci indique que le service ne doit pas
simplement réagir à un ordre de la direction générale: il doit aussi apporter
de l'information lors du processus de planification stratégique pour que
les objectifs et les stratégies des unités de l'entreprise, de son ensemble
ou des deux, tiennent compte des possibilités et des problèmes liés à
l'approvisionnement.

La figure 16.1 offre une représentation graphique de cette contribution
par le moyen de flèches à double sens, lesquelles relient les objectifs et les
stratégies de la fonction approvisionnement à ceux de l'entreprise dans
son ensemble. Une manière quelque peu différente d'envisager la stratégie

FIGURE 16.2   Liens entre les marchés et les besoins actuels et futurs
dans le cadre de la stratégie en approvisionnement

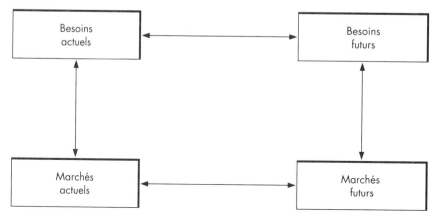

en approvisionnement apparaît à la figure 16.2. Cette dernière montre une stratégie d'approvisionnement efficace où on établit des liens entre les besoins et les marchés actuels et futurs.

Un des principaux obstacles à surmonter pour élaborer une stratégie en approvisionnement efficace résulte des difficultés inhérentes à la transposition des objectifs de l'entreprise dans le secteur des achats. Généralement, on peut grouper la plupart des objectifs d'une entreprise en quatre catégories liées :

– à la survie ;

– à la croissance ;

– aux finances ;

– à l'environnement.

Survivre représente le besoin le plus élémentaire de toute organisation. La croissance se mesure, quant à elle, de diverses manières. Ainsi, on peut l'évaluer selon la taille d'une entreprise (traduite par l'ampleur de son actif), le nombre de ses employés, de ses unités d'exploitation ou des pays où elle œuvre, ou selon l'importance de sa part de marché. D'autre part, les objectifs financiers ont trait à l'ampleur du budget total, des excédents ou des profits, au revenu total, au rendement des investissements ou de l'actif, au cours des actions, ou à une augmentation de l'un ou l'autre ou d'une combinaison quelconque de ces éléments. Les objectifs qui se rattachent à l'environnement, enfin, englobent non seulement les préoccupations traditionnelles (comme la préservation ou la dépollution de l'eau, de l'air et du sol), mais aussi certains éléments, telles la contribution et l'adaptation aux valeurs et aux idéaux des employés et des clients de l'entreprise ainsi qu'aux lois et aux aspirations des pays où elle est implantée. Le concept du bon citoyen est lié aux objectifs de cette dernière catégorie.

Malheureusement, les objectifs d'approvisionnement typiques sont généralement exprimés d'une manière tout à fait différente. En effet, on privilégie les termes «qualité», «fonction», «livraison», «quantité», «prix», «conditions», «service» et autres (*voir le tableau 16.1*).

16.4 LES DÉFIS LIÉS À LA DÉFINITION DES OBJECTIFS ET DES STRATÉGIES EN APPROVISIONNEMENT

La première difficulté importante que doit surmonter le gestionnaire des achats consiste à interpréter efficacement les objectifs de l'entreprise dans son ensemble et ceux de la fonction approvisionnement. Par exemple, si l'entreprise désire prendre rapidement de l'expansion, faut–il accorder plus

TABLEAU 16.1   Objectifs habituels de la fonction **approvisionnement** et de l'entreprise

---

Objectifs habituels de l'entreprise
1. Survie
2. Croissance
3. Finances
4. Environnement

Objectifs habituels de l'approvisionnement
1. Qualité
2. Quantité
3. Livraison
4. Prix
5. Service

---

d'importance à l'obtention d'un approvisionnement garanti ou du plus bas prix possible?

La deuxième difficulté se rattache au choix de la stratégie ou du plan d'action approprié pour atteindre les objectifs visés. Advenant, par exemple, qu'un approvisionnement garanti soit essentiel, vaut-il mieux utiliser une ou deux sources d'approvisionnement ou fabriquer soi-même l'article requis?

La troisième difficulté qui se pose touche à la reconnaissance des aspects de l'approvisionnement dont les objectifs et les stratégies de l'entreprise doivent tenir compte, et à la rétroaction permettant de les faire connaître. Comment peut-on, entre autres, tirer avantage du fait qu'il est possible d'évaluer toute nouvelle technologie peu après son apparition grâce aux efforts du service de l'approvisionnement?

Pour élaborer une stratégie en matière d'approvisionnement, le gestionnaire des achats doit être en accord avec les principaux objectifs et stratégies de l'entreprise; il doit aussi pouvoir reconnaître les possibilités qui se présentent et en tirer parti. Il ne faut pas minimiser l'ampleur des trois difficultés décrites; seules des aptitudes de premier ordre en gestion et en stratégie permettent de les surmonter (*voir le tableau 16.2*).

Les questions et les tendances d'ordre social

Au cours des années 70 et 80, l'intérêt suscité par la responsabilité sociale des entreprises s'accrut rapidement. Ainsi, certains programmes favorisent aujourd'hui les activités commerciales d'entreprises et de personnes qui, pour diverses raisons, n'ont pu devenir des concurrents efficaces par le passé ou en ont été empêchées.

TABLEAU 16.2   Domaines où l'approvisionnement peut apporter
une contribution à la stratégie de l'entreprise

1. Questions et tendances d'ordre social
2. Réglementations gouvernementales
3. Planification financière réalisée avec l'aide des fournisseurs
4. Risques liés aux responsabilités en ce qui touche aux produits
5. Tendances économiques et environnement
6. Modifications organisationnelles
7. Gamme de produits ou de services
8. Information relative aux concurrents
9. Technologie
10. Investissements
11. Fusions, acquisitions et désinvestissement

On s'intéresse également aux responsabilités des entreprises en matière de protection de l'environnement. Cet intérêt a entraîné l'adoption de diverses lois et réglementations, aussi bien fédérales que provinciales, visant à garantir la sécurité du public et à préserver sa jouissance de l'air, de l'eau et des sols. Au nombre des éléments dont on se préoccupe figurent l'élimination des déchets dangereux, la limitation des fumées et des autres polluants atmosphériques rejetés lors des activités de fabrication ainsi que le reboisement des zones d'exploitation forestière.

Ces programmes engendrent habituellement un coût élevé pour l'entreprise à court terme, mais les bénéfices qu'elle en retirera à long terme (en modifiant la perception du public et en évitant l'adoption de règlements plus stricts qui lui nuiraient) justifient amplement ce coût. Le personnel de l'approvisionnement contribue à la stratégie en posant certaines questions, en suggérant des solutions et en fournissant des données. Voici quelques exemples de questions qu'il peut soulever.

1. Le public en général, les gens avec lesquels nous traitons, ou les deux, manifestent-ils aujourd'hui un intérêt pour certains problèmes d'ordre social? Leur accordent-ils beaucoup d'attention? Ce phénomène peut-il avoir des conséquences sur le développement à long terme de notre entreprise?

2. Quels coûts directs et indirects notre entreprise devra-t-elle assumer si elle décide de tenir compte de ces préoccupations ou si elle décide de les ignorer?

3. De quelle manière le service de l'approvisionnement peut-il réagir à la situation? Comment les actions prises influeront-elles sur le coût des matières à court et à long terme?

4. Quels sont les risques à considérer (par exemple, une interruption de l'approvisionnement ou une baisse de la qualité)?

5. Quels objectifs devrions-nous poursuivre à court et à long terme en approvisionnement? Comment pourrons-nous évaluer les progrès réalisés en vue d'atteindre ces objectifs?

La réglementation gouvernementale

Toute entreprise doit connaître les politiques que le gouvernement s'apprête à adopter et prévoir leurs effets sur ses activités. Le service de l'approvisionnement devrait surveiller les tendances qui se manifestent, en déduire les résultats ainsi que les conséquences possibles et suggérer des moyens qui permettront à l'entreprise de s'y adapter. Lorsque les dirigeants d'une entreprise parviennent à prévoir la tournure des événements, ils peuvent réagir d'une manière rationnelle.

Les cas bouleversants de contamination de produits alimentaires et pharmaceutiques ont amené les autorités à adopter divers règlements visant à protéger les consommateurs. Or, ces règlements ont sans aucun doute influé sur la nature des matériaux et des techniques d'emballage requis de même que sur leur coût d'achat. Lorsque le service de l'approvisionnement se tient informé de la situation ainsi que de l'apparition de nouvelles technologies et de nouveaux fournisseurs dans le domaine des procédés d'emballage recherchés, il peut comprendre l'évolution des événements et ainsi participer aux activités d'une équipe chargée d'aider la direction générale à prendre les décisions stratégiques nécessaires pour y faire face. Ces décisions peuvent se traduire par l'apport de modifications à la gamme de produits vendue (tel l'abandon des capsules au profit des comprimés) ou au type d'emballage dans lequel on offre ces produits.

La planification financière réalisée avec l'aide des fournisseurs

Les montants versés aux fournisseurs représentent la première ou la deuxième plus importante sortie de capitaux de la plupart des organisations (les salaires et les avantages sociaux venant parfois en tête de liste dans le cas des entreprises à prédominance de main-d'œuvre). L'ampleur des sommes consacrées à l'approvisionnement détermine donc grandement l'importance du fonds de roulement requis.

D'une part, le service des achats doit considérer les conséquences financières d'un prolongement du délai de paiement ainsi que la faisabilité d'une telle modification. D'autre part, un excédent d'encaisse pourrait l'amener à envisager un règlement plus rapide afin d'obtenir de meilleurs escomptes. Évidemment, ces mesures ne peuvent être adoptées qu'avec la coopération des fournisseurs.

Les risques liés aux responsabilités en ce qui touche aux produits

Au cours des 20 dernières années, l'intérêt s'est accru pour la sûreté des produits et les responsabilités qui s'y rattachent. Ce fait s'explique par les modifications apportées aux responsabilités légales et la manière dont les juges et les jurés interprètent les lois en vigueur. Certaines décisions rendues par les tribunaux ont eu des conséquences suffisamment graves pour acculer des entreprises à la faillite, comme dans le cas des producteurs d'amiante et des fournisseurs d'articles contenant cette matière. Il découle essentiellement du concept de la responsabilité «absolue» que le fournisseur d'un produit est entièrement responsable de tout préjudice causé par ce dernier à un utilisateur, sans égard à toute clause de non-responsabilité qui a pu être stipulée au moment de la vente.

Le service de l'approvisionnement traite avec une multitude de fournisseurs pour obtenir des matières et des composantes qui seront ultérieurement incorporées à un produit fini. De ce fait, il importe que l'acheteur et le fournisseur collaborent étroitement, tout comme les services de la conception, du génie, de l'assurance de la qualité, de la fabrication et du marketing de l'entreprise qui achète. Le service de l'approvisionnement doit éviter que l'entreprise soit indûment exposée à des actions en justice susceptibles d'entraîner le versement de dommages et intérêts ruineux du fait de ses responsabilités en ce qui touche à ses produits.

L'environnement économique

La direction générale doit toujours être consciente des perturbations (modifications) structurelles immédiates et à long terme de l'environnement économique dans son ensemble. Advenant, par exemple, qu'on observe ou qu'on prévoie des variations importantes de la demande dans certains secteurs d'activité (à l'échelle nationale ou internationale), le service de l'approvisionnement peut aider grandement à reconnaître les tendances en cause et à évaluer leurs conséquences à long terme pour l'entreprise.

Les modifications organisationnelles

Il est possible qu'on doive réaménager les structures organisationnelles traditionnellement utilisées pour gérer les flux de matières, afin d'établir la communication et le contrôle nécessaire à l'accroissement de la productivité et de l'efficience. Le service de l'approvisionnement doit considérer la possibilité de telles modifications et faire part à la direction générale des options qui pourraient être adoptées. Voici la description de quatre stratégies organisationnelles dans l'application desquelles le service de l'approvisionnement joue un rôle clé.

1. La gestion des matières : lorsqu'on adopte ce mode d'organisation (*voir le chapitre 2*), toutes, ou presque toutes, les fonctions liées à l'apport de matières à l'entreprise relèvent d'un même responsable, généralement appelé gestionnaire des matières.

2. La gestion des projets : lorsqu'on peut séparer les projets ou les gammes de produits clés des autres, il s'ensuit une meilleure communication et une meilleure coordination susceptibles de favoriser le regroupement des activités en cause en unités indépendantes possédant chacune leur propre fonction approvisionnement.

3. La gestion de la logistique : on peut rattacher à une organisation logistique d'ensemble toutes les fonctions ayant trait aux flux des matières, aussi bien à l'arrivée (gestion des matières) qu'à la sortie (gestion de la distribution matérielle). Bien que ce mode d'organisation attribue parfois au service de l'approvisionnement un rôle secondaire, la synergie qui en résulte peut se traduire par des avantages considérables au chapitre de l'efficience (*voir le chapitre 2*).

4. L'approvisionnement et la production juste-à-temps : ce mode d'organisation permet de relier les fonctions approvisionnement et production–opérations de l'entreprise à celles de ses fournisseurs, engendrant ainsi une intégration verticale en amont (du point de vue des opérations et non du contrôle du capital-actions). Bien qu'il demande l'apport de ressources additionnelles à la planification, il peut amener une augmentation de l'efficience sur le plan des coûts et de la production. Le chapitre 6, consacré à la sélection des fournisseurs, explique plus en détail la philosophie qui est à l'origine de cette approche.

La gamme de produits ou de services

Le fait qu'une entreprise ait toujours fabriqué et vendu des produits ou offert des services particuliers ne signifie pas qu'elle agira éternellement de la sorte. Ainsi, à titre d'exemple, U.S. Steel (USX) offre maintenant une gamme de produits énergétiques et de services financiers; General Electric a mis l'accent sur les services financiers; American Can Company (devenue Primerica) s'est retirée de l'industrie des contenants.

Une multitude d'éléments peuvent influer sur la décision de lancer ou d'abandonner une gamme de produits particulière, dont la marge bénéficiaire, le rendement du capital investi, la demande des consommateurs, la concurrence, de même que la disponibilité et le coût des matières achetées. Le service de l'approvisionnement devrait sans cesse surveiller les tendances observées sur le marché des principales matières premières achetées, les interpréter à long terme et déterminer les possibilités qui s'offrent à l'entreprise. Généralement, on établit ces prévisions à long terme dans le cadre des activités de recherche en approvisionnement (*voir le chapitre 11*).

Le service des achats peut contribuer grandement à la stratégie organisationnelle de l'entreprise en suivant l'évolution du marché de l'approvisionnement, en déterminant l'effet des tendances à long terme sur la situation de l'entreprise et en établissant le coût qu'entraîne sa présence sur le marché d'un produit particulier. Les variations de l'offre ou du coût à long terme des principales matières premières pourraient amener l'entreprise à réévaluer sa stratégie quant à la gamme de produits qu'elle vend. Ainsi, la persistance des problèmes économiques et raciaux dans les pays du sud de l'Afrique, d'où provient une quantité considérable de chromite, de cobalt, d'or et de platine, pourrait inciter une entreprise à abandonner la fabrication des produits finis qui nécessitent une ou plusieurs de ces matières premières, ou à entreprendre des recherches pour trouver des substituts acceptables à ces métaux.

L'information relative aux concurrents

Pour réussir dans le monde actuel où domine la concurrence, toute entreprise doit surveiller sans cesse les tendances de l'industrie et se tenir au courant des projets et des activités des autres organisations. Un concurrent d'envergure envisage-t-il de lancer un nouveau produit? Dans l'industrie des boissons, par exemple, un concurrent se prépare-t-il à mettre une nouvelle saveur sur le marché? Étant donné ses fréquents contacts avec les services des ventes et du génie des fournisseurs, le personnel de l'approvisionnement peut souvent recueillir des informations qui permettront de détecter certains changements à l'avance si elles sont mises en commun avec les données et les renseignements obtenus par d'autres employés de l'entreprise. Le service de l'approvisionnement devrait transmettre ces informations d'une manière organisée pour qu'elles servent au processus de planification de l'entreprise.

La technologie

Très peu de biens ou de services sont aujourd'hui produits de la même manière qu'il y a 10 ans. Dans certaines industries, dont celle des semiconducteurs, les entreprises maintiennent la concurrence avec succès grâce à leur savoir-faire technique plutôt qu'avec les produits particuliers qu'elles offrent. En se maintenant à la fine pointe de la technologie, une entreprise peut obtenir un avantage concurrentiel qui lui permet de prospérer au lieu de simplement survivre. Le service de l'approvisionnement doit contribuer au développement de la technologie de trois manières, soit :

– en fournissant au personnel de la conception des produits et des processus ainsi qu'au personnel de la production les renseignements obtenus de sources extérieures sur les progrès technologiques réalisés. Cette information peut aider à définir l'évolution technologique de l'entreprise ;

– en collaborant avec les fournisseurs pour mettre au point de nouvelles technologies que l'entreprise pourra utiliser dans le cadre de ses activités. Dans certains cas, le personnel de l'approvisionnement est en mesure de suggérer la conclusion d'une entente aux termes de laquelle un fournisseur acceptera de partager les risques liés à la mise au point de nouvelles technologies ;

– en obtenant le droit d'utilisation exclusive de nouvelles technologies avantageuses par la signature d'ententes avec les fournisseurs. Lorsque le service parvient à conclure de tels accords, l'entreprise est parfois en mesure de produire des biens ou d'offrir des services de qualité supérieure à un coût total plus bas que celui de ses concurrents.

Les investissements

Toute entreprise doit continuellement surveiller le taux de rendement de ses investissements. Le coût du capital ne cesse de varier, de sorte que l'attrait pour les divers types d'investissements possibles n'est pas toujours le même.

Bien que le service de l'approvisionnement ne prenne généralement pas la décision finale au sujet de l'utilisation des ressources, il peut s'assurer qu'on tiendra compte des nouvelles options possibles lors de l'élaboration du plan stratégique de l'entreprise. Il arrive, entre autres, que les possibilités de fabriquer ou de louer plutôt que d'acheter constituent des options très avantageuses sur le plan des coûts.

Le service de l'approvisionnement est en mesure de reconnaître les possibilités stratégiques qui s'offrent à l'entreprise et de recueillir et de classer une bonne part des données nécessaires à l'évaluation de chacune d'elles. Le chapitre 6 traite de la décision de fabriquer, d'acheter ou de louer et examine le rôle du service des achats dans l'évaluation de ces possibilités ainsi que la méthode utilisée pour le remplir. Il existe de nombreuses situations où le service de l'approvisionnement devrait contribuer activement aux décisions stratégiques. En voici quelques-unes.

- Une entreprise pourrait louer la plupart ou la totalité de ses véhicules de transport (automobiles, camions, wagons de chemin de fer), ce qui lui permettrait de disposer du capital qu'elle aurait autrement investi dans ce matériel.
- Une université pourrait recourir à un traiteur industriel afin d'assurer la fourniture des services alimentaires, au lieu d'utiliser ses propres ressources humaines et matérielles.
- Une aciérie pourrait acheter de l'acier brut d'une autre entreprise, au lieu de le produire elle-même, et l'utiliser pour fabriquer des produits finis à ses installations. Ainsi, elle modifierait substantiellement ses coûts et utiliserait son équipement à d'autres fins, ou elle procéderait à un désinvestissement qui lui procurerait des capitaux.
- Une entreprise d'appareils électroniques pourrait acquérir des téléviseurs déjà montés, au lieu d'acheter des composantes et de les assembler elle-même.

Les fusions, les acquisitions et le désinvestissement

Il existe de nombreuses possibilités d'intégration ou de désintégration verticale des activités de production de divers biens ou services, qui entraînent des conséquences d'une grande portée. Par exemple, un constructeur d'automobiles qui achète actuellement des radios d'un fournisseur de l'extérieur pourrait décider d'acquérir l'entreprise qui fabrique ces radios, d'où une intégration verticale de leur processus de fabrication. En outre, l'usine de fabrication de radios pourrait choisir de produire elle-même les semi-conducteurs qu'elle utilise au lieu de les acheter d'un fournisseur. Inversement, le constructeur d'automobiles qui fabrique actuellement ses propres radios pourrait décider de vendre sa filiale et de se procurer les appareils d'un fournisseur existant.

Le service des achats a la meilleure vision d'ensemble des réseaux d'approvisionnement et des risques qu'ils comportent. De ce fait, sa contribution est indispensable à l'établissement d'une stratégie globale devant permettre à l'entreprise de surmonter les problèmes potentiels et de profiter des occasions favorables susceptibles de se présenter.

16.5 LA PLANIFICATION STRATÉGIQUE EN APPROVISIONNEMENT

Depuis les 50 dernières années, on a cessé de considérer la fonction approvisionnement comme une tâche subalterne pour la hisser au rang d'activité réalisée par des professionnels des achats dans un contexte de gestion des actifs. Cette évolution a amené les entreprises à élaborer des stratégies visant à maximiser le rendement.

Dans l'optique de la planification des achats, le service de l'approvisionnement doit envisager l'avenir au-delà du prochain bon de commande ou du prochain trimestre, et il doit se poser des questions du type « Que se passerait-il si...? ». Dans beaucoup de cas, la direction générale a pris conscience de la nécessité d'intégrer la planification à long terme des achats et de la gestion des matières au plan stratégique de l'entreprise.

De nos jours, les entreprises doivent lutter pour conserver ou reprendre leur place sur les marchés mondiaux concurrentiels. Pour s'assurer des revenus futurs et garantir sa survie, toute entreprise doit établir des rapports efficaces avec son environnement extérieur sur les plans social, économique, politique, juridique et technologique (caractérisé par l'évolution des matières et des processus), prévoir les changements qui se produiront, s'adapter et tirer le maximum des possibilités offertes en élaborant et en appliquant des plans stratégiques. Le service de l'approvisionnement doit aujourd'hui se tourner vers l'avenir, car il n'est plus suffisant de simplement réagir à la situation et aux problèmes courants. En effet, s'il adopte une attitude réactionnelle et s'il se contente de poser les gestes urgents, le personnel des achats ne s'attaque pas aux questions fondamentales : il gaspille plutôt ses énergies à résoudre les problèmes immédiats et à colmater les fuites pour maintenir l'embarcation à flot, une situation dont on ne sort presque jamais gagnant.

□ □ □ □ □
16.6 LES CHAMPS D'APPLICATION DE LA STRATÉGIE

Une stratégie représente un plan d'action qu'on établit pour réaliser certains buts et objectifs. Lorsqu'elle est bien élaborée, elle relie l'entreprise à son environnement dans le cadre du processus de planification à long terme. Une stratégie globale en approvisionnement se compose de sous-stratégies qu'on définit en utilisant toute l'information disponible pour dresser un plan devant permettre d'atteindre un but particulier. On peut grouper les sous-stratégies d'approvisionnement en cinq grandes catégories.

1. Les stratégies d'assurance de l'approvisionnement ont pour but de garantir la qualité et la quantité des besoins futurs en approvisionnement. Ces stratégies doivent tenir compte des variations de l'offre et de la demande.

2. Les stratégies de réduction des coûts visent à réduire le coût d'achat net des biens acquis ou leur coût total d'acquisition et d'utilisation, c'est-à-dire leur coût selon le cycle de vie. Il arrive que l'évolution de

l'environnement et de la technologie offre aux entreprises la possibilité de réduire leurs coûts totaux d'exploitation en changeant les matières qu'elles utilisent, de même que leurs sources et leurs méthodes d'approvisionnement.

3. Les stratégies de soutien à l'approvisionnement ont pour but d'offrir à l'entreprise qui achète toutes les chances de tirer avantage des connaissances et des capacités considérables des fournisseurs. Ainsi, il arrive que l'acheteur et le fournisseur aient besoin d'un meilleur système de communication (peut-être informatisé) pour permettre à l'un d'aviser l'autre à temps des modifications à apporter, pour garantir une qualité constante et pour assurer que les objectifs du fournisseur en matière de stocks et de production soient compatibles avec les besoins de l'entreprise qui achète.

4. Les stratégies liées à l'évolution de l'environnement consistent à prévoir et à reconnaître les changements qui touchent à l'environnement global (économie, structure organisationnelle, ressources humaines, contexte juridique, réglementations gouvernementales et disponibilité des systèmes) pour que l'entreprise qui achète puisse en tirer avantage à long terme.

5. Les stratégies liées à l'avantage concurrentiel permettent à l'entreprise qui achète d'exploiter les possibilités du marché et les points forts de sa propre organisation pour jouir d'un avantage marqué sur ses concurrents. Dans le secteur public, un organisme présente un avantage concurrentiel lorsqu'il obtient de bons résultats en ce qui a trait à la réalisation des objectifs de programme.

La figure 16.3 comporte une représentation schématique du processus de planification stratégique en approvisionnement. Il importe de reconnaître que lors du processus de planification, on s'intéresse avant tout aux possibilités à long terme et non aux problèmes immédiats.

16.7 LES COMPOSANTES DE LA STRATÉGIE

Seule l'imagination du gestionnaire des achats limite le nombre des possibilités stratégiques particulières qu'on peut envisager lors de l'élaboration d'une stratégie globale en approvisionnement. Toute stratégie adoptée doit cependant indiquer quoi choisir, quel niveau de qualité viser, quelle quantité acheter, qui sera chargé d'acheter, quand acheter, à quel prix, où, comment et pourquoi acheter (*voir le tableau 16.3*).

Quoi choisir?

La question la plus fondamentale qui se pose à une entreprise au moment de décider quoi choisir consiste sans doute à déterminer s'il vaut mieux

FIGURE 16.3   **Processus de planification stratégique en approvisionnement**

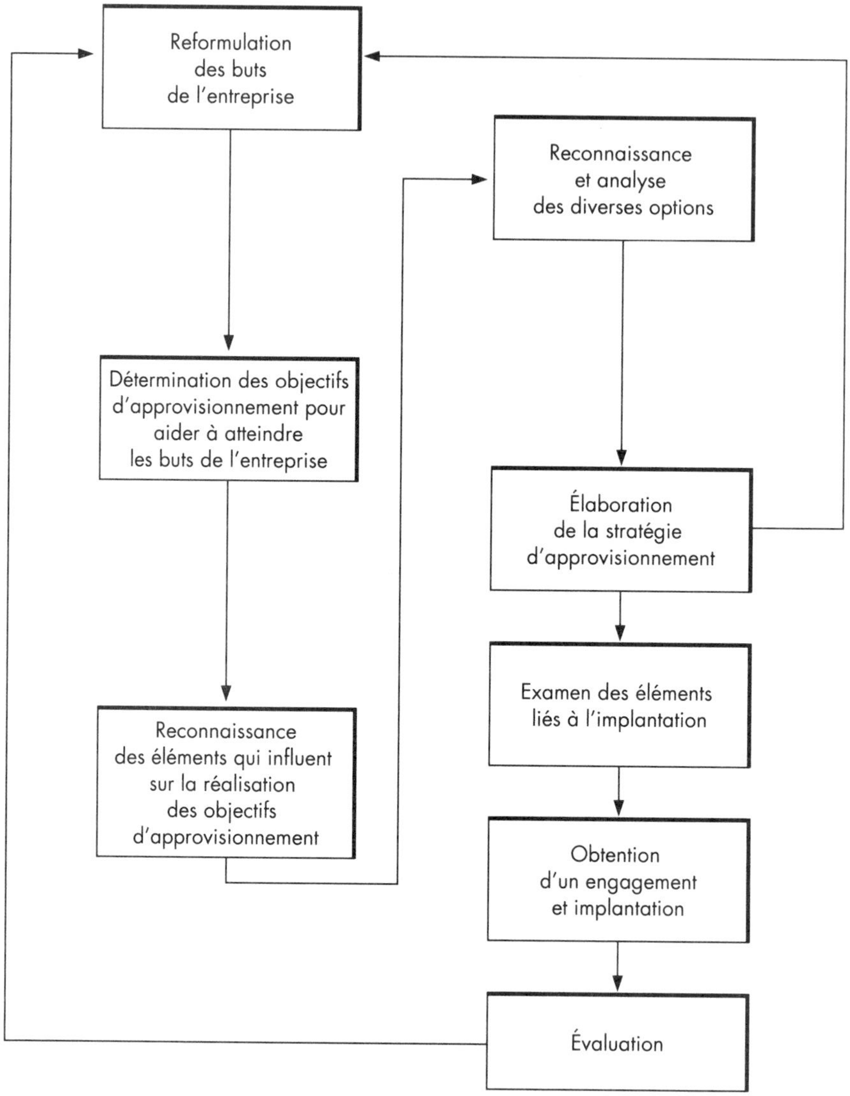

fabriquer ou acheter. On peut s'attendre à ce que les forces du service de l'approvisionnement incitent à opter pour une stratégie d'achat.

L'acquisition partielle d'un fournisseur   Pour bénéficier d'un approvisionnement garanti dans un contexte de concurrence, il peut être avantageux pour l'entreprise qui achète d'acquérir en partie un fournisseur

TABLEAU 16.3   Composantes de la stratégie en approvisionnement

1. Quoi choisir?
   - Fabriquer ou acheter
   - Article standard ou produit sur commande
   - Qualité en fonction du coût

2. Quel niveau de qualité viser?
   - Qualité en fonction du coût
   - Participation des fournisseurs

3. Quelle quantité acheter?
   - Faibles ou grandes quantités (stock)

4. Qui doit acheter?
   - Centralisation ou décentralisation
   - Qualité du personnel
   - Participation de la direction générale

5. Quand acheter?
   - Maintenant ou plus tard
   - Achats à terme

6. À quel prix acheter?
   - Au prix le plus élevé
   - Au prix normal
   - À un prix faible
   - À un prix établi en fonction du coût
   - À un prix établi en fonction du marché
   - Location, fabrication ou achat

7. Où acheter?
   - Marché local ou régional
   - Marché intérieur ou international
   - Fournisseur de petite ou de grande taille

   - Une seule ou plusieurs sources d'approvisionnement
   - Taux de rotation faible ou élevé des fournisseurs
   - Relations entretenues avec les fournisseurs
   - Certification des fournisseurs
   - Acquisition de fournisseurs

8. Comment acheter?
   - Systèmes et procédures
   - Informatisation
   - Négociations
   - Appels d'offres
   - Soumissions fermes
   - Marchés d'approvisionnement, marchés ouverts
   - Achats par contrat global
   - Bons de commande accompagnés d'un chèque en blanc
   - Achats réalisés en groupe
   - Planification des besoins-matières
   - Contrats à long terme
   - Éthique
   - Attitude dynamique ou passive
   - Recherche en approvisionnement
   - Analyse de la valeur

9. Pourquoi acheter?
   - Conformité des objectifs
   - Raisons liées au marché
   - Raisons internes
     • Approvisionnement à l'extérieur
     • Approvisionnement à l'interne

clé, ce qui lui permet de devenir un client privilégié et d'obtenir une part équitable (ou plus qu'équitable) de la production du fournisseur. Lorsqu'une telle acquisition représente en elle-même un bon investissement, cette stratégie se révèle encore plus attrayante. L'achat de 20 % des avoirs d'Intel par IBM offre un bon exemple de cette stratégie. En effet, il était très important pour IBM de pouvoir compter sur un approvisionnement continu de microprocesseurs afin de pouvoir augmenter sa production d'ordinateurs individuels assez vite pour obtenir la part du marché souhaitée[5]. Intel et IBM conclurent subséquemment une entente qui leur permet d'échanger des modèles de puces et de mettre au point des micro-plaquettes conçues spécialement pour les produits IBM. Grâce à cet accord, IBM peut être en mesure d'utiliser des puces fabriquées sur commande que ne pourront copier les fabricants de clones, ce qui rendra la tâche plus difficile aux entreprises qui veulent lui faire concurrence[6].

L'intégration verticale en amont   Prendre le contrôle de la production d'une matière ou d'une composante clé qu'on obtenait auparavant d'un fournisseur représente une alternative au choix de fabriquer ou d'acheter; cette solution peut procurer des avantages considérables à long terme. Ainsi, en acquérant Hughes Aircraft Company, la société General Motors a pris le contrôle d'un important fabricant de composantes électroniques qui, dans plusieurs cas, pouvaient servir pour ses véhicules automobiles. Ce type d'intégration en amont permet de réduire le total des coûts d'approvisionnement et de disposer des articles dont on a besoin même en période de grave pénurie.

L'adoption d'une source d'approvisionnement externe   Comme nous l'avons déjà mentionné, il s'agit là d'une autre solution au problème du choix entre fabriquer et acheter; l'entreprise décide alors d'acquérir de l'extérieur un article qu'elle fabriquait elle-même auparavant. Ainsi, un fabricant de produits en acier peut choisir d'acheter des brames (matières premières) d'une autre entreprise pour limiter ses activités de production de feuilles d'acier finies. Étant donné qu'un fournisseur possède parfois des connaissances plus approfondies dans un certain domaine, cette stratégie peut engendrer une réduction des coûts. En outre, il arrive qu'elle permette de libérer une part de la capacité et des ressources (investissements) qu'on peut alors utiliser à d'autres fins plus productives.

L'achat de produits finis que l'entreprise revend sous son propre nom   On adopte rarement cette stratégie de partenariat, mais il arrive à l'occasion qu'une entreprise décide de distribuer à d'autres entreprises un produit qu'elle achète, après y avoir apposé sa marque de commerce. Cette manière de procéder se révèle parfois intéressante en raison du prix qu'on peut obtenir selon le volume d'achat, ou de la capacité de l'entreprise acheteuse (étant donné sa taille) d'assurer le suivi après-vente du

5. Thomas C. HAYES, «Intel Copes with a Shortage», *New York Times*, 30 janvier 1984, p. 23.
6. Brenton R. SCHLENDER et Paul B. CARROLL, «Intel and IBM Are Set Up to Swap Designs to Create Chips for Future IBM Lines», *The Wall Street Journal*, 6 octobre 1986, p. 4.

produit. Ainsi, un important acheteur d'ordinateurs individuels pourrait conclure une entente avec un fournisseur (fabricant) pour acquérir ce même type d'équipement et le mettre en marché sous sa propre marque de commerce. De même, en raison du prix offert lorsqu'il achète en grande quantité, un centre hospitalier pourrait décider d'acquérir certains produits, tels les solutés, pour les distribuer sous son propre nom à d'autres hôpitaux, à des cliniques et à des cabinets de médecin. Bien que peu courante, cette stratégie offre parfois la possibilité de produire des revenus et peut être envisagée par tout service de l'approvisionnement à l'affût de méthodes innovatrices.

Au moment de choisir ce qu'on doit acquérir, il faut également déterminer si on favorisera l'achat de produits et de matières standard disponibles sur le marché, plutôt que l'achat d'articles spéciaux fabriqués sur demande pour répondre à des besoins particuliers. Il peut être facile de se procurer des articles standard sur le marché, mais ceux-ci ne permettent pas toujours à l'entreprise de bénéficier de l'avantage concurrentiel que pourraient lui fournir des biens produits sur demande pour satisfaire ses besoins.

Quel niveau de qualité viser?

Le but recherché est d'assurer l'amélioration continue du processus. Pour accroître leur part de marché, les fournisseurs doivent rendre plus constante la qualité des matières, des pièces et des composants qu'ils livrent, ce qui leur permet aussi de réduire sensiblement leurs coûts de production et leurs frais de gestion liés au contrôle interne de la qualité. De ce fait, une entreprise qui achète peut devoir établir une stratégie ayant pour but de mieux faire connaître aux fournisseurs ses exigences en matière de qualité et de les aider à mettre en place des programmes permettant d'obtenir les résultats voulus. Ainsi, on peut recourir, entre autres, à des programmes de zéro-défaut, de contrôle statistique du processus et de certification de la qualité.

Les programmes de zéro-défaut sont essentiellement des programmes de formation et de motivation visant à convaincre le fournisseur et ses employés qu'ils ne devraient produire et livrer que des articles de la qualité convenue. Il en coûte beaucoup moins cher «de bien faire les choses du premier coup» que d'apporter ultérieurement des correctifs. Par ailleurs, si on adopte un programme de contrôle statistique, on utilise des cartes de contrôle afin de surveiller divers processus de fabrication, de détecter les problèmes lorsqu'ils se manifestent et d'apporter les ajustements nécessaires pour éviter qu'on produise des articles de mauvaise qualité. L'entreprise qui achète peut devoir aider le fournisseur à mettre en application les méthodes statistiques requises. Enfin, dans le cadre d'un programme de certification, le fournisseur accepte de réaliser certains essais déterminés pour vérifier la qualité de ses produits, et de joindre une copie des résultats obtenus aux articles expédiés à l'acheteur. Lorsqu'on est certain que le fournisseur procédera correctement aux vérifications exigées, il devient possible pour l'entreprise qui achète de renoncer à ces procédures d'inspection à l'arrivée et d'économiser ainsi les coûts qu'elles entraînent. Un tel programme constitue presque toujours un élément clé de tout système d'approvisionnement juste-à-temps.

Quelle quantité acheter?

En règle générale, on tend aujourd'hui à se procurer de plus petites quantités qui seront livrées au besoin, alors qu'on préférait autrefois réaliser des achats en grande quantité pour obtenir de meilleurs prix. Les options qui s'offrent à l'entreprise au moment d'établir l'ampleur des achats consistent à effectuer un transfert des stocks, à opter pour l'approvisionnement juste-à-temps et à réaliser des achats en consignation.

Le transfert des stocks au fournisseur   Il arrive qu'un fournisseur soit en mesure de gérer un stock de produits finis (qui constituent les matières premières de l'acheteur) plus efficacement que l'entreprise qui achète, parce qu'il connaît mieux les méthodes à utiliser dans le cas d'une gamme de produits donnée. De plus, lorsqu'il fournit un même article à plusieurs clients, le stock de sécurité nécessaire pour répondre aux besoins de tous ces acheteurs est moindre que l'ensemble des stocks de sécurité que devraient maintenir ces entreprises si elles géraient chacune leurs propres stocks. Ce concept est à la base de l'implantation réussie d'un système d'approvisionnement par contrat global (*voir le chapitre 3*). Sur le plan stratégique, le service de l'approvisionnement peut choisir de conclure une entente de partenariat avec des fournisseurs clés pour qu'ils assurent le maintien d'un stock de tout article important et qu'ils livrent les articles requis au besoin, selon le calendrier de production. Il arrive même que l'acheteur réserve au fournisseur un espace à l'intérieur de son usine.

L'approvisionnement juste-à-temps   Si l'entreprise peut se fier à un fournisseur pour qu'il livre une petite quantité des articles requis de la qualité convenue au moment fixé, elle sera en mesure d'investir une somme beaucoup moins considérable dans ses stocks achetés, de bénéficier de l'approvisionnement continu dont elle a besoin et de réduire ses coûts de gestion attribuables à la réception et à l'inspection à l'arrivée. Pour atteindre ce résultat, l'acheteur doit établir un plan à long terme et s'assurer d'une collaboration étroite et d'une bonne compréhension entre lui et le fournisseur.

Les achats en consignation   Dans certains cas, il est possible, en appliquant la philosophie du partenariat, d'amener un fournisseur à conserver un stock en consignation chez l'entreprise qui achète, sous la surveillance de cette dernière. Il revient à l'acheteur de rendre compte des articles retirés de ce stock en consignation, de payer pour les quantités utilisées et d'aviser le fournisseur lorsqu'un renouvellement s'impose. Cette stratégie profite aussi bien au fournisseur (volume des ventes assuré) qu'à l'acheteur (réduction des sommes investies dans les stocks). On y recourt fréquemment dans le secteur de la distribution, mais on peut aussi l'envisager dans d'autres industries.

Qui doit acheter?

Dans le cadre de l'étude de la structure organisationnelle au chapitre 2, nous avons traité en détail du choix des personnes à qui on devrait confier la réalisation des achats. Les principales décisions à prendre consistent à choisir entre une fonction approvisionnement centralisée ou décentralisée et à définir le degré de compétence du personnel recherché ainsi que l'ampleur de la participation de la direction générale à l'ensemble du processus. Parmi les autres options possibles figurent la gestion des matières et celle des projets.

Quand acheter?

Il existe un lien étroit entre la détermination du moment d'acheter et l'établissement de la quantité à obtenir. On peut évidemment choisir de s'approvisionner maintenant ou plus tard. La principale question, du point de vue stratégique, se rattache essentiellement aux achats à terme et à la politique en matière de stocks. Dans le cas des produits en nature, il est possible de devenir actif sur le marché à terme et de procéder à des opérations de couverture.

Les Bourses de marchandises organisées offrent la possibilité de compenser les transactions au comptant et à terme afin d'éviter le risque lié à une forte fluctuation du prix. Les chapitres 5 et 7 traitent de cette stratégie que peuvent adopter les entreprises qui achètent une grande quantité des produits de base échangés de manière continue ou occasionnelle sur un marché organisé.

À quel prix acheter?

Les principales options à considérer sont: verser un prix supérieur à la moyenne pour obtenir un service exceptionnel ou d'autres engagements de la part du fournisseur, établir un prix cible standard en tenant compte du marché, ou rechercher un faible prix qui avantagera l'entreprise au chapitre des coûts. D'autre part, lorsqu'on opte pour une stratégie axée sur les coûts plutôt que sur le marché, on doit recourir, dans une large mesure, à des instruments tels que l'analyse de la valeur et les négociations intensives.

L'analyse et l'ingénierie de la valeur   Il est possible de réduire les coûts par des moyens tels que la substitution et la standardisation; les économies qui en résultent peuvent se révéler substantielles. Une stratégie de ce genre exige une approche appliquée et organisée s'accompagnant d'un plan, d'un calendrier et d'une liste qui attribue à chacun des responsabilités particulières. Cependant, plusieurs personnes ne reconnaissent pas nécessairement à l'acheteur la responsabilité d'appliquer cette stratégie.

La décision de louer ou d'acheter   La décision de louer, plutôt que d'acheter, représente une stratégie de réduction des coûts trop souvent négligée. Il peut être avantageux de louer l'équipement ou les installations d'un fabricant qui offre cette option, ou d'une institution financière ayant acheté le matériel d'un fabricant dans le but de le louer aux entreprises. Ainsi, les sociétés aériennes commerciales louent généralement les avions qu'elles utilisent plutôt que de les acheter.

Où acheter?

Quand vient le moment de choisir où acheter, de nombreuses possibilités s'offrent à l'entreprise; plusieurs d'entre elles ont fait l'objet d'un examen au chapitre 6. Parmi les choix auxquels on doit manifestement procéder, citons la sélection d'une source locale, régionale, nationale ou internationale, d'un fournisseur de petite ou de grande taille, d'une seule ou de plusieurs sources d'approvisionnement et d'un taux de renouvellement faible ou élevé des fournisseurs. Il convient également d'envisager la certification des fournisseurs et l'acquisition d'une source d'approvisionnement.

Comment acheter?

Il existe une foule d'options possibles quant à la manière d'acheter. Celles-ci se rattachent, entre autres, aux systèmes et aux procédures, à l'informatisation, à la négociation, aux appels d'offres, aux soumissions fermes, à l'ouverture publique des soumissions, aux marchés d'approvisionnement, aux commandes ouvertes dans le cadre d'un contrat global, aux bons de commande accompagnés d'un chèque en blanc, aux achats réalisés en groupe, à la planification des besoins-matières, aux contrats à long terme, à l'éthique en approvisionnement, à une approche dynamique ou passive, à la recherche en approvisionnement, à l'analyse de la valeur, aux programmes d'assurance de la qualité et à la réduction du nombre des fournisseurs avec lesquels on traite. Nous avons déjà examiné la plupart de ces options dans les chapitres antérieurs, mais nous allons revenir sur quelques-unes d'entre elles.

Les contrats à long terme   Les contrats à long terme procurent certains avantages stratégiques à l'acheteur, dont la garantie d'un approvisionnement continu et plus stable ainsi qu'un coût d'acquisition souvent moindre. Ce type de contrat profite également au fournisseur en lui assurant un certain volume de ventes et une exploitation stable qui se traduiront par une réduction des coûts à long terme.

Les prévisions relatives aux matières   Beaucoup d'entreprises doivent prévoir l'évolution de l'offre en raison de son caractère incertain, attribuable au nombre croissant des conglomérats qui résultent de fusions et d'acquisitions, ainsi qu'à la situation géopolitique mondiale. On peut prévoir cette évolution par le moyen d'études économiques poussées relatives à certaines matières; il devient alors possible de trouver des solutions de rechange pour assurer l'approvisionnement à un coût total raisonnable, et ce suffisamment d'avance pour permettre à l'acheteur d'agir à temps. En raison des graves pénuries de matières survenues au cours des années 70, nombre d'entreprises préparent maintenant des prévisions à long terme qui s'étendent sur 5 à 20 ans, et qui portent sur l'offre, la demande et le prix des principaux articles qu'elles acquièrent.

Le partage des risques avec le fournisseur   La mise au point d'un nouveau produit d'importance, telle une nouvelle génération d'avions à réaction, nécessite des investissements substantiels. Vu la complexité technique du produit, le risque que court le fabricant et la quantité de ressources dont il a besoin sont d'une telle ampleur qu'il ne peut mener son projet à bien sans une entente de partenariat entre l'acheteur et le fournisseur. Ainsi, il se peut qu'à titre de stratégie, la fonction approvisionnement ait à élaborer un programme en collaboration avec un fabricant de moteurs, lequel se traduira dans les faits par la réalisation conjointe des activités de recherche et de développement.

Le partage de l'information   Lorsqu'un acheteur veut établir un partenariat avec ses fournisseurs clés, il doit prendre les dispositions nécessaires pour assurer le partage, d'un côté comme de l'autre, des données relatives à la planification et à la production. En effet, l'acheteur doit pouvoir se renseigner sur les coûts du fournisseur, ses calendriers de production, ses barèmes de prix, la disponibilité de ses stocks et ses délais d'approvisionnement. Le fournisseur doit, quant à lui, obtenir de l'information sur les programmes et les calendriers de production de l'acheteur, ses besoins en matières, ses projets de fabrication de nouveaux produits et ses plans de marketing. La mise en place d'un système d'échange de documents informatisés (EDI) fournit un moyen idéal pour assurer la transmission de ces renseignements.

L'échange de documents informatisés   À mesure que les techniques de transmission de l'information gagnent en importance et en complexité, il en résulte de nouvelles possibilités d'accroître l'efficacité du partage de données entre l'acheteur et le fournisseur. L'emploi des systèmes d'échange de documents informatisés, décrits au chapitre 3, où la base de données du service de l'approvisionnement est reliée par ordinateur à celle du fournisseur, offre un bon exemple d'adaptation de l'entreprise à l'évolution technologique.

Pourquoi acheter?

On doit examiner une stratégie non seulement pour en choisir les diverses composantes optionnelles mais aussi pour étudier les raisons qui motivent son application. Une stratégie en approvisionnement a le plus souvent pour but de rendre les objectifs en matière d'achat conformes aux stratégies et aux objectifs globaux de l'entreprise. Parmi les autres éléments qui peuvent être à l'origine d'une telle stratégie, on trouve les conditions du marché, aussi bien actuelles que futures, et l'environnement. Ainsi, il arrive que les réglementations gouvernementales concernant les responsabilités relatives aux produits et la protection de l'environnement engendrent la mise en application de certaines stratégies.

Les réglementations gouvernementales   Le gouvernement fédéral impose parfois à l'entreprise des limites en matière d'approvisionnement, dans le but de remédier à certains problèmes économiques observés. Ainsi, il adopte de temps à autre diverses mesures de réglementation des prix et des salaires. De même, les tarifs douaniers et les règlements en matière d'importation font sans cesse l'objet de modifications dans divers pays.

Les responsabilités relatives aux produits   Comme nous l'avons vu au chapitre 10, les questions liées à la sûreté des produits et aux responsabilités qui s'y rattachent ont acquis une importance accrue dans le cadre du processus décisionnel en approvisionnement au cours des 10 dernières années, en raison de l'interprétation des lois en vigueur par divers tribunaux. Les risques financiers potentiels sont aujourd'hui plus considérables, et toute entreprise doit en tenir compte lorsqu'elle élabore sa stratégie d'approvisionnement à long terme avec l'aide de ses fournisseurs et du personnel de ses fonctions génie, fabrication et marketing.

La protection de l'environnement   L'importance accordée aux responsabilités des entreprises en matière de protection de l'environnement (eau, air et sol) s'est accrue considérablement, ce qui a amené l'adoption de diverses lois et réglementations à ce chapitre. De ce fait, les fournisseurs et les acheteurs ont dû apporter de nombreuses modifications à leurs produits et services ainsi qu'aux méthodes utilisées pour réaliser des affaires. Dans l'industrie du coulage de pièces, par exemple, on a observé une réduction du nombre total des fournisseurs et l'apport de modifications à la combinaison de produits offerte par certains d'entre eux.

La question stratégique qui se pose à l'entreprise consiste à déterminer comment maintenir une croissance soutenue sans sacrifier la qualité de vie future au profit d'un gain économique à court terme. À partir de cet objectif, l'entreprise doit ensuite déterminer quels produits mettre au point, de quelle manière il convient de les emballer et quelles matières doivent servir à leur fabrication. Lorsqu'on calcule le coût d'un produit selon son cycle de vie, il faut y inclure les coûts liés à ses effets sur l'environnement, tels les frais d'enfouissement, les amendes qui pourraient être imposées et les coûts résultant de la dégradation de l'air ou de l'eau.

Le service de l'approvisionnement, de concert avec les autres services de l'entreprise, doit tenir compte de ces éléments lorsqu'il établit sa stratégie globale d'achat. Ceux-ci peuvent rendre nécessaires des mesures telles que l'adoption d'une stratégie à long terme ayant pour but de modifier la liste des fournisseurs utilisés, de réviser la conception du produit pour rendre possible la substitution de certaines matières ou d'entreprendre la fabrication de certaines composantes provenant jusque-là de l'extérieur.

L'élimination des déchets   Dans la plupart des entreprises, le service de l'approvisionnement a toujours été chargé de l'élimination des résidus du processus de fabrication (déchets) qui ne possèdent aucune valeur économique (*voir le chapitre 9*). Cependant, du fait de l'évolution des matières et des techniques utilisées au cours de l'ère post-nucléaire, beaucoup de ces déchets sont dangereux et doivent être éliminés en respectant certaines règles précises. À l'instar du gouvernement fédéral, plusieurs municipalités ont adopté des règlements qui définissent les méthodes de transport et d'élimination à utiliser. Lorsqu'une entreprise produit des déchets, son service de l'approvisionnement doit tenir compte des exigences spéciales en matière de protection de l'environnement et de traitement des produits dangereux au moment d'élaborer sa stratégie globale d'élimination.

□ □ □ □ □
16.8 LES TENDANCES DE L'APPROVISIONNEMENT ET DE LA GESTION DES MATIÈRES D'ICI L'AN 2001

On ne peut démontrer avec certitude que les changements énumérés ci-après se produiront d'ici la fin du siècle, mais les faits observés jusqu'à ce jour révèlent qu'ils sont déjà amorcés. Il est possible que ces tendances se transforment quelque peu, ou même qu'elles subissent un renversement dans certains cas (bien que cela semble improbable).

Des personnes ayant une formation non traditionnelle occuperont des postes en gestion des approvisionnements. À mesure que les entreprises continueront à réduire leur effectif, beaucoup de gestionnaires compétents dont le poste fait double emploi devront assumer d'autres fonctions de gestion. Or, certains se retrouveront au service de l'approvisionnement, où les compétences en gestion pourraient s'avérer plus importantes que les connaissances techniques.

On exigera une formation technique pour travailler en approvisionnement. Il est possible qu'une formation technique devienne le critère d'embauchage des entreprises à caractère hautement technologique qui veulent combler un poste en approvisionnement. Ainsi, un fabricant de produits pharmaceutiques pourrait exiger de ses professionnels clés de l'approvisionnement qu'ils aient une formation universitaire en pharmacie ou en chimie.

On insistera sur la gestion intégrale de la qualité et la satisfaction des clients. Le service de l'approvisionnement examinera d'un point de vue stratégique ses responsabilités en matière de gestion intégrale de la qualité et de satisfaction des clients ainsi que sa participation à ces deux aspects de l'exploitation de l'entreprise. Il acceptera une part des responsabilités relatives à la qualité des biens ou des services produits.

Le processus d'approvisionnement aura plus d'importance que les transactions réalisées. Le service de l'approvisionnement devra non seulement bien faire les choses, mais aussi prendre les bonnes décisions. L'amélioration continue du processus deviendra ainsi une préoccupation constante au sein de tous les services de l'approvisionnement progressistes.

On achètera non seulement des produits mais aussi des systèmes et des services. À mesure que son personnel acquerra davantage de connaissances, le service de l'approvisionnement assumera des responsabilités additionnelles en effectuant des achats de nature non traditionnelle.

Le personnel de l'approvisionnement s'occupera des contrats alors que d'autres employés se chargeront de la planification et de la relance. C'est en concluant de meilleures ententes avec les fournisseurs clés que l'on peut vraiment ajouter à la valeur de l'entreprise. En effet, bien qu'elles soient importantes, la planification et la relance ne contribuent guère à la valeur ajoutée.

Les ingénieurs-concepteurs et le personnel de l'approvisionnement prendront conscience de la possibilité d'une synergie. Sans fusionner les fonctions conception et approvisionnement, on reconnaîtra cependant leur interdépendance. Ceux qui accompliront ces fonctions établiront alors la communication et la coordination nécessaires pour en maximiser l'apport combiné.

On modifiera la liste des sources utilisées et les relations avec les fournisseurs. Les résultats obtenus en approvisionnement découlent des fournisseurs choisis. Les acheteurs continueront à opter davantage pour une source d'approvisionnement unique, à établir plus souvent une alliance ou un partenariat avec leurs fournisseurs et à rechercher un meilleur échange de l'information en matière de conception.

On signera des contrats à long terme. Beaucoup des ententes conclues pour la fourniture d'articles clés se traduiront par une alliance ou un partenariat d'une durée de 5 à 15 ans, ou même davantage.

Les entreprises procéderont à l'échange de documents informatisés avec leurs fournisseurs clés. L'échange de documents informatisés deviendra chose courante entre une entreprise et ses principaux fournisseurs. Il aura pour but de simplifier les transactions et d'en réduire le nombre ainsi que d'accélérer les communications.

La prise des décisions relatives au transport deviendra partie intégrante du travail d'un acheteur. Par suite de la déréglementation, le transport ne représentera plus qu'un autre des services à acquérir.

Les activités d'approvisionnement à l'étranger ralentiront ou se stabiliseront. La piètre qualité de nombreux produits nord-américains est une des principales raisons pour lesquelles les achats réalisés à l'étranger ont enregistré une progression au cours des années 80. Or, les entreprises nord-américaines ont remédié à cette situation en adoptant des systèmes de contrôle statistique et d'amélioration continue du processus.

On chargera un entrepreneur indépendant d'obtenir les fournitures d'entretien, de réparation et d'opérations requises. L'achat de fournitures ERO entraîne de nombreuses transactions, mais qui sont souvent de faible valeur. Il est difficile d'ajouter réellement à la valeur lors de l'achat de ces fournitures. En confiant cette tâche à un sous-traitant, on permettra au personnel clé de l'approvisionnement de consacrer plus de temps aux achats à fort potentiel.

Les entreprises se procureront de l'extérieur des produits finis et des services complets, et le personnel de l'approvisionnement fera preuve de dynamisme. Autrefois, une entreprise n'acquérait des articles déjà manufacturés que pour assurer sa survie à court terme. Étant donné la valeur possible des achats de ce type, on se mettra à rechercher activement les produits et les services (tels que les services juridiques, la formation et la vérification interne) susceptibles de fournir à l'entreprise un avantage concurrentiel advenant qu'on les acquière de l'extérieur.

On établira des relations plus étroites avec les fournisseurs. L'acquisition de produits finis engendre le transfert des connaissances techniques de l'entreprise à son fournisseur, ce qui favorisera le rapprochement des deux entreprises sur le plan conceptuel.

La réalisation des achats se fera en équipe. La complexité de nombreux achats fait en sorte qu'on devra confier l'analyse et la prise de décisions à un groupe de professionnels et de gestionnaires clés. Cette équipe comprendra, par exemple, un représentant des services de l'approvisionnement, du génie et de la fabrication.

On donnera plus de pouvoir au personnel de l'approvisionnement. À mesure que le niveau de compétence et de connaissances des personnes qui œuvrent en approvisionnement augmentera, les entreprises leur accorderont plus de pouvoir en matière de prise de décisions et d'amélioration du processus d'acquisition. Si on parvient à laisser libre cours à la créativité de ces gens, les résultats obtenus pourraient dépasser largement toutes les attentes.

16.9 L'AVENIR

L'intérêt accru accordé aux stratégies d'approvisionnement et leur contribution possible aux objectifs et aux stratégies d'ensemble de l'entreprise comptent parmi les éléments nouveaux qui soulèvent l'enthousiasme dans le domaine des achats. Heureusement, comme l'indique le présent chapitre, le nombre des options stratégiques qui s'offrent à tout gestionnaire de l'approvisionnement est presque illimité. Cependant, il arrive qu'on doive surmonter des difficultés considérables pour rendre les stratégies du service de l'approvisionnement conformes à celles de l'entreprise dans son ensemble. La vision à long terme nécessaire à l'élaboration d'une stratégie d'approvisionnement efficace obligera les gestionnaires des achats à se concentrer davantage sur l'avenir. La prochaine décennie sera très valorisante pour les gestionnaires de l'approvisionnement qui accepteront de relever le défi que pose la réalisation du plein potentiel de leur service en ce qui a trait à sa contribution au succès de l'entreprise.

Questions de révision et de discussion

1. Quels éléments ou phénomènes sont à l'origine de l'intérêt et de l'attention qu'on porte actuellement à la planification stratégique en approvisionnement?

2. Quel rôle le service de l'approvisionnement peut-il (devrait-il) jouer dans l'élaboration de la stratégie de l'entreprise en ce qui a trait aux tendances et aux questions d'ordre social?

3. Que peut faire le service de l'approvisionnement pour éviter que l'entreprise soit poursuivie en justice du fait de ses responsabilités relatives aux produits?

4. De quel type de données le service de l'approvisionnement a-t-il besoin pour contribuer à la stratégie de l'entreprise au chapitre des fusions, des acquisitions et du désinvestissement? De quelle manière peut-il obtenir ces données?

5. Laquelle des cinq catégories de stratégies fonctionnelles en matière d'approvisionnement peut le mieux contribuer à accroître l'efficacité globale du service des achats?

6. Quels exemples pouvez-vous donner d'entreprises susceptibles d'envisager une stratégie d'intégration verticale en amont? Quelles difficultés engendreraient l'élaboration et la mise en pratique d'une telle stratégie?

7. De quelle manière le responsable de l'approvisionnement peut-il choisir les stratégies à adopter pour réduire les coûts?

8. La stratégie consistant à s'approvisionner sur le marché international présentera-t-elle une importance accrue ou moindre au cours des années 90?

9. Comment le service des achats peut-il susciter les changements d'attitude nécessaires à la mise en application de plusieurs stratégies de soutien à l'approvisionnement?

10. Comment peut-on établir un lien entre les stratégies d'approvisionnement et les diverses étapes du cycle de vie d'un produit?

11. Quelles sont les principales transformations que subira la fonction approvisionnement et gestion des matières d'ici l'an 2001?

Références

ELLRAM, Lisa M., « The Role of Purchasing in Cost Savings Analysis », *International Journal of Purchasing and Materials Management*, janvier 1992.

FREEMAN, Virginia T. et Joseph L. CAVINATO, « Fitting Purchasing to the Strategic Firm : Frameworks, Processes, and Values », *Journal of Purchasing and Materials Management*, hiver 1990.

HAMMERMESH, Richard G., « Making Planning Strategic », *Harvard Business Review*, juillet-août 1986.

KLEINER, Art, « What Does It Mean to Be Green? », *Harvard Business Review*, juillet-août 1991.

LODGE, George C. et Jeffrey F. RAYPORT, « Knee-Deep and Rising: America's Recycling Crisis », *Harvard Business Review*, septembre-octobre 1991.

MORRIS, Michael H. et Roger J. CALANTONE, « Redefining the Purchasing Function: An Entrepreneurial Perspective », *International Journal of Purchasing and Materials Management*, automne 1991.

RECK, Robert F. et Brian G. LONG, « Purchasing: A Competitive Weapon », *Journal of Purchasing and Materials Management*, automne 1988.

ST. JOHN, Caron H. et Scott T. YOUNG, « The Strategic Consistency between Purchasing and Production », *International Journal of Purchasing and Materials Management*, printemps 1991.

Lexique français-anglais

A

achat à terme – forward buying
achat au comptant – spot buying
achat en retour – counterpurchase
achats par contrat global – systems contracting
appel de livraison – release
approvisionnement zéro-stock – stockless buying

B

bon de commande accompagné d'un chèque en blanc – blank check purchase order
Bourse de marchandises – commodity exchange
brame – slab
bureau d'achat à l'étranger – international buying office

C

caution de soumission – bid bond
cession – disposal
charge complète – full carload (CL) ou full truckload (TL) shipment
charge partielle – less-than-carload (LCL) ou less-than-truckload (LTL) shipment
commerce de contrepartie – countertrade
contrat à prix coûtant majoré d'une prime d'encouragement – cost-plus-incentive-fee contract
contrat global – system contracting
contrefaçon – patent infringement
coût de renonciation – opportunity cost
coût selon le cycle de vie – life-cycle costing (LCC)

D

demande d'achat volante – traveling requisition
demande d'approvisionnement – requisition
denrée – commodity
disposition – disposal

E

échange de documents informatisés (EDI) – electronic data interchange (EDI)
entente de compensation – offset arrangement
entrepôt de douane – bonded warehouse
entreprise de location-financement – finance lease company

équipe de gestion d'une matière – commodity management team
étalonnage – benchmarking

F

façonnage – machining
frais de stationnement – demurrage charges
fret aérien – airfreight

G

gestion intégrale de la qualité – total quality management
groupeur international – foreign consolidator

I

ingénierie de la valeur – value engineering

M

maison de commerce – trading company
marché d'approvisionnement – blanket purchase order
marketing à rebours – reverse marketing
matières excédentaires – excess material

N

négociant en importations – import merchant
nomenclature – BOM requisition

O

opération de couverture – hedge
ordre de livraison – release

P

personnel de soutien – staff
planification de la capacité – capacity requirements planning (CRP)
planification des besoins-matières (PBM) – materials requirements
   planning (MRP)

R

rachat – buyback
réciprocité – reciprocity

S

service de transport par système rail-route – piggyback service
stock tampon – decoupling inventory
surplus – surplus material

T

tableau de ventilation – spreadsheet
tarif de groupage – pool car rate
transaction tripartite – switch trade
transitaire de fret aérien – air freight forwarder
transport en amont – inbound traffic
transporteur agréé – common carrier
transporteur contractuel – contract carrier

Z

zéro-défaut – zero defect

Index

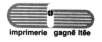

imprimerie   gagné ltée

IMPRIMÉ AU CANADA